供应链的三道防线

需求预测、库存计划、供应链执行

| 第 2 版 |

SUPPLY CHAIN MANAGEMENT

Demand Forecasting, Inventory Planning and
Supply Chain Execution, 2nd Edition

[美] 刘宝红◎著

图书在版编目（CIP）数据

供应链的三道防线：需求预测、库存计划、供应链执行 /（美）刘宝红著. -- 2 版. -- 北京：机械工业出版社，2022.1（2025.3 重印）
ISBN 978-7-111-69543-1

I. ①供… II. ①刘… III. ①供应链管理 - 研究 IV. ① F252.1

中国版本图书馆 CTP 数据核字（2021）第 239163 号

北京市版权局著作权合同登记　图字：01-2021-5715 号。

供应链的成本做不低，交付做不快，库存水平居高不下，这些问题表面上看是供应链执行不到位，但仔细探究却发现根源都离不开计划。计划是"三分技术，七分管理"，本书的第 1 版做到了两者兼顾，但限于篇幅未深入。第 2 版聚焦"七分管理"，通过大量的案例，系统、全面地阐述了需求预测和库存计划，兼顾供应链执行，以改善交付，降低库存和运营成本。需求预测、库存计划、供应链执行是供应链的三道防线，分别解决如何提高预测准确率，若预测不准如何应对，以及预测错误如何弥补的供应链常见问题。

供应链的三道防线
需求预测、库存计划、供应链执行　第 2 版

出版发行：机械工业出版社（北京市西城区百万庄大街 22 号　邮政编码：100037）			
责任编辑：杨振英		责任校对：殷　虹	
印　　刷：北京铭成印刷有限公司		版　次：2025 年 3 月第 2 版第 9 次印刷	
开　　本：170mm×240mm　1/16		印　张：23.75	
书　　号：ISBN 978-7-111-69543-1		定　价：89.00 元	

客服电话：(010) 88361066　68326294

版权所有·侵权必究
封底无防伪标均为盗版

序言一

貌似没做到，实则没想到

> 上策为明天的事做准备，中策为今天的事赶速度，下策为昨天的事追进度。
>
> ——佚名读者[1]

自 2008 年以来，我每年拜访、服务几十家本土企业，它们的年度营收上至千亿元，下至几千万元或刚过亿元，规模大不相同，问题却惊人相似：**供应链的成本做不低，交付做不快，库存水平居高不下**。这些问题，表面上看是供应链的执行不到位，但仔细探究，根源却都离不开计划，比如需求预测变动频繁，紧急需求频发，没有给供应链足够的响应时间等。

细究这些企业的供应链，发现很多共性的**组织**、**流程**和**系统**问题。比如虽然规模很大，但很多企业却没有独立的需求计划职能，需求计划由销售、采购甚至老总兼任；库存水位一刀切，统一设成一定天数的用量，一边是短缺，另一边是过剩；信息系统落后，BOM（物料清单）、库存和主数据准确度低，MRP（物料需求计划）没法执行，员工将大量的时间花在本该由信息系统做的事情上。

---

[1] 这是几年前一位读者的留言，很遗憾我找不到他的名字了。

于是供应链的成本越来越高，库存越来越多，但客户服务水平却不见改善；企业的生意越做越多，钱却越赚越少；或者说账面上赚了，却都赚到库存和产能里去了。这些问题，表面上看是执行不到位，但解决方案则必须从计划或者说**供应链的三道防线**着手，如图0-1所示。

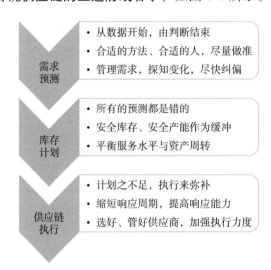

图0-1 需求预测、库存计划和供应链执行是供应链的三道防线

1. 所有的预测都是错的，但错多错少可不一样。有效对接销售和供应链，制定"准确度最高的错误的预测"，提高首发命中率，这就是**需求预测**，也是供应链的**第一道防线**。

2. 预测不准怎么办？那就得靠**第二道防线**，设立**安全库存**，应对需求和供应的不确定性。科学合理地设置库存水位，兼顾客户服务水平和库存周转率，是**库存计划**的核心任务。

3. 需求预测错了，安全库存不够用，那就得靠**供应链执行**来弥补。这就是供应链的**第三道防线**，比如加急赶工，压缩响应周期；整合供应商，集中采购额，驱动供应商更快响应等。

供应链的三道防线就相当于一条河的三道堤坝：**需求预测**是第一道堤

坝，希望能把百分之七八十的洪水拦住，拦不住的就溢出来，进入第二道堤坝；**库存计划**是第二道堤坝，希望把百分之一二十的洪水拦住，拦不住的就溢出来，进入第三道堤坝；**供应链执行**是第三道堤坝，用来对付那百分之五到百分之十的洪水。这是良性的三道防线。但在实践中，计划上的先天不足，导致这三道防线没法建好，以至于出现结构性问题，给供应链执行带来极大挑战。

最常见的问题就是需求预测的准确度太低，第一道防线习惯性地失守，需求的"洪水"一来就将其冲垮，那作为第二道防线，安全库存自然顶不住，导致所有的"石头"都落到执行者的头上，供应链就不可避免地陷入救火模式。而计划人员呢，就不得不花费大量的精力来管理供应，比如催货加急，导致花在需求预测、库存计划上的时间更少；计划上的资源投入不足，导致需求预测和库存计划做得更差，给后续的执行带来更多问题，从而陷入恶性循环。

我到访过很多行业，比如家电、手机、汽车、大型设备、快速消费品、零售贸易、纺织服装、跨境电商和新零售，发现它们的业务区别很大，但供应链的问题却惊人相似，而解决方案都能在**供应链的三道防线**上找到答案。于是我开始总结这些行业的共性，提炼、完善供应链的三道防线方法论，并在此基础上写就本书，希望能够帮助更多的企业和职业人。

三道防线的内容非常广泛，本书的重点是计划，即需求预测和库存计划，兼顾供应链执行。当然，如果认为本书只是写给计划人员看的，那就大错特错了。计划的本质是**三分技术，七分管理**。我们的一大误区呢，就是过于强调计划的技术特性，而忽视其管理本质，这也是导致供应链计划做不好，大错特错频发的一个根本原因。

对很多企业来说，营收在快速增长，产品的生命周期越来越短，显著改变需求的手段（比如社交媒体、网红）越来越多，计划上也越来越容易出现灾难性的失败。本书聚焦计划的"七分管理"，通过系统的管理措施，拉通销售和运营，整合跨职能的经验、数据和智慧，争取提高计划的首发命中率，避免大错特错。这并不是说数据模型和数据分析不重要：我还有一本书，书名为《需求预测和库存计划：一个实践者的角度》，聚焦计划的"三分技术"，更详细地介绍需求预测的模型、库存计划的详细公式等，力争做到"精益求精"，建议与本书配套阅读。

是为序。

刘宝红 | Bob Liu

供应链管理畅销书作者

"供应链管理专栏"创始人，西斯国际执行总监

bob.liu@scm-blog.com|www.scm-blog.com

2022 年 1 月于硅谷

序言二

给读者的一些说明

这本书的第1版是和赵玲女士合写的。赵玲女士在供应链计划和产销协同规划管理领域有丰富的实践，写了很多文章；我在需求预测和库存计划领域从业多年，开发了供应链的三道防线模型。我们最初的目标是融合两人所长，不过经过长期的努力，我还是没法完全消化赵玲女士文章中的精华，把那些内容完全融合进去；因为篇幅所限，她的很多文章也未能纳入第1版中。

赵玲女士有很多独到的见解和解决方案，不出版的话对读者是个大损失。所以，我们决定，赵玲女士独立完成另一本书，聚焦供应链计划管理体系设计，以及产销协同数字化解决方案；我来独立完成本书的第2版，聚焦需求预测、库存计划，兼顾供应链执行。当然，两本书都是关于计划的，自然会有很多共同的话题，希望能给大家提供多方位的视角和解决方案。

具体操作上，我把第1版中赵玲女士的案例与文章拆分出来，汇入她的专著；我进一步完善三道防线的基本框架，同时融入更多的案例和读者反馈，形成本书的第2版。跟赵玲女士的合作让我受益匪浅，她的很多真知灼见早已深深植根于我的思维中，相信大家在书中还会不时看到，在此一并对赵玲女士表示由衷的谢意。当然，如果要完整学习赵玲女士的方法论，建议大家拜读她的专著《供应链管理设计与产销协同数字化实践》（待出版),以及订阅她的微信公众号 demandchain。

让我们再回到本书,或许有读者会问,你写了一系列的书,这本书跟别的书有什么区别和联系?这本书可以说是《供应链管理:高成本、高库存、重资产的解决方案》的延伸。该书阐述如何在公司层面改善供应链绩效,那就是:(1)**前端防杂**,降低产品的复杂度,通过提高规模效益来降低供应链成本;(2)**后端减重**,就是通过市场手段,而不是垂直整合来获取资源,走轻资产之路,提高投资回报率,这就要求选好、管好供应商;[⊖](3)**中间治乱**,就是通过改进供应链的计划,理顺需求以理顺供应。

大家看到的这本书,聚焦**中间治乱**,通过大量的案例,系统、全面地阐述需求预测和库存计划,兼顾供应链执行,以改善交付,降低库存和运营成本。

计划是"三分技术,七分管理",本书的第 1 版是两者兼顾,但限于篇幅,两者都很难深入阐述,因为一旦涉及具体的预测方法、库存计划公式,内容就非常多,而且相对技术化。于是,我就另写了一本书,侧重"三分技术"的细节和实施,[⊜]而在本书的第 2 版中聚焦"七分管理",主要是有效对接销售和运营,协同供应链各环节来提高预测的准确度,控制库存,提高供应链的执行效率。

我想说明的是,到 2021 年为止,我总共写了 6 本书,虽然每本书各有侧重,但有重叠的地方也在所难免。一方面,这些书的根本目的都一样,那就是改善供应链的绩效,所以势必会有些共同的话题无法回避;另一方面,有些重复是必要的,就如一位美国总统说的,重要的事要再三讲,直到老百姓一看到标题就把报纸扔进垃圾桶,才算真正宣传到位了。还有,随着经验和阅历的增加,我自己对有些话题的理解也在加深,希望及时与

⊖ 对于重资产,我还有一本专门的书,《供应链管理:重资产到轻资产的解决方案》,机械工业出版社,2021。对于供应商管理,可参考我的《采购与供应链管理:一个实践者的角度》(第 3 版),机械工业出版社,2019。

⊜ 《需求预测和库存计划:一个实践者的角度》,刘宝红著,机械工业出版社,2020。

读者分享，因此就整合到最新的书中了。

　　在书中，我也会多次引用自己的书，帮助感兴趣者有针对性地继续阅读。我的目标是写一系列的书，覆盖供应链的方方面面，为实践者构建一个框架体系。这有点两难：如果不注明出处，就有剽窃的嫌疑，要知道，抄自己的书也是剽窃；引用的话，在那些比较敏感的读者看来，却有点自我宣传的嫌疑。后来我也想通了：我当然希望更多的人读我更多的书，要知道，我的书、文章和案例，都是一个字一个字写出来的，而不是从什么地方抄来的，大声吆喝着宣传又有什么难为情的呢？既然我都不怕大声吆喝，当然就更不怕你帮我大声吆喝了：如果你喜欢这本书，欢迎告诉你的同事和朋友。预算许可的话，也欢迎来参加我的培训。我平均每两个月来国内一次，在上海、深圳举办一系列基于供应链实践的培训，都已办了300多次了。读书如同听CD，培训如同听现场音乐会。匆忙如你，很少有人能把一本书读完，花一两天时间培训，集中学习，也是不错的选择。

　　我是个作者，大部分时间在硅谷写文章、写书，希望尽可能多的人能免费或以一道菜的成本获取更多的知识。当然，你知道光靠写作很难谋生，所以我也做点培训、咨询，赖以养家糊口。我的业务模式很简单：只要1000个读者中有一个来参加我的培训，就解决了我的衣食之忧。到现在为止，承蒙广大读者的厚爱，这个目标已经超额实现，让我没有衣食之虑，继续做我喜欢的事，写更多的文章和书。

　　所以，借此机会，特别感谢广大读者，这么多年来不离不弃，一路同行。

刘宝红 | Bob Liu

供应链管理畅销书作者

"供应链管理专栏"创始人，西斯国际执行总监

bob.liu@scm-blog.com|www.scm-blog.com

2022年1月于硅谷

作者简介 Supply Chain Management

刘宝红，畅销书《采购与供应链管理：一个实践者的角度》《供应链管理：高成本、高库存、重资产的解决方案》《供应链的三道防线：需求预测、库存计划、供应链执行》作者，"供应链管理专栏"（www.scm-blog.com）创始人，西斯国际执行总监。

在供应链管理领域，刘先生有十几年的丰富经历，主要来自硅谷高科技界。从 2000 年起，刘先生便在美国学习和实践供应链管理。他先在半导体设备制造行业从事供应商开发和管理，在全球采购产品、服务和技术；后转入供应链计划领域，支持一家高科技公司每年 13 亿美元的服务备件业务。

从 2004 年起，刘先生致力于介绍、宣传供应链管理，帮助本土企业制定供应链转型战略、完善供应链管理、培养中高层管理人员。2010 年以来，他给几十家海内外企业提供内训服务，包括华为、海尔、通用电气、诺基亚西门子、阿克苏诺贝尔、林德、日立、喜利得、OPPO、vivo、华为终端、天珑移动、联想、浪潮、中国移动、中国电信、上汽大众、广汽丰田、长安汽车、北汽福田、海信、创维、TCL、长虹、美的、美芝、比亚迪、蓝思、歌尔、信利光电、视源电子、西飞、金风科技、远景能源、振华重工、三一重工、特变电工、上海核电工业、中铁工程装备、海思、上海微电子、北方微电子、中兴、烽火通信、锐捷网络、科瑞集团、国电南自、易事特、华润置地、招商局地产、珠江投资、中海壳牌、中油建设、中建一局五公司、金螳螂、老板电器、威高、西贝莜面村、青岛啤酒、伊利、海鸥卫浴、华孚色纺、水星家纺、安踏、牧原、双汇、香飘飘、超威、药明康德、欧普照明等。他的内训客户还包括大批的电商、新零售、互联网企业，比如京东、腾讯、小米、找钢网、美菜网、美团快驴、地上铁租车、史泰博、WOOK、名创优品、微鲸科技、钱大妈、快鱼服饰、三只松鼠等。

刘先生的专著《采购与供应链管理：一个实践者的角度》于2012年由机械工业出版社出版，2015年再版，2019年出版第3版，每年居供应链管理门类图书销量榜首。他的第二本专著《供应链管理：高成本、高库存、重资产的解决方案》于2016年出版，第四本专著《供应链的三道防线：需求预测、库存计划、供应链执行》（与赵玲合著）于2018年出版，都成为供应链领域的畅销书。2021年，他出版了第六本专著《供应链管理：重资产到轻资产的解决方案》，帮助本土企业推动轻资产战略。围绕这些畅销专著，刘先生推出了一系列培训，先后培训了千百家国内外公司的员工，全面覆盖汽车家电、电信设备、航空航天、机械制造、石油石化、电商、快时尚等多个行业。

刘先生毕业于同济大学，获项目管理硕士学位；后赴美国，在亚利桑那州立大学商学院学习，获供应链管理的MBA学位。他通过了美国供应管理协会（ISM）的注册采购经理认证（C.P.M.）、美国运营管理协会（APICS）的生产与库存管理认证（CPIM），接受了亚利桑那州立大学、摩托罗拉和霍尼韦尔的六西格玛培训，是六西格玛黑带。

刘先生现旅居硅谷，频繁往返于中美之间，帮助本土企业提高供应链管理水平。如欲联系他，请电邮至bob.liu@scm-blog.com，或致电136 5127 1450（中国，微信同）/ 001(510) 456 5568（美国）。

目录 Supply Chain Management

序言一：貌似没做到，实则没想到
序言二：给读者的一些说明
作者简介

第一篇
供应链的第一道防线：需求预测 / 1

需求预测怎么做：始于数据，终于判断 / 3
【小贴士】需求预测是企业博弈的焦点 / 5
需求预测不能等同于销售目标 / 8
需求预测是"从数据开始，由判断结束" / 11
【小贴士】从数据开始是种习惯 / 15
【小贴士】从数据里学什么：以发货记录为例 / 17
从数据开始：不但要有数据，而且要有分析 / 21
由判断结束，必须要有针对性 / 26
【案例】分解需求，对接合适的判断者 / 26
【小贴士】存量来自数据，增量来自判断 / 30
【小贴士】多少数据，多少判断呢 / 32
从数据开始，由判断结束，为什么这样难 / 33
层层报批是不是从数据开始，由判断结束 / 34
【案例】为什么需求评审不是解决方案 / 36
给供应商时，采购能不能调整预测 / 38
【小贴士】没有预测，意味着有多个预测 / 42

"平时"与"战时":两类典型的需求预测问题 / 42
需求相对稳定时,选用数据模型来精打细算 / 43
【小贴士】计划软件往往优于人工,为什么不被采用 / 51
【案例】预测模型一直都很准,直到…… / 54
不确定性高时,群策群力避免大错特错 / 57
由判断结束:判断什么,怎么判断 / 64
【案例】识别和管理"大石头" / 69
提高判断的一致性,提高判断质量 / 73
【小贴士】如何减少判断中的偏见 / 74
【小贴士】经验主义与教条主义 / 79
专题:在合适的颗粒度上做预测 / 80
自来水模式的预测机制 / 82
推拉结合:在合适的颗粒度上做预测 / 85
合适的颗粒度:数据与判断的最佳结合点 / 88
【小贴士】四种不同的业务,四个层面的颗粒度 / 93
SKU泛滥,需求预测怎么做 / 94
预测的时间颗粒度 / 98

需求预测由谁做:让合适的职能做预测 /103
为什么一线销售做不好需求预测 / 103
【案例】为什么短尾产品也预测不好 / 105
【小贴士】一线销售做预测vs.主教练兼任总经理 / 107
如果考核准确度,一线销售能否做好预测 / 109
既然做不好,为什么一线销售还在做预测 / 112
销售提需求,计划做判断,如何 / 116
谁在做需求预测:兼谈计划的进化史 / 118
【小贴士】肯德基vs.中餐馆的计划 / 121
【案例】计划与执行的分离:某快消品公司为例 / 125
【小贴士】需求计划的进化史 / 131
需求预测汇报给哪个部门 / 134
需求计划做什么:快消品行业为例 / 139
需求计划做什么:销售与运营协调 / 144
什么样的人适合做需求计划 / 150
【小贴士】分析能力是可以评估的 / 153

需求计划的绩效管理 / 154

【小贴士】预测准确度如何统计 / 160

【小贴士】预测准确度:可以不考核,但不能不统计 / 165

【小贴士】需求预测的最终结果,由销售老总负责 / 167

需求预测:分门别类,区别对待 / 169

需求预测错了怎么办:滚动预测,尽快纠偏 / 178

小步快走,尽快纠偏:服装行业为例 / 179

【案例】尽快纠偏要从产品开发阶段开始 / 182

怎么知道预测错了,需要纠偏 / 188

【案例】他没说,那你问了没有 / 191

聚焦重点客户的重点变化 / 197

尽快纠偏要以数据驱动、计划主导 / 199

建立滚动的预测更新机制 / 201

向失败学习,提高预测准确度 / 208

本篇小结 / 210

第二篇
供应链的第二道防线:库存计划 / 213

预测之不足,安全库存来应对 / 215

【小贴士】适当拔高预测,不就代替安全库存了吗 / 218

【小贴士】你是如何设定库存水位的 / 220

安全库存的设置:库存计划的看家本领 / 221

第一步:量化需求的不确定性 / 221

第二步:量化服务水平的要求 / 224

【小贴士】服务水平跟有货率的关系 / 225

第三步:计算安全库存 / 228

【案例】安全库存的计算示例 / 229

【小贴士】如何确定合适的服务水平 / 231

【小贴士】承诺的是服务水平还是库存水平 / 233

再订货点:需求预测和库存计划的结合 / 235

【小贴士】用再订货点还是安全库存+预测 / 240

【案例】为什么不能一刀切地设置库存水位 / 244

【小贴士】库存计划的两种思维 / 248
【小贴士】为什么系统建议的库存水位经常偏低 / 249
VMI：最高、最低库存水位如何设置 / 253
VMI是对供应链三道防线的终极挑战 / 258
【小贴士】VMI是个好东西，对供应商也是如此 / 260
【小贴士】VMI和寄售没关系 / 262
库存四分法：有针对性地控制库存 / 264
【案例】库存四分法：原材料为例 / 269
【案例】关键元器件的库存四分法 / 271
库存究竟多少才算合适 / 273
缩短周转周期，降低周转库存 / 275
【案例】周转周期的构成：采购件为例 / 275
信息化，缩短走流程的时间 / 278
改变批处理，减少等待时间 / 281
设置推拉结合点，缩短周转周期 / 283
降低不确定性，控制安全库存 / 284
渠道压货，人为加剧需求的不确定性 / 286
改变组织行为，控制多余库存 / 289
避免"互扣人质"，打开降库存的死循环 / 291
过激反应，短缺最后总是以过剩收尾 / 295
【案例】有呼吸机，还是没有 / 300
本篇小结 / 304

第三篇
供应链的第三道防线：供应链执行 / 307

需要预测，是因为供应链的响应能力有限 / 308
什么问题由催货解决：由加拿大的过期口罩谈起 / 309
催货是有学问的 / 312
【小贴士】虽然抱怨，其实最喜欢的还是催货 / 316
把自己做成大客户，驱动供应商快速响应 / 318
要不要给供应商提供预测 / 324
【案例】日本供应商供不了货 / 325

计划可以调整，但得考虑供应链的刚性 / 328
人都在忙什么？在忙着做信息系统的事 / 330
超前和逾期消耗问题 / 331
安全库存的手工管理 / 333
采购订单的手工处理 / 334
ERP：信息系统的核心应用 / 336
物料需求计划 / 337
【小贴士】为什么MRP跑不起来 / 339
可承诺逻辑 / 344
ERP作为信息共享的平台 / 348
电子商务：供应商的电子连接 / 350
电子商务推动订单层面的自动化 / 350
电子商务传递需求预测和VMI信息 / 355
与供应商协作的信息枢纽 / 357
本篇小结 / 359

后记　每一次相遇都是久别重逢 / 362

参考文献 / 364

Supply Chain Management 第一篇

供应链的第一道防线：
需求预测

不但要做到，而且要想到。

供应链管理是**采购**把东西买进来，**生产**来增值，**物流**来配送。这是供应链的三大执行职能，我们有这三环，我们的客户和供应商有这三环，客户的客户、供应商的供应商也有这三环，环环相扣就形成供应链。三大执行职能都得按照**计划**的指令行事：计划告诉采购买什么、买多少，告诉生产生产什么、生产多少，告诉物流配送什么、配送多少，如图1-1所示。这也就是说，供应链不是单一职能，而是计划与三大执行职能的集合。

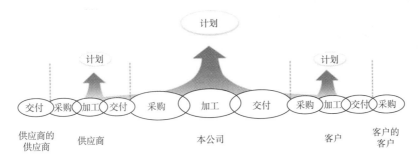

图 1-1　供应链管理是计划加三大执行职能

资料来源：Supply Chain Council 的 SCOR 模型，有简化。

计划是想到，执行是做到，计划在驱动执行。也就是说，**计划是供应链的引擎**。供应链的很多问题，比如成本做不下来、交付做不上去、库存周转太慢，表面上是**执行**问题，其实根源往往在**计划**上：计划想不到，执行就很难做到；即便做到了，也是以高昂的库存和运营成本为代价的。改善计划以改善执行，放在提高供应链绩效上，是行之有效的方法。**不但要做到，而且要想到**，也应该成为供应链管理的目标。

那么如何做好计划以及计划与执行的联动？这里我们总结为三个环节，或者说供应链的三道防线，那就是**需求预测**、**库存计划**和**供应链执行**。三道防线的逻辑就如序言一中所述（见图0-1）：所有的预测都是错的，但错多错少不一样，要尽力做出准确度最高的错误的预测，提高首发命中率（第一道防线）；预测错了，我们要设立安全库存或安全产能来应对（第二道防线）；预测失败了，安全库存不够，最终要靠供应链的执行能力来弥补（第三道防线）。企业的种种问题，比如产销存匹配度低、高库存低周转、运营成本高昂，都可以在供应链的三道防线上找到答案。

供应链的三道防线也为企业应对**成本**挑战提供了独特的视角。一提到成本，人们就习惯性地想到采购成本，这没错，因为对于一般的企业，产品成本的70%左右来自供应商，采购在其中发挥巨大的作用。但是，人们习惯性地忽视**运营成本**和**库存成本**[一]，因为两者主要是隐形成本。供应链的三道防线直接影响的就是这两类成本。

供应链的三道防线就相当于三道堤坝：需求预测是第一道堤坝，目标是把大部分的洪水给拦住；拦不住的溢出来，流到第二道堤坝，由安全库存来应对；安全库存对付不了的，则由第三道堤坝——供应链执行来补救。**供应链的首要任务是建好前两道堤坝**，洪水溢出可以，但不能**冲垮**堤坝，尤其是第一道堤坝——需求预测被冲垮的话，后面两道堤坝注定会垮掉。

[一] 库存成本包括资金成本、库存折损、仓储成本等。对于电子产品来说，库存成本一般在产品成本的20%左右，即100元的库存持有1年，库存成本为20元左右。

需求预测怎么做：始于数据，终于判断

如果说计划是供应链的引擎的话，那么需求预测就是计划的引擎。如何提高需求预测的准确度，提高首发命中率？我们得先从需求预测**怎么做**开始，然后解决**由谁做**、**错了怎么办**的问题，如图1-2所示。

图1-2 需求预测要从怎么做开始，然后才是由谁做，错了怎么办

需求预测怎么做？从数据开始，由判断结束——分析历史数据，制定基准预测，然后整合业务端的判断调整，得到最终的预测。对于需求相对稳定、有章可循的，要选择合适的数据模型，争取做到精益求精，在提高服务水平的同时，降低库存水平；对于不确定性非常大的，要群策群力，整合销售、产品和供应链的最佳智慧，争取避免大错特错。

需求预测由谁做？在管理粗放的企业，我们会经常看到一线销售、一线用户提需求（做预测），总部计划做调整的情况，导致预测准确度低下。企业的管理能力提高了，需求预测上就更可能采取差异化的解决方案，比如短尾产品由计划来主导，销售、市场、产品来协助；长尾产品由销售、项目主导，计划来配合等。

那预测错了怎么办？我们有一系列的方法来应对。首先是滚动预测，尽快纠偏——快速响应不能光靠执行，更重要的是要尽快调整计划，以最准确的计划驱动供应链有序响应；其次是设立安全库存，应对需求和供应

的不确定性；最后是计划的先天不足要靠执行来弥补，那就是加急赶工，驱动工厂和供应商快速响应。

对于需求预测怎么做、由谁做、错了怎么办，我们在后文还会详细阐述。需要注意的是，这里有严格的顺序：我们先要解决"怎么做"，然后才是"由谁做"，因为不管由谁做，问题的解决方法（怎么做）都是一样的；**怎么做**的问题不解决，那么不管是谁做都做不好，这个问题就在不同的职能之间来回扯皮。

集中采购就是典型的例子：企业为了省钱就集中采购，把对供应商的选择权集中到总部，但对供应商"有选择，没管理"，供应绩效自然没法保证，各分公司就开始抱怨；老总的耳朵实在受不了了，就开始分散采购，把对供应商的选择权下放给分公司；分公司的管理能力更弱，对供应商还是"有选择，没管理"，供应绩效当然还是不行，它们无非"自己做饭自己吃"，不好吃也不会到老总那里去告自己，但老总从结果上看出来了，比如成本降不下去，交付做不上来，于是就又开始集中采购。就这样，企业在集中与分散之间轮回。根本原因呢，就是没有解决"怎么做"的问题，即对供应商不但要有选择，而且要有管理——怎么做的问题不解决，由谁做也做不好。㊀

有趣的是，企业里跨职能团队开会讨论问题，一般都是从"由谁做"开始。对于简单的问题来说，确定了合适的对口职能，问题就解决了；对于复杂的问题则不然，特别是那些需要跨职能协作的问题，比如设计优化、供应商的选择与管理、需求预测等，"怎么做"的问题是无法回避的。此外，聚焦"由谁做"，每个职能都是"守土有责"，力争把球踢给别的职能，这也会把大家的注意力从"怎么做"转移开，成为解决"怎么做"问题的一大障碍。

在"需求预测怎么做"部分，我们主要分三大块来讲。首先我们会阐

㊀ 关于供应商的"有选择，有管理"，可以参考我的《采购与供应链管理：一个实践者的角度》（第3版）。简单地讲，供应商就如同孩子，不但要"优生"，而且要"优育"：选择是解决"优生"问题，而后续管理是解决"优育"问题。

述需求预测的基本方法论，即"从数据开始，由判断结束"，平衡数据的理性和人的感性，来提高预测的准确度。然后我们会谈到需求历史较多的情况下，如何选择合适的预测模型，力求做到精益求精；不确定性非常大的时候，如何群策群力，整合跨职能的最佳智慧，尽量避免大错特错。最后我们会谈到"由判断结束"，需要判断什么，由谁来判断，以及如何提高判断的质量。此外，我们还有个专题，就是在合适的颗粒度㊀上做预测，让数据和判断完美地结合，提高预测准确度。

小贴士　需求预测是企业博弈的焦点

我们经常说，供应链要么是订单驱动（拉），要么是预测驱动（推）。其实不管是推还是拉，从供应链的角度来看，最终都是预测驱动，因为一个人的订单注定是另一个人的预测。比如小姑娘在网上买衣服，她给商家下订单，是基于她预测未来会穿这件衣服。不过到她的衣橱看看，有多少件衣服买来后就再也没碰过，很简单，小姑娘的预测失败了呗。

预测和订单也不是说没有区别，其根本区别就是围绕预测风险的博弈，最终由哪一方来承担预测风险。需求预测怎么做的问题没有解决，预测的风险就会很大，谁都不愿承担风险做预测，就开始无限博弈。博弈的结果是：在公司之间，预测风险由弱势一方来承担；在公司内部，则由最能承担预测风险的职能承担。

对于弱势一方承担预测风险，相信大家深有体会：当你是个大客户时，你的胳膊粗，你给供应商一个预测，供应商就开始备料、备产能，预测失败的话，往往是供应商买单；当你是个小客户时，你就不得不给供应商下订单，预测失败的话，你自家的仓库里就会多了一堆没用的东西。但问题是，这种博弈下，弱势一方被迫做预测，但往往因为能力差，没法把预测做得更好，最后造成产品积压或短缺，不但害了自己，而且害了强势的一方。

比如在有些行业，品牌商习惯性地向渠道压货，迫使渠道商、门店提

㊀ "颗粒度"这个概念会在本书中多次出现。颗粒度越大，需求的聚合效应越明显，预测准确度也越高。比如预测全国的需求，一般要比预测东莞市长安镇的需求更准确。

前几周、几个月下订单。渠道、门店不可能提前那么久拿到消费者的订单，就只能做预测。但因为预测颗粒度非常小，它们的预测准确度也就更低，造成渠道库存积压，占用了渠道自己有限的资金，同时也造成库存的呆滞，反过来影响到链主企业的品牌。比如，当你发现你刚吃了一块五个月前的点心，你首先想骂的当然是品牌商：你买这个东西，就是冲着它的品牌去的，你当然会把这笔账算在它的头上。

服装行业的订货会也是类似的例子。

几年前的一个夏日，骄阳似火，据说是当地历史上最热的一天，我到浙江宁波去拜访一个女装品牌商，发现他们在忙着开订货会。订什么时候的货？冬天的。什么人来订货？几百个经销商、加盟店。那都是些小公司，有的甚至是夫妻店，它们有何能力可以预测到天气最冷的那一天，小姑娘们喜欢什么款式、什么颜色？那就只能"拍脑袋"，预测准确度可想而知，结果是积压与短缺并存——就如网上有人形容的：服装行业三年不生产，库存也卖不完，但女孩子们早晨起来，发愁的第一件事就是今天穿什么衣服。

品牌商已经拿到钱了，这些问题看似跟它们无关。其实不然：经销商、门店的有限资金积压在老库存里，就没钱买下一季的新品，品牌商的后续业务就会受到影响；库存也不能一直压着啊，压到一定地步，渠道、门店就开始"跳楼"大甩卖，而一旦跟打折频繁地联系在一起，品牌商辛辛苦苦建立的品牌形象也就给毁了⊖。

那该怎么办？在品牌商层面做预测，预测全国、全球的需求，预测的颗粒度大，预测的准确度就高；品牌商一般规模更大，专业度更高，有专门的人员了解市场动向、流行元素、竞品情况，可以把预测做得更准。品牌商做好整体预测，把好总量关，生产出合适数量的产品；经销商、加盟店要多少提多少就行了——他们要做预测的话，也是预测未来一两周的提货计划，即便预测错了，影响也有限，纠正也容易。

那为什么品牌商不这么做呢？存在的都是有原因的。渠道压货和订货

⊖ 当然很多品牌商也限制渠道这样做，但渠道商、加盟店那么多，执行起来很难。

错综复杂，有着深刻的原因，比如产品的生命周期短，产品的供应链长，库存风险高；对渠道、加盟商缺乏有效控制，不抢占渠道的仓库，将生米做成熟饭的话，又怕输给竞争对手。㊀但这些都制造了一个共性问题，那就是在颗粒度小的地方做预测。要知道，在错误的地方，由错误的人做预测，是预测准确度不高的两大根本原因，我们在后文多处还会细谈。

讲完了公司间的博弈，我们接着讲公司内部的博弈。

在公司内部，如何预测的问题没有解决，需求预测的准确度就不高，短缺和过剩的风险就大；风险太大，谁都不愿做预测，博弈的结果就是谁最能承担预测风险，谁就做预测。这样，一线销售、内部用户、老总就成了需求预测者。但内部用户和一线销售做预测，除非是客户定制化程度高的长尾产品，否则几十、几百个人每人预测整体需求的几十分之一、几百分之一，就又面临预测颗粒度太小、预测准确度太低的问题。

那为什么不在更大颗粒度，比如公司层面做预测呢？

刚开始，企业一般是这么做的，但随着业务的成长，情况越来越复杂，跨职能博弈也越来越严重，销售和内部用户对预测失败的容忍度越来越低，而且动辄就以没有合适的库存（预测不准）作为没有完成业绩指标的理由，给总部和供应链很大的压力。于是，以老总为代表的总部力量就让一线销售"提需求"，理由也很"正当"：一线人员最接近市场，最了解客户需求嘛。一线销售做预测，提需求，每个人的颗粒度都很小，预测准确度当然更低，但因为他们现在是自己做饭自己吃，不好吃也不会到老总那里去告自己。

这不，老总的耳根的确清净了很多，销售的责任机制也更"明确"了，但预测准确度低的问题并没有解决，最终还是得供应链以更多的库存、更高的运营成本来解决。

这背后也有风险承担"能力"的问题：一线销售的预测做砸了，他可以推到客户和市场竞争的头上，市场永远在变，客户的需求也是如此，而

㊀ 渠道的资金有限，进了这家的货就没钱进那家的，在同质化严重的行业尤甚。于是，有些品牌商就习惯性地向渠道压货，美其名曰"占领经销商的仓库"（赵玲女士语），还振振有词，说他们也是给逼的——都说竞争会驱使企业向善，而我看到的更多是作恶，给渠道压货算是其一。

谁又能把客户和市场竞争怎么样呢。就这样，一线销售处于"最佳"的位置来承担预测风险，一线销售提需求也就成了普遍现象。

之所以谈这些，是想表述一个基本概念：预测怎么做的问题没解决，需求预测准确度就低，预测风险就大，大家都不愿意承担风险，需求预测就成了企业与企业、职能与职能之间博弈的一大焦点。而博弈的结果，一方面让错误的人在做预测，另一方面也助长了信息不对称，这都无助于预测准确度的改善，我们在后面还会详细谈及。

实践者问

需求预测和需求计划有什么关系？

刘宝红答

需求预测是对未来的估计，即基于一定的假设，得出客户想买多少。这些假设包括定价策略、促销力度、竞品情况等。比如根据我们的促销方案，"双11"那周的需求预计是1万个，这是需求预测。但对供应链来说，这一周的需求很集中，我们在计划的时候会拆分成4周来生产，每周2500个，这就是需求计划。

所以说，从严格意义上讲，需求预测和需求计划是有区别的，但在很多企业，这两个名词是通用的。在本书，除非特别说明，我们也把两者等同使用。

需求预测不能等同于销售目标

> 预测与目标不是一回事：预测是对主观目标的客观估计，必须从客观事实开始。

在《信号与噪声》一书中，纳特·希尔弗阐述道，预测之所以重要，是因为它连接着主观世界与客观现实（见图1-3）。在企业里，哪个职能代表主观世界？销售——销售天生是乐天派，总是生活在希望中。哪个职能代表客观现实？供应链——供应链天生更加现实，因为他们知道，把现金变成库存容易，把库存变回现金可就难了。而这主观与客观呢，就体现在销售预测、需求预测上。

很多人搞不清**销售预测**和**需求预测**的区别，经常混用，甚至用销售预测代替需求预测。其实两者大不一样，让我们打个比方就知道了。假定你家孩子上幼儿园，疯玩一天，回家时饿"疯"了，你问他要吃多少饭，他答曰5碗——这就是"销售预测"。作为"供应链"的妈妈，你知道这孩子平常就吃一碗半（"从需求历史出发"），但看到他今天脸饿得有点发白，于是你决定，那就多做半碗吧（"由职业判断结束"），这就是你的"需求预测"。

图1-3　预测是主观与客观之间的桥梁

那孩子把两碗饭吃完了，没吃饱怎么办？你就给他点小点心或者水果什么的——这是你的"安全库存"，即供应链的第二道防线。点心、水果吃光了，还没吃饱怎么办？那就给他下点面条，或者到楼下再买点小吃——你自然而然就启动了第三道防线，用执行来弥补计划的不足。看得出，妈妈是天生的供应链三道防线高手。

相比而言，销售预测是感性的，需求预测更理性。可以说，**需求预测是拿供应链的理性来制衡、中和销售的感性的**。销售的"感性"是有原因的，比如老板习惯于给销售一个很高的目标，高出他们的实际能力，以激励他们更卖力地工作。作为行政命令的销售目标，相当于老板射出的"箭"，销售老总只能围绕箭头画圈，"证明"销售目标是可行的，把销售目标变成销售计划（销售预测）。但供应链如果拿销售预测做需求预测，真金白银地生产出来，问题可就大了。

在管理粗放的企业，销售目标经常性地成为"需求"预测。之所以给"需求"加上引号，是因为这不是严格意义上的需求，而是销售目标，行政命令的色彩很浓厚，英语里有个词叫"政治预测"。简单地说，老总下任务了，说今年要销售 x 亿元，比上年增长 $y\%$，于是就层层分解，落实到各个分公司、大区、销售团队，一直到一线销售人员。自上而下的命令成分浓厚，自下而上的验证、认可淡薄。说是协同，其实没有多少协同的意义。㊀

用一位销售与运营协调部长的话说，老板参与度越高，目标导引性越强，需求计划做砸的概率就越大。有个电子产品公司，低端产品的需求计划没问题，因为老板不参与；中端产品还可以，因为体量大；高端产品风险最大，预测屡屡不准，因为老板对其寄予太高的期望，高度参与需求预测。结果呢，高端产品的库存压力大增。

有个饮料品牌商，多年来把销售目标当作需求预测。销售目标每年定下来后，要求每个月都达到当月的销售目标。这个月达不到，下个月补上都不行。老总这么做有他的考量：市场竞争激烈，一定要步步为营，今日事今日毕，当月事当月结，问题早发现早处理。于是销售就习惯性地把渠道作为缓冲，每月都在向渠道压货，造成库龄过高，产品不新鲜了，消费者不愿买；即使不小心买了，事后抱怨的也是这个品牌商，损害的也是这个品牌商的形象。

销售目标和需求预测不匹配，也是众多企业面临的挑战。比如有个家电企业，年初老板制定的销售目标是 10 万台；到了年中，发现 8 万台更靠谱，销售就跟老板软磨硬泡，好不容易老板"通融"了，改为 8 万台；到了启动供应链生产时，发现 6 万台才靠谱，销售和供应链都抓瞎了：这下可跟老板怎么解释呢？

这跟常见的"销售目标是 1 个亿，但需求预测怎么算都是 8000 万"一样。那该怎么办？对策有二。

其一，启动供应链的三道防线，就跟妈妈应对孩子"能吃 5 碗"的诉求一样，供应链按照客观可行的 6 万台来生产，万一需求超出了，就动

㊀ 赵玲女士语。

用安全库存和加急赶工来应对。这里的安全库存主要在原材料、半成品层面——凡是放库存的地方，八成会有某种形式的安全库存。这也要求供应链具备一定的柔性，比如富余产能。

其二，按照老板要求的生产出来，因为很多时候老板的销售目标有其特别考量，比如为了上市或融资，需要一定的市场份额；工厂的开工率不足，多出的量虽然不盈利，却至少可以摊销部分固定成本等。但这个决策需要老板来做，计划和供应链的角色是做详尽的分析，为老板提供决策依据。作为老板，为了消除这样的差距，就得投入资源，比如更多的市场经费、更多的促销活动或者更多的销售人员来产生更多的需求。

那有人会问，制定需求预测的时候，要不要参考销售目标？当然要，因为需求预测的实现很大程度上取决于销售的意愿，而销售意愿又很大程度上取决于销售目标。所以，从这个意义上讲，需求预测和销售目标又是相关的，在制定需求预测时不能弃销售目标于不顾。

但是，我想再次说明的是，**不能简单地把销售目标等同于需求预测**。对于很多本土企业来说，长期的快速增长下，把销售目标当需求预测的问题被掩盖了，因为一直是短缺状态，供应没法满足需求。但这容易造成"人有多大胆，地有多大产"的假象，一旦市场饱和、经济低迷，或者企业增速放缓，增量市场突然变成存量市场了，销售目标很难突破，库存和产能就成了大问题。

需求预测是"从数据开始，由判断结束"

> 公司大了，有数据的没判断，有判断的没数据，注定需求预测是个跨职能行为。

我们从妈妈给孩子做饭的比方知道，需求预测首先是根据需求历史，借助一定的预测模型，制定未来一段时间的基准预测（见图1-4）。这就是需求预测的"从数据开始"。

从需求历史开始，其基本假定是**业务的重复性**，也就是说，以前发生过的对未来有一定的指导性。经常听有些人说，我们的影响因素太多了，业务变化实在太快了，言下之意是不能参考历史数据。且慢，这么说你们做的都是一次性业务？光靠一锤子买卖能把企业做到几千万、几个亿、几十亿的规模？你一定是在做某种意义上的重复业务，这种重复性不体现在成品上，就体现在半成品、原材料上，至少在生产工艺上是有共性的。

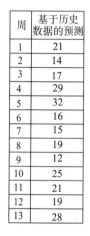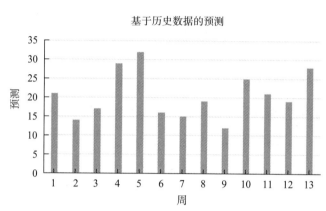

图1-4　需求预测从历史数据开始

人们习惯性地低估业务的可重复性。要知道，可口可乐一直卖糖水和饮料，不造飞机；麦当劳一直卖汉堡和薯条，不做芯片。一旦过分强调需求的不可重复性，我们就容易特殊化我们的挑战，为需求预测上的不作为制造借口，必然会误入一线销售提需求、内部用户做预测的歧途。

或许有人说，这是新产品，以前没有销量，怎么借鉴需求历史呢？这个新产品的确没有销量，但类似的产品总会有的。新老产品会有不同，但都是同一类产品，还是有一定可比性的。比如类似的新产品导入后，3个月、6个月的需求会翻多少倍，生命周期会有多长，我们都能从需求历史中了解到，并总结出规律将其用在对未来的新产品的预测上。

比如有个手机厂家，这些年单机定价从1000多元一直增加到4000多元，后续还要推出5000多元、6000多元的手机。它一直在往高端走，每年都在进入新的市场、新的价位区间，每年做预测都很发怵，但并不是说以前价位的产品就没有参考性。比如它的手机一直面对的是小众市场，针对极客类消费者；线上业务起量很快，但降落也很快，生命周期短，基本没有平台期；产品日渐趋于饱和，在由增量市场向存量市场转变，表现在以前定的目标很容易达到，现在则越来越难。这些信息虽然很难精确量化，却都可以帮助更好地计划下一代产品，降低大错特错的风险。

在富含哲理的《牧羊少年奇幻之旅》一书中，保罗·柯艾略说道："所有发生过一次的事，可能永远不会再发生；但所有发生过两次的事，肯定还会发生第三次。"㊀美国前总统杜鲁门说："太阳底下没新事，如果有的话，也不过是我们不知道的历史罢了。"这些听上去有点绝对，其苦心都是在提醒不要低估重复性，放在需求预测上，也很贴切。

但是，历史会不会百分之百地重复？当然不会。有些发生过的事可能不会再发生，有些没发生过的事可能会发生。对于那些还没发生的，谁最可能有一定的预判呢？销售、市场、产品管理等接近市场需求的职能，高层管理也有可能。有时候工程师、客户服务也能判断，因为他们经常接触客户。这些职能的判断，在市场促销、新产品、新项目等方面尤为重要。他们的判断是做假设，也是讲"故事"，比如"销售计划在月底做促销，预计增加 10% 的营收""客户下个季度要开 5 个新店，预计需求增加 20%"，或者"竞争对手低价进入，这个产品的需求可能降低 1/3"等。

根据这些判断，我们适当调整需求预测。这样，**数据加判断，代表着对过去的最佳总结和对未来的最好预判，整合了跨职能的最佳智慧，就能得到准确度最高的错误的预测**（见图 1-5）。你知道，这样的预测注定还是错的，但错得最少。

可以说，预测的准确度来自两部分：数据和判断（见图 1-6）。所以，一旦预测准确度不高，我们首先应该问的是，这是因为缺数据还是缺判断？缺数据，是因为数据不足还是对数据分析不够？缺判断，是需求端不愿意信息分享还是愿意分享但判断的质量不高？

人们往往分不清数据不足和数据分析不足，误把后者当前者。经常有

㊀ 保罗·柯艾略. 牧羊少年奇幻之旅 [M]. 丁文林，译. 北京：北京十月文艺出版社，2017.

人跟我说，他们新上了电商业务，但数据还不够。我就问他，电商业务上了多久？答曰：才半年。才半年？你知道半年按月切分的话有6个数据点，已经可以看得出趋势了；按周的话已经有26个数据点，样本已足够多，数理统计的可靠性相当高；按日划分的话，已经有180多个数据点，什么样的分析还不够用呢？

周	基于历史数据的预测	辅以销售的判断
1	21	15
2	14	18
3	17	25
4	29	13
5	32	18
6	16	20
7	15	20
8	19	20
9	12	20
10	25	25
11	21	25
12	19	25
13	28	25

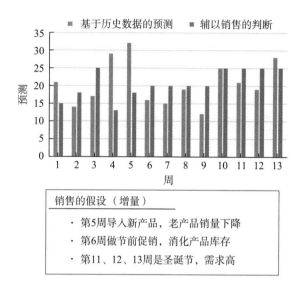

销售的假设（增量）
- 第5周导入新产品，老产品销量下降
- 第6周做节前促销，消化产品库存
- 第11、12、13周是圣诞节，需求高

图1-5 从数据开始，由判断结束，生成"准确度最高的错误的预测"

当然，有人会说，我们连半年的数据都没有，只有两个月的。可别忘了，两个月也有60天，60天也有60个数据点啊。还不够？那你继续抱怨，转眼就有3个月的数据了，即便按周汇总的话那可是13个数据点，一般的数理统计模型已可以用了。

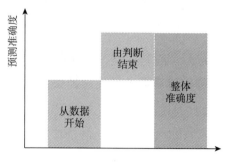

图1-6 预测的准确度由数据和判断两部分构成

实践者问

每次看到"所有的预测都是错的"，觉得"所有的预测都是不准（确

的"是否会更合适一点？

刘宝红答

"所有的预测都是错的"最早受统计学家乔治·博克斯的名言启发：All models are wrong, but some are useful（所有的模型都是错的，但有些是有用的）。要改为"所有的预测都是不准的"也没错。但是，只因为前面在下雨，后面也在下雨，所以就原地踏步，停止提高预测准确度，显然不是个好主意。要知道，紧接"所有的预测都是错的"的是"但错多错少可不一样"，我们的目标是追求更准确的预测。

小贴士 从数据开始是种习惯

> 上帝说啥我们信啥，其他所有人必须拿数据说话。
> ——戴明[一]

有位职业经理人跟我说，公司除了在行业数据研究领域有专业的分析人员外，其余的计划人员都没有数理统计的背景，言下之意是数据分析能力很薄弱。这是个千亿级的企业，计划人员多年来靠传帮带的方式培养，以数据收集、汇总为主，在需求预测上严重依赖销售、产品和高管的判断。

一谈到"从数据开始"，很多人就联想到数据模型和数理统计。我想说的是，这两者并不是一回事：在数据分析中，数据模型和数理统计只占很小的一部分。对计划来说，从数据开始与其说是数据模型和数理统计，不如说是一种工作习惯：在开口问销售、市场、产品等内部客户，或者不知从哪里开始之前，先分析数据，总结出规律，识别潜在的问题，再找合适的人来确认、判断、调整等。这些分析中，绝大多数任务用简单的加减乘除就能解决，在Excel表中即可实现，不需要懂多少数据模型和数理统计。

看她有点迷惑，我就举了个例子。

有个公司的"双11"备货历来挑战很大，我就找出它的一个主要产品，

[一] 爱德华·戴明的原话：In god we trust. All others must bring data.

指导它的跨职能团队以该产品为例，设计一套"德尔菲专家判断法"[一]，以整合跨职能团队的智慧，群策群力，避免大错特错。德尔菲专家判断法中，一项关键任务是确定专家团队。几个小组的讨论结果出来后，几无例外，列的专家团队都是各个职能的老总、各大客户总监，外加主要的大区、城市的业务负责人。这一看就是漫天撒网：他们有十几个大客户、四个大区和二三十个城市，对应有几十号人，你总不能都找来做判断吧？

就该产品，我分析了这个公司的发货历史，发现在过去三个月里，对两大客户的发货就接近总量的50%，其余30%左右归线上散户（通过App下单）、20%左右归渠道客户。你马上发现，核心的判断人员其实就是两个大客户总监，外加渠道经理和线上业务经理各一名（渠道经理在统一制定政策，策划渠道活动，所以对"双11"备货有一定的判断能力。线上业务也类似，由线上业务经理统一管理）。

大客户的情况则比较复杂，因为那些大客户都是几十亿、百亿级别的企业，业务遍及全国各地，总部与分部之间联系并不一定紧密。大客户总监对应的是客户总部，难以就具体的城市分部做判断。那好，我们就细分到城市层面，结果发现两大客户60%的需求集中在深圳、广州和无锡三个城市，别的每个城市占比都在5%以内。于是，我们就把这三个城市的客户经理纳入专家团队，一个更加有的放矢的专家团队就建成了。

我简单分析了该企业前半年的数据，在大客户、渠道和线上业务中都能看到清晰的波动，在短短几周内，发货量动辄翻数倍。这背后一定有能够显著改变需求的事情在发生，有的是外在驱动，比如大客户自己的活动；有的是内在驱动，比如渠道政策、线上活动等。在历史数据中，稍做分析，比如把发货量按周汇总，做个简单的折线图，就能识别这些大的异动，然后找到合适的客户经理、渠道和线上业务经理，预判未来是否会发生类似的事，就可做出更准确的预测来。

这些都是基于数据分析的，但不需要进行任何数理统计，需要的仅仅

[一] 德尔菲专家判断法在后文会进一步介绍，也可参考我的《需求预测和库存计划：一个实践者的角度》一书，第226～246页。

是看数据的习惯。

有趣的是,在这个案例中,我把上述的分析结果都附在小组讨论的材料里,但绝大多数的小组连看都没有看,就在那里"拍脑袋",凭经验漫天撒网。没有数据支撑,就缺乏针对性;大海捞针,又会浪费掉太多的资源;资源太分散,真正需要聚焦的反倒没有足够的资源投入。

没有人知道得比数据还多。我最早是从一位财务总监那里意识到这一点的。这位财务总监新到计划部门,是个计划的门外汉。不过没关系,他把自己关在办公室里,对着计算机捣鼓了几天,就发出一份又一份报表,告诉计划团队这些产品看上去有这问题,那些产品有那问题,让计划员来调整计划。我一看,我熟悉的那些"问题"产品大都在清单上,除此之外还有一些我不知道,但趋势显示在变坏的产品。这让我意识到数据的强大。是的,对于那一万多个SKU,谁的经验也比不上数据分析,问谁也不如问数据。

计划是个分析型岗位,要改变依赖业务端的反馈,被动反应的习惯。要知道,对于已经发生的,业务端所知的大多是局部的、滞后的;数据分析往往能提供更及时、更全面的信息。就拿我们经常面对的短缺和过剩来说,销售是怎么发现问题的?往往是库存太多或太少,有人反映到销售那边了。但这已经太晚了,如果监控数据,分析客户的订单、发货历史,你往往会提前几周就发现短缺或过剩的端倪。这些其实都不需要多少数据分析能力,需要的是"从数据开始"的工作习惯。

小贴士　从数据里学什么:以发货记录为例

一谈起数据分析,人们经常抱怨的是没数据。就如一位职业经理人说的,公司多年来快速发展,都到千亿元规模了,还是靠"肩扛手拉",从Excel到Excel,没有系统的历史数据积淀,也没有数据模型,怎么办?

其实一个公司数据再少,也不会没有发货数据,否则的话怎么跟客户收钱呢?那我们就以发货记录为例,光从这些发货数据中就能发现很多有用的信息,帮助我们更好地理解客户期望,判断供应链的绩效,识别能力短板。

先看发货数据汇总的时间单元,也就是说,是按周还是按月汇总发货量。在供应链运营上,周是个比月更理想的时间单元,是企业运营管理精细度的体现。管理能力越强,管理力度越大,企业的时间单元就越小,就越可能用周而不是月。试想想,如果以一个季度的需求历史为基准,预测未来的需求,一个季度有3个月,3个数据点能做什么样的分析?但如果分成13周,我们就有13个数据点,数据样本就更大,在数理统计上就更有意义。另外,按月划分,一个季度只有3个控制点,那就只有2次发现问题、解决问题的机会(第三个月的数据出来时,已经没机会改进了,因为季度已经结束了);按周划分,就有13个控制点,意味着有12次发现问题、解决问题的机会。

讲到这儿,可能有人说,我们按天划分,不是数据点更多、更好吗?不过这样做可能分得太细了,需求的"杂音"可能会被不必要地放大,增加了数据分析的难度。比如我在看一个产品的需求历史,以寻找合适的预测模型。按周汇总,该产品呈现明显的下降趋势,尽管数据点只有6个;试着分解到天,就有42个数据点,虽然数理统计上有了更多的样本,但一周里不同日期的需求变动情况被呈现出来,让本来清楚的趋势中,增加了更多的变动性,看上去更像趋势中嵌套着"季节性",分析难度大增(见图1-7)。

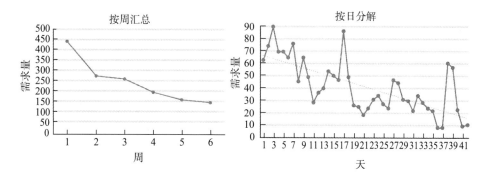

图1-7 需求按日分解,导入了太多的"杂音",增加了分析的难度

对于很多企业来说,每周补一次货,周五送到,以满足下周的需求,

所以按周汇总数据、做分析应该能够满足需要。当然，如果补货频率更高的话，比如每天都补货，那么需求历史就需要按日汇总，在预测每日的补货量时，也就不能忽视一周内的"季节性"。

相反，按月汇总数据，则可能掩盖很多本来不应该被掩盖的"杂音"，造成错误的决策。比如每月需求是 100 个，这 100 个集中在 1 个星期与平均分散到 4 个星期，对供应链的挑战可大不一样。如果按月汇总，我们看不出需求的波动；如果按周分解，需求的波动则能更清晰地反映在数据和统计结果中。

再看客户的期望，以及企业的实际交付能力。你问企业的管理者，客户对我们的期望是什么？大家往往各执己见，就是一笔糊涂账。那好，发货历史可以给你相当可靠的判断：客户订单是什么时候录入的（订单录入日期），客户希望什么时候发货（客户需求日期），我们实际发货是什么时候（发货日期），客户期望就是需求日期与录入日期的差值，录入日期与发货日期之差就是企业的实际交付表现。两者对比，你马上就看得出两者的差距，即客户期望与供应链能力的差距。

那如果客户的期望是 3 天交货，我们是平均 5 天交付，这差距是不是个问题？不一定。有些客户习惯性地"高要价"，比如今天下单明天要货，期待你 3 天后送来，供他们 7 天后用。有的差距却要消除，不能因为你一直不及格，就以为客户可以接受不及格——你可能因此在损失营收。怎么才能知道是否需要消除差距？你当然不用去问销售，发货历史就能告诉你，只要你进行分析的话。

比如对于客户 A，从去年到今年，你的交付表现没有改变，但业务量却在增加——你知道客户的整体业务没增加，那意味着你的份额在上升，也意味着你虽然达不到客户的"期望"，但你的竞争对手可能做得更糟。相反，对于客户 B，类似情况下，你的业务却越来越少，表明你的竞争对手可能做得更好，客户对你更不满意。作为后端的供应链，我们不是生活在前线的炮火中，不大直接接触客户，也对销售的"危言耸听"充满戒心，但佐以这样的数据分析，还是可以相当可靠地判断出发生了什么。

发货数据中还蕴藏着更多的客户信息。比如客户的订货习惯：每周还是每月下订单？是不是接受部分发货？这跟我们的关系可不小：如果是每月订货，而且不接受部分发货，那你就得备更多的安全库存来应对；如果订货频率更高，还接受部分发货，那么你可适当降低安全库存。背后的逻辑是，订货越频繁，需求量就相对越稳定，计划也就越容易做。

订货的频次也反映了客户的运营水平：运营水平越高，订货的频次一般也越高，订货量一般也越平稳，这些更可能是优质客户的体现。而习惯性地给你一个大单子，让你分 N 次送货的客户，就跟那些习惯于大批量运作的企业一样，往往在管理上也更粗放。这类企业呢，整体计划性往往有待提高——如果统计它们的急单比例，你就能够通过数据来验证。

从发货历史中，你还可以分析客户的集中度。摘取一段时间的需求历史，比如 6 个月，按照料号、客户、月份分解，你就能判断，对于特定的料号，是否有客户占了相当大的比例。如果有，这些客户就是"大石头"[⊖]，在进行需求预测和需求管理时就要特别关注，比如积极对接销售，了解信息系统外的信息；紧盯客户的需求变化，及时采取补救措施。在"大石头"的识别上，你得借助数据分析，而不是寄希望于销售，因为他们只知道自己的客户，并不熟悉别人的客户，没法告诉你他们的客户是不是"大石头"。

你还可以从发货历史中看需求的变动性。比如基于 13 周的发货历史，你可以计算每个产品的需求标准差，跟 13 周平均需求值相除，就得到度量变动性的离散系数或离散度。你马上可以看得出，不同料号的变动性大不一样，一刀切的管理方式比如都设置 x 天的用量作为安全库存，导致的结果就是要么多了，要么少了，短缺与过剩并存。你还可以设定一定的规则，比如过去 4 周的平均需求与过去 8 周的相比，上升或下降超过一定比例时，就需要额外关注等。

再看货是从哪里发出去的。比如对某个客户，企业默认是由最近的仓

⊖ 很多料号的需求分散到多个客户，每个客户只占很小的比例，就像一粒粒沙子，其需求变动经常互相抵消。"大石头"客户需求占比较高，一旦需求变化了，对全局的影响较大。

库 A 发货，但货物实际是从较远的仓库 B 发出的，那往往意味着仓库 A 的计划薄弱，没有备足货，造成更高的运营成本。或许有人会说，为什么不是客户需求问题呢，比如仓库 B 的客户调货频率高，每次调货量少，这样好对付，而仓库 A 的客户 3 个月不订货，一订就要 3 个月的量，谁都难应对，所以就不得不向仓库 B 借货，由仓库 B 发出？

那好，我们还是看数据。相同的料号，不同的仓库，计算需求的离散系数，这问题不就有了答案吗？你也用不着去问两个仓库的客服人员或者相应的销售人员，数据就放在那儿，答案就在数据里，你该先看看数据。

要知道，上帝只给了我们一张嘴，却给了两只手，就是让我们在动嘴之前，先动手分析数据。没有人比数据知道得多。如果你从数据中看不出什么，原因很简单，你的分析还没到位，最常见的呢，就是你还没有花足够多的时间来分析。

从数据开始：不但要有数据，而且要有分析

从数据开始，并不是只收集数据，更重要的是分析数据，从数据中发现规律，从而指导后续的工作。这是我从雀巢的一位计划总监的报告中体会到的。㊀

先说数据。雀巢的需求计划把数据分成三个层次：事务数据、计划数据、外来数据，如图 1-8 所示。

事务数据：这是操作层面的数据，比如围绕订单、工单、产品的进出存数据。这是 ERP 里最原始、最基本的数据，也可以说是我们在信息系统中留下的每一个脚印。比如在 ERP 软件 SAP 中，物料的每一次移动——由谁移动，从哪个库位移到哪个库位，都有清晰的记录；客户订单什么时候接到的，什么时候发货的等，也是典型的事务数据。提供完整的事务数据，是 ERP 系统的强项。

㊀ Olivier Gléron. How Nestlé Deployed Predictive Analytics for Better Planning[C]. Business Planning, Forecasting and S&OP Conference, Europe, 2018.

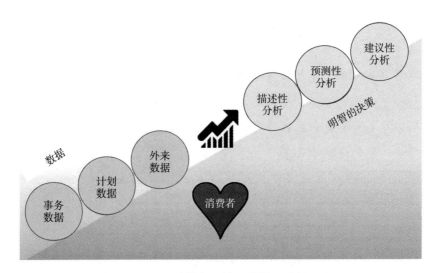

图 1-8 从数据开始 = 数据 + 分析

资料来源：Olivier Gléron. How Nestlé Deployed Predictive Analytics for Better Planning[C]. Business Planning, Forecasting and S&OP Conference, Europe, 2018.

计划数据：事务数据并不能直接用来做计划，而是需要进一步整理、清洗，比如把需求历史按日、按周或按月汇总，按照产品线、产品、SKU分解，剔除其中的一次性需求等之后，就成为计划用的数据，供进一步的数据分析。计划数据也包括主数据，比如采购提前期、最小起订量、供应商等。计划数据的信息来源是 ERP 系统，但往往储存在专门的计划系统里或者单独的数据库里。

外来数据：来自第三方，比如电商平台、销售终端等。这些外来数据更加真实地反映了需求，对计划的价值更高，当然也更难获取。另外，行业性研究、第三方数据也算外来数据。比如在导入新产品前，有些企业会参考行业的研究数据，判断潜在市场的大小以及可能获得的份额，来确定新产品的预测等。

企业大了，没人知道真相，真相在数据里。当然，在测不准定律下，我们可能永远没法知道真正的"真相"。真相是相对的，很多时候，所谓的真相就是多数人认可的真相。**没有共同的数据，就没有共同的真相，也就缺乏协作的基础**。计划数据就扮演这样的角色。

说是"计划数据",其实不光是计划职能用的;每个管理者都在做计划,虽然他们的头衔、职能中并不一定有"计划"二字。比如生产要用计划数据,来规划未来的产能;仓储要用计划数据,来规划仓库的容量;物流要用计划数据,来计划物流费用;采购要用计划数据,来制订采购计划,跟供应商商定价格;财务也用计划数据,来模拟现金流;销售当然也得用计划数据,来预测营收,及时安排促销、活动等。

对于企业来说,一大挑战是有统一的事务数据,因为那是 ERP 系统的原始记录,但没有统一的计划数据,每个职能都各行其是。小企业如此,大企业也不例外。比如有个百亿级的电子企业,总部和各分部用不同的数据,销售、产品、计划和供应链也是各自用各自的数据,财务当然也有自己的数据,数据来源不同,格式不同,鸡同鸭讲,很多时间不得不花在确认数据上,效率低下,沟通起来就很困难。○

解决方案其实很简单:构建统一的计划数据,形成各职能的共同语言。谁来主导?计划职能来主导,而且是总部的计划。就如我们在一家电商做的,计划和财务协作(计划最熟悉 ERP 系统,财务的数据最可靠),基于客户订单层面的数据,建立共同的计划数据库,放到统一的服务器或者云端,让各个职能都来用。

这里的基本假定是,客户订单的数据是真实的,比如订单是什么时候接到的,要什么产品,要多少,什么时候要,价格是多少,什么时候发货的,因为这是向客户收账的依据,是销售、客服、物流和财务部门都依赖的。在这样的原始数据基础上,按照不同的时间、产品、地域、客户维度等切分(就如 Excel 中的透视表),就成为不同职能共用的数据。

在这家电商,计划安排专门的人,每周定期把上一周的数据添加到数据库里,不同职能、总部和门店都用这些同样的数据。从管理的角度看,每周更新,能够满足大多数职能的时效要求。当然,对于日常补货这样的

○ 比如说,销售用接到订单的日期识别需求,物流以实际发货日期识别需求,而需求计划用客户的需求日期识别需求。一个简单的例子是,客户在 2 月 15 日下订单,要 100 个,3 月 15 日要,我们实际是 4 月 1 日发货的。那么,按照上述逻辑,销售把这 100 个的需求归到 2 月,计划归到 3 月,而物流归到 4 月,这些职能沟通起来就很困难。

活动，更新的频率要更高，比如每天，那每次要更新的数据也就更少。

共同的计划数据，不但降低了职能与职能、总部与分部的沟通成本，也减少了原始数据出错的概率，提高了决策质量。在这样的数据基础上，计划人员就跟医生看病一样，先分析已经发生了什么（现状），再分析可能发生的情况（预测），最后提出指导性的建议（行动方案）。这分别叫作描述性分析、预测性分析和建议性分析，它们构成了"从数据开始"中的三大分析。

描述性分析：是什么，或者说已经发生了什么。比如通过折线图，来判断需求历史有没有趋势性、季节性、周期性等特征；借助标准差、离散度、极大极小值等，判断需求历史的变动性。至于说平均值、中位值、众数等，也都是常见的指标，可以帮助我们理解需求量的大小。

预测性分析：可能发生什么。在描述性分析的基础上，借助数理统计模型来预测可能发生的情况，这是数据分析的核心，是对未来的预判。其后的逻辑是需求的延续性、相关性等。比如需求呈现季节性，那就可根据过往数据，预测未来数个季度的需求。值得注意的是，预测性分析是基于数理统计的，比如需求在多大概率下，会落在某个区间。

建议性分析：这是在前两者的基础上，建议的行动方案。打个医生的比方：描述性分析就如"望闻问切"，预测性分析是预判病情的走向，而建议性分析则是开药方。描述性分析着眼于"已经发生的"，预测性分析着眼于"可能发生的"，建议性分析则是回答"怎么办"的问题，为不确定的未来指出一定确定性的行动方案。

作为计划人员，不管是哪一种数据分析，我们都应该是假设驱动，在业务指导下，为解决业务问题而分析，而不是为分析而分析。这也是计划人员与分析人员的一大区别：计划人员一般有业务背景，从业务角度往往已经有假设，数据分析更加有针对性，而很多分析人员虽然IT背景很强，但没有需求预测、库存计划等方面的实际工作经历，结果是虽然分析做了很多，报表一大堆，却不能解决任何问题。

实践者问

一堆数据乱如麻，不知道从哪里下手，怎么办？

刘宝红答

对着数据，做一系列的透视表，按照客户切分，按照地域切分，按照月份、周数切分，按照产品、SKU切分，求平均数，求标准差，统计13周或12月频次㊀，做出折线图，你总会发现规律性的东西。企业数据不会是一团乱麻，企业数据总会有一定的规律性。我们之所以觉得像一团乱麻，十有八九是因为花的时间还不够。

借用诺贝尔经济学奖得主科斯的话，就是**"只要你拷问足够久，数据总会招供的"**㊁。

实践者问

那如何知道数据分析到位了？

刘宝红答

投入足够多的时间，找到规律性的东西，不管谁来挑战你，你都能自圆其说。有了"虽千万人吾往矣"的豪迈，你就知道数据分析到位了。

实践者问

没有准确的数据怎么办？

刘宝红答

没有准确的数据可能让我们预测的准确度降低几个点，但那一般不会造成灾难；"拍脑袋"或者因为没有完美数据就不计划，更可能导致大错特

㊀ 13周频次就是在过去13周里，有需求的周数，在后文还会更详细解释。12月频次同理。
㊁ 英语原文：If you torture the data long enough, it will confess. Ronald Coase, *Essays on Economics and Economists*, 摘自 Goodreads, Goodreads.com。

错。很多时候，预测的目的是避免大错特错，而不完美的数据也能接受。此外，数据不可能完美，不完美的数据也比没有强；分析不完美的数据，也比不分析数据强。

由判断结束，必须要有针对性

数据知道它知道的（已经发生过的），不知道它不知道的（尚未发生的）；对于已经发生的，如果重复性高的话，数据分析能做到精益求精（这也是计划软件的优势），但对没有发生过的，却难以避免大错特错。人正好相反，很难在重复性的事情上做到精益求精，却更可能在不重复的事情上避免大错特错，这就是为什么要"由判断结束"，把数据的智慧和人的判断结合起来。

数据分析天然有集中倾向，因为集中了就会有需求的聚合效应，预测准确度就高；判断天生有分散倾向，因为判断跟具体的客户、渠道、地域和活动相关，企业大了，没有一个人能够同时管理这么多。比如负责大客户的人，往往不管理渠道；管理线下渠道的经理，往往不管线上业务：内容太多，业务特点不同，兼职是做不来的。

但对具体产品来说，往往是既有大客户需求，也有线下、线上渠道，甚至有时候还有项目需求，这就意味着判断可能是分散的，来自四面八方。集中的数据分析，要与分散的判断对接，这是"由判断结束"的一大挑战。

让我们通过一个案例来说明。

💡 案例 分解需求，对接合适的判断者

案例企业的需求相当复杂，主要分三大块：大客户、渠道客户、零星散户。大客户和渠道客户走的是传统的线下业务，是典型的B2B；零星散户走的是线上电商业务，通过App下订单，虽然是小商户，却跟典型的B2C业务很像。线上、线下业务并存，大客户、渠道客户和零星散户对需求的影响方式也各不相同：大客户的需求变动主要由客户驱动，比如客户

自己的促销、活动等；渠道客户和零星散户则主要由案例企业自己驱动，比如渠道政策、线上活动等。

在案例企业的一个主要城市市场，我们确定了一个有代表性的产品，基于过去13周的需求历史（6月9日~9月1日），用简单指数平滑法⊖ 预测该城市未来4周的需求。如图1-9的左图，预测做好了，该城市需求的总预测是每周32个，这算是"从数据开始"，但判断到哪里找线索？我们还是得从数据中寻找线索。

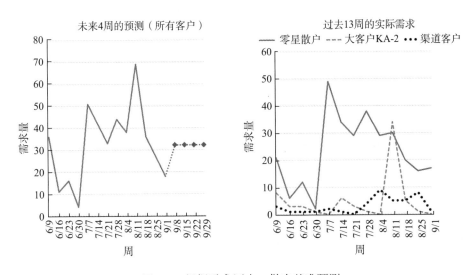

图1-9　根据需求历史，做出基准预测

如图 1-9 的右图，分解这个城市过去 13 周的实际需求，你会发现零星散户、大客户 KA-2、渠道客户占了绝大部分，他们的需求变动会显著影响整个产品需求，造成短缺或过剩。看得出，在过去一个季度里，零星散户的需求有大起大落，很可能是由线上活动所导致的；大客户 KA-2 的需求也有剧烈变动，表明客户那里可能发生了显著改变需求的事。线下渠道不用说，一旦渠道政策改变，需求就可能显著改变。这些驱动因素要么是内在的（比如线上、线下活动），要么是外在的（比如大客户），我们都需要找

⊖ 简单指数平滑法是最常见的预测模型之一，用上一期的实际值和预测值的加权平均来预测下一期，适用于需求相对平稳，没有显著的趋势、周期性的情况。详细内容可参考我的《需求预测和库存计划：一个实践者的角度》，第 20~33 页，机械工业出版社，2020。

到合适的人来帮助判断，在未来几周是否可能出现这样的变动。

顺藤摸瓜，我们围绕这三大块需求，找到相应的能够帮我们做判断的人：负责大客户 KA-2 的大客户经理、负责线上零星散户的电商经理，还有负责渠道的渠道经理。这三个人找到了，把图 1-9 中的预测拿给他们，他们能否做出判断？当然不能，因为我们给他们的是整个产品的预测，而他们各自负责特定的客户、特定的业务。比如渠道经理熟悉未来的渠道政策是否会改变，如果改变的话，会如何影响需求，但他不知道大客户、线上散户的情况；线上散户的电商经理能判断未来线上是否做促销、做活动，但没法判断渠道和大客户的情况。

要知道，销售一般按照客户、地域、渠道等划分职责，每个人知道自己知道的，不知道自己不知道的，所以没法判断整个产品层面的需求。那好，我们把总的预测分解为相应的三大块，如图 1-10 的右图，拿给相应的判断者。这时候，我们谈的是具体的产品、具体的渠道或客户，找的是具体的负责人，"冤有头债有主"，这样才可能得到更具体、更可靠的判断。

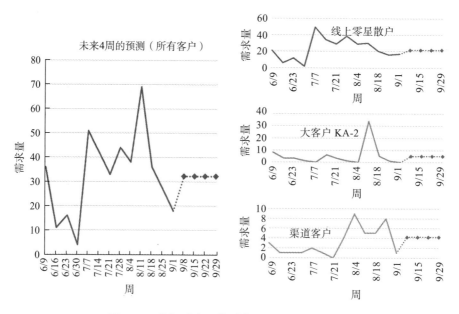

图 1-10　分解需求，找到合适的判断者做判断

那让他们判断什么呢？对于大客户经理来说，他需要了解大客户 KA-2 有没有大的变动，比如是否进行促销、活动等；对于渠道和零星散户来说，他们的需求变动是自己驱动的，比如给渠道返利的政策、线上线下的促销活动等。这里要判断的是增量，即投入多少资源，带来多少额外的新生意。

比如找到负责线上零星散户的电商经理，说这是零星散户过去 3 个月每周的需求，有高有低，最近两个月在下滑，我们的预测是每周 21 个，你觉得这数字靠谱吗？他说"不靠谱"，因为临近季末冲量，他正在计划推出促销活动，希望把营收提高 20%，以完成这个季度的销售目标。那好，针对线上零星散户的预测就变成 21+21×20%=25 个 / 周（四舍五入）。相应地，总预测也由原来的每周 32 个增加到 36 个。依次类推，我们找到大客户 KA-2、渠道对应的销售经理，让他们帮助判断各自负责的部分，从而得到最终的总预测。

就这样，数据分析和职业判断就结合起来了。

在具体操作中，"由判断结束"可以直接调整基准预测，也可以把各项增量单列出来，比如新产品、新客户、促销活动等可能带来的额外需求。直接调整基准预测的好处是简单，缺点是难以跟踪、复盘、改进。管理更精细时，企业会清洗数据，制定基准预测，然后叠加各项增量。这种做法相对复杂，但好处是清楚，便于记录、分析和改进。

比如在表 1-1 中，假定我们基于 1、2、3 月的需求，预测 4、5、6 月的需求为每月 900 个。这是基准预测，是在清洗掉历史数据中的一次性需求后，采用一定的预测模型计算出来的。也就是说，这是重复性业务。但有些能够显著改变需求的事情没有体现在历史数据中，比如 4 月要做促销，5 月计划进入更多渠道，还有 6 月要扩展到更多的城市等。那好，跟相应的市场经理、渠道经理、城市经理对接，纳入各自的判断，就会得到相应月份的增量。

表 1-1　单列各项判断带来的增量

月份	1	2	3	4	5	6
需求历史	1 000	1 200	600			
基准预测				900	900	900
促销				100		
新开渠道					300	
新增城市						200
老总调整				300	300	300
总计预测				1 300	1 500	1 400

当然，作为判断者，他们可不能光给个数字，他们还得讲故事——故事比数字更重要。就拿促销来说，为什么在 5 月带来的额外销量是 100 个，而不是 80 个或者 200 个？这背后一定有故事，比如以前做过类似的活动，投入 x 元的资源，增加了 50 个的销量；这次投入 $2x$ 的资源，增加了 100 个的销量等。这些都得作为附注整理起来，作为后续复盘改进的依据。

基准预测是存量，判断调整是增量，两者相加，就得到表 1-1 中 4、5、6 月的预测。但是，老总可能觉得还不够，想拔高预测，那好，专门给他留一行，把他的数字填进去。就这样，我们得到了最终的预测。

为什么要给每样调整都安排独立的一行？为了冤有头，债有主，一方面好找到相应的人做判断，另一方面在复盘的时候好评估判断的质量，是增加价值，还是制造问题。必要的时候，这也有助于"秋后算账"：渠道经理说 5 月新的渠道会增加 300 个的需求，现在只增加了 200 个，问题出在什么地方，如何才能改进？毕竟，不统计就不知道，不知道就不能改进。

更为重要的是，一旦我们记录下来有据可查，做判断的人就会更加认真，降低了随意性，限制了博弈冲动，客观上也有助于提高准确度。

小贴士　**存量来自数据，增量来自判断**

需求可以分解成两部分：存量和增量。简单地说，存量就是经常性的业务。比如你开了个小饭馆，每天中午大概有 50 人来吃饭，这就是存量。存量一般是有规律可循的，能够通过数据分析获取。增量是变化的部分，比如附近的公司办活动，要多订30份盒饭。增量是在存量基础上的变化，因为发生了显著改变需求的事情。"从数据开始"指的是存量，"由判断结束"指的是增量，两者叠加，构成整体预测。

销售天生对增量感兴趣，因为那跟他们的提成挂钩；对于存量则不一定，因为存量是维持现状，提成也往往已经拿过了。所以，如果你问销售，未来3个月能够卖多少，他往往很难回答。但是，如果你问，未来3个月的需求大概会变化多少，则更可能得到个更好的答案：客户的新工厂要开工了，需求应该上升20%；要过春节了，客户会提前备料，所以下个月的需求会提高30%，节后的一个月会降低40%……

这就如有经验的妈妈，她们很少会问，宝贝，今天你能吃几碗？她们更喜欢问的是，你今天饿还是不饿？很饿还是很不饿？这都是在问增量的问题——存量是不用问的，已经存储在她们的头脑里了，就如需求历史已经存储在企业的信息系统里一样。

在实践中，人们习惯性地拿存量问题来"折磨"销售，浪费掉他们的宝贵资源，他们反倒连增量问题都回答不好了。有些公司有几百上千个销售，每人每月都得针对每个产品"提需求"（做预测），整理几十、几百行数字，把大量的精力花在整理存量信息上，做了很多无用功，反倒没有时间判断增量，需求预测的质量高不高，也就可想而知了。

比如有个公司的计划部来了个新总监，新官上任三把火，要求销售们更好地管理需求，给他们布置的任务之一就是预测那些销量金额大的产品。他的理由很"充分"：这些产品是销售们的"身家性命"，他们当然应该了如指掌；销售对这些产品能否预测好，也是他们需求管理工作的体现。但问题是那些产品的需求相当稳定，我们在公司层面就能很好地预测，驱动供应商生产合适的数量出来，为什么要一个个销售经理来预测？销售关注的是变化的，而不是不变的。这就如你是个老总，部门的大多数事、大多数人你是不用管的——不变的不需要管理，系统、流程和操作层面就能对付。

小贴士 多少数据，多少判断呢

销售是哨兵，打探情报；计划是军师，运筹帷幄。

虽说需求预测是"从数据开始，由判断结束"，但并不是说两者的比重一样。那么究竟多少数据，多少判断呢？这很难清楚地定义，这里只是分享一些个人看法。

总体而言，可重复性越高，数据的成分就越多；可重复性越低，判断的成分就越多。客户、渠道的集中度越高，判断的成分就越多，因为单一客户、渠道的变动可能显著影响整体需求；相反，客户、渠道越分散，需求变动就越容易互相抵消，数据分析在决策中的角色就越重要。

就产品的生命周期来说，越是在产品生命周期的两头，判断的成分就越多；越是在成熟期，数据的成分就越多。一提到预测，人们总是习惯性联想到营销，其实在产品的整个生命周期里，计划在大部分时间处于主导地位，即便在新品上市、老品下架的计划上也是如此。

此外，我们还得考虑行业特性：不同的行业，数据分析和职业判断的比重可能也不一样。

比如在快消品、家电、手机等行业，产品生命周期短，市场竞争异常激烈，市场促销、季节性需求、新老产品交替，给生产与供应带来诸多挑战，需要计划人员更多地与销售、市场、产品等职能互动，这也意味着前端职能的判断比例更高。

而在工业产品行业，特别是MRO[一]领域，产品往往批量小、品种多，料号动辄数以万计，每个计划员需要管理的产品非常多，但只有很少的产品需要借助市场、销售等的判断，绝大多数通过需求历史、装机量[二]等数据来计划。当然，客户定制、项目型需求的重复性较低，对销售端的判断就

[一] MRO 是英文 maintenance, repair & operations 的缩写，即维护、维修、运行，通常是指在实际的生产过程中不直接构成产品，只提供用于维护、维修、运行设备的物料和服务。引自百度百科的"MRO"词条。

[二] 装机量指的是一个产品安装了多少。比如说每架波音 787 上装有 2 只引擎，某国有 57 架波音 787，那引擎的装机量就是 57×2=114。假定引擎平均 4000 小时大修一次，更换相应的备件，那就可以预测相应的备件需求。

更加依赖。

另外，需求越是容易改变，判断的成分也就可能越多。就拿电商业务来说，改变需求的事情很多，比如早晨买流量，中午订单就来了，所以线上业务一般更加动荡，跟业务端的对接也就更重要。同理，产品的竞争力越弱，就越得依赖销售行为，比如打折、促销等，需求预测对业务端判断的依赖度一般也越高。㊀

不过，判断并不等同于"拍脑袋"，判断也是基于历史数据的，无非这些数据往往不以结构化的方式存储在计算机里，而是以非结构化，也就是说经验的方式装在某个人的脑子里。这就容易引申出两点：（1）管理越粗放，信息化程度越低，对业务端的判断就越依赖，表现为啥事都得靠销售；（2）信息化程度越低，经验就越重要，对"能人"也就越依赖——这顺便也解释了迷信的人找人算命的时候，为什么更喜欢找个老算命师，神婆、神汉一般都是上了年纪的人，花白头发的顾问看上去更可信，也是同样的道理。

从数据开始，由判断结束，为什么这样难

从数据开始，由判断结束难不难？不难，如果你是个小公司的话。试想想，如果你开的是个夫妻店，你在前台卖烧饼，你老公在后台烤烧饼，你一眨眼睛，你老公就知道该烤几个烧饼，这样的前台、后台的对接有什么困难？难就难在公司大了，全国、全球运营，后端动辄有几十个、几百个运营人员，前端有几百个、几千个销售人员，他们分布在不同地域、不同时区，操不同的语言，再加上几十个、几百个产品，对应众多的产品管理、市场营销人员，要把前后端有效连接起来，有数据的出数据，有判断的出判断，其复杂度可想而知（见图1-11）。

有趣的是，公司大了，**有数据的职能往往没有判断，有判断的职能往往没有数据**。谁有数据？供应链部门。确切地说，是供应链的计划职能：

㊀ 产品竞争力越弱，需求也就越容易被改变，需要业务端更多地判断，比如竞争对手的举动。这就如身体越弱的人，越容易生病，对医生的依赖度越高一样。

相比其他职能，计划的强项是数据分析，它最熟悉信息系统里的每个角落、每个数据点，清楚地知道这产品上周卖多少，上个月卖多少，去年卖多少，前年卖多少，卖给哪个客户，从哪个仓库、渠道出的货等。但计划远离一线客户，对市场需求的**判断**有限。

图 1-11　不是难，而是复杂，销售与运营的协调流程难以通畅

那谁有判断呢？销售、市场、产品管理等，特别是一线销售。这些职能跟客户、消费者打交道，能较好预判还没有发生的事情。但一线销售的天职是在地上跑，每天敲门谈生意、接订单、要账收钱，要不就是被客户追着要料，被供应链逼着消化库存，外加填写总部要求的一堆又一堆的表格，能有多少时间对着计算机分析数据呢？如果他们整天挂在 ERP 上，我们还不早就喝西北风去了。

这就是公司大了后的挑战：有数据的职能没判断，有判断的职能没数据，这就注定"从数据开始，由判断结束"是个**跨职能行为。但凡跨职能的任务，如果由任何单一职能来完成，得到的注定是次优化的解决方案**。企业的预测准确度低，往往能看到单一职能做预测的影子。而企业的挑战呢，就是在需求预测上没法有效跨职能协作，结果要么是计划，要么是销售单一职能做预测。㊀

层层报批是不是从数据开始，由判断结束

在需求预测上，层层报批是种很常见的做法。就如图 1-12 中描述的，

㊀ 注意，我们讲的"计划"，其实指的是以数据分析为主的职能，它可能在供应链，也可能在营销部门。后文"需求预测汇报给哪个部门"小节中还会讲到。

案例企业是个乳制品企业,在全国有几十个片区,汇总到几个大区,最后汇总到总部。每个月做计划的时候,几十个销售经理滚动预测各自片区未来3个月的需求,分别提交给自己的大区总监;大区总监汇总、调整后,提交给总部的计划;总部计划汇总、调整后,驱动生产和采购执行。

这算不算"从数据开始,由判断结束"?当然不算。

首先,越往片区,数据分析能力越弱,预测的颗粒度越小,预测的准确度越低。片区的销售经理们学历普遍不高,有些人连

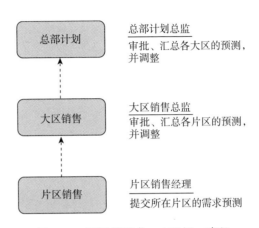

图 1-12 层层提需求,上下级、跨职能博弈,藏着掖着,信息不对称

Excel 都不会用,你不能期望他们做什么数据分析;整天做生意,也没多少时间做数据分析。所以,他们提交的预测,主要以经验判断为主,是"从判断开始,由判断结束"。而总部的计划呢,因为远离客户端,其实是没有判断的。这就陷入没有数据的职能提供数据,没有判断的职能做判断,错误的人在做正确的事,预测准确度注定不高。

其次,层层提需求,层层审批,其实是层层做承诺,注定充满博弈。比如,片区经理们知道,他们提的需求可能成为后续绩效考核的依据,那他们就藏着掖着;大区总监们当然知道下面提交的数据有水分,但究竟有多少却不知道,而他们提交给总部的时候,同样会藏着掖着;总部计划也是如此,藏着掖着做调整,然后给生产、采购。前端的需求职能这样做,时间长了,后端的供应职能肯定也开始博弈。于是,上下级、跨职能的层层博弈下,信息不对称,形成多重需求预测,加剧了部门、公司内部的"牛鞭效应"⊖。

⊖ "牛鞭效应"也叫长鞭效应,指需求变动沿着供应链传递时会层层放大,而且越在供应链的后端,需求的变动越大。对于"牛鞭效应"的成因及应对方案,可参考我的《采购与供应链管理:一个实践者的角度》(第 3 版),第 114 ~ 133 页,机械工业出版社,2019。

要知道，"从数据开始，由判断结束"的本质是消除信息不对称：计划分析历史数据，运用数据模型制定基准预测，拿出来放在桌面上；销售、市场、产品等职能提交活动、促销和新产品导入方案，以及其他可能显著改变需求的变量，评估对需求的影响，放在桌面上；信息对称下，数据和判断相结合，就得到准确度最高的错误的预测。这也是基于共识的预测。如果大家没法达成共识，则申诉到更高管理层。

实践者问

一直以来，公司的计划模式为：计划提出收集需求—业务提交—计划汇总—业务领导根据计划汇总的结果给出总数量调整意见—计划调整然后敲定。按此做出来的计划总被生产和采购投诉不准，如何才能提高准确度？

刘宝红答

这是典型的层层提需求，其实也是计划职能薄弱，退化成打杂职能的表现，只能做点数据收集工作。那么多的业务人员，预测颗粒度那么小，数据分析能力那么弱，其预测准确度可想而知。那么多的烂数字，加到一起会不会互相抵消，东边不亮西边亮？往往不会，因为业务人员受同样的外界因素影响，比如短缺时大家都拔高预测，过剩时大家都降低预测，这些都注定预测准确度不高。

案例　为什么需求评审不是解决方案

有个企业的需求计划由各大区提交，在总部汇总，预测准确度历来不高，造成供应链有很多库存问题。供应链部门就建立了需求评审制度，让总部的营销、市场、财务和供应链等部门评审需求预测。但大区的销售们不满意，认为评审增加了一环，阻隔了销售与生产的有效对接。案例企业就问我，需求评审流程该如何设置。

我说，这里的问题是预测准确度不高，我们得先弄清楚为什么不高，然后看总部的需求评审是不是合适的解决方案。如果是的话，再探讨需求评审应该怎么做，由谁做。

预测准确度低，要么是因为缺数据，要么是因为缺判断。前者是历史数据分析不足，后者是业务端的判断没有整合进来。我问案例企业，你们究竟是缺什么？答曰"两者都缺"：（1）虽说有专门的需求计划，但只是简单地将销售的目标分解，收集各个大区、城市的需求数据，汇总后给供应链，基本上没多少数据分析的成分；（2）虽说需求计划归销售部门，但与营销的对接却是形同虚设，促销活动、上新计划、竞品信息等很难有效整合到需求预测中。

我继续问，那在总部设立综合评审，究竟价值何在？具体地说，综合评审能增加数据吗，能增加判断吗？答曰：综合评审中，供应链会看需求历史，来判断需求计划是否靠谱；总部的营销、产品管理等做相应的判断，评判需求计划的合理性。

这就有两个问题：（1）该企业的促销、上新计划等显著改变需求的决策，主要是在大区层面做出，总部的营销其实不熟悉，也就很难做出有效的判断；（2）即便供应链和总部的营销、产品管理等认定需求预测不合理，也已经太晚了，因为需求预测报到总部，留给需求评审的也就一两天时间，根本来不及让大区层面重新做预测——生产线、供应商都在等着用下个月的计划呢，耽误生产的责任谁都担当不起，供应链最后也只能妥协，无非出了问题后拉总部营销、市场一起免责罢了。

所以，总部的综合评审在预测准确度上价值非常有限，反倒在需求预测流程中增加了一环。大区的销售当然清楚这一点，这不，已经在挑战综合评审的价值。而供应链呢，以为评审流程效率低，没有意识到或者不愿意承认，综合评审本身并不是解决方案。

解决方案呢，还是要回到"从数据开始，由判断结束"上：在哪个层面，数据和判断能够最佳对接，如何对接？在案例企业，大区是最佳的对接点：每个大区有计划经理，可以做该区的数据分析，套用合适的预测模型，制定基准预测；每个大区有销售、市场等职能，制订本区的促销方案、上新计划等，预估相应的增量。两者结合，就在大区层面，得到了准确度最高的错误的需求预测。

等各大区的预测整合到一起，在总部做综合评审时，可以根据公司层面的市场计划、业务目标等进一步调整，但这样的调整应该是微小的，如果有的话。对于总部的供应链来说，更重要的是从供应的角度，来确认供应计划能否满足需求计划，而不是再做数据分析，重复需求计划应该做的，来判断预测是否准确。毕竟，要数据，供应链不如需求计划多；要判断，供应链不如营销、市场多。他们何德何能，能够判断预测的合理性，提高预测的准确度呢？

案例企业的供应链还是半信半疑：不让我评审预测的准确度，最后那么多的库存我怎么能负责？答案是你负责不了。要知道，库存多，是因为预测准确度低；预测准确度低，那是因为做预测的时候，信息不对称，跨职能博弈，数据分析与职业判断未能有效对接。预测准确度低，作为需求计划，就面临两种选择：如果保守（虚低），短缺的话销售会找计划算账，因为客户要的货没有，计划得负主责；如果激进（虚高），供应链会因库存过剩招来抱怨，但需求计划可以把责任往大区的销售、市场和客户头上推（谁又能把客户怎么样！）。两害相权取其轻，这就是为什么预测会虚高，供应链上放着一堆又一堆的库存。

对于供应链来说，建立总部的综合评审机制，更多的是减轻自己的压力：你们都是审批过的噢，库存高了，人人有责，所以财务不能每三天来一次，逼着供应链降库存；销售、市场、产品也不能抱怨，说为什么老产品的库存这么多。你看，"从数据开始，由判断结束"的根本问题没解决，预测准确度不高，组织博弈就成了预测中的重头戏，大量的精力都花在免责游戏上了。

给供应商时，采购能不能调整预测

这里说的调整，是指采购对预测的准确度或者供应商的交付能力不放心，因而调整预测的数量或时间。比如计划的预测是 100 个，月底要，采购拔高到 120 个，让供应商 25 日就交过来。这样做行吗？答案是不行，如果这个需求预测已经是"从数据开始，由判断结束"，准确度已经是最高了的话。

打个比方。假定需求预测是每周 100 个，采购担心供应商产能不足，就加码 20%，供应商会不会知道？当然会，因为实践是检验真理的唯一标准：供应商按照 120 个来准备，结果订单只有 100 个，你不用是个 MBA 也知道发生了什么。那以后供应商会怎么办？打折。打折的话，采购会不会知道？当然会：我订了 100 个，你只能供应 80 个，这不明摆着打八折了嘛。作为反制措施，采购就加更多的码，而供应商就打更多的折；你打更多的折，我就加更多的码。博弈的结果呢，就是导入很多不确定性，而对于不确定性，供应链的自然应对就是加库存、加产能。

采购与供应商这么博弈，计划与采购、销售与计划、客户与销售也是这么博弈，你会发现，供应链上至少有四重博弈。四重博弈的结果呢，就是四个需求预测，而最多只能有一个是正确的，那就注定至少三个预测是错的。错误的结果呢，就是库存过剩或者短缺。更糟糕的是，这种博弈导致需求变动沿着供应链层层放大，形成"牛鞭效应"，如图 1-13 所示。要知道，"牛鞭效应"是供应链的大敌，导致短缺与过剩轮番出现。人类一思考，上帝就发笑：职能与职能、公司与公司之间的相互博弈，导致的多重预测和牛鞭效应显然属于此列。

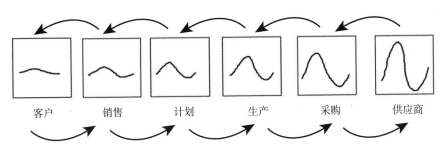

图 1-13　层层博弈，势必助长"牛鞭效应"

数量上博弈如此，时间上博弈也是如此。比如我们把需求日期提前，但到时候供应商准备好了货，我们却不让交货，除了给供应商带来库存问题外，势必刺激供应商跟我们博弈，让我们的需求日期失去严肃性，系统增加了供应的不确定性，而供应链的自然应对就是增加安全库存，整体库存又上去了。

多重需求预测是个大问题。企业的管理能力越薄弱，多重需求预测的问题越严重。销售与运营计划（S&OP）的一大目标是"同一个计划"，即消除多重预测，驱动从销售到计划再到供应链执行的协同。我们经常说的"供应链协同"，就是围绕"同一个计划"的协同。否则的话，多重预测下，就如销售念的是佛经，计划念的是圣经，采购念的是道德经，大家都念不同的经，怎么能协同呢？

多重预测下，企业就面临可能被"乱棍打死"的困境。要知道，企业做生意的本质体现就是需求预测，"从数据开始，由判断结束"，这个凝聚了前后端最佳智慧的数字赢面最大。对于企业来说，你是希望"被一根棍子打死"，还是"死于乱棍"？你的选择当然是不死，但果真要死的话，死在一根棍子下当然要比死于乱棍好，至少你知道是死于哪根棍子之下。多重预测下，很多企业习惯性地处于可能被乱棍打死的境地，总是一笔糊涂账，最后都不知道问题出在哪里。

采购调整预测是件很糟糕的事：更加远离需求源，采购论数据不如计划多，论判断不如销售多，何德何能比计划、销售预测得更准？但是，计划给的预测虚高，供应商已经吃过 N 次亏了，前年的呆滞库存还没处理掉呢，不调整行吗？是啊，你明知按照计划的指令，往前走会掉到坑里去，而且已经掉进去 N 次了，那你当然要调整。作为采购，你怎么调整呢？把需求历史调出来，根据过往的需求来打个折，或者加个码。得，这不就是计划应该做的数据分析吗？

这里的根源呢，是在很多企业里，销售"提需求"，而计划职能薄弱，简单汇总起来就给采购和供应链，只起个传声筒的作用。看得出，这需求预测不是"从（计划的）数据出发，由（销售的）判断结束"，而是销售"由判断开始,由判断结束",习惯性地使预测虚高。因为缺了"从数据开始",采购调整预测,其实是在弥补计划的不作为。

这儿或许有人会说,我们是严格遵循"从数据开始,由判断结束"的,相信得到了"准确度最高的错误的预测"。但这个预测一到采购的手上,鉴于人之常情,不做点调整就发给供应商的话,好像自己没有价值一样。那好,解决方案就是信息化,比如通过电子商务,把预测通过系统直接发送给供应商,甚至供应商的供应商,避免每个环节的人工调整。这都是在消除信息不对称,减少组织之间的博弈。

实践者问

供应商要预测,给还是不给?给的话,要承担风险。

刘宝红答

不给的话,供应商要么被迫自己做预测,但因为更加远离需求,预测准确度更低;要么不见兔子不撒鹰,最后造成更多的问题,还是会影响到采购方。不愿承担任何风险,崇尚空手套白狼的做法不会长久。

实践者问

在缺少契约精神、蔑视规则的环境下,怎么办?

刘宝红答

如果你足够强大,能改变规则的话,那就改变规则;否则的话,你八成得继续原来的博弈——毕竟,那是既定能力下的理性选择。比如作为供应商,你的胳膊足够粗,而客户端的预测经常虚高,那你可以让客户下订单,由他们自己承担预测的风险;如果你的产品竞争力强,你也可以淘汰那些劣质客户。如果你是采购方,则要尽量约束内部客户和供应商,减少博弈。

小贴士　没有预测，意味着有多个预测

预测是跟不确定性打交道。当不确定性很高时，比如新产品、新项目、新客户，预测的准确度低，对口职能往往迟迟给不出预测。给不出预测，并不意味着没有预测，相反，这意味着有 N 个预测。因为无预不立，每个职能都得基于预测来行事：生产需要预测来准备产能，采购需要预测来跟供应商定价，财务需要预测来做预算。这 N 个预测注定不同，给跨职能、跨公司的沟通造成诸多问题。

对于管理粗放的企业来说，表面的挑战是没有预测，实质问题则是预测太多——不确定性太大，企业没有预测，每个职能都在自己做预测；有预测而不信任预测，各个职能会制定自己的预测。这都造成多重预测的问题。这就如没有真相的时候，人人都觉得自己掌握的是真相，也正是谣言满天飞，难以形成共识的时候。多重预测，也是最原始的预测模式。解决方案呢，就是"从数据开始，由判断结束"，对接前端的销售和后端的运营，制定准确度最高的错误的预测。

"平时"与"战时"：两类典型的需求预测问题

根据不确定性的大小，我们可以把预测分为两类情况，如图 1-14 所示："战时"的不确定性大，要避免大错特错；"平时"的可预见性高，要追求精打细算。

"战时"指不确定性很大，历史数据很少甚至没有的情况，比如新产品上市、"双 11"备货等。没有太多可参考的数据，人们就习惯于找专家判断，让销售、市场、产品经理等"拍脑袋"，容易出现大错特错。一个解决方案呢，就是德尔菲专家判断法：群策群力，整合跨职能、跨阶层的最佳判断，提高首发命中率，**避免大错特错**。

"平时"指历史数据较充分，需求的可预见性比较高的情况，比如成熟产品的需求。企业的大多数业务属于此列，但管理者的注意力集中在第一种情况，此类业务就交给基层人员，凭经验计划，这是另一种形式的"拍

脑袋"。对于解决方案，我们要借助数据模型和数理统计，**精打细算、精益求精**，以求交付和库存周转的最优化。

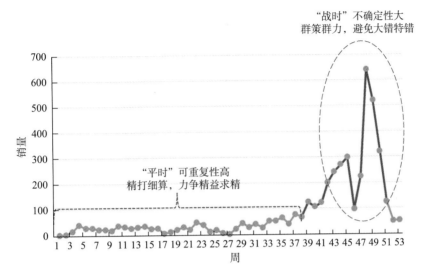

图 1-14 "平时"与"战时"两类不同的预测问题

需求相对稳定时，选用数据模型来精打细算

先说个哲学性的话题：为什么可以预测？我们之所以能够预测，是基于：(1) 时间序列的**延续性**（也叫连贯性）；(2) 变量之间的**相关性**（也叫类推性）。也就是说，发生过的跟尚未发生的有某种关系。

当需求的不确定性很高时，不管是延续性还是相关性，我们都不容易量化。但是，我们的头脑是最复杂的"AI"系统，能够建立变量之间非线性、难以描述的联系，这就是凭经验、"拍脑袋"。我们找有经验的人，就是因为他们的头脑里沉淀有更多的数据，他们的脑细胞也更可能让他们建立起这样的联系。

当需求的不确定性低时，特别是有了一定的需求历史后，历史与未来的延续性、相关性更容易建立，反映在一些简单而实用的模型中，这就是我们这里要讲的数据分析和数据模型。计划者的任务，就是找出和应用这样的关联性（预测模型），对未来做出预判，指导供应链执行来提前准备。

相关性指变量之间存在的关系，可以类推。比如促销预算越高，买的广告、流量越多，产品的销量一般也会越高；预售期卖得好的产品，正常销售一般也会卖得好；在试点区卖得好的产品，在所有区域也会卖得不错。我们常说不怕不识货，就怕货比货，这"货比货"就是基于相关性，在数据有限的情况下，比如新产品的预测中，扮演重要角色。小步快走、尽快纠偏，也是通过有限时间、有限客户的需求，来推断整体的需求预测，其后的逻辑也是相关性。

你现在知道了，让营销判断，其实是借助他们以往的经历，比如以前做促销的时候，花了多少钱，买了多少流量，卖掉多少产品，来判断这次花多少钱，能卖多少货。这不是单纯地"拍脑袋"，这也是以数据分析为基础。试想想，每次做活动、要预算的时候，营销也得拿出点数据给老总，来证明为什么要100万元而不是60万元的预算。用得比较多的逻辑呢，就是相关性。

对于相关性，我们常用的模型就是线性回归法，即变量之间存在一定的线性关系，线性回归根据变量的多少又分为一元、二元、多元线性回归。线性回归听上去很高大上，其实我们每天都在用：投入多，产出就多，就是基本的线性回归思路。线性回归涉及一些基本的数理统计，在我的《需求预测和库存计划：一个实践者的角度》一书中有详细的描述（第57~77页），这里就不再重述。

延续性体现在时间序列中，就是呈现一定的模式（见图1-15）：（1）趋势——随着时间发展，需求呈现上升或者下降的趋势；（2）周期性——需求呈现交替性的波峰、波谷，季节性就是其中一种；⊖（3）随机变动——在外界因素的影响下，需求展现出忽高忽低的变化，但整体上平稳。

如果只看图1-15中的实际值，我们是很难预测未来需求的。但当我

⊖ 比如经济周期下，需求随之增长或降低。季节性是在一段时间内的规律性变动，而周期性往往没有固定的起止时间。要注意，季节性虽然有"季节"两字，却并不一定非得在一年内才能体现。在餐饮、零售、电商等行业，一周内的业务也会呈现"季节性"变化，比如某些天的需求会比别的天高。

们把其中的趋势和季节性分解出来以后，就找到了数据中的大部分规律：趋势是可以预测的，季节性也是。⊖剩余部分就是残余，亦即趋势和季节性数据模型没法解释的部分，我们把它归因于随机因素，一般依赖安全库存、供应链执行来应对。

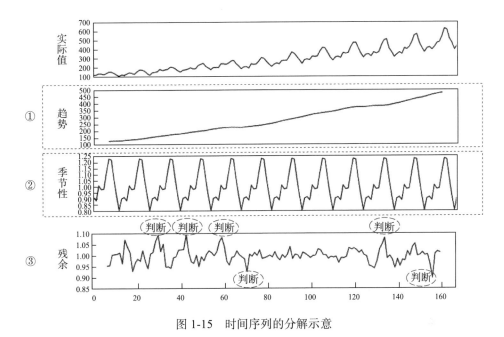

图 1-15 时间序列的分解示意

这些随机变动中，真正可能"害死"我们的是那些为数不多的波峰、波谷：前者可能造成短缺，后者可能导致过剩。说是随机，其实很多波峰、波谷不是随机产生的，而是因为发生了一些能够显著改变需求的行为，有些是客户驱动的，有些是我们自己主导的，有些由竞争对手导入——当我们不知道背后的驱动因素的时候，就把它们归之为"随机"。这就需要销售、产品、客户端的判断，对那些没发生但有可能发生的促销、活动、产品切换、市场竞争、政策变动等提前预判，完成需求预测的"由判断结束"。

看得出，对于这样的时间序列，大部分的预测工作通过数据模型即可完成，只有很少的部分需要判断。在需求计划薄弱的企业，计划往往没有

⊖ 我们也可以用 Excel 来分解数据。这里是一份英语的介绍：Time Series Decomposition Using Excel，https://www.searchlaboratory.com/us/2013/09/time-series-decomposition-using-excel/。

能力提取需求历史中的规律性部分，于是就不分青红皂白地依赖一线销售提需求，耗费了一线的大量资源，反倒让一线没法聚焦那些真正需要管理的内容。结果就是既做不到"从数据开始"，也做不到"由判断结束"，预测准确度低下也就不难理解了。

对于图 1-15 中的随机变动、趋势和周期性，我们有相应的预测模型，下面予以简单介绍。

当需求没有明显的趋势、季节性的时候，我们认为变动主要是随机的，可以用**移动平均法**和**简单指数平滑法**来预测。这是两种最简单，应用也最广泛的预测模型，特别是后者。

移动平均法就是用过去一段时间的需求，求平均值，作为下一期的预测。当每期的权重相同时，叫简单移动平均法；当权重不同时，就叫加权移动平均法。比如用简单移动平均法按照 3 个月进行预测的话，7 月的预测就等于 4、5、6 三个月需求的平均值。这里的关键是：究竟用多长的需求历史？这是移动平均法的择优，一般用复盘的方式来确定。比如我们已经知道最近 13 周每周的实际需求，我们可以用更老的需求历史，来复盘预测过去 13 周的需求，看 3 周移动平均的误差最小，还是 6 周或 8 周，等等。具体的操作，以及如何计算预测误差，评估预测准确度，在我的《需求预测和库存计划：一个实践者的角度》一书中有详细的描述（第 13 ~ 17 页）。

简单移动平均法假定每期的需求历史占比相同。这并不一定对，因为直觉告诉我们，最新的需求历史往往更有参考性。这就衍生出加权移动平均法，比如上一期的权重是 30%，倒数第二期的为 25%，倒数第三期的为 20% 等，所有权重加起来等于 1。至于权重如何分配，这又是模型择优的任务，可通过计算不同权重分配下的预测准确度来确定。

你马上发现，看上去很简单的移动平均，其实要用好的话，一点也不简单：我们得确定用多长的需求历史（也就是我们通常说的，多长的需求历史有代表性），我们还得确定权重分配。在实际应用中，很多企业都是靠经验，选定一定时长的需求历史，要么简单平均，要么加权平均，当然是有优化完善的空间的。

我们接着介绍的**简单指数平滑法**，其实是一种特殊的加权平均法：权重以几何数级衰减，越近的需求历史权重越大，越远的权重越小。究竟权重多大，衰减的速度多快，取决于平滑系数。该系数介于 0 ~ 1，取值越大，最新需求历史的权重越大，预测模型越灵敏；取值越小，权重的衰减速度越慢，预测模型也越稳定。

在操作上，简单指数平滑法只用两个数据点：上期的实际值、上期的预测值，下期的预测是这两个值的加权平均。这逻辑就如踢足球：如图 1-16 所示，作为防守队员，你得预测下一步往哪儿跑——你是由预测驱动的，这取决于球现在停在哪里（上一期的实际值），以及你现在停在哪里（上一次的预测值）。有两个极端：一个是球跑到哪儿你就跟到哪儿，也就是百分之百地用上次的实际值作为预测值（平滑系数=1）；另一个是不管球在哪儿，你按照你的老战略，也就是百分之百沿用上次的预测（平滑系数=0）。你知道，两个极端都会让你输得很惨，你得在两者之间寻求平衡，这就是简单指数平滑法的择优，通过选择合适的平滑系数来实现。

图 1-16　简单指数平滑法的逻辑就如防守队员的防守逻辑

跟移动平均法的择优逻辑一样，我们一般用复盘的方式，摘取一段有代表性的需求历史，用更老的数据来复盘预测，计算不同平滑系数下，每种简单指数平滑法的准确度，选择预测准确度最高，也就是预测误差最小的方法。

简单指数平滑法听上去很玄妙，其实操作起来很简单，自20世纪50年代发展起来以后，已经相当成熟。我们这里不再赘述方法论本身，我想说的是，为什么简单指数平滑法那么重要。

简单指数平滑法好，是因为逻辑上它更符合实际情况，比如越近的需求历史越有参考价值。这很重要，意味着它能更快地捡起新近发生过的事，及时更新预测。比如销售在前端做促销，但没有告诉你，而简单指数平滑法一看昨天的需求高了，就建议你今天多补些货过去。再比如你的生产线上昨天有个关键备件坏了，这种备件很少坏，属于典型的长尾，而它现在坏了，可能意味着这批设备开始老化，相应地，简单指数平滑法会把这个信号及时纳入预测中，提醒你得注意多备货了。

简单指数平滑法好，还因为它"简单"：只需要平滑系数一个参数即可。我们通过调整平滑系数，就可优化预测模型。比如业务变动大的时候，平滑系数就更大；业务比较稳定的时候，平滑系数可取更小的值。整体上，这一方法比移动平均法的预测准确度更高。

或许有人会问，既然有"简单"指数平滑法，那就也有"不简单"的指数平滑法了？是的，这就是我们接着要介绍的霍尔特模型、霍尔特–温特模型——分别来预测趋势、趋势加季节性的模型。

我们知道，简单指数平滑法适用于没有明显的趋势、没有明显的季节性的情况。因为如果有的话，简单指数平滑法就会有系统性的偏差，比如需求有增长或下降趋势时，简单指数平滑法会一直偏低或偏高（移动平均法也是）。

时间长了，需求往往会呈现一定的模式，不再光是随机变动。比如你开了个新店，或者导入了新产品，随着时间推进，口碑越来越好，业务呈现一定的上升趋势；再比如很多业务有一定的季节性，这时就需要更合适的模型来预测。

当时间足够长的时候，季节性的因素就往往不可避免。这个世界上，很难找到没有季节性的需求。有的是自然因素驱动，比如寒暑易节，热饮冷饮的业务交替变化、电力消耗、煤气消耗的变化；有的是人为因素驱动，比如季度考核导致季末冲量，6·18、"双11"等大促销。甚至连有些政府项目也有季节性：前半年走流程，审批预算；后半年做项目，突击花钱。

作为应对，霍尔特模型增加了一个平滑系数，来对付趋势问题；霍尔特 – 温特模型增加了两个平滑系数，一个应对趋势，一个应对季节性问题。

指数平滑法非常强大，还在于其**自适应性**。比如就趋势来说，我们可以用线性回归找出一条直线来模拟，其斜率是固定的，比较僵化；在霍尔特模型里，斜率本身是可调整的，我们用一条折线来模拟，拟合度自然要比一条直线高，预测准确度也更高。再比如我们常用的季节性模型中，季节性因子的权重是固定的（四个季度的权重加起来是1，但每个季度的权重是不变的）；霍尔特 – 温特模型中，我们有专门的平滑系数，来动态调整季节性因子，这都让模型的拟合度更高，预测准确度也更高。

现在，我们在指数平滑法体系内，有了三类模型，能对付我们遇到的大部分需求预测问题，不管是随机变动，还是趋势性变动，或是季节性变动。⊖ 我们还可以调整相应的平滑系数，让这些模型更好地匹配实际业务。这也是为什么在预测领域，**指数平滑法是应用最广的方法**，没有之一。在每一种计划软件里，你都能看到指数平滑法的影子，而且是主要的背景算法。人工智能、机器学习，也都离不开指数平滑法。

对于规律性的东西，没有人知道得比数据还多。借助这些常用的预测模型，我们可以发掘数据中已知的规律，在预测上精益求精，优化交付和库存周转。当然，预测方法深似海，这里只是点到为止。更多的细节，比如指数平滑法的初始化，平滑系数的择优，实施中要注意的问题等，可参考我的《需求预测和库存计划：一个实践者的角度》一书。

此外，我还想强调三点。

其一，在预测方法上，**简单的模型往往比复杂的更有效，你能懂的模型往往强过你不懂的**。这里提到的移动平均法和指数平滑法，应该能够对

⊖ 需要补充的是，指数平滑法是一个体系，可归纳为12种方法。这12种是由两个维度组合而来的：一个维度是趋势，另一个是季节性。趋势细分为4种：没有趋势、线性趋势、衰减趋势、指数增长趋势。季节性分为3种：没有季节性、叠加型季节性、乘积型季节性。4×3，就得到12种组合。这里讲的三种是最早发展起来，也是最为常用的三种，主要由卡耐基·梅隆大学的霍尔特教授和他的弟子温特发明。

付我们遇到的绝大多数问题。如果有人一开口就是傅里叶变换、机器学习、神经网络什么的，你得非常谨慎才对：那些都很重要，但它们更多的是喂饱你的第五个包子，你得先把简单的四个吃了。要选择合适的模型，避免系统和组织的两层皮问题：你没法理解的，就不会信任；不信任的话，就不会去用。

其二，预测模型要优化。优化本身并没有听上去那么难，一般是通过复盘，选择准确度更高的模型，Excel 表里就可以做，关键是要做起来。这是计划职能可以独立控制的。对很多企业来说，通过简单的优化，把预测准确度提高几个百分点并不难——在预测方法的择优上，这些企业就如从没吃过药的原始人，只要给他们颗阿司匹林，就会有效果。可不要小看这几个百分点，那可能意味着几个百分点的净利润。

其三，预测模型知道它们知道的，不知道它们不知道的，所以一定要和职业判断相结合。请相信直觉：**如果模型的结果看上去不对，它十有八九是错了**。这是因为数据可能有问题，公式可能会套错，参数可能会选错，特别是在刚开始用模型的时候。业务和专业经验不可替代，这就是为什么不能光靠计算机来做计划。

|实|践|者|问|

能把那些公式给我们，让我们写到程序里，来预测和补货吗？[一]

|刘|宝|红|答|

公式没什么特别，比如指数平滑法都是半个多世纪前的研究，从理论上讲相当成熟，也不难。要说难，难在两个方面：（1）数据模型的结果很大程度上取决于数据本身的质量，而数据清洗这样的事，没法完全交给公式或计算机；（2）数据模型完全依赖数据，知道它知道的，不知道它不知

[一] 这是一个电商公司的老总的问题。他的公司能做到每年几个亿的营收，已经有了相当大的规模。他和团队主要有计算机背景，所以想以计算机的方式来对付计划问题。我跟他讲，这些公式就如计算机语言、机械设计原理一样，本身并没有多少玄妙之处，真正的挑战是怎么用，这取决于数据质量和使用者的数理统计能力。

道的,即缺少了判断的成分。就这样,光靠公式,"从数据开始"有点勉强(因为数据清洗工作等欠缺),"由判断结束"则完全做不到。你知道,这样的计划结果不会理想。

对于上面介绍的简单指数平滑法、霍尔特模型、霍尔特-温特模型等一系列时间序列预测法,大家都可以到一个网站(https://www.real-statistics.com/free-download/)上下载成套的模板和公式。这个网站是Charles Zaiontz博士开发的。这个人堪称极客般的存在,能把复杂的数理统计解释得非常清楚。

小贴士 计划软件往往优于人工,为什么不被采用

我接触过几个软件公司,都是开发计划软件的。它们有的基于数理统计,提供多种预测模型以供择优选用;有的基于人工智能,通过机器学习,为需求预测和库存计划提供独特的解决方案。这些软件都远非完美,不过整体而言,要比一帮计划员"拍脑袋"、各行其是强。但是,很多企业就是不愿采用,或者即便实施了计划软件,实际工作中还是在Excel中手工做计划。

我想主要有以下几个原因。

其一,计划软件没法有效应对大错特错,比如上新、促销、需求变动等造成的预测准确度太低的问题。我们知道,一个好的预测是"从数据开始,由判断结束":好的软件系统可以帮助我们精益求精,做好基准预测,解决好"三分技术"的问题,完成"从数据开始",但"七分管理"的问题,比如销售与运营协调,由销售、市场、产品端提供判断,更好地调整基准预测,却并不是软件能够解决的,所以没法"由判断结束"。

计划软件的特长不是帮你打通跨职能壁垒,促进跨职能协作,而是帮你精益求精,把那些主要是数据驱动的计划做得更好。我们用错误的标准来衡量计划软件,当然会得到错误的结论。对于软件开发者来说,如果定位不清,把大量的精力花在解决组织、流程问题上,八成是浪费资源,在

对着错误的那棵树汪汪叫[一]。上帝的归上帝，凯撒的归凯撒：软件开发者要聚焦软件功能，应对数据分析，组织、流程问题是实施顾问们要对付的。

对于有些企业来说，因为整体运营实在粗放，还没有到精益求精的地步，它们其实没有能力上这样的计划软件，我倒是建议它们更多地发力组织、流程，促进销售与运营之间的协作，这样投资回报率或许更高。也就是说，先是组织流程，解决"七分管理"的问题；后是软件系统，改善"三分技术"的问题，如果不得不分先后顺序的话。对很多企业来说，改善计划的第一步不是上软件系统。用 Excel 也能做出不错的计划，如果"七分管理"的问题解决了的话。当然，"七分管理"做到了，避免大错特错的目的达到后，进一步就是追求精益求精，软件系统就不可回避。

其二，软件往往不能显著降低整体的库存水平。很多计划类软件把降低库存作为一大卖点，其实并非如此：好的计划软件一般会降低库存，但整体降幅往往并不显著；计划软件的更大价值在于改善库存结构，把合适的库存放在合适的产品上，在适度降低库存的同时，系统提高服务水平。让我们拿健身减肥来打比方说明。

跟健身减肥一样，库存控制分三个阶段。在初级阶段，库存很高，但客户要的没有，就如一身肥肉，都长在错误的地方——肚子上，结果是高库存、低有货，这是很多公司的起点。然后开始健身，整天跑步、举铁，一段时间下来，上秤一称，很失望地发现，体重并没多大变化，甚至增加了。想想看，整天锻炼，胃口更好了，吃得更多了，体重能减轻吗？但是，你也会注意到，你的身体更加匀称，肉长到合适的地方去了。这就到了高库存、高有货阶段。那就接着练，对自己更"狠"点，改变饮食结构，生活更节制，一点点把那些肥油给练下来，肌肉更多了，体重也下来了，这就到了低库存、高有货的第三阶段。

在这个三阶段"健身减肥"过程中，计划软件通过提高预测准确度、设置更合理的安全库存，把合适的库存放到合适的产品上，改善了粗放经

[一] 这是英语里的一句俚语，大意是选错了重点。原文 barking up the wrong tree：以前打猎，猎狗把猎物赶上了树，却认错了树，对着错误的树汪汪叫。

营下，过剩和短缺并存的情况。可以说，计划软件主要在做第二阶段的事，实现高库存下的高有货。那怎么才能到达第三阶段呢？这就得回到库存的三大根源：周转周期、不确定性和组织行为，通过缩短周转周期来降低周转库存，减小需求和供应的不确定性来降低安全库存，以及改变组织行为来降低多余库存，这些我们在后文还会详细阐述。这需要营销、生产、采购和供应链的整体协作，更多的是个执行问题，而非计划和计划软件能应对的——计划软件更多的是准确地量化，但不是改变这些库存的根源。

其三，系统和组织两层皮，计划人员不愿放弃控制。这有点费解，简单地说，就是软件虽然很好，但由于各种因素很难用，计划的结果不可靠；或者其中的逻辑复杂，计划人员没法理解，不理解就不信任，不信任就自然不用。两者都导致系统和组织两层皮，即便上了计划软件，计划人员还是我行我素，继续在 Excel 表上做"道场"，计划软件就沦为上载计划结果，跟 ERP 对接的接口。

要知道，凡是计划软件，如果要得到可靠的结果，都要求清洗数据，比如把那些没有重复性的或者有错误的数据清理掉。这很费事，要做好的话，会占用相当多的时间。很多企业没有决心，也就没有资源把这事儿做好，结果就是"垃圾进"，注定也是"垃圾出"，对于计划软件的建议，计划团队当然不信，自然也不会去采用，软件系统就成了摆设。这是系统和组织两层皮的原因之一。

另一个原因呢，就是软件中的很多逻辑，比如预测模型的原理和择优，计划人员根本就不理解。数理统计虽然客观，但冷冰冰，很少有人真正理解。对于自己不理解的，我们自然没法信任，会感觉失控。人是追求确定性的，不光是结果的确定性，更重要的是过程的确定性，这都导致软件不被使用。

再加上设计这些逻辑的人呢，往往是一些 IT 背景的。我不想冒犯 IT 人员，但这真的不是他们的专长，他们只能生搬硬套一些公式。计划人员虽然不懂这些逻辑，但一眼就能看出，软件系统做出的计划并不靠谱，当然就不会去用了。在一个新零售企业，IT 系统建议的采纳率不足 30%，我们也不能抱怨业务人员不采纳。这种情况下，我是宁肯一线提需求，因为他们提需求做不到精益求精，但更可能避免大错特错。系统建议呢，则是盲人骑瞎马，造成灾难的可能性更大。

实践者问

我们在用某 ERP 软件自带的计划模块来做预测，发现功能不齐全，用户友好性也差。怎么办？

刘宝红答

计划模块不是 ERP 软件公司的主业，也不是他们软件的卖点。这就如你到大酒店里，让他们做个鸡蛋灌饼给你吃一样，他们可能不做，如果做的话也一定没有街头小摊做得地道。那怎么办？我们得找专业的计划软件。市面上有一些这样的软件，各有利弊，得根据企业的具体情况选用。

案例 预测模型一直都很准，直到……

这是个养殖行业的龙头企业，年营收在几百亿元。养殖需要饲料，饲料需要大宗的玉米、豆粕和各种辅料。养猪、养牛、养羊在中国已经有几千年的历史，但真正成气候却是最近一二十年的事：随着养殖业的工业化，行业的头部企业呈现爆炸式成长。过程也不是一帆风顺的：养殖业是个周期性行业，比如养猪是两年好两年坏；各种瘟疫不断，疯牛病、非洲猪瘟、猪流感你方唱罢我登场；肉价、粮价也影响存栏量，而存栏量直接影响对饲料的用量。这些都成为需求预测的大挑战。

预测准确度低，最终都是通过堆积更多的库存来应对的。国内的那些养殖巨头们，每年对玉米的需求都以几百万吨计，手头库存动辄几十万吨，如果能降低 1 周的库存，每年光利息节省就数以千万元计。

对案例企业来说，存栏量连年增长，企业每年都在增建养殖场，对玉米的需求呈上升趋势。玉米的市场价格变动，替代品的价格变动，养殖业的季节性,都给玉米的需求带来更多的变动。看上去这一切都很难预计,其实未必。我找到他们过去 5 年多的需求历史(从 2015 年第 4 季度开始),用计划软件来模拟,建立了相当不错的模型,拟合度相当高,如图 1-17 所示。

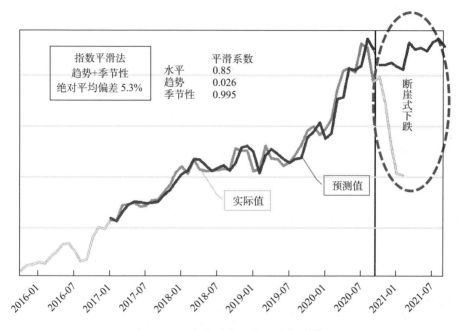

图 1-17 玉米的需求历史和需求预测

这就是说,需求虽然一直在变,但并不意味着没法预测。这种趋势和季节性体现在数据中了,我们就能找到合适的预测模型来模拟。这里的预测模型是霍尔特 – 温特指数平滑法,能够相当贴切地反映玉米用量中的趋势和季节性,感兴趣的读者可以在百度自行搜索,从而进一步理解这个预测模型——这里的重点不是介绍这个模型,这里想说的是,模型与数据的拟合度一直非常高(绝对平均偏差只有 5.3%),为什么到了 2020 年下半年,预测继续上扬,而实际需求却断崖式下跌,出现了大错特错?

这背后一定发生了显著改变需求的事,那就是玉米价格的飙升。如图 1-18 所示,过去五六年里,玉米的均价一直在两千多元一吨,虽然整体呈现上升趋势,但增速相对平缓,未能对玉米的需求造成显著影响。但是,

2020年下半年，玉米的均价飙升40%左右，一度跨过每吨3000元的大关。玉米太贵，那就用别的饲料来替代，玉米的需求就大幅下跌了。

案例企业有专门的团队，分析大宗原粮的供求关系、价格走向，制定采购战略。他们要应对两个预测：其一，业务量变动带来的需求变动，比如存栏量的增加、新增养殖场带来的更多需求；其二，大宗原粮的市场价格变动。结合两者，来决定每种原粮要采购多少，是增持还是减持库存。

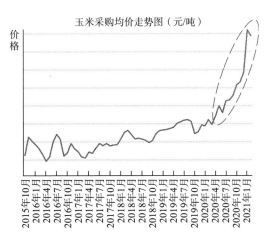

图1-18 玉米采购均价走势图

注：图中纵轴的具体价格是案例企业的公司信息，特意省去。

在这里，业务量对饲料的总体需求有根本性影响：存栏量越大，就需要越多的饲料，也就需要采购越多的原粮，不管是玉米、大豆还是小麦、高粱。但这只解决了一半问题，那就是总量。至于细分到具体的原粮上，分别买什么，买多少，却取决于市场价格。比如玉米的价格太高，小麦的价格尚可的话，就少买玉米而多买小麦；反之亦是。

正常年份，不同原粮的价格关系相对稳定，价格对需求的影响相对有限，所以我们用时间序列[一]模型，就能相当准确地预测玉米的需求。但是，在2020年，全球疫情、自然灾害等，造成玉米的供应不能满足需求，价格飞涨。这里的挑战就是预测价格走势，及时调整需求预测和采购量。

案例企业跟大宗原材料打交道多年，有相当丰富的经验，相当准确地预计到玉米的价格会飙升，就在2020年6月大幅买进。不过当我问他们的原粮采购负责人，价格走向好不好预测时，他说非常难，这正是让他的团

[一] 所谓时间序列，就是假定变量只有一个，那就是时间。价格等没有考量在模型里（假定价格等因素变动也反映在时间上）。

队绞尽脑汁的地方。当然，我也是明知故问：如果好预测的话，那他们不早就改行做期货了，还用得着辛辛苦苦做养殖吗？

那价格怎么预测？你首先想到的就是数据分析：不管是股票还是大宗原材料，最不缺的就是历史数据。那好，我们把玉米均价输入预测软件，60多个月的数据，让软件来帮我们优化，推荐最合适的预测模型，来预测下个月的均价。软件分析的结果是，最好的模型是简单指数平滑法，平滑系数是1。"翻译"过来就是，用上个月的价格作为下个月的预测。

这样的预测不用软件你也会。软件其实是告诉你，历史价格没有规律性，虽然看上去有趋势，周期性变动，但这对预测明天的价格没有任何意义。比如现在是2021年3月，要预测4月、5月的价格，是高还是低，高多少、低多少，很困难，否则炒股、炒期货不都发财了嘛。

预测价格是永远跟无限的不确定性打交道。记得新冠肺炎疫情期间，美国股市连续几次熔断，标准普尔500指数下跌30%多。2020年3月23日，我跟财务顾问开电话会议讨论，我还有少许现金，想抄底进场，但我太太在旁边要跟我"拼命"，财务顾问也不确定股市下一步会怎么样。就这样，我们错过了抄底的最佳时机："底"就是那一天的上一个交易日，最佳的"抄底"日期就是那一天。不过我一点也不觉得可惜：价格每天都有巨大的不确定性，预测的难度异常大。

那不确定性非常大时，究竟该怎么办？答案你知道：靠判断。就拿案例企业来说，每个月他们都做大宗原粮的需求、供给分析，然后就开会，几个最有经验的人坐在一起，群策群力，"拍脑袋"判断价格走向，指导后续的采购。但问题是，常见的会议方式不是群策群力的最佳方式：职位高的会影响职位低的，强势职能会影响弱势职能，还不说职能之间藏着掖着，互相博弈。我们要找更好的方式，那就是下面要讲的德尔菲专家判断法。

不确定性高时，群策群力避免大错特错

德尔菲专家判断法最早起源于第二次世界大战后期。当时美国空军要开发新的武器，但正因为是新武器，你不知道你不知道的。武器要达到什么性能，开发周期有多长，成功概率有多高，都充满不确定性。于是，军方就召集各方面的专家，群策群力，判断新技术的走向，指导新武器的开发。

或许有人会说，我们不是每天都在这么做嘛，不然那一个接一个的会议在干什么？不是的。与一般的专家会议不同，德尔菲专家判断法有三大独特之处：（1）**专家判断**；（2）**匿名、背靠背**；（3）**多轮反馈和修正**。这减小了公司政治和"随大流"等因素的影响。

专家指的是对判断对象有判断能力的人，而不是我们通常的领导或者职能专家。比如对具体的产品，具体的设计人员、产品经理往往比设计老总、销售老总们更有判断能力。相比之下，德尔菲专家判断法更加客观，因为是专家独立做判断，集体冒进的风险更低。而通常的高管会议呢，则经常变成了"免责会议"，在群体决策的机制下，企业更容易冒险，承担更多本来不应该承担的风险。

匿名、背靠背的好处是参与者不用担心"对号入座"，大家独立做判断，避免了职位高的人对职位低的人、强势职能对弱势职能的影响，而这正是通常的会议不具备的。试想想，不管一个组织多民主，氛围多宽松，老总坐在那里，大家的思路总会自觉不自觉地跟着老总走，很难做到真正的群策群力。在公司政治的影响下，大家都藏着掖着，怕丢自己的面子，也怕丢别人的面子。在德尔菲专家判断法里，每个专家背靠背，以匿名的方式独立判断，就不存在这些问题。

多轮反馈和修正是指组织者征集每个专家的判断及其依据，以匿名的方式汇总，反馈给每个专家组成员，让他们参考，调整下一轮判断。这促进了专家团队的信息对称，提高了决策质量，直到最后达成共识，或者达到预先设定的门槛，比如重复了多少轮。

"三个臭皮匠，能顶一个诸葛亮"，德尔菲专家判断法可以说是"智慧在民间"的体现。对于**同一事物**，不同的人从不同的侧面有一定的认知，把这些认知整合到一起，就得到更全面、更好的认识。对这一点我深有体会：以前老东家为了进入新的领域，开发了 N 个新产品，都失败了，而且很早就知道会失败,因为你到餐厅里去,人人都在窃窃私语说会失败。这些人从不同角度,或多或少对新产品有一定的了解,整合到一起,就能看出清晰的方向来。

我在培训中,经常用一个集体游戏来说明这一点:我拿出一堆糖来,装在一个透明的大罐子里,足足有几百块,现场让大家来猜有多少块,各自扫描二维码填写。刚开始猜的时候,前几个人的平均值变动很大,误差也很大;一旦有接近10个人猜了,平均值的准确度就相当高,轻而易举达到70%以上——要知道,在需求预测中,70%可以说是个大关,很多企业都过不去;等十几个、二十个人以及更多的人报了数据上来,准确度就到了百分之八九十乃至更高。

这些人都是第一次猜,而且是只看一眼就猜,不允许他们仔细去数。有的人猜得高,有的人猜得低,平均后就更接近真实值。这在数理统计上也有依据,就是"大数定律":用我们外行人的话讲,就是样本的数量越大,样本的平均值就越接近真实的平均值。放在专家预测上,就是**多人预测减小了误差,往往比单个人的预测更准确**。这是集体智慧战胜个人英雄主义。就如《超预测:预见未来的艺术和科学》一书中说的,(在预测上)一个人要打败多个人,需要有很强的能力和相当的训练,意味着交了很多学费,试了很多错;一群人要打败一个人,则不需要多少专业知识和训练(见图1-19)。

(在预测上)
一个人要打败多个人,
需要有很强的能力和相当的训练;

一群人要打败一个人,
则不需要多少专业知识和训练。

——《超预测:预见未来的艺术和科学》

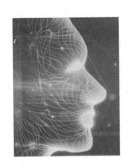

图1-19 个人能力与集体智慧的较量

对于不确定性很大的情况,比如新产品、新项目、大型的促销活动、长周期物料的预测,德尔菲专家判断法提供了一个很好的工具,让我们更有效地整合团队智慧，更稳定、更可靠地做好决策。这也是在下面的新品预测案例中，用跨职能团队代替个人预测的原因。

那是我跟一个快时尚电商做的一个案例，用德尔菲专家判断法预测上新期间的销量。快时尚电商面临的是一个充满不确定性、充满挑战的典型环境：案例企业做女孩子的服装，时效性强，生命周期短，需求直上直下，基本没有成熟期，预测本来就非常难做；电商环境下，上新期间，各种社交媒体的造势活动，更增加了需求的不确定性。再加上服装行业看上去简单，其供应链却一点也不简单，从原材料到半成品再到成品，动辄需要3个月的时间，一旦初始预测失败，几无返单的机会。

没有好的预测方法论，预测的风险太大，谁都不敢做预测，案例企业就只能靠老板做预测，因为只有他能够承担预测失败的风险，但短缺和过剩的问题并没有解决。作为解决方案，我们导入德尔菲专家判断法，组成有产品经理、设计师、门店经理、老总等7人的专家团队，预测一个新品在上新期间的初始销量。经过两轮循环，以专家团队的平均值作为预测，准确度达到90%以上。

这是个一万多字的案例，有很多细节，我已经纳入《需求预测和库存计划：一个实践者的角度》一书中（第230~241页）。大家也可以在我的微信公众号"供应链管理专栏"中阅读。案例详细地阐述了如何选择合适的专家，问合适的问题，提供合适的背景信息，用在合适的产品上，用合适的方法统计结果，以及德尔菲专家判断法的结果是否有约束力，这一流程该由哪个职能维护等。

我想补充的是，越是简单的方法，越要精心设计，否则很容易垃圾进、垃圾出，流于形式。德尔菲专家判断法看上去很简单，但想成功实施，有三点要特别注意。

第一，德尔菲专家判断法不是"拍脑袋"，也得严格遵循"从数据开始，由判断结束"的决策流程。就如这个快时尚电商的案例中，虽然这款衣服是新品，没有销售历史，但案例企业销售过类似的服装，还是有一定的可参考性。于是我们把上一年上新的6个可参考的产品找出来，统计上架30

天、60天、90天的销量分别是多少；相比那6个产品，这个产品的定位、定价有何不同，以及有多少后续产品的上市计划等。

专家之所以是专家，主要是因为他们有类似产品的经验，而这些经验有相当一部分已经固化在需求历史中了。不过试想想，如果我们不把这些信息找出来，专家们会不会去系统地找？不会的：他们都是一帮忙人，帮助做计划是他们的兼职；有些人像设计，不怎么跟ERP打交道，根本不知道这些信息在哪里。离开了具体的信息，最终就变成单纯地"拍脑袋"。虽然多人"拍脑袋"比一人强，但还是改变不了"拍脑袋"的本质。

此外，为了防止专家简单地"拍脑袋"，我们要求专家不但做判断，而且要讲"故事"，罗列判断背后的假设和依据。要知道，作为判断，其"故事"比数据更重要，也往往更有参考价值。

第二，德尔菲专家判断法不能做成高管的评审会、跨职能的免责会。 在组建专家团队时，常犯的错误有二：（1）把各部门的高管纳入，这些人虽然是各自职能方面的专家，但对于具体的产品往往介入有限，判断能力不足；（2）每个职能都纳入代表，而有些职能比如财务、采购、质量对需求预测所知有限，判断能力也有限。这是典型的"免责会"做法：你们各个职能都参与了，老总们也在，以后出了问题可不要怪我噢。这是传统的会议方式的延续，并不能提高决策的质量；相反，因为缺乏产品层面的判断能力，有些"专家"反倒稀释了决策质量。

我发现，在管理粗放、动辄要老总审批的企业，容易犯第一个错误。比如在一个新能源企业，他们设计的专家团队就包括每个职能的负责人、各个城市子公司的老总等。在跨职能协调困难、协作度低的企业，比较容易犯第二个错误。比如有一家工业品企业，虽然是上市企业，但传统的老国有企业的作风仍然浓厚，他们设计的专家团队无所不包，从项目经理到研发工程师、产品经理、销售经理，再到产品计划工程师、策略采购工程师、执行采购工程师，甚至财务经理、制造工程师和售后工程师也有一席之地。这都是群体决策做法的变种，不是德尔菲专家判断法。

第三，德尔菲专家判断法不能做成一锤子买卖，而要建立闭环改进机

制。不确定性很高的场景，不管是全新产品的上市，还是显著改变需求的促销活动，并不是每天都发生的。这容易让大家产生误解，认为德尔菲专家判断法是应对那些一次性事件的。其实我们是一个又一个地导入新产品，一次又一次地做促销，无非是间隔时间比较长，远非一次性事件了。所以，我们要不断改善德尔菲专家判断法，让它成为我们工具箱里的常用工具。这需要通过反馈机制，从过往项目的失败中学习。

但问题是，德尔菲专家判断法的周期较长，给闭环管理带来挑战。就上面的快时尚电商案例来说，初始预测要在 3 个月以前做，那是由供应周期决定的；获得上新首月的销量又用掉一个月，那就意味着从做出预测，到结果出来，前后有 4 个月的周期，大部分专家估计都把这产品给忘了，因为其间他们已经开发了更多新品。这里的关键是，作为组织者，要有始有终，总结经验教训，比如召集短平快的会议，或者组织简单的聚餐，把这些信息反馈给专家团队，帮助核心专家们更好地掌握这一方法论。缺乏有效的反馈和学习，德尔菲专家判断法就"有教训，没经验"，没有实质性的改进，判断质量不高，就很容易倒退回原来的方法，比如老总做计划，内部用户提需求。

实践者问

如果说计划是一群人的智慧，错得最少，那结果不好时怎么追责？

刘宝红答

如果已经是最好地整合了历史经验和对未来的预判，那么计划错了就错了，那是生活的一部分。业务目标没实现，销售拿不到他们的提成，计划没了相应的奖金，这都是自然追责，我不认为需要额外的追责。

这是基于共识的预测的精髓。这里的关键是从数据开始，由判断结束，消除信息不对称，在对称信息的基础上，做出最好的决策，失败的话就失败了。用著名橄榄球教练贝尔·布莱恩的话说，那就是承认错误，汲取教

训，不要再犯。㊀

实践者问

德尔菲专家判断法需要多长时间？市场老总要敲定明年的销售目标，他认为德尔菲专家判断法是个好办法，要我们下周递交专家的意见。

刘宝红答

对于规模较大的企业，首次应用的话，周期应该在三四个星期左右：第一个星期培训方法论；第二个星期确定判断的问题，组织专家团队，搜集和整理背景资料；第三个星期再次培训专家团队，解释方法论，解释数据，熟悉数据，做第一次判断；第四个星期汇总第一次判断的结果，匿名反馈给团队，做第二次、第三次判断。时间太少，组织者、专家团队没法消化，效果欠佳，解决不了问题，反倒影响这个重要方法的推广。

德尔菲专家判断法看上去简单，其实是个重武器，因为涉及跨职能部门。越是简单的方法，越需要精心的设计。它不是简单地把几个人叫到一起，开个会那样简单。初次应用的时候，至少给专家团队三次机会接触：第一次是初始培训，让大家有初步的了解；第二次是介绍要做的项目，顺便再温习一下方法论；第三次是分发项目背景数据，结合具体的项目再一次介绍整个方法论。

这位实践者一再问：能否更快点？他们在做年度计划，包括一些影响深远的决策。当然可以更快一点，不过风险是欲速则不达。很多企业为了赶时间，就经常性地陷入"从来没有时间一次把事情做好，但总有时间两次、三次把事情做好"的怪圈。

就拿这个企业来说，他们想借助德尔菲专家判断法，预测3个已有系

㊀ 贝尔·布莱恩（Bear Bryant）是美国阿拉巴马大学的传奇橄榄球教练（是的，就是电影《阿甘正传》中阿甘打橄榄球的大学），率队六次赢得全美冠军。他的原话是 When you make a mistake, there are only three things you should ever do about it: admit it, learn from it, and don't repeat it（一个人犯了错误后，只需要做三件事：承认错误，汲取教训，不要再犯）。

列、1个全新系列产品的年度销量。4个产品系列,线上、线下业务并存,这意味着有8个数据点,要判断的内容太多,特别是在行业发生巨变的情况下,有很多变量要考虑,很难有人能够对付这么多的问题,做出高质量的判断。

为了降低实施难度,我帮助他们简化为三个独立的判断,亦即三个项目,因为专家团队不同:(1)3个老产品系列,线上销量预测;(2)3个老产品系列,线下销量预测;(3)1个新产品系列的整体销量预测。线上和线下之所以分开,是因为专家虽有交叉,但不同。对于全新产品,尚无线上、线下的销售历史,那就整合到一起来预测。从该项目立项,到制订初步方案,再到我帮助他们简化方案,已经快两个星期过去了,这还不包括背景数据的收集、整理,专家团队的组建、培训等准备工作。再加上一轮、两轮的判断,至少又得两个星期,如果要做到位的话。

实践者问

新冠肺炎疫情期间,如何预测?

刘宝红答

新冠肺炎疫情增加了不确定性,需求和供应的不确定性都是,比平日更需要群策群力,以避免大错特错。类似的情况还有更多,比如大宗原材料的价格走势、半导体芯片的短缺状况等,都是德尔菲专家判断法的适用对象。

由判断结束:判断什么,怎么判断

在各行各业,产品的生命周期在缩短,产品新老交替迅速;社交媒体带来更多的改变需求的方式,上新即高点,需求直上直下;6·18、"双11"等电商大节,跟国内的传统节假日一道,显著增加了需求的波动性。再加上国内市场竞争激烈,相对欧美而言促销活动更多,需求的可预见性更低。这些都决定了基于需求历史的预测准确度低,凸显了"由判断结束"

的重要性。

那么究竟什么情况下需要判断，判断的话判断什么？

其一，严格意义上，"从数据开始"是基于数理统计的，得到的是**区间预测**，需要判断来确定**点预测**。比如基于类似的新产品，这个新品的预测是 1000 件，在 95% 的情况下会介于 300～1700。这是个很大的区间，我们需要熟悉业务的人来帮助判断，实际需求会更乐观，靠近 1700，还是更悲观，靠近 300？靠近的话究竟该有多近？为什么？判断者或许说，这个产品是跑量的，生命周期长，我们就多生产点，比如 1500 件，大不了慢慢卖；或者说这个产品的季节性强，宁缺毋滥，那就生产 700 件；或者说是产品大概介于中间状态，就按照 1000 件来生产了。

其二，**凡是可能显著改变需求的，如果在需求历史中没有反映出来，就需要判断**。打个比方。门店的小姑娘们在门口吆喝做生意，以前每天这么做，以后还会这么做，那不需要判断，因为已经体现在需求历史中，可以通过数据分析反映到后续预测中；但如果临时雇了 10 个实习生，满城发传单做地推，那可能显著改变需求，需要提前预判，调整预测来备货。

很多因素可能显著改变需求，有的是客户驱动的，有的是自己驱动的，有的来自竞争对手。比如对电商来说，VIP 直播、店铺的主推策略、平台的活动等都可能显著改变需求。6·18、"双 11"那样的电商节就自不待言。对于品牌商来说，新老产品的交替，新客户、新市场的打入，渠道政策的改变等，都可能显著改变需求。经济、政治大环境的变化，线上、线下的促销活动，以及新产品导入交织在一起，让判断更加复杂和充满不确定性。我们必须要提高判断的质量来应对，这里主要讲三点。

第一，判断也要有计划、有条理地做。判断本身充满不确定性，但做判断要按照一定的条理，有计划地做。比如我在工业品公司做全球计划时，给我的计划员团队制定了一个清单，让每个计划员每周跟主要的销售经理对接，逐个清单地过：客户的产能利用率会不会改变？新的市场开拓计划进展如何？关键产品的导入和替代进展如何？关键产品的市场份额会不会改变？有无重大质量问题？这些都是可能显著改变需求的事情，需要每周更新，督促销售、计划团队一起来计划，评估可能的需求变动。

行业不同，公司不同，这样的清单也会不同，但共性是，我们得有这样一个清单，以一定的确定性比如每周、每两周过一遍，来应对需求变动的不确定性。没有这样的清单，没有结构性的做法，判断就变成了有一搭没一搭，完全取决于计划和销售、产品管理人员的主观能动性，直接表现就是惊奇不断，层出不穷，从销售到供应链都是摁下葫芦起了瓢。

比如一个饮品企业的销售说，分销商结婚去了，所以这个月的销量没达标。结婚可是件大事情，不可能今天决定，明天就结婚，为什么就不能提前知道，提前应对？作为负责一个渠道的销售，如果定期给分销商打电话，问他下一步有什么可能显著改变需求的计划，上次制订的计划能不能实现，我才不信分销商会不告诉你他要结婚呢——估计他还在等你随份子呢。结婚显著改变了需求，那生孩子，天下雨，太冷太热还不都成了需求异动的借口？借口文化就开始泛滥。

再比如有个车企的员工说，这两年的政策变化很大，对尾气排量一直有新规定出台，影响车辆销量，言下之意是这就是为什么预测准确度低。不过想想看，这么大的政策，能够显著改变一个行业，能是突然冒出来的吗？我就不信作为业界的主要企业，他们就一点没有耳闻，坐地等死！政策历来在变，天灾人祸也是：地震、火灾、洪水、罢工、瘟疫、金融危机、行业性短缺，这个世界就没有一年太平过。这些都相当于发在你手里的一把烂牌，为什么有的企业打得好，有的企业就打得差呢？

变化本身有不可控之处，但如何系统地应对变化，却有可控之处。制定需要判断的清单，定期会议回顾，不管是跟销售、市场还是产品经理，都会增加判断的及时性和一致性。要避免的是借口文化，以没法控制的因素来掩盖自己的不作为。

第二，判断不能等同于"拍脑袋"，不但要有数据，而且要有故事。你问销售，下个月要做什么促销，预计能带来多少需求，答复往往是这不好说。不好说，也就是说你在申请经费时对老板说，给我 x 万元的市场推广费，不过效果嘛是不知道的，老板您就祈祷吧！当然不是：你花每一分钱，都是有目标的。那好，把你申请经费的方案拿出来，把那上面的故事讲一讲：你要花多少钱，做什么广告，跟什么媒体合作，买多少流量，预计带来多少业务，反映到哪些产品上……那这些数字是怎么来的？要么是参考以前做过的，要么是基于更细更具体的假设。那好，把那些都拿出来，我们逐条一起过一过。

比如在一个快时尚企业，要导入新产品，这是一位销售对上新30天的销量判断：

1. 历史上的类似款上架30天销量将近600件，以此为基数。

2. 要新开天猫店了，会增加销量，但开业时间不长，预估增加50%销量，+300件。

3. 因为"三八妇女节"活动和天气回暖，往年3月的流量和销量都会上升，+200件。

4. 店里的同类竞品较多，-100件。

结论：她认为需求预测应该是600+300+200-100 = 1000（件）。这个判断有数据，有故事，而且运用了"费米估算法"，把预测分解为多个部分，各个击破，看上去更靠谱（实际上也的确如此：实际首月销量858件）。[一]

她的一位同事正好相反，其判断既没数据也没故事，而只是简单地说该产品"适用用户广，颜色清新自然，价格亲民"，所以他预测2960件。为什么是2960而不是3960，或者1960？你这60件的零头是怎么来的？你知道，他的判断能有多可信了。

再比如在一个化妆品企业，在每个月的销售与运营计划（S&OP）上，市场部门要提供媒体计划、市场趋势、新品计划，以及终端销量数据及分析；销售要提供开店计划、新品铺货计划、促销计划等；财务会准备好每月的销售目标，也在会前提供给需求计划。这些输入都是为"由判断结束"服务的，不但有数据，而且有故事，帮助计划职能滚动更新需求预测。

作为计划职能，我们要督促判断者把这些写下来，一方面约束他们信

[一] 《需求预测和库存计划：一个实践者的角度》，第238页，刘宝红著，机械工业出版社，2020。

口开河式地"拍脑袋",另一方面也督促他们更详细、深入地分析问题。我们理解,有些东西一时很难量化,那好,你总得有个故事来支持吧?那你先把这个故事给讲出来。

比如有个电子产品公司,计划每周跟销售开会。这是个经理层面的会议,对于每一次计划变更,计划经理都要问原因;原因没法量化,也要听听销售端的"故事";没有"故事"的话,计划不予执行——连个"故事"都没有,八字不见一撇,就想让我们把真金白银转换成库存,你难道就不知道把现金转换成库存容易,把库存转换成现金难吗?

在能够量化之前,很多事情都以"故事"的形式存在,比如要进入更多的渠道,面对新的竞争,打入更多的客户等。销售们习惯性地活在当下,对未来的计划性往往不够,逼着他们"讲故事",有助于督促他们尽早思考这些问题,帮助调整预测——有些长周期物料动辄就要3～6个月的提前期,不及早调整预测的话就来不及了。

第三,判断一定要聚焦具体的产品、客户或渠道。在需求预测上,计划和销售的视角不同,看待问题的层面也不同。计划天然着眼于**全局**,在预测产品需求时,考虑的是所有的客户、所有的地区。而销售呢,特别是一线销售,则习惯着眼于具体的地域、具体的渠道、具体的客户等。于是就经常出现这样的情况:作为计划,他的基准预测是针对整个产品的,发给销售征求意见,销售总监一看傻眼了——我只负责华南区,怎么能帮你判断整个产品的预测呢?即便在华南区,下面还有几十个销售,销售总监、销售经理也没法完全知道几十个销售的故事。

作为应对方案,要求销售做判断,一定要把需求预测分解到适当的层面,找准产品、找准客户,找到合适的人来判断,才能更好识别和量化影响因素。比如改变需求的决策主要发生在销售大区层面,那就分解到销售大区;如果在具体的客户层面,就得分解到客户层面,让相应的客户经理、客户总监来做判断。

举个例子。对于一个产品,假定未来13周的预测是每周200个,其中有个大客户,需求历史占总需求的30%。这意味着基于需求历史,这每周预测的 200 个中，有 60 个是为该客户准备的。征求销售的判断，就是找到这个客户对应的销售，给他这个客户的销售历史，让他判断每周 60 个的预测是否靠谱。这里的关键是对**增量**的判断，要他**讲故事**，比如这个客户在扩张产能，需求可能拔高 20%。那好，这意味着每周有 12 个的**增量**，反映到产品层面，预测就从 200 个变成了 212 个。

对于很多产品来说，虽然每个产品有多个客户，但需求相对均匀地分散到各个客户，每个客户只占微不足道的份额，需求变动不大，而且东边不亮西边亮，变动往往会互相抵消。这些客户就是典型的"沙子"，根本用不着去麻烦一线的销售人员：计划人员按照需求历史，加上对整体业务发展的判断，就能做出相当准确的预测来。当然，对整体业务的判断可能得借助市场、产品管理、销售的管理层，但用不着找一线销售来帮忙。

真正重要的呢，是那些需求集中度高的产品。比如一个产品虽然有 25 个客户，但其中一个客户的需求占比为 40%，这个大客户的需求一旦变动，对供应链的影响就很明显。这样的产品——客户组合就是"大石头"，要从众多的"小沙子"中筛选出来，让对应的销售重点关照，有的放矢地管理需求变动。

💡 案例　识别和管理"大石头"

> 狐狸知道很多小事，刺猬知道一件大事。聚焦影响深远的"大石头"。

案例企业是个代理商，代理上万个产品，服务几百个客户。客户的产品生命周期在缩短，产品更迭频繁。案例企业的挑战呢，就是没法及时探知变动，调整预测，结果是短缺与过剩并存。

作为代理商，案例企业处于典型的"两头难"境地：一头是大客户，对按时交付的要求很苛刻；另一头是大供应商，都是体量很大的全球企业，很难驱动。作为应对，他们就得更加依赖计划，尽量做准，尽早调整预测，尽可能给供应商更长的响应周期。

对于案例企业来说，需求的变化，不管大小，都由具体的客户开始；即便有多个客户，大麻烦也主要是由那些主要客户造成的。所以，为了探知变化的根源,一定要落实到具体的客户。也就是说,针对每个产品,需求一定要分解到每个客户头上,就是我们这里讲的"料号—客户"层面。比如一个料号有 5 个客户,那么就有 5 个"料号—客户"的组合;另一个料号有 20 个客户在用,那相应地就有 20 个"料号—客户"的组合。

对于案例企业来说,"料号—客户"组合共有 32 000 多个(平均每个料号大致有 3 个客户)。我们当然没有能力管理这 3 万多个组合,我们得设计一套筛选机制,层层过滤,来突出重点,缩小管理范围。

如图 1-20 所示,我们的第一道过滤器是销量变动。供应链有相当多的冗余,比如安全库存,可以有效应对一定幅度的需求变动,我们需要识别的是超出一定变化幅度的。比如对比最近 3 个月与之前 3 个月的订单量,升降幅度超过 15% 的有 20 000 个左右,约占 60% 的"料号—客户"组合。这太多,还是管理不过来,那就继续缩小范围。

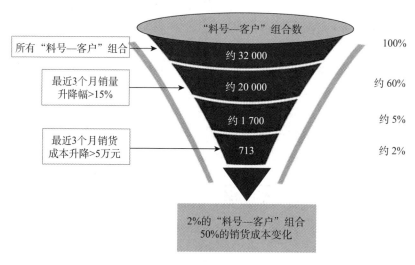

图 1-20　层层筛选,寻找高影响、高风险的"大石头"

于是我们就导入第二道过滤器:销货成本[○]。我们用上述的销量变化,乘以产品的单位成本,得到相应的销货成本变动。我们把销货成本下降超

○ 简单地说,销货成本就是企业为制造产品所直接投入的原材料、劳动力及分摊的制造费用,不包括无法轻易按合理比例分摊到各种产品上的间接成本。后者以销售及行政费用为主,如广告推销及后勤部门的支出,通常合称营业费用。摘自"百度百科"的"销货成本"词条。

过1万元（意味着最多可能有相同金额的库存积压），或者上升超过5万元（意味着可能有短缺）的筛选出来，得到1700个"料号—客户"组合。这些产品有显著的库存影响，要么短缺，要么过剩，对业务影响也更大。

在这里，销货成本下跌的门槛之所以是1万元，显著低于上升门槛的5万元，是因为对于后者可能造成的短缺，有多种渠道可以获知，而对前者可能造成的呆滞库存呢，则不容易被注意到，所以我们把过剩的门槛设得比较低。但不管怎样，这都是经验值，这里只是示意，我们要按照自己公司、产品的情况来调整。

这1700个"料号—客户"组合占总数的约5%，分配给上百个一线销售人员来跟进，每人平均有一二十个，可操作程度相对高多了，但还是觉得有点多。

于是，我们进一步提高销货成本的门槛，比如升降幅度都提升到5万元，就得到713个"料号—客户"组合，只占"料号—客户"组合总数的约2%，却对应了50%的销货成本变动。这对案例企业来说是"大石头"，影响大，风险高，需要及时驱动相应的销售来确认需求、管理需求变化、调整预测。同时，供应链也要采取行动，比如驱动供应商增加产能，应对短缺；或者让供应商停止未完工的订单，这样万一出现过剩，我们也可能把半成品做成别的产品，最坏的情况下，也只用给供应商支付半成品的钱。

这就是个简单的需求变动预警系统，用来识别那些重要的需求变化，筛选出那些影响最大的"大石头"，把有限的资源投入到回报最高的产品、客户上。分摊到上百个销售头上，每人平均10个不到，花几分钟时间采取行动，也是很值得的，况且这中间的大多数他们应该已经知道，比如促销活动，新市场、新客户的开拓等，可以很快剔除。

那销售拿到这个清单，具体要做什么？他们得判断，这是一次性情况，还是会持续？持续的话有没有上升的趋势？客户的这个工厂需求改变了，那别的工厂呢？需求变动的驱动因素是什么？我们得采取什么行动来影响需求？如果需求下降是因为客户在偷偷导入我们的竞争对手，那销售现在就得跟客户谈，设法赢回生意，最不济也得让客户把供应链上的库存消耗掉，因为那可是为他们备的啊。

在案例中，我们选择3个月的销量，以及15%作为销量变动的下限，主要是因为补货周期太长（动辄十几个星期），微小的变动都可能需要很长时间才能恢复。在实际应用中，建议大家按照自己行业、公司的情况，以及供应商的交期、需求变动等因素来确定，比如业务变动越剧烈，产品的生命周期越短，建议的时段就越短。

有几点需要补充一下。

其一，寻找"大石头"，并不是说要在客户层面上针对这些料号做预测——那可能陷入预测颗粒度太小、预测准确度太低的陷阱，这是给相关的销售人员提示，驱动他们做出判断：你的客户在这几个料号上的需求变动很大，你知道吗？这是短暂的变化，还是会持续？如果持续的话，未来的变化会更大，还是更小？大多少，小多少？

不变的不需要管理，小的变化可以通过现有的系统、流程来对付，而显著的变化呢，系统和流程没法有效应对，必须得靠组织措施，不但是计划团队，而且有销售的介入。

其二，这里寻找"大石头"的过程，并不是为了取代日常的计划，而是作为后者的补充，即单纯从数据分析角度识别影响大、风险高的变化，驱动销售和供应链及时应对。一般企业都有滚动预测的做法，围绕"大石头"的分析也可以纳入滚动预测，成为"从数据开始"的一部分。

其三，在一个稍有点规模的企业，产品动辄几十、几百个，每个产品动辄几个、十几个规格型号，后面跟着几十、几百、上千的客户时，把需求历史分解到产品、型号、客户层面，按周、按月排列，数据量相当大，这后面动辄就是几十万、几百万行的数字，一般的人根本没有能力驾驭这么大的数据。这就是为什么，这样的分析建议由计划团队统一完成，而不是指望几十、几百个销售或者他们的助理来做。

提高判断的一致性，提高判断质量[一]

众多研究表明，对重复性的常规决策，依据基本的规则，简单模型的预测准确度高过人工判断。不管是做需求预测，还是医疗诊断，或是大学录取，都是如此。

比如同样的预测者，同样的产品，同样的环境，每次的预测结果都可能不一样。没有别的原因，根源就是人做判断时的不一致性：每次决策，人总是想调整些什么，否则觉得就跟没有增加价值似的。有个专门的名词，叫"虚幻的控制感"，就是用来描述人的这种心理。做了点什么，让你心里感觉更踏实，但因为每次的决策标准都有不同，决策的一致性就成了问题。

对于这种不一致性，我们可以考虑把预测拆分为两部分，有重复性的（存量）交给数据模型，没有重复性的（增量）拆分出来让判断。这样对于**存量**部分，就根本不让人来碰：如果预测模型都从数据中找不出规律的话，让人从数据里面看出规律则纯属徒劳。拆分以后，即便判断有不一致性，也只影响**增量**部分。试想想，存量是 100 个，增量是 20 个，都让判断的话，误差 10% 就相当于 12 个，但如果只判断增量的话，误差就变成了 2 个，对整体的影响显然更小。

对于**增量**部分，我们要尽可能地借助统一的标准和决策流程，采取更加结构化的方式来应对。前面讲过的德尔菲专家判断法，从定义问题到组建专家团队、提供背景信息、循环判断等，就是这样的流程。再比如在定期的 S&OP 会议上，让各职能单列增量，加上基准预测，得到最终预测，也是结构化的做法。

此外，还有一系列的方法，也可以提高判断的质量。

- 在"从数据开始"上，人脑算不过电脑，**不要调整数据模型的结果**。如果数据有问题，直接调整数据，比如清除一次性需求，清洗短缺、过剩造成的需求异动等。
- **只做大的调整**。制定严格的调整规则，什么能调整，什么不能，也有助于避免为了调整而调整（虚幻的控制感）。人工做的小调整往往让

[一] 这部分参考了 Forecasting Methods and Applications (3rdedition), Spyros Makridakis, Steven C Wheelwright, Rob J Hyndman, John Wiley & Sons, Inc., 2005。

准确度更低，做还不如不做。○

- **调整百分比，而不是数量**。百分比更加符合一般人的直觉。比如问某产品的销量可能增加多少与问可能增长的百分比，后者一般更加容易判断。
- **避免过于乐观**。研究表明，悲观的调整更准确，所以尽量不要拔高基准预测。○
- 采用费米估算法，把大的问题**层层分解**，然后适当估算，即便在微小要素上误差较大，也不会显著影响整体的判断质量。在百度上搜索一下"芝加哥有多少钢琴调音师"就知道了。
- **聚焦背后的故事和假设**。让一线业务人员讲故事，由计划人员来量化。这就相当于孩子放学回家，妈妈问饿还是不饿，很饿还是很不饿，而不是孩子究竟要吃几碗饭。
- **大的调整，以书面形式记录下来**。一方面，这促使调整者更加严肃对待；另一方面，也有利于后续闭环分析。管理层的主要调整，让他们签字确认，避免随意以销售目标作为需求预测。
- **形成闭环**，反馈学习、改善。结果出来后，对比预测和实际值，反馈给判断者。比如哪些假设实现了，哪些没有；哪些估计准确，哪些不准确。判断能力是可以培养的。向失败学习：失败的例子让大家变得更聪明。

小贴士 如何减少判断中的偏见○

判断由人做，人是有缺陷的，表现为各种偏见。不管是在获取信息、

○ 这点参考自 Rob J Hyndman, George Athanasopoulos. Forecasting Principles and Practice (2nd edition) [M]. OTEXTS, 2018. 我在一些企业看到，有时候计划员调整信息系统的建议，这纯粹是为调整而调整，为自己产生"虚幻的控制感"，并没有多少实质意义。要知道，在微小的调整上，没有人比数据分析更靠谱——精益求精是计算机的特长；调整的目的是防止大错特错，那才是人的专长。

○ Forecast Pro 的培训材料 PPT：Introduction to Business Forecasting。

○ 这部分参考了两本书：(1) Spyros Makridakis, Steven C Wheelwright, Rob J Hyndman. Forecasting Methods and Applications (3rd edition) [M]. John Wiley & Sons, Inc., 2005. (2) Rob J Hyndman, George Athanasopoulos. Forecasting Principles and Practice (2nd edition) [M]. OTEXTS, 2018.

处理信息的时候，还是在输出信息、反馈判断结果的时候，人们都可能有意无意地掺入自己的偏见。这是人的天性，作为管理者，我们得正视并寻求解决方案。这里我们主要想讲三种偏见，以及如何应对。

其一是**使用者偏见**。当预测的制定者也是预测的使用者时，容易产生偏见。比如销售提需求（做预测），作为销售业绩承诺时，他们会倾向于偏低；市场做预测，如果营销经费是基于预测的话，则容易倾向于偏高；为了能够"超额"完成任务，或者彰显营销措施的"有效性"，营销部门就有意调低预测；供应链做预测，但也对库存负责的话，则容易倾向于虚低。作为产品经理的话，他当然不会预测他的产品失败，所以新品预测往往偏高，同样也是因为使用者偏见。

比如有个手机企业，千亿级的营收规模，在全球有业务。他们的需求预测自下而上，来自两条线，一条线跟着产品，一条线跟着"战区"。"战区"的是目标导向，需求预测和销售目标交织在一起，"战区"做预测，"战区"也用预测，在"使用者偏见"的影响下，预测的准确度低；产品管理更加中立，不会受需求预测的影响，因而更加客观，预测的准确度更高。

我妹妹小时候给大家做饭，她饿的时候就做得多，大家下顿吃剩饭；她饱的时候就做得少，大家吃不饱。现在我明白了，这是"使用者偏见"在作祟。"医生不自医"跟这有点像：医生不能给自己看病，因为私心杂念会影响对病情的客观评估。解决方案就是找别的医生看病。

放在需求预测上，解决方案就是让预测的制定者和使用者分离。当然我们不可能完全跟使用者分离，因为我们还需要他们的判断。那好，让他们只辅助判断增量的部分，而把存量交给计划人员。这样即便是有"使用者偏见"，影响的也只是增量部分。而增量部分我们也可通过搜集多方信息来佐证，以尽可能客观。

此外，计划也是需求预测的使用者，如果他们对库存周转、按时交付两大指标负责的话。这可通过调整两个指标的权重，让它们权重差不多，成为一对强相关的矛盾指标来约束计划职能的行为：交付不好，你要挨板子；库存太多，你也要挨板子。或许有人会说，那会让计划里外不是人，还怎么做预测？不是的。人天生就会对付一对矛盾指标，这就如你家小孩一生下来，就有两个"老板"：你和你太太的诉求往往不同，一个让往东，一个让往西，但你家小孩总会让你们两个都满意。

其二是**近期偏见**。人的记忆非常短，决策很容易受最近发生的事情影响。比如给房子买洪水险最多的，就是洪水刚过的那段时间，而买洪水险最少的呢，正好是发生洪水前的那段时间——连续几年不来洪水，大家好了伤疤忘了痛，都把洪水险取消了。每到发奖金、涨工资那几天，有些员工就非常卖力，他们是在利用你的"近期偏见"呢。㊀

放在需求预测上，就是新近发生的事会显著影响销售的判断。比如最近几个电话打得顺利，销售就拔高预测；昨天丢了一个客户或订单，销售就对预测打折；一旦发现总部短缺，每个销售都竞相拔高预测。这都是微观体感主导理性判断，让个例代替了普遍性，是近期偏见在作祟。关键元器件短缺期间，大家就疯狂拔高预测、拔高安全库存，给供应商下一年两年的订单，其实也是近期偏见下的非理性行为，解决不了眼下的短缺问题，反而造成最终的过剩问题。

近期偏见可通过长期的、历史的角度来纠正。比如要意识到时间长了，一定会有周期性，我们要慎始如终，不要被眼前发生的所左右。这些都是波浪式前进、螺旋式上升的一部分。这就如美国的股市：如果光看2020年3月的四次熔断，标准普尔500指数下跌三分之一，你跳楼的心估计都有了，但如果看看过去30年、50年，保准你又吃得香睡得着了（见图1-21）。我亲身经历了2001年、2008年和2020年的三次大幅崩盘，一次比一次严重，但每次都能很快恢复过来：这些崩盘更多的是由惶恐引起的，而惶恐的根源正是近期偏见。一旦过了，人们的信心又会回来。

透过现象看本质，探究深层次的影响因子，也是纠正近期偏见的一大方式。这就如股票投资要看基本面一样，如果我们深究需求背后的驱动因素，就可能降低短期"杂音"的影响。有经验的计划人员熟知这点：他们

㊀ 那么解决方案就是随手记账，把每个员工在过去半年、一年内做得好的、做得差的随手记下来，作为年终总结的依据。

跟需求端沟通的时候，更注重探听数字背后的故事；他们知道销售有活在当下的倾向（其实就是近期偏见），就把以前销售的判断记录在案，与实际对比，帮助销售更好地从过往历史中学习。

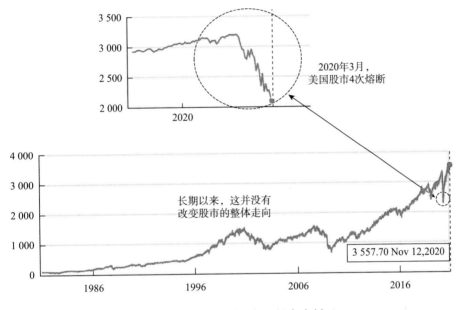

图 1-21　近期偏见需要长远视角来纠正

资料来源：Google Finance。

其三是**可得性偏见**。人们习惯于基于所知做决策，而我们的所知是有限的，信息不对称。这就如美国人的一个笑话：听说有人失业了，就觉得经济不景气；看到邻居失业了，就觉得经济衰退了；现在轮到自己失业了，经济就陷入了大萧条——经济还是那个经济，不过是现在自己失业了。说起吸烟有害健康，人们就想到自己的邻居张老头每天一包烟，都活了九十几岁；提起空难，人们总是充满恐惧，殊不知死于车祸的概率大多了，无非是新闻中不报道罢了。

2020年新冠肺炎疫情最严重期间，美国每天有近30万人感染，但在我所在的城市，9万居民中只有3人因为新冠肺炎住院。如果只看到这3个人的话，你八成会认为新冠肺炎没什么。正因为很多人持这种看法，美国的疫情才发展到不可收拾的地步，死亡人数远超第二次世界大战。这背后，都能看到可得性偏见的影子。

放在需求预测上，我们经常征求需求端的判断，但销售、市场、产品等职能知道自己知道的，不知道自己不知道的，又没精力、没兴趣去探究自己不知道的，往往是基于片面信息，没法给出全面、可靠的判断。如果逼着销售要预测的话，或者滚动预测的截止期限马上要到了，销售就看到什么给什么，胡乱填个数字。你知道，你得面对可得性偏见了。

可得性偏见的解决方案是让信息变对称，给大家完整的信息，比如一方面是把系统中已有的需求历史信息整合起来，分发给大家；另一方面就是将多个专家的意见和依据整合起来，反馈给大家。计划处于更好的位置来做这些。在提供信息的时候，要保持中立，不要有倾向，促进发散思维。

有经验的管理者会征集多人的意见，也是在避免可得性偏见。组建不同背景的团队，持开放性心理，不先入为主等，佐以更长期、更全面的需求历史数据，都是应对可得性偏见的有效举措。

可得性偏见和近期偏见常常并肩出现：最近发生的往往就是最可得的。比如，上次因为短缺被客户痛斥，没完成销售任务的经历，就都反映到下期的预测里了。这不，预测就这样虚高了。

除了上述三类偏见外，我们的决策还受很多别的偏见影响，比如目标影响判断，再比如有选择地吸收自己喜欢的信息（"选择偏见"），先入为主的"锚定偏见"，对自己的能力、判断过于乐观的"过度自信偏见"（专家尤其容易犯这种错误，岂不闻"打死的拳棒手，淹死的会水的"）。至于销售、市场人员整体上乐观，容易高估，却是不争的事实——这是职业病。

或许有人会问，个人偏见能否由团队决策来避免？答案是否定的：大家坐在一起讨论问题时，随大流的群体盲思是更糟糕的偏见；集体决策也容易让我们更冒险，因为责任更难落实到人。

要知道，"由判断结束"是跟人打交道，偏见是不可避免的，但一旦意识到并且挑战其存在，你就会成为一个更好的决策者。

实践者问

判断错了的话，该怎么惩罚销售呢？

刘宝红答

判断总会有对有错。判断错了，是问题难解决，还是判断者不努力，或者在博弈？如果判断者已经尽力而为了，有数据，有故事，那还能怎么惩罚呢？承认错误，汲取教训，严防再犯就得了。对事严厉，对人宽容，培养开放、信任、非惩罚性的文化，对促进跨职能协作至关重要。

小贴士　经验主义与教条主义

在《读者》上看到王蒙的一句话，很有感触："凡人容易滑向经验主义，圣人容易走向教条主义。"㊀经验主义是感性的，局部的；教条是理性的，有一定的普适性。圣人之所以是圣人，是因为他们见多识广，"数据"充分，总结提炼出了规律性的东西。《读者》上还有一篇文章，说普通人的盲区是"过于依赖自己的直觉"，专家的盲区则是"过于相信自己的理性和经验"，㊁跟王蒙之言有异曲同工之妙。

放在计划上，如果说"从数据开始"是教条主义，是"数据派"的话，那么"由判断结束"就是经验主义，是"实战派"。"实战派"的经验是独特的，只能把你带到经验主义的高度，那就是你现在所处的位置；到了一定地步，光靠经验，你只能是原地踏步，不进则退。"数据派"的教条有普适性，是我们更上一层楼的基础，但光靠教条，你也会"死"得很惨。企业到了一定规模，教条主义为本，经验主义为辅，两者结合才是更好的解决方案。

为什么企业大了就要更"教条"？这是因为企业小的时候，业务相对简单，经验主义就能够对付；小企业数据不健全，也只能更依赖经验主义。但是到了一定规模，企业的复杂度大增，就没有人能够知道真相，真

㊀《左右逢源》，作者王蒙，《读者》2019年第10期。
㊁《到底谁不靠谱》，作者人神共奋，《读者》2019年第4期。

相在数据里，我们就得更重视教条主义。我理解，教条主义的"教条"二字的形象并不好，但这里强调的是基于数据分析的教条，而不是食古不化的教条。

经验主义是小公司的做法。当企业增长到一定地步，就没法在经验主义的基础上快速复制，因为经验不可替代。随着公司规模的增大，经验其实一直在稀释：招了越来越多的新人，有经验员工的比例在下降；最早是创始人们在做一线的决策，现在变成了一帮职场新人。对这些新人来说，经验的积累需要时间，而"积累"呢，其实是在试错，快速增长期间的大规模试错，可能让我们到不了目的地就"死"在路上。

那怎么办？我们还是要回到教条。比如就需求计划来说，要回到数据，从数据开始，制定基准；由判断结束，加以调整。毕竟，我们以前吃过的苦、受过的罪，有相当大的一部分已经留存在需求历史里。只要我们"拷打"得足够久，还是能从历史数据中学到很多东西的。⊖

但是，数据分析能力太低，数据分析不到位，教条主义解决不了问题，人们就容易滑向经验主义，开始特殊化自己的问题，怀疑数据分析，对凡是基于数据分析的，比如预测模型、库存计划公式等，就产生天然的怀疑甚至反感：我们的情况特殊，我们都试过了，不起作用。于是就倒退为经验主义，一线提需求，销售做计划，继续深陷在粗放管理的泥淖里。

专题：在合适的颗粒度上做预测

我们在前面多次提到，提高预测的准确度，一大关键是在颗粒度大的地方做预测。其后的逻辑是颗粒度越大，需求的聚合效应越明显，从数理统计的角度而言，可预见性就越强，数据模型就越可靠，预测的效果也就越好。这里我们作为一个专题，来进一步探讨。

让我们先看个具体的例子。

有个电商，在亚马逊、eBay、淘宝等多个平台上有门店，而且在同一

⊖ 借用诺贝尔经济学奖得主科斯的话，就是"只要你拷问足够久，数据总会招供的"。

个平台上可能不止一个。比如他们在亚马逊上就有 5 个门店，分布在不同的地域（见图 1-22）。长期以来，对于国际业务，该电商是店铺销售经理们做预测：每个月，每个店铺经理要预测未来三个月的需求，逐个产品逐月预测，发送给销售总监审批，然后转给总部，总部汇总后驱动供应商准备产能、库存和安排生产计划。

你知道，多个店铺经理做预测，颗粒度太小，预测准确

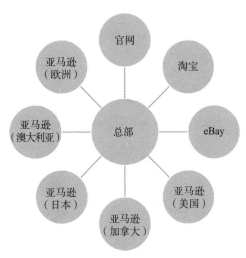

图 1-22　案例电商的总部与店铺结构

度很难做高，还不用说店铺经理的特长是销售，不是计划。我的建议是让他们在总部层面做预测，设立专门的职能负责需求预测。当然，我不能简单地说，我写过一本书，书上说在这种情况下，集中预测的话准确度高，我得证明给他们看啊。

于是我就分析他们的需求历史，掐头去尾，除掉新产品和即将下市的老产品，挑选了 558 个有代表性的量产阶段的产品做分析。这些产品中，平均每个大概在 3 个店铺中销售，共有 1885 个"产品—门店"组合。当店铺经理们在每个门店层面做预测时，需求的离散度⊖相对更大，预测难度就更高。比如我们分析历史需求，需求离散度的平均值接近 1.4。如果在公司总部集中做预测，这时候预测对象就由 1885 个变成 558 个，经过整合，需求的变动性也降低，表现在平均离散度只有 1，如图 1-23 所示。离散度越小，表明需求相对越稳定，也更容易预测。这就是说，集中预测时，预测的技术难度更低，客观上可能做出更准确的预测。

⊖ 离散度是标准差除以平均值。离散度越大，表明数据的变动性越大，预测的准确度也越低。

这也可以从"短尾"①产品的比例得到更直观的解释。当在各平台分散预测时，只有60%不到的产品是"短尾"，别的都是更难预测的"中尾"或者根本没法预测的"长尾"；当把各个门店的需求集中起来，在公司层面预测时，"短尾"的比例就提升到接近80%，如图1-23所示。"短尾"产品越多，理论上越好预测，预测的准确度也越高。

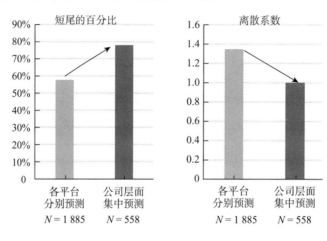

图1-23 集中预测降低了预测的难度

需要说明的是，对于案例电商，各门店不做的预测，指的是驱动供应链的预测。该预测覆盖的时间一般较长，在案例企业是3个月，因为要至少覆盖整个采购提前期，以指导供应链的生产与采购。对于日常的补货计划，一般覆盖两三周，各店铺还是要做。不过好处是，补货计划影响的是店铺到总库这一段，交期较短，即便预测失败，补救的话也相对容易。

对于驱动供应链的预测，我们尽量要在颗粒度更大的总部做，以提高预测的准确度，就如下面要讲的"自来水模式"。

自来水模式的预测机制

我经常问职业人，有谁预测过自家的用水量？大家都说没有：做预测

---

① "短尾"在这个案例中定义为在过去13周，有8周或以上有需求，表明需求相对频繁。当然，这只是本案例的切分方法，并不是什么标准，请读者明鉴。整体而言，"短尾"产品的需求相对频繁，也相对稳定；"中尾"产品的需求相对频繁，但不稳定；"长尾"产品的需求既不频繁，也不稳定。对于不同产品的预测，我们在后文还会详细讲到。

的是水务局，它们预测整个城市的用水量，确保水厂有足够的水，大家用时打开水龙头就行了。大家也从没见过水务局深入到千家万户，让每家每户"提需求"，谁预测谁有水，谁不预测就没水。那我们为什么有那么多的公司，一而再地要求一线销售、直接用户提需求（做预测）呢？

要知道，我们的很多产品跟自来水很相似：需求相对分散，每个渠道、客户的占比都不高，需求计划部门在公司层面制定基准预测，结合市场、销售的整体预判，即可做出相当不错的预测，各分公司、大区、渠道要多少就领多少得了。对于这种模式，我们就姑且称之"自来水模式"，如图1-24所示。

图1-24　自然运作的供应链系统就如自来水系统，细枝末节是不用做预测的

消费品、零售、电商等众多行业都能看到"自来水模式"的影子。对于总库、子库等构成的多阶段库存模式，"自来水模式"也经常适用。⊖工业品企业的备件库存网络就是例子：备件在总库做好预测，让工厂和供应商生产好足够的库存，然后各地子库的库存一旦低于再订货点，就启动补货机制，而不用提前预测几个月的需求。

在"自来水模式"下，各分支机构不需要做预测，汇总成总体预测来

⊖ 复杂的仓储网络一般是这样运作的：总库补给各个地区库，地区库补给下一级的前置库，前置库再补给客户，一层一层展开，形成车轮毂一样的补给结构。"库"也经常被称为"配送中心"，但严格意义上，库和配送中心是有区别的。简单地说，前者更多是存储概念，相对简单；后者的功能更全面，也更复杂，比如对产品的拆分、包装、发运等。当然，配送中心也有存储功能，不过更多是短期的存储。

驱动生产和采购，因而也消除了协同的必要。要知道，**最好的预测是不需要预测，最好的协同是不需要协同**。⊖

要注意的是，"自来水模式"下，不用做预测的是"细枝末节"，或者说"小沙子"，并不是说所有的分支都不用做预测。打个比方。作为万千居民的一分子，你搬到一个新的城市，是不用向城市供电局预测自己的用电量的，但是，如果你是个电解铝厂，这就不适用：电解铝厂需要消耗大量的电，它们是"大石头"，能够显著改变一个地区的用电量，如果要在某地设立新厂，就得跟供电局合作，确保当地供电局能够供应。

但是，这并不是说"大石头"就一定要做预测：如果"大石头"的需求稳定，没有显著改变需求的事情发生，需求历史有代表性的话，就不需要把"大石头"单列出来做预测。

在快时尚公司 ZARA，我们就能看到"自来水模式"的痕迹。如图 1-25 所示，ZARA 在供应链上设置了两个推拉结合点：第一个是半成品，针对标准化的半成品做预测，用自动化程度高的生产线大批量生产（推），然后根据市场需求的偏好对颜色、配件等进一步定制（拉）；第二个是成品，ZARA 在总的配送中心层面预测需求，驱动整个供应链，而各地门店要多少，就下单补货多少，几天内到货——门店要做的只是提货计划，只覆盖补货周期这几天，而不是整个生产和采购周期。

通过设立这两个推拉结合点，ZARA 得以避免在颗粒度小、准确度低的地方做预测，从而减少了随之而来的库存问题。这两个推拉结合点也解决了快时尚、快消品等行业的两个根本性问题：（1）SKU 层面的预测准确度低；（2）库存进入渠道、门店后的"货到地头死"。

要知道，快时尚、快消品行业的颜色等流行元素很难预测，所以 SKU 的预测准确度低。ZARA 在半成品层面不预测颜色，而是等到市场流行元素更清楚时再染色，降低了提前在 SKU 层面做预测造成的成品库存风险。渠道、门店的颗粒度小，预测准确度低，如果采取服装行业常见的订货方

⊖ 赵玲女士语。

式,库存一旦压到渠道、门店,就容易出现"积压的积压,短缺的短缺"问题,降低库存的效率。

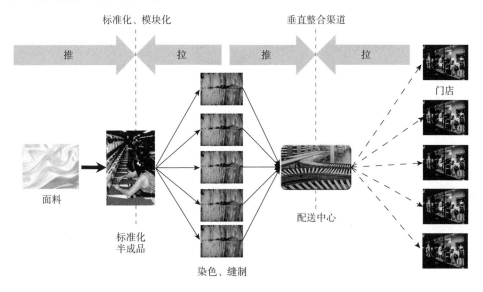

图 1-25 ZARA 的两级推拉和"自来水模式"

当然,ZARA 之所以能避免"货到地头死",是因为 ZARA 的门店是自有的,对门店的垂直整合增加了管控力度,能够更好地约束门店的博弈,避免它们在畅销时恶意抢货,滞销时又不愿进货等问题。很多行业的渠道压货行为,都跟对渠道的管控力度不够有关,因为渠道非自有(而自建渠道的话又有重资产的问题)。

推拉结合:在合适的颗粒度上做预测

类似 ZARA 的推拉结合,在供应链管理中相当普遍,无非不同行业、不同公司的叫法可能有差异。从本质上看,**推拉结合是在合适的颗粒度上做预测**,即在原材料、半成品还是成品层面做预测。

人们经常说,他们的供应链是推式的,由预测驱动;或者拉式的,由订单驱动。其实,供应链没有百分之百的推,否则库存风险太大,股东受不了;也没有百分之百的拉,否则交付太慢,客户体验太差。每条供应链都是推拉结合的:先根据**需求预测**推到一定地步,以获取规模效益、降低成本、提高响应速度；再由**客户订单**拉动，以满足差异化的需求，并降低库存风险。

如图1-26所示，根据推拉结合点的不同，我们把供应链分为四类：按库存生产，按订单组装，按订单生产，按订单设计。

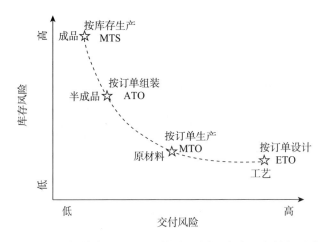

图1-26　不同的推拉结合下，预测颗粒度不同，库存和交付的风险也不同

在**按库存生产**模式下（也叫备货型生产），推拉结合点设在成品层面，预测的颗粒度是成品。按库存生产广泛用于成品的定制化程度低，需求相对分散，成品的库存风险较低的情况。其优势是需求一来，就有库存来满足，但如果需求变了，库存风险就会凸显出来。我们熟悉的短尾、中尾产品，一般都是在成品层面做预测。

当成品的定制化程度高，库存风险太大时，企业就采取**按订单生产**。这并不是说供应链完全靠订单驱动，因为那样的话交付周期太长。按订单生产模式下，企业一般把原材料当作独立需求⊖来预测，也就是说，推拉结合点设在原材料。这里的前提是原材料有共性，库存风险可控。当然，一旦需求显著变化了，比如设计变更，原材料的库存风险还是不可忽视。

⊖ 独立需求对应的就是非独立需求，即依赖于别的需求而存在的需求。比如你要造一辆车，需要4个车轮和1个方向盘：车是独立需求，但车轮和方向盘依赖于车而存在，属于非独立需求。在ERP系统里，非独立需求一般由MRP驱动：比如我们要造10辆车，系统把车辆的物料清单打开，经过计算，确定40个车轮、10个方向盘的需求等。本书讲的是独立需求的预测。

按库存生产和按订单生产是常见的两个极端。前者的交付体验好，但库存风险高；后者的库存风险低，但交付风险高。有没有介于中间的？有，那就是**按订单组装**。在**按订单组装**模式下，推拉结合点设在半成品层面，预测的颗粒度也是组件、模块等半成品。客户订单一到，就按照客户需求来组装。按订单组装的前提是设计的模块化和标准化，对企业的整体管理能力要求更高。⊖

最后一种推拉结合是**按订单设计**，推拉结合点最靠后，预测的颗粒度其实在工艺层面——虽然物料的共性很小，但制造工艺还是有共性的，可以基于此而做好产能规划。这种方式在建筑、船舶、发电站等项目型需求上较为常见，对计划和供应链的挑战最大，表现为交付周期长，运营成本高。订单一来，往往就没有足够的交付时间。作为应对，企业经常不得不在长周期物料上做独立预测，提前驱动长周期物料的采购，承担部分库存风险来改善交付。

从按库存生产到按订单组装、按订单生产，再到按订单设计，不管是哪种推拉结合，我们总是在做某种形式的重复生意，只是重复性体现的位置不同，要么是成品，要么是半成品、原材料，最不行也是在生产工艺层面有共性。这也表明，不管需求多么复杂，我们总是要在某个层面收口子的，否则就陷入以无限对无限的境地，注定没有规模效益，而没了规模效益，供应链注定成本做不低、交付做不快。

凡是有共性的，就意味着可计划。之所以强调这一点，是因为管理粗放的时候，计划就过分强调业务的复杂性，而忽视了有共性的东西，把本来能够计划的也没有计划好。结果有二：其一，给客户更差的交付体验，给企业带来更高的运营成本，降低了企业的竞争力；其二，迫使一线销售提需求，预测颗粒度小而准确度低，导致显著的库存风险。

要知道，计划的一大任务是承担**可控的库存风险**，来改善交付和客户体验，降低运营成本。有能力的计划会在合适的推拉结合点做计划，让公

⊖ 对于模块化设计，可参考我的《供应链管理：重资产到轻资产的解决方案》一书第159～197页，机械工业出版社，2021。

司承担可控的风险,以应对需求和供应的不确定性。这是通过解决问题来解决问题。当计划职能薄弱时,就习惯于转移问题,比如要求一线销售、内部用户做预测,让供应商备库存,由他们承担预测风险。对计划职能来说,要有能力在合适的地方做计划,习惯于跟可控风险打交道,任重而道远。

实践者问

您去××公司培训,他们适合做预测吗?

刘宝红答

这问题问得很无厘头。凡是个企业,都离不开预测,这有什么适合不适合呢?我猜他的问题是该公司的成品是预测驱动还是订单驱动。这都没关系,即便成品层面是订单驱动,在原材料、半成品、产能规划等方面,还是离不开预测。这就如你家做饭是"订单"驱动,没有"需求",你不会把一周吃的小白菜都给炒出来放着。但是,你究竟要备多少小白菜,买一个多大的冰箱放小白菜,却是预测驱动的。

在业界,"订单驱动"经常造成很大的误会。大家一听到"订单"二字,就跟"预测"划清了界限,认为不需要做计划。订单驱动,只是说在成品层面不做预测,而是把预测对象推到半成品或原材料层面,而预测的本质并没有变,甚至更难对付。有些"订单驱动"的企业对此认识不足,在计划职能上的力量配置不足,结果把本来能够计划的也没有计划好,给执行层面造成太多的问题,最终导致运营成本高昂,库存当然也是一大堆。

合适的颗粒度:数据与判断的最佳结合点

企业的管理能力越弱,预测的颗粒度就越小。

就"从数据开始"而言,颗粒度越大,需求的聚合效应越明显,数理统计的可靠性就越大,预测的准确度也越高。但对"由判断结束"来说,颗粒度与准确度的关系就相对复杂。

如图 1-27 所示，颗粒度很小的时候，虽然判断者最接近客户、市场、项目，但因为颗粒度太小，判断的准确度反倒不一定高。比如你在你的片区跟进一个招投标项目，你要么得到这个项目，要么得不到，变成了 0-1 判断，预测准确度很低。随着颗粒度变大，比如说到了大

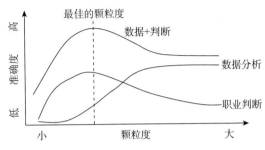

图 1-27 在最佳的颗粒度上做预测（示意）

区，这个大区有 10 个类似的项目在跟进，根据历史经验，我们大致有 30% 的中标率，意味着大概能拿到 3 个项目，判断就相对更准。促销活动也是同理：虽然你是个店长，熟悉你的门店业务，你还是很难判断一个促销活动能给你的门店带来多少业务，但我们能更好地判断对一群门店的影响。

其实，判断也是基于数据的，不过是大脑里的非结构化数据罢了。越在一线，颗粒度越小，数据越单薄，也越容易受偶然因素影响。比如今天客人对她笑了笑，多做了几笔生意，门店的小姑娘就高估需求；昨天的几个电话打得顺利，销售代表今天就拔高预测等。而且越往一线，员工的教育程度一般越低，工作经验也越少，限制了他们的判断能力，也影响到判断准确度。

但是，这并不是说颗粒度越大，判断的准确度就越高。这是因为在更大的颗粒度上，判断者更加远离需求，其判断能力往往在下降。比如对那些总部的销售总监们来说，因为不接触多少一线的事情，所以对具体的客户、一线的判断也往往有限，除非那些改变需求的决策，比如渠道政策、促销活动，是在总部层面由他们做的。

可以说，**随着颗粒度的增大，判断能力是先升后降**。这对那些总部的计划人员来说不是好事：他们深知"擒贼先擒王"，动不动就找销售的负责人或总部的经理、总监们要"判断"，这么做虽然方便，但往往得不到什么高质量的判断。

理论上，**数据分析和职业判断两者结合，整体准确度最高的地方，就是最合适做预测的地方**，如图 1-27 中的"最佳的颗粒度"。这有点抽象。在实践中，我们往往视显著改变需求的决策在哪个层面做，就以哪个层面为合适的预测颗粒度，因为这一般就是数据和判断的最佳结合点。

让我们通过两个例子来说明。

例子 1：有一家啤酒企业，销售组织有全国、大区和片区之分。大区大致是省一级，片区大致是地市一级，片区下面还有数以千计的二级办。就数据分析而言，当然是全国层面的准确度最高，但对于判断而言，全国则不是合适的颗粒度：啤酒的消费有明显的地域特性，在大区一级体现得较为明显。比如冬天到了，别的省份一般销量大减，但黑龙江反倒上升——这些年来，东北的居住条件好了，供暖太足，暖气太热，大家反倒在冬天喜欢喝啤酒降温。相应地，促销、活动、渠道政策等决策也是在大区一级做的，这让大区成为数据和判断的最佳结合点，整体预测的准确度也最高。

在理想的组织设计上，我们会考虑在每个大区设置专职的计划人员，跟大区的销售团队一起预测大区的需求；各大区的预测汇总到一起，就成为公司层面的预测，驱动生产与供应链。但实际操作上，该企业却把预测颗粒度设在片区下的二级办：ERP 在二级办层面跑基准预测，每个二级办在此基础上提交未来 3 个月的滚动预测，层层汇总起来，成为最终的预测。

这造成两个问题：(1) 同样的数据模型，在二级办这么小的颗粒度，生成的基准预测一般会更不准；(2) 二级办的颗粒度太小，每个点在预测全国需求的千分之一甚至更少，相应销售的判断也很有限。数据分析和职业判断都不理想，二级办的预测准确度自然不高；上千个二级办的预测叠加起来，总的预测准确度也不会高。准确度低，库存就高，啤酒放得时间一长，就会影响新鲜度和消费者体验。

例子 2：某手机品牌在全世界多个国家和地区都有业务，比如欧洲、北美、南美、印度和中国（业内分别将其称为"战区"）。这些"战区"之间的需求差异往往很大。甚至在同一"战区"，不同国家、地区之间的差异也相当明显。比如南欧、北欧、东欧虽说都是欧洲，消费习惯却有很多不同。

运营商和电商业务让情况变得更复杂。比如在同一"战区",不同运营商在机型以及运营方式上各有不同。这一切都让最佳颗粒度的选择相当困难,需要差异化对待。

整体而言,**线上业务**以"战区"的电商渠道为合适的颗粒度,因为每个"战区"的电商渠道由统一的团队管理,促销、活动等决策是在电商渠道层面做出的,因而是数据分析、职业判断对接的合适颗粒度。**运营商**自成体系,属于大 B 业务,由大客户团队负责,在每个运营商层面做预测。线下渠道整体上以"战区"划分,但对于复杂的"战区",有可能细分到国家层面。

但在实际操作中,与例子 1 中的啤酒企业一样,该品牌商也是一线销售提需求,虽然在"战区"层面有计划人员,但他们的任务也多限于搜集汇总信息,传递给总部的计划团队。

为什么两个企业都这样做,把预测颗粒度设在一线?一方面是误解,认为一线人员更熟悉业务,预测的准确度更高;另一方面是责任机制,谁预测谁负责,一线自己提预测,不准的话也别怪总部,可以说是总部应对一线压力的一种做法。

从**绩效考核**上看,颗粒度越小,绩效考核越具体,责任越容易落实。可以说,绩效考核的天然倾向是**分散**,比如指标的层层分解,落实到人。但是,计划天生就是个**集中**的概念,由于需求的聚合效应,越集中,预测准确度越高。当分散与集中没法有机协调的时候,老总们就习惯性地采取简单粗暴的管理方式,把需求预测的责任"落实"到基层和一线,结果就是在错误的颗粒度上做预测。

根本原因呢,还是管理能力不足,销售与运营没法有效对接,数据与判断没法在合适的颗粒度结合,最后就在颗粒度小的地方做预测,因为颗粒度小,对协同的要求一般也低(很多时候,"从数据开始,由判断结束"落在同一个人身上)。

这些年来我发现,管理能力越弱,预测的颗粒度就越小,就越可能由一线人员做预测。比如有个零售商,对国内业务的管理能力强,就集中做需求预测；对国外的业务管理能力弱，没法及时获取销量、库存信息，没法有效对接数据与判断，就由各个国家的一线人员做预测。有个手机巨头也是这样：国内的需求计划在集中做，国外各"战区"则是层层提需求。

同样的道理，越是管理粗放、需求预测做得差的企业，做需求预测的人就越多，就越可能在细枝末节做预测。其实，大多数产品的需求分散，跟水电、煤气、市政设施一样，不需要人人做预测。如果你发现基层、一线人人都在做预测，那八成有问题——要知道，计划天然有集中的倾向，而执行天然有分散倾向；分散做计划，背后往往有执行兼职计划的影子（见图1-28）。

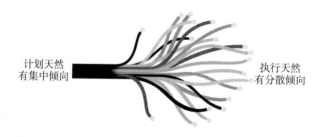

图1-28　计划天然有集中倾向

此外，虚幻的控制感，也让一线愿意做预测。就如一位电商的店长说的，自己做饭（一线店长做计划）虽然难吃，但至少可以保证有的吃啊。天知道，你都不知道怎么做计划，怎么保证有饭吃？那就只有堆库存呗。显然，店长们花的是公司的钱，牺牲的是股东利益，图的是自己的方便。㊀

两点补充说明。

其一，数据分析不一定非要在预测颗粒度上去做，而是完全可以在更高层面统一做，包括选择合适的预测模型，制定基准预测等。这部分工作应考虑尽量集中，因为公司的最佳分析资源一般都在颗粒度更大的地方，比如总部。你不能指望一线的兼职做好这样的数据分析工作。

其二，并不是每个产品都得判断。这里的核心仍然是"大石头"：（1）那些能够显著改变需求的行为；（2）客户集中度高的产品。抓大放小，

㊀　"花公司的钱，图自己的方便"是读者"黑白"之语。"黑白"应该是网名。

"大石头"由**判断**驱动，要落实到具体的销售、市场、产品经理；"小沙子"则由**数据**驱动，应交给计划来整体负责。

小贴士　四种不同的业务，四个层面的颗粒度

这些年来，很多企业的业务范围越来越广，从线下到线上，再加上大客户、项目型需求，复杂度大增。四种业务，对应的是四个不同的颗粒度，如图1-29所示。在这四种颗粒度上，需求的聚合度和可预见性不同，需要区别对待。

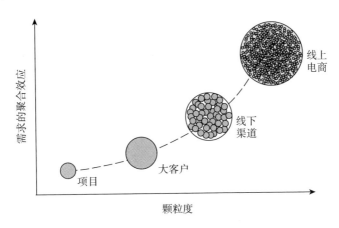

图1-29　颗粒度越大，需求的聚合效应越明显

在项目层面，需求的定制化程度最高，需求的聚合效应最低，量小货杂，长尾特征明显。特别在招投标的情况下，要么中标，要么不中标，可预见性更差。但是，产品层面的可预见性或许更高，因为不同的项目可能用同样的产品。如果不是成品的话，半成品、原材料，或者至少在生产工艺层面会有共性。

所以，我们要尽量避免在项目层面做预测，而在有共性的地方做计划。但这并不意味着项目层面就不介入预测流程：销售经理、项目经理们还是得定期跟进项目的情况，在客户管理系统（CRM）中更新，帮助计划和供应链通盘考量。

在大客户层面，由于大客户的需求量较大，需求的聚合效应更明显，

可预见性也更好，但由于客户的集中度高，一旦需求有变动，对供应链的影响就可能相当大。当这些客户本身的管理粗放时，他们要么长时间不下订单，要下的话就是很大的订单，需求变动就可能很大。这就凸显出大客户管理的重要性：客户经理们得经常对接客户，管理他们的需求，防止和预判"大石头"事件的出现。

有些企业传统上是 B2C 业务，刚开始进入大客户领域（B2B）时就很挣扎。B2C 的业务分散，一般是没有客户经理的，大客户业务则相反。大 B 客户会显著改变企业做生意的方式。比如有些企业的大客户管理不到位，预测准确度低，这些企业就不得不设立专门的大客户仓，从而造成资源分散，库存周转效率下降。㊀

线下渠道一般是按地域划分，归特定的渠道经理来负责。特定地域有数量众多的大小分销商，需求的聚合效应更明显，所以线下渠道的表现一般比大客户的更稳定，可预见性也更高（当然线下渠道相当复杂，这里谈的仅仅是一般情况）。

但线下渠道也有它们的问题：一旦渠道政策有显著变化，或者销售在业绩目标的驱动下进行压货，都可能对需求预测和供应链执行带来显著挑战，要求计划与业务端更紧密地对接。

需求聚合效应最明显的当属线上业务。电商业务覆盖众多的消费者或者小 B 客户，作为一个整体颗粒度最大，如果没有显著改变需求的行为，需求的可预见性也相对最高。但电商业务的挑战呢，恰恰是影响需求的因素很多，比如早晨买流量，中午订单就来了，再加上大大小小的电商节，需求的不确定性大增，短缺和过剩频发，反倒成了库存控制的重灾区。这也更加凸显了数据分析和职业判断的重要性。

SKU 泛滥，需求预测怎么做

我们换个角度，从**产品**的角度，来看预测的颗粒度。

㊀ 大客户专用仓的问题，最终还是要通过提高整体预测准确度，让总体需求和总体供应匹配来解决。这就如"专款专用"一样，在贫困年代，政府有各种各样的"专款专用"；现在政府预算更宽裕了，就很少听到这一名词了。

产品预测的颗粒度越大,需求的聚合效应就越大,数据分析也就越准确。比如产品线层面的预测准确度一般高于产品层面,而产品层面的预测准确度则高于规格、型号(SKU)层面。

SKU 是 stock keeping unit 的缩写,直译过来是存货单元。㊀ 举个例子:女孩子去买衣服,找到喜欢的款式、喜欢的颜色,还得找到自己的尺码——款式+颜色+尺码就是这里说的SKU。SKU是我们识别产品所必需的,也是商场进出存的最小单元。同样的款式、同样的颜色,中号跟小号是不同的SKU,所以需要两个不同的SKU编码来识别。

这些年来很多行业都有"快消品化"的趋势,助长了SKU的数量泛滥,导致批量越来越小,复杂度越来越高,规模效益越来越低。可以说,SKU泛滥是供应链的大敌。很多企业并没有充分认识到SKU泛滥的严重程度,习惯性地低估SKU的复杂度,在大批量行业尤其如此。

比如有个快消品企业,每年有几十亿元的营收。他们说自己的产品很简单,就两个系列,每个系列有6个口味,组合起来就十来种。且慢,那包装呢?标准箱、组合箱、三联装,以及季节性的产品,比如礼盒、家庭装。得,这已经由原来的十来种变成几十种。这还没有完。该企业有上千个经销商,为了防止串货,每个经销商都有唯一的客户码㊁,这就是上千个客户码。同一系列,同一口味,同一包装,打上经销商A的客户码,就不能给经销商B。这么大的复杂度,给需求预测、库存计划和配送带来的挑战,也就可想而知。

常见的做法是,需求预测往往是在产品甚至产品线层面做的,没有深入到型号、规格等SKU层面。这对于财务、销售来说一般没问题,但对于生产线和采购来说,必须落实到型号、规格,才能运作物料需求计划(MRP)

㊀ 行业不同,公司不同,区域不同,SKU的叫法也各有差异,比如最小存货单元、最小库存单位、最小存货单位等。还有的叫单品、囤货单元、存货单元、库存持有单元、库存单品项、有效成品单位、最小发货单元等。

㊁ 客户码是生产商为了防止串货的一种做法。比如为了打开A地的市场,生产商给A地的经销商更大的折扣,但不希望A地的经销商把这些货拿到B地去销售,一方面担心A经销商到B地低价销售,扰乱B地市场;另一方面也担心A和B经销商串通起来,低价从生产商处拿货,在B地谋取更多利益。

来驱动供应链。但问题是，如果要直接在 SKU 层面预测的话，预测的准确度会非常低。比如在有些企业，SKU 层面的预测准确度只有 20% 上下。

如何提高 SKU 层面的预测准确度，是需求预测的一大挑战，我们可用三种方式来应对。

其一，**最好是控制 SKU 的复杂度，降低预测难度**。比如有些衣服没有性别区分，小伙子、小姑娘都能穿；有些袜子采用弹性材料，单一尺寸，不管脚多大都可以穿。再比如前些年苹果的手机款式简单，每年就一两款；三星的手机款式复杂，每年有十几款，前者的预测难度自然要比后者低。

这需要产品设计的标准化、模块化和系列化来支持。这降低了产品的复杂度，从产品设计的角度解决销售和供应链的大问题，显然是更好也是根本的解决方案，不过对产品开发和需求管理的要求也更高。还有，就是在公司战略上放弃量小货杂的 SKU，专填"大格子"。这要求在产品复杂度的控制上有所作为，美国的西南航空和好市多是这方面的典型。㊀

其二，**不在 SKU 层面做预测，而是通过执行来弥补**。让我们拿兰州拉面来举例说明。在讲究的店里，兰州拉面可不止一种，而是有大宽、二宽、韭菜叶、二细、三细、毛细等多种选择，这就是它的 SKU。拉面师傅怎么预测今天有多少人吃二细，有多少人吃三细？他当然预测不准——他有那本事的话，早都去股票市场发财去了。他的解决方案是根本就不预测：客官，您要吃毛细，没关系，多拉两把即可；您要吃宽面，少拉两把就是了——他是用执行来弥补的。

这背后的逻辑呢，就是延迟 SKU 的差异化，用执行上的灵活性来降低对计划的要求。20 世纪 90 年代，我在上海读大学，去一些大商场买衣服，发现有些裤子的裤腿很长，裤脚不锁边，统一尺寸，在卖的地方现场锁边，这用的也是同样的战略。这要求供应链的柔性。但供应链的柔性不是无限的，特别是在大批量的生产制造行业。

㊀ 比如美国西南航空只有一种机型，那就是波音 737，他们只提供经济舱，不提供头等舱、公务舱。再比如好市多的每个店面大概有 4000 个 SKU，而一般的超市都在 30 000 个左右。好市多网站：www.costco.com。

就拿手机来说，裸机都差不多，差异化的是包材、标签、说明书、插头等。比如欧洲的插头跟美国不同，南美的说明书跟北美的语言不同等。如果用惠普的"延迟战略"，裸机会基于预测按库存生产，进一步的差异化则靠订单拉动。但是，国内的一些手机巨头做不到，因为它们的供应链是大批量导向，柔性不够；响应周期太长，灵活性不足。[一]

所以，这些企业就不得不在SKU层面做预测。怎么预测呢？有个手机公司是层层提需求，由各"战区"的基层销售来预测。这些基层人员何德何能，能够预测未来几个月哪种机壳颜色会流行，大家更喜欢内存多大的手机？但不预测可不行，那就问办公室的小姑娘们喜欢什么颜色，交差了事。你知道，这样的预测准确度当然不可靠。那究竟该怎么预测？这就是我们下面要详细介绍的。

其三，**在更大颗粒度层面做预测，然后自上而下地分解**。

比如耐克针对款式和颜色的组合做预测，然后按照尺寸曲线[二]分解到具体的大小尺寸（SKU层面）。这降低了预测的复杂度，节省了花在SKU层面预测的资源，也便于汇总到更高层面来进行产能规划等。这背后的逻辑是尺寸的比例相对比较稳定，历史数据的参考性比较高。

企业可以通过建立"比例库"，来积累SKU层面的信息。服装鞋帽行业的"尺寸曲线"其实就是SKU的比例库，如图1-30所示。根据行业、产品的不同，我们可以在SKU的比例库里定义一系列因子，比如大小、颜色、材料、内存、功率以及其他配置等，再按渠道分为线上、线下等——在有些公司，同一产品在线上、线下的配置可能不同，不同线下渠道的产品也可能有差别；即便是同一配置，线上和线下的需求比例也可能不同。

[一] 响应速度慢，除了大批量制造难以快速掉头外，信息化水平低也是一个关键原因。比如有个手机制造商有ERP系统，但物料计划主要是手工处理：系统里的数据不可信，MRP跑出来的结果需要人工来核对；每个机型SKU层面的BOM有几十、几百个，物料的替换关系复杂，异常情况丛生，都需要大量的人工和很多时间来处理；SKU层面的物料在途、在库库存没法系统有效获知，就没法给需求端及时做出供应承诺。这些都决定了，如果在SKU层面采取拉动战略的话，供应周期就太长，没法满足需求端的时效要求。

[二] 尺寸曲线也叫尺码分布表，是size curve的翻译。简单地说，就是对一款衣服或鞋帽，大、中、小等不同尺寸各自占的百分比。

产品线																							
款式1												款式2											
颜色1				颜色2				颜色3				颜色1				颜色2				颜色3			
小	中	大	特大	小	中	大	特大	小	中	大	特大	小	中	大	特大	小	中	大	特大	小	中	大	特大

图 1-30　SKU 比例库的结构（示意）

资料来源：Reaping the Rewards of Sub-SKU Forecasting, Logility, 2013.

SKU 的比例库是建立在需求历史的基础上的，是需求历史的重要构成。上面谈到的饮料的标准箱、组合箱、三联装等也是 SKU，可以根据需求历史来定义比例库，指导后续的计划。

不同的产品，多季度的需求历史，这么多的 SKU 因子，你能想象那个数据库有多大。假定一个企业每年推出 500 款衣服，每款衣服有 6 个颜色、6 种尺寸，那意味着在 SKU 层面有 18 000 个款式/颜色/尺寸的组合。这是驱动生产所需的 SKU 数量。再假定这些产品在 100 个门店、网店销售，那就意味着有 180 万个 SKU—店铺的组合，需要在 SKU 比例库维护，以指导门店、网店层面的计划。

对于 SKU 的比例库，这里补充两点。

其一，需求历史要清洗，否则 SKU 的比例可能不准确。比如有的 SKU 在一段时间短缺，需求历史偏低，那需要"填谷"，清洗数据后再计算。再比如有的 SKU 当初备货太多，最后不得不打折处理，你当然不能将其当作正常销量，来误导以后也过量备货。

其二，随着生命周期，SKU 的比例可能变化，需要动态调整。如图 1-31 所示，在产品生命周期的早期（导入期），我们可按照有参考性的老产品，来确定首期铺货的比例；到了生命周期的中期，产品有了一定的销量，我们可以根据实际需求来调整 SKU 比例；到了生命周期的末期，我们可把更大比例的量倾斜到主要的 SKU 上，以减小慢动 SKU 的呆滞风险，同时更好地消化供应渠道的原材料、半成品库存。

预测的时间颗粒度

我们接着从时间的角度，来谈预测颗粒度。也就是说，我们是预测每天、每周,还是每月、每季、每年的需求?

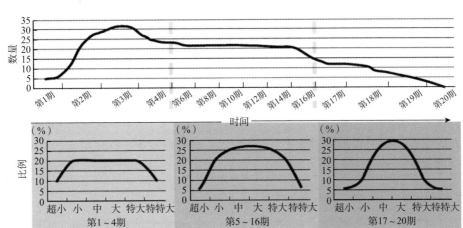

导入期
根据历史经验分配比例

中期
根据实际销量调整比例

末期
侧重分配给量大畅销的 SKU

图 1-31　SKU 的比例随生命周期调整(示意)

资料来源:Reaping the Rewards of Sub-SKU Forecasting, Logility, 2013.

这首先取决于预测的目的。如果是规划产能,决定是否要另建新厂的话,按季度甚至年度预测看上去就够了;如果是安排主生产计划,按周预测一般就能解决问题;但如果是"钱大妈"那样的新零售,宗旨是不卖隔夜菜,每天的库存都清完,则需要预测每天的需求来给门店补货。

其次,要看可预见性。时间颗粒度过小的话,需求的聚合效应大减,可预见性就成了问题,预测准确度太低,有些规律性的东西反而看不出来了。比如就季节性来说,如果按月预测,季节性可能就没有按季预测那样明显;如果按周或按日预测的话,你会发现数据分析根本看不出季节性,因为每周的小"季节性"会掩盖每年的大季节性。㊀

但是,时间颗粒度太大,又容易掩盖需求的不平衡。比如每季的需求

㊀ 很多业务在每周会呈现"季节性"。比如在美国,餐馆周二的业务一般较淡,周末的业务一般较多。零售业、电商、其他服务业也有类似情况。如果按日预测的话,每年会有 52 个独立的小周期,反倒"一叶障目",看不到更长的趋势和季节性;我们一般用指数平滑法来做此类预测,按日预测的话,数据点太多,老的数据权重衰减太厉害,在预测中几无作用,因而软件不能有效展示一年里的大季节性。我知道,这对于没有实际操作过的人来说有点抽象。

是 100 个，但这 100 个的需求是平均在 3 个月，还是一个月 90 个，另外两个月各 5 个？这对供应链的挑战可大不一样。

整体而言，**预测的时间颗粒度越大，预测的准确度就越高**。比如预测一个月的需求，一般会比预测一周、一天的需求更准确，预测也越"好做"。正因为这样，时间颗粒度也成了职能博弈的对象。销售、市场等前端职能的力量越大，预测的时间颗粒度往往也越大，特别是在那些销售提需求的企业，为了让预测"更准"，销售就把时间颗粒度定得尽可能大，预测结果看上去是更"准"了，其实并没解决多少供应链的问题，因为供应链需要更小颗粒度的预测，是典型的"手术很成功，病人却死了"。㊀

讲个小故事。这是个设备制造商，它有百亿级的营收规模。销售说，他们的预测准确度是百分之八九十，但生产呢，却一直在抱怨预测准确度太低。这就怪了：百分之八九十的准确度，放在哪个行业都算超级准了，更别说是多品种、小批量的设备行业了。细问销售，你们是怎么统计准确度的？答案是：按年，只要在这个年度生产，这个年度卖掉，就算准确！难怪生产都要笑晕过去了。

企业的管理能力越强，预测的时间颗粒度一般也越小。比如每个汽车主机厂都能提供月度预测计划（1～12 月不等），只有部分主机厂能提供 1～14 天的周计划，还有部分主机厂提供 2～6 个小时内的排序信息。㊁ 管理越精细，整个供应链运作的可预见度就越高，企业就越可能提供更详细的需求计划。

预测跨度越长，时间的颗粒度一般也越大。否则的话，预测点太多，预测模型没法有效应对。大部分预测模型更擅长短期预测。比如我们要预测未来三年的需求，如果按周预测的话，这要 150 多个数据点，而很少有模型能相对准确地预测那么多的数据点。这并不意味着跨度越长，预测就

㊀ 这也体现在产品上：在管理粗放的企业，销售、市场等职能的力量越大，就越可能在更高层面做预测，比如产品线或产品，而不是规格、型号层面。这时候，就把更详细的预测风险转嫁给供应链，而后者往往处于更糟糕的位置做这样的预测。

㊁ 方英，安道拓的物料管理经理，2021 年 3 月 3 日微信和电话沟通。安道拓（Adient）是汽车座椅制造商。

越难做：虽然跨度长，但预测颗粒度不一定小，人们对预测的准确度期望较低，比如更多的是避免大错特错。

预测跨度越短，时间的颗粒度一般也越小，人们对预测准确度的期望也越高，预测的目标变为精益求精，这也是为什么短期预测并不简单。比如预测明天早晨 10 点会来多少订单，往往要比预测 6 个月的总体需求困难得多；预测明天下午 3 点具体加工哪件产品，比预测 3 个月后需要多少产线工人，难度也会更高，根本原因还是时间颗粒度太小。

有些人的误解是，在做短期计划时，我们更加接近需求，理应做得更准确。如果时间颗粒度一样的话的确如此，比如一个月前的预测一般要比 3 个月前的更准确。但是，短期计划也往往意味着时间颗粒度更小，其预测难度其实更高。

所以，要"精准"地做短期计划，其实很难"精准"，需要执行的灵活度来应对，比如交叉培训，一专多能；快速换模，快速换线；产线的小型化等。另一个解决方案就是在更大颗粒度上做预测，然后分解到更小的颗粒度。比如按季度预测，需求的季节性往往更明显；按月度预测，则往往看不出季节性甚至趋势来。那好，按照季度来预测，历史数据的可参考性更高，再根据经验值分解到每个月，往往比按月预测的准确度更高。

比如有个生产轻型卡车的企业，业务呈现明显的季节性：春季的需求明显高于别的季节。这是因为春节过后，大家都是信心满满，更愿意花钱买辆车，跑运输、做生意。但是，春节不是固定的，有时候在 1 月，有时候在 2 月，导致不同年份的 1、2、3 月需求波动相当大。如果按月预测的话，季节性就不明显，预测准确度更低；如果按季预测的话，每个季度的预测准确度更高，再根据经验分解到具体的月份，月度预测也往往更准确。○

○ 另一种方法就是围绕春节，重新排定月份、周数，而不是简单地利用自然日历，这样周期性会更清晰。其他农历节假日等同理。甚至连元旦都有这样的问题：有时候元旦在第 52 周，有时候却在第 53 周，如果季节性是按周计算的话，就可能有问题。

实践者问

您说要在颗粒度大的地方做预测，但产品最终要进入渠道、客户、门店等细枝末节，最终还是得在颗粒度小的地方做预测。这怎么理解？

刘宝红答

没错，但那是短期预测，指导补货，即便预测失败了，执行弥补较为容易，影响也较小。我们说的在合适的颗粒度做预测，主要是中长期的预测，用来驱动生产和供应商。

实践者问

我们是生产手机的，在机型系列上按照月度做预测。您的书中建议周度。究竟什么是合适的时间颗粒度？

刘宝红答

我并不是建议"周度"，而是说供应链运营上，做得精细的企业一般会以周为单位，比如每周回顾上一周、上4周、上13周的按时交货率、质量合格率等。

就预测而言，如果是驱动长周期物料类的，一些管理精细的企业用26周预测（前13周的准确度更高，大部分已经转化成订单；后13周的准确度低，指导产能计划和长周期物料的采购），或者13+3的方式（前3个月细化到周，后3个月按月汇总）。如果是短期的补货计划，根据补货频次，则需要更小的颗粒度，比如周或天。

时间颗粒度的选择，也跟预测模型有关。一般的预测模型，除非有季节性和趋势元素，都是针对短期预测的，也就是说强项是预测最近几个数据点。对于半年26周的预测，如果颗粒度是周的话，要预测26个数据点是个很大挑战。那好，前些周按照周，其余按照月或者季度来预测，然后根据经验来拆解到周，或许是更可行的做法。

需求预测由谁做：让合适的职能做预测

到现在为止，我们讲了需求预测**怎么做**，那就是从数据开始，由判断结束。企业大了，有数据的职能往往没判断，有判断的职能往往没数据，这注定需求预测是个跨职能行为。凡是跨职能行为，如果由单一职能做的话，注定得到次优化的结果。预测准确度低，背后往往能看到单一职能做计划的影子。这部分我们就重点探讨需求预测**由谁做**的问题，旨在打通销售和运营的协调流程，有效对接数据和判断，如图 1-32 所示。

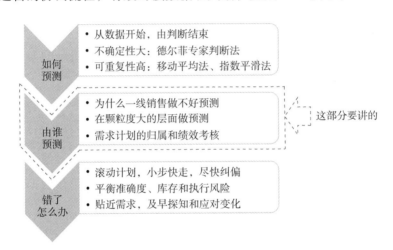

图1-32　这部分要解决的是需求预测"由谁做"的问题

我们会先从一线销售做预测开始，分析为什么一线销售做不好预测，但却屡屡被委以预测重任。然后我们会谈到需求预测的专职化问题，分析专职化后的需求计划的工作范畴。最后我们会谈到需求计划的绩效考核，分析为什么预测准确度指标本身可以不考核，但不能不统计。毕竟，不统计就不知道，不知道就没法管理和改进。

为什么一线销售做不好需求预测

在很多企业，一线销售提需求是个普遍的现象。理由看上去也很充分：他们最接近客户，最可能知道客户要什么。其实，除非是客户定制化的需求，一线销售在做需求预测上挑战多多。

其一，预测颗粒度太小，预测准确度注定不高。假定公司有 100 个一线销售，那就意味着每个一线销售只预测总需求的百分之一。颗粒度这么小，"打死"也预测不准。这在那些项目型企业尤其如此：如果是招投标的话，到了每个一线销售层面，就变成了 0 和 1，要么拿到，要么拿不到这个项目，可预见性其实很差。

其二，缺乏有效的责任机制。让我们问一个很基本的问题：一线销售是干什么的？一线销售是找客户、拿订单、做生意的，需求预测是他们的兼职。在你们公司的历史上，有几个销售是因为预测准确度低而被开掉的？销售丢了工作，大都是销售业绩不达标。**没有责任机制的事是做不好的**，这决定了预测准确度不高。

其三，一线销售是个有判断、没数据的职能。有几个一线销售熟悉基本的预测模型，能做基本的数据分析？他们每天在路上，忙着敲门做生意，有几个是整天挂在 ERP 上，做数据分析的？让他们提需求，他们的数据从哪里来？八成是从客户的采购那里来的（注意采购也是个没数据的职能），或者凭经验"拍脑袋"拍出来的。

一线销售做预测，还有个问题，就是**法不责众的从众心理**。有个公司有 40 个销售，对应几百个客户的一万多个料号，每个销售负责预测自己客户的需求。人人都知道自己只预测整体需求的一小部分，自己做不好预测没关系，只要其余 39 个销售做好就行了；殊不知那 39 个销售呢，每个人都在打着同样的小算盘，难怪"三个和尚没水吃"。有的销售甚至根本就不提预测，老总屡屡强调，以至于采取惩罚措施，还是没法根治。

那会不会出现这样的情况，有些销售的预测偏低，有的偏高，东边不亮西边亮，互相抵消？有可能，但可能性并不大：一线销售经常受同样的外界因素影响，因而其偏差是同向的。比如总部短缺了，每个销售就都拔高预测；老总在追究过剩问题，每个人又都拉低预测。就这样，一些预测准确度很低的数字，加到一起，预测准确度只能更低。

此外，一线销售做需求预测，不管是哪个行业、哪个公司，总是习惯性地虚高。为什么？

人们给出各种各样的答案，比如销售担心需求过旺啦，销售对库存不负责啦。这都没错，但没有触及根本的原因，那就是对销售的**考核机制**。为了驱动销售卖力干活，老总习惯于给他们高于实际能力的目标，比如年销量定为1000万元，尽管老总和销售各自私下都认为，能做到800万元就不错了。这时候供应链找销售要需求预测，销售会给个什么数字？800万元？那他肯定会被敲得满头是包——老总发话了：你从开始就计划失败？这预测就只能是1000万元或更高。

至于在"使用者偏见"的作用下，一线销售操纵预测，就更是常见。比如有个公司的销售提需求，前三个季度都是虚高，第四季度毫无例外都是虚低，原因也是绩效考核：第四季度是下一年销售目标的基准，定得低，下一年的销售业绩就好完成，销售提成也更多。这又一次印证了，**聪明人干傻事**，背后八成能看到绩效考核的影子。

最后，让一线的销售提需求，他们给你的，往往是销售计划，或者直接就是销售目标。而你知道，无论是销售目标，还是销售计划，都不是需求计划。

案例　为什么短尾产品也预测不好

> 天下难事，必作于易。
> ——《道德经》

案例企业是个代理商，客户虽然遍布多个行业，但有个共性，就是脉动很快，产品生命周期越来越短，需求变化也很频繁，导致需求预测准确度低，紧急需求频发。更具有挑战的是，客户的定制化需求多，有三分之一的产品是独家客户。独特需求多，需求变化快，系统地增加了该企业的管理难度。

作为应对，该企业就采取一线销售提需求的做法，让每个销售每月预测未来三个月的需求，通过信息系统提交，驱动供应链采购、补货。其初衷呢，是把决策权下放给一线最熟悉情况的人，就像"让一线呼唤炮火，

让听得见炮声的人决策"一样。○

这三类产品中，最难预测的当属"长尾"，因为需求不频繁，而且很不稳定，很难找到合适的需求预测与库存计划方法；可以预测的"短尾"应该最好对付，造成的库存问题应该最少。就案例企业来说，情况完全不是这样：如图 1-33 所示，"短尾"需求占总料号需求的 10%，却造成 40%的风险库存，反倒造成最多的预测问题。这背后的根本原因呢，就是一线销售提需求。

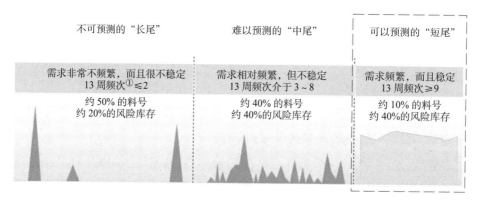

图1-33 "长尾"难预测，为什么"短尾"也计划不好

注：为了简单起见，这里的长、中、短尾的分法只是基于需求频次，更科学的分法还应该包括需求的稳定性，我们在后文还会谈到。

①13周频次是指在过去的13周里，多少周有需求。某一周有需求是1，没需求是0，汇总起来就是13周频次。13周频次越高，表明需求越频繁。

一线销售提需求，本来是应对长尾产品，也就是最难预测的产品。但问题是，这种围绕最难问题设计的解决方案，一旦不加区分地用在所有产品上，结果就是连可预测的短尾产品都预测不好了。天下难事，必作于易。我们首先要着力解决好最简单的问题——很多企业默认复杂问题解决了，简单问题就会自动解决，从上面的案例即可看出，其实不是这样的。

这一问题如何解决？那就是区别对待：长尾产品主要依赖职业判断，比如销售提需求，或者客户订单驱动；短尾产品主要靠数据分析；中尾产

○ 赵玲女士语。

品则由计划驱动，但需要更多需求端的判断来配合，我们在后文还会详细讲到。

另外，这个案例中的 13 周频次，只是示意，并不是说凡是 13 周频次大于等于 9，就一定是"短尾"等。这要根据企业所在的行业、产品的特点、需求的变动性等来定。

小贴士　一线销售做预测 vs. 主教练兼任总经理

俗话说，父子不能教，医生不自医。教孩子和治病是个理性过程，如果夹杂太多的情感因素，就会影响到决策的客观性。君不见，父亲教孩子，没多久就在父亲的打骂声、孩子的哭叫声中结束，不但教不好，反而成了仇人的例子屡见不鲜。那怎么办？《孟子》说得好，易子而教——你教我的孩子，我教你的孩子。医生自己病了也是这样：找别的医生给自己开药方。

同理，销售人员自己给自己做需求预测，同样夹杂太多的情感因素，导致决策不客观，比如过于注重有货率，最后以牺牲库存为代价。那怎么办？需求预测交给专职的计划人员。计划应该是理性的，做计划的和使用计划的应当分离。医生不自医，父子不能教，就是因为不能客观、理性应对。

类似的情况还有 NBA 的主教练和总经理。在 NBA，球队的总经理负责人事，比如签什么样的球员；主教练负责指挥球员打球，发挥团队潜力来赢球。当然，总经理做人事决策，一般会征求主教练的意见，但这两个职位一般是分开的，由不同的人担任。⊖

主教练就如销售，被短期目标驱动，活在当下——几场球输了，主教练就可能丢了工作。所以，如果由主教练兼任总经理的职位，来做人事决策，就容易为短期利益而牺牲长期利益，比如过分关注即战力，签了很多当打之年的球员，而忽视年轻球员的培养。签即战力强的球员当然不便宜，于是就花掉太多的钱（跟销售做预测导致的库存问题多像啊）。

⊖ 当然，熟悉NBA的朋友可能反驳，那马刺的波波维奇呢？这老头既是主教练，也是总经理，马刺不也成了NBA的传奇？这是个例，就如乔布斯早年是个很难对付的老板，没多少人愿意给他干活，并不能因为后来苹果的商业成功，就说乔布斯做的都是最佳实践，鼓励大家都来模仿。

有趣的是，主教练兼任总经理，在NBA发展的早期挺常见。这跟在管理粗放的企业里，一线销售兼职做需求预测如出一辙。过去20年来，主教练兼任总经理的情况日趋减少，跟NBA日趋成熟不无关系：在一个成熟环境中，提高预测质量不是通过把不同责任整合到同一职位，而是通过专业化，以及专业化后的跨职能协作。⊖这样，既有专业化，又可适当制衡，兼顾各方利益，做出对企业来说最均衡的决策。在企业里，这表现为销售与计划的分离，以及分离后的销售与运营协调机制，让需求预测同时兼顾销售的利益和运营成本。

[实践者问]

德尔菲专家判断法是多人参与的，一线销售提需求也是多人参与的，两者有什么不一样呢？

[刘宝红答]

前者是针对同一个对象，多人预测，高低可能相互抵消；后者是针对同一对象的多个部分，每个部分其实只由一个人预测，不算群众智慧。

[实践者问]

我们公司的需求预测是由销售部门做的，算不算一线销售做预测呢？

[刘宝红答]

不一定。专职的需求计划职能完全可能放在销售部门（后文会讲到），在兄弟职能看来是需求预测由销售部门做，但这跟一线销售提需求、兼职做预测是两回事。当然，也有这种可能：所谓的专职需求计划虽然放在销售下面，但因为能力不够，资源配置不足等，只能收集汇总一线销售提交的需求，其实也是一线销售在做预测。

⊖ 赵玲女士语。

|实践者问|

我们公司是区域导向，倾向于一线市场自己决策（区域 CEO 决策）。既然区域 CEO 是负责经营的，那么是否每个区域 CEO 做决策，总部的计划扮演好服务角色即可？

|刘宝红答|

问题是区域 CEO 能否做好决策：一方面区域的颗粒度较小，预测的准确度较低；另一方面呢，区域 CEO 一般都背着销售业绩目标，**目标影响判断**，容易拿销售目标当需求预测。让区域 CEO 决定预测，好处是"自己做饭自己吃"，做砸了也不怪总部计划，但如果总部计划整体做预测，预测准确度更高的话，总部计划应该承担这项任务。毕竟，公司的目标不是谁负预测的责任，而是如何把预测做得更准确。

如果考核准确度，一线销售能否做好预测

有个工业品企业，项目型需求较多，一贯靠一线销售提需求。让每个销售预测自己跟踪的项目，预测的颗粒度小，预测准确度不高，呆滞库存是个大挑战。于是该企业就开始考核预测的准确度：你预测了几个，就得用掉几个。销售跟库存挂上钩了，就迟迟不肯提需求，直到需求快落地时，数量的准确度没什么问题了，但此时供应链却没有时间来响应。

他们的供应链总监找到我，希望我给老总解释，不但要考核销售的**数量**，而且要考核他们的**时间**准确度。这没错，需求预测本来就是数量和时间两个维度，缺一不可。做得好的有奖励，做得不好要挨板子，这位总监希望用胡萝卜加大棒，彻底解决需求预测的问题（见图 1-34）。但问题是，考核销售的话，他们能否做好需求预测？

答案是有帮助，但没法解决根本问题。

之所以有帮助，是因为不考核的时候，有些销售对待需求预测极端不认真。举个例子。我问一家企业的销售，公司的规定是每个月第一个星期

一，每个一线销售都得提交未来3个月的预测，那你们什么时候做预测？答曰：上个月的最后一个星期天晚上，临时抱佛脚，随便整几个数字出来凑数。还有个企业，说是销售提需求，其实是交给销售运营的几个文秘，这些人整天订机票，买文具，做卫生打杂什么的，哪是做计划的料。对于这些情况，一旦开始考核，一线销售就更认真，投入起码的资源，预测准确度的确会有改观。

图1-34　光靠考核，一线销售还是做不好需求预测

资料来源：www.allegiance.com。

还有位实践者说，他们公司是一线销售做预测，为了加强考核力度，他们把大仓库分解成很多小仓库，每个销售预测的产品独立储存，这样更好"冤有头债有主"。考核力度加强了，老总觉得有效果，因为责任机制下，销售的预测是比以前做得更好了（你能想象以前有多差）。但是，每个销售做预测，颗粒度太小，预测准确度太低，经常需要互相借货，增加了交易成本。还有，库存点太多，需求的聚合效应没了，规模效益下降，整体的库存也更高。根本原因呢，考核一线销售，还是改变不了预测的颗粒度小、预测准确度低的根本性问题。

绩效考核改变组织行为的同时，也会带来副作用，那就是博弈。

就这个工业品企业来说，不考核销售库存的时候，销售就在数量上冒险，及早提需求；一旦考核库存，销售就在时间上冒险，等着需求快落地才提报；一旦两者都考核，销售就两害相权取其轻。那究竟这"两害"哪个轻呢？数量的准确度影响当然更大，因为生米做成熟饭，就得销售来对付库存问题；时间准确度的影响相对较小，因为即便需求提交晚了，公司也不会把生意拒之门外啊，要补救的话，也是供应链在流汗啊，销售即便挨批评的话，也可以把责任推到客户身上。所以说，对这个工业品企业来说，即便考核销售提需求的及时性，还是解决不了迟迟不肯提需求的问题。

绩效考核带来的类似的博弈非常普遍。在某个电子产品企业，供应链跟销售约定，3个月的预测锁定，调整不能超出一定比例。比如现在是3月，那4月的计划就不能再动，5月可以调整10%，6月可以调整30%等。采购和供应链说，这是给销售的"规则"，其实也是考核。那好，为了防止短缺，销售就在提交需求的时候，系统性地放大计划，比如第三个月拔高30%；需求落地的时候，供应商看到的永远都是第三个月砍30%。这里的问题呢，还是因为层层提需求，一线销售的预测准确度太低，在"两害相权取其轻"的情况下，销售为了保供而表现出博弈行为。在芯片短缺，需要制定更长期的预测时，这种博弈就更明显。

那怎么办？我们得从根本上解决预测准确度低的问题，那就是：（1）在颗粒度更大的地方做预测；（2）从数据开始，由判断结束，跨职能协作代替单一职能做预测。

细究这个工业品企业的业务，虽说招投标是项目驱动的，有一定的特殊性，但在产品层面上，重复性还是挺大的，不同的项目会用很多共同的产品，全新开发的产品很少。这里的问题呢，是**计划职能薄弱，没有在公司层面、产品层面集中预测，单凭一线销售的判断，在项目层面分散做预测**。一线销售提需求，本来是用来应对**定制化产品**的，但如果让销售预测**所有**的产品，整体预测质量就差，连标准件的预测也做不好，遑论定制件了。

考核能解决"愿不愿做"的问题，但没法解决"怎么做"的问题。考核没法代替管理。怎么做，还是要回到"从数据开始，由判断结束"上来。有些产品，比如标准化程度高的，可以主要依赖数据来预测；另一些产品，比如定制化程度高的，或者改变需求的行为频繁，则更依赖判断。数据、判断的比例虽然不同，但都涉及跨职能协作。管理不到位，跨职能协作流程不健全，跨职能的行为就由单一职能完成，注定得到的是次优化的结果，考核并不能解决问题。

既然做不好，为什么一线销售还在做预测

要知道，存在的就有其合理性——**企业的行为是理性的，它做什么，不做什么，怎么做，都是基于现有能力的理性选择。**一线销售提需求（做预测）也是如此，这是企业在系统、流程能力不足的情况下的理性选择。要改变这种现状，得通过提高系统、流程的能力，而不是简单地采取组织措施。

我们先看销售端的问题。

企业本能地知道，在公司层面做预测，颗粒度更大，要比每个销售兼职预测的准确度更高。这些企业也往往这么做了。总部做计划的知道，光从数据开始是不够的，必须还得由判断结束。他们做好了基准预测，就发给销售，但一帮销售并不提供什么反馈意见。于是总部就只能完全按照需求历史做了预测，当然是"死"得很惨。被"坑"过几次后，总部做计划的就告到老总那里。老总的解决方案很简单：既然销售不愿帮助做预测，那就让他们自己提需求好了，毕竟他们离需求更近嘛，最可能知道客户要什么。

就这样，需求预测从一个极端的单一职能行为，变成了另一个极端的单一职能行为，从一个悲剧转向另一个悲剧。这背后的根本问题是，**销售与运营没法有效对接，完成需求预测的"从数据开始，由判断结束"流程，最后就陷入单一职能做预测的境地。**客观上讲，由一线销售、内部用户分散做预测，因为颗粒度小，对跨职能协作的要求也最低，所以最可行，其实也是粗放管理下，业务端和供应链各行其是的理性应对。

还有就是预测风险问题。前文所说的，怎么做的问题没解决，需求预测的风险太高，公司里谁都承担不起，最后只能由最能承担风险者做预测。

大公司里销售提需求，小公司里老总做计划，就成了普遍现象。

对总部和供应链运营来说，一线销售提需求是个"很好"的**免责机制**。就如前文讲过，一线销售做预测，预测准确度注定不高，从一开始就处于输了的地位：自己做饭自己吃，错了也只能怪自己，他们再也不能拿预测不准为借口，来抱怨拿不到货、完不成销售目标了。老总的耳根清净了很多，供应链运营也"安全"多了，但预测的风险完全转移给一线销售，根本问题还是没解决，最后还是人人有份：预测准确度低，还是得供应链来加急赶工；呆滞库存多，还是得公司来买单；该做到的生意没做到，企业盈利降低，谁都没有好结果。

当然，一线销售提需求，对约束销售行为的随意性，还是有一定效果的。在有些管理粗放的企业，销售端在促销、活动、压货等显著改变需求的行为上没条理、没计划，想到就做，没有给供应链足够的响应周期，制造了太多的问题，那就让他们做预测，自己做饭自己吃。至于说在将销售指标当作预测的企业，一线销售提需求有其原因：自上而下的销售目标分解，自下而上的层层承诺，都决定了以销售端的资源投入的力度来影响需求。但这样做的结果是，渠道商成了重灾区，又造成诸多别的问题。

还有，在行业快速发展、企业快速扩张的过程中，速度要求更快，信息更难以对称，一线做决策，比如销售提需求，有其客观意义，毕竟**更可能避免大错特错**（同理，对于业务端不断导入需求变动的产品的情况，如果销售与运营没法有效对接的话，我会更加倾向于一线销售提需求，因为两害相权取其轻，那比计划人员闭门造车更可能避免大错特错）。但是，行业一旦转为存量市场，效率至上的时候，客观上就要求集中，一大表现就是集中做计划，数据驱动，追求精益求精。

讲完了销售端的原因，我们再看一下供应链端的问题。

一提到销售与运营没法有效对接，供应链想到的就是销售不帮计划做预测。让我们再想想，销售不帮忙，做不好需求预测，把计划和供应链"坑死"，顺便也把销售自己"害死"，符合销售的利益吗？答案当然是否定的。也就是说，销售"不愿意"支持需求预测是说不通的。既然不是"不愿意"，那问题就出在能力上——事情做不好，只有两个原因，要么是不愿意，要么是没能力。而这里的能力问题，相当大一部分是计划的数据分析能力不足，数据分析不到位，不能提炼出真正需要判断的，导致销售在"由判断结束"上没法有的放矢。

让我们举例来说明。

有一次，我在培训一个跨国企业的销售和供应链团队。当谈到销售不支持需求预测时，我就问他们的计划经理：你们每月给销售的基准预测，通过邮件发给他们的Excel表中，总共有多少行？答曰：几十上百行。然后我问他们的一帮销售经理：你们看到这么长的一个清单，能做什么判断？答曰：做不了什么判断——人的判断能力有限，几十上百条的清单，根本不知道从哪里下手，"账多不愁"，如果你是个脾气好的销售的话，回复一句没什么调整；如果你是个脾气坏的销售的话，不但不予理睬，而且顺手就把那封邮件给删了。

看看这个企业的产品，大部分产品的需求分散到多个客户，每个客户只占总需求的几个百分点，东边不亮西边亮，需求变动往往会互相抵消，其实是不用任何一个客户对应的销售帮忙判断的（当然，如果是大范围的促销活动、渠道政策的改变等，需要对接这些变动的驱动者，往往是有限的几个渠道经理、销售经理或产品经理，来做整体的判断）。真正需要判断的呢，是那些客户集中度高的产品，特别是历史上需求变动比较大的，这些产品的数量一般很少。

计划团队胡子眉毛一把抓，给销售人员一大堆数据；信息量太大，销售人员无从下手，就草草了事。计划人员制定**产品层面**的预测，而没有分解到**客户、渠道、地域**层面；销售人员是以客户、渠道、地域等划分的，没法有效判断产品的整体需求：缺乏共同语言，销售与运营就没法有效搭接。而问题的关键呢，是总部的计划没有做到位，把数据分析做到客户、渠道、地域层面，找到真正需要判断的产品，以及适合判断的人。这需要计划人员更具体、深入、有针对性地管理需求，对接需求端。

很多企业都有类似的问题。

比如有个百亿级的制造商，原来是供不应求，所以就没有需求预测可言——可着劲儿地生产，有多少卖多少。你知道，所有的短缺都是以过剩结束：后来，行业产能过剩，盲目生产造成的库存问题开始凸显，这个企业就不得不开始推行需求预测。他们的计划总监认识到"从数据开始，由判断结束"的重要性，就做好产品层面的预测，分解到二十几个大区，近百个产品型号总共 1000 ~ 2000 行数据，通过一个简单的信息系统，发送给各大区的销售经理。对于这么多数据，大区销售经理当然无从下手，就交给手下的销售助理来对付。销售助理能有什么更好的办法呢？就只能不作为，调整很少，回复给计划了事。

销售与运营没法有效对接，即便在绩效考核下，销售也是出工不出力。让我们再看个例子。

我曾经为一个本土企业做培训，有好几十个销售大区的总监参加。他们也是计划发数据给销售。我问他们的销售人员，你们接到的单子有多长？答曰：30 ~ 70 行不等（每行对应一个产品）。再问其中的一个销售总监，你的那些一线销售，每月接到这个单子，花多长时间来"判断"，给计划反馈？他迟疑良久，说每个人总得花十几二十几分钟吧。几十个产品，分摊到一个产品上的时间平均就几十秒，销售人员能做什么判断呢？这又跟上面的"账多不愁"一样，只是随便敷衍了事而已——你不就是要个数字嘛，这就给你个数字。

该公司在考核销售大区的预测准确度，所以得到大区销售经理的重视；到了销售主管层面，对预测的重视度就明显不够；一到那几百上千个具体的销售人员，就根本没人理睬了。

顺便提及，我问这个企业的计划经理，拿到几百上千个销售的预测后，你该怎么办？他说先把预测汇总起来，然后再分两种情况来处理：

1. 如果产品的历史需求比较**稳定**，他就"参考"销售提的需求，根据需求历史来调整预测。你知道，颗粒度那么小，一线销售做的预测注定准确度不高；一堆很烂的数字，加到一起，整体的准确度当然不会高到哪里去，其实是没有什么"参考"价值的，这也意味着计划经理是完全基于需求历史做预测。

2. 如果产品的历史需求**不够稳定**，他就完全依据销售的数据，把各个销售的预测汇总起来，作为最后的预测。基于同样的原因，这预测的准确度也高不到哪里去。与第一种情况类似，需求不稳定的情况下，最后也是单一职能做预测，只不过是由计划变为销售了。

这也是很多一线销售做预测的现状：对那些需求集中度低、需求相对稳定或可预见（比如趋势、季节性）的产品，一线销售花了时间，却不增加多少价值；大部分的时间浪费在不增加价值的产品上，反倒没有时间来投入到那些真正需要判断的产品上。

|实|践|者|问|

我理解，一线销售提需求有种种弊端，但我们的计划历来只是个打杂职能，让他们做预测，放心吗？

|刘|宝|红|答|

不放心。这就回到计划的能力建设上：如果企业不愿投入资源，提高计划职能的能力的话，那就只能继续由销售和用户提需求，毕竟那要比那些既没有数据分析，也没有职业判断的"打杂"计划们更靠谱。

销售提需求，计划做判断，如何

我们一直在强调，需求预测得"从数据开始，由判断结束"，主客观结合，从而得到准确度最高的预测。有的公司说，我们也遵循这个原则，不过是销售提需求，计划做调整。这看上去也是"从数据开始，由判断结束"，却是由错误的人在做正确的事，自然不会有什么好结果。

销售没有数字。一线销售人员要么整天在路上，争取新项目、新订单；要么因为没兑现承诺，被客户骂得狗血喷头，整天催货。你见过几个销售，整天埋头分析数字？让他们提需求，那就"从判断开始，由判断结束"——

"拍脑袋"。负责任的销售或许会向客户要预测，不负责任的就随便报个数字——你不就要个数吗？给你就得了。准确度太低？对不起，所有的预测都是错的，你又能把我怎么样！

计划没有判断。相比销售、市场、高层管理，计划职能离客户更远，哪能做出更好的判断来？让他们做判断，很多时候是根据历史需求，胡乱做点调整，刷一下存在感罢了。这种做法有一定的副作用，销售知道他们提的数字，不管准不准，计划都会调整，那销售还会不会在数据分析上下功夫？当然不会，随便给个数字得了。这是垃圾进，从根子上决定了垃圾出，需求预测的质量不高。

销售没数字，却被迫提需求预测；计划没判断能力，却被赋予调整的权力（见图1-35）。错误的人在做正确的事，不但做不好需求预测，而且助长了职能之间的博弈：计划调整，一般都是打折；计划打折，销售自然会知道，为了抵消打折，销售就会加码；销售加了码，计划当然会知道（你知道，实践是检验真理的唯一标准），于是计划就打更多的折；计划打更多的折，销售就加更多的码……就这样，**重重博弈，导入更多的不确定性**，最后都形成了库存。

销售跟人打交道 不擅长数据分析　　计划远离需求 不擅长做判断

图1-35　销售做预测，计划来调整，错误的人在做正确的事

更糟糕的是，双方博弈让销售对**过程**失去控制，因为最终预测是计划定的，而销售没法控制计划怎么调整他们提供的数据。**没法控制过程，销售就控制结果**：我给你预测，你想怎么调整就怎么调整，我管不着，也没

法管,但不管怎样调整,你都得保证给我备足够的货,我可是做过预测的,断货的话让你吃不了兜着走。**这客观上给计划更大的压力,实际上是由计划单方面承担短缺的风险。**压力之下,计划就只能花钱消灾,势必增加库存,导致库存高企的问题更加严重。

而解决方案呢,还是得回到需求预测的基本准则上来:计划擅长数据分析,基于历史数据做出基准预测;销售熟悉客户、市场,提供判断调整;两相结合,完成"从数据开始,由判断结束"的**闭环流程**。这是个不可割裂的**跨职能协作**过程,整合了供应链前后端的最佳智慧,才能制定准确度最高的预测。

实践者问

我是供应链的总监,自从您上次培训中说销售不适合做预测后,一帮销售就更加不帮助供应链做计划了。怎么办?

刘宝红答

你们的销售跟很多别的公司一样,有选择地听他们想听的,忽略了他们不想听的。我一再强调,销售的主业是做生意,不是做计划,但我也时时强调,销售主导的"由判断结束",是需求预测的关键一环。具体而言,对于可能显著改变需求的行为,销售需要帮助判断:(1)公司驱动的影响全局的促销、活动、政策;(2)客户驱动的可能显著影响需求的活动;(3)竞争对手驱动的可能显著影响我们的活动。对于客户定制,客户集中度高,以及长尾产品,销售就扮演更重要的角色,甚至得主导这些产品的需求预测。

谁在做需求预测:兼谈计划的进化史

人生所有经过的路,都是必经之路。

——鬼脚七

需求预测由谁做?如图 1-36 所示,企业小的时候老板做,有点规模后由用户、销售、采购等兼职，上了规模后得成立专职的需求计划职能（即计划团队）。就这样，猴子一步一步进化成了人，需求计划也实现了专业化。

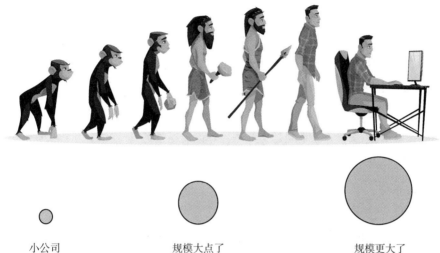

图1-36　需求计划的三个发展阶段

资料来源：vectorstock.com。

公司小的时候，需求计划由老板兼职。这就如夫妻店，老公主外，计划买多少，卖多少；老婆管后勤，在店内打点，招呼顾客。企业刚起步时，生产什么产品，生产多少，经常是老板来拍板。不过问题是，一旦有了一定规模，老板的精力有限，兼职做计划就顾不过来，需求计划的质量就下降，导致库存积压，影响到成本和资金周转。

比如有个新兴企业，一年的销售只有1000万元，库存却有两三千万元。根本原因就是老板兼职做需求计划：这个公司的主要产品有400多种，复杂度已经相当高，需求预测由创始人一个人拍板，当然对付不了。这不，一年就花掉投资人上亿元，压力之下，创始人不得不离开公司了事。你知道，虽说创始人不可替代，但那并不意味着他啥事都得做——**很多创始人强于业务模式创新，但弱于供应链运营**，到了一定规模，自然就玩不转从计划到执行的整条供应链了。

再比如有个数码产品企业，虽然营收是几十亿至上百亿元的规模，但因为走的是高端精品路线，产品结构比较简单，刚开始是每年推出一款产品，之后变成每年两款，老总自己跟各大"战区"和供应链对接一下，就可拍定产品的预测。后来，公司决定扩展产品线，进入更多中低端市场，产品的复杂度更大了，老总就很难对付了，没法继续扮演"英雄"的角色，就得找别人来兼职需求计划。

于是就进化到需求计划的第二个阶段：企业有了一定规模，老板兼职对付不了，需求计划就成为销售、采购、内部用户等的兼职工作，比如常见的销售"提需求"。但问题是，随着企业规模越来越大，业务越来越复杂，执行职能连自身的活儿都做不完，哪有足够的精力来兼职做计划？计划质量不高，给执行带来的问题就更多；执行的问题越多，就越没有精力做好计划，这就陷入恶性循环。

比如有个连锁的餐饮企业，门店的需求预测由店长和厨师长兼职：店长负责预测后天的菜品销量，厨师长负责算出对原材料的需求，减掉手头的库存，就得到原材料的净需求。这看上去很合理：店长最熟悉店面的活动和推广计划，厨师长最熟悉菜品的构成。但问题是，一个店里，动辄几十甚至上百号人，谁最忙呢？店长和厨师长——不管有什么商务、人事问题，就连有人看到一只苍蝇在飞，都去找店长；不管有什么技术、质量问题，就连实习厨师的手指头给拉了道口子，最后都会找到厨师长。两个最忙的人，会有多少时间做计划呢？

两位大忙人，工作在"715"㊀环境下，每天干15个小时的活，14个小时在应付各种问题，剩下1个小时动脑子做计划，你可以预见需求预测的质量会有多高：不是过剩，就是短缺。这从公司老总"解剖麻雀"的结果便可略知一二：老总经常到现场，抽查不同的店面，发现有时候才晚上七八点，客流如潮，最畅销的那道鱼却已经卖完了；有时候都晚上10点了，有的凉菜还剩几十盘——凉菜的保质期是当天，隔日就只有倒掉的份了。

再比如在前面的电子产品公司中，需求预测的一部分任务由老总转到了产品总监，特别是最终的拍板决策权。比如各大"战区"原来提报的需

㊀ 餐饮是个苦行业，有些企业戏谑地称为每周工作7天，每天工作15小时，简称"715"。

求是 100 万只，现在要改为 130 万只，大家把目光转向产品总监，要他来拍板。产品总监是公司的元老，熟悉以往的很多产品，但对拍板这样的决策还是力不从心：他知道一个好的预测要"从数据开始，由判断结束"，但究竟需要什么数据，数据从何而来，由谁来准备、分析，都没有定论，现在让他单纯"拍脑袋"，感觉风险很大。

活生生的例子就在眼前：2020 年前半年因为疫情，各大"战区"纷纷收缩需求，降低预测；后半年业务反弹，预测不足导致长周期物料普遍短缺，供不应求成了大问题。2021 年的前景看好，人人都信心爆棚，预测不当则容易导致过剩。作为行业老兵，产品总监深知需求预测事关重大，但他的挑战是，一般的产品经理兼职需求预测，能力上不行；他作为总监呢，虽说有一定的判断能力，但事情太多，资源上没法保障。

既然兼职是个问题，那解决方案呢，自然就是设立独立的需求计划职能，亦即计划的专业化，需求计划进化到第三个阶段。在这个阶段，**伴随着计划与执行的分离，计划也从分散向集中过渡**。这有利于整合需求，从而获取更大的规模效益。比如集中采购的关键一环就是集中计划，离开集中计划，集中采购便成为项目性的活动，很难持久。

但是，在很多企业，虽然规模已经很大了，却还是没有独立的需求计划职能。这看上去是个**组织**问题，其实背后有深刻的**系统、流程**原因，我们看看肯德基和中餐馆的计划就知道了。

小贴士　肯德基 vs. 中餐馆的计划

一百多年前，普鲁士的军队设立了总参谋部，全面负责计划统筹工作，在采取军事行动之前，分析后勤、天气、道路等一系列因素，争取"量两下，裁一刀"⊖，做到之前先想到，提高首发命中率，降低试错成本。总参谋部意味着军队系统的执行与计划分离，是现代军队的一大标志。

与参谋部类似，独立的计划职能是现代企业科学管理的一大标志。计

⊖ 这是英语里的一句俗语，意思是：我们要多想想，想好后一次就做好，而不是轻率盲动，导致多次试错后才做好。

划职能动脑子，执行职能动手；劳心的专门劳心，劳力的专门劳力。这是专业分工的结果，道理不难理解，尤其是对于大公司来说。但在实践中，虽然都是大公司了，有些公司有独立的计划职能，而有些公司则没有，为什么呢？

比如同是餐饮企业，肯德基这样的企业有独立的计划职能，由专职的计划员预测该进多少只鸡腿、多少根鸡翅，但在很多本土餐饮企业呢，却还是店长、厨师长、厨师兼职需求计划（见图1-37）。你不能简单地归因于肯德基的菜谱简单——中餐馆的菜谱越是复杂，就越该由专职人员做计划啊，我们得探究背后深刻的组织、系统和流程原因。

肯德基的计划相对集中
由专职的计划员来做预测

一般中餐馆的计划分散
由大厨和厨师长等用户做预测

图1-37　用户兼职做需求预测，是用组织措施来弥补系统、流程之不足

在肯德基这样的成熟企业，信息系统虽然不一定好用（因为有些相当老），但功能相对完善，需求历史等信息相对齐备。比如这个店昨天卖掉几只鸡腿，前天卖掉几只鸡腿，去年、前年的今天卖掉几只，相邻的店卖掉几只，天气热的时候卖掉几只，天气冷的时候卖掉几只，信息系统里都有记录。借助系统里的需求历史数据，专职的计划员坐在地球的某个角落，就可以制定基准需求预测——这是信息系统的力量。门店也知道，如果要做活动，需提前多长时间通知供应链等——这是流程的力量。专职的计划员结合门店与市场的反馈，比如促销计划，就可制定相当准确的需求预测。要知道，计划与执行分离是组织措施，专业化后的组织得依赖系统和流程的支持。信息系统和流程的力量较强，肯德基这样的企业就能够设立独立的计划职能。

在一些本土连锁餐饮企业，情况就两样了。我曾经问一位餐饮总监：

你们有没有信息系统？答曰：有。有没有数据？答曰：也有，不过要整出来可就不那么容易了。比如你想搞清楚这道菜上周卖掉多少，上月卖掉多少，不打印个几十页纸还真算不出来——作为没有身临其境的人，我们真是难以想象。这就是说，虽然有信息系统，其实跟没有一样。系统如此，流程也不稳健。比如门店要做促销、做活动，店长们总是认为中央厨房和大仓库里东西多得是，不用提前通知供应链，但他们没想到的是，节假日每个门店都这样做，没多久就断了货……这种情况下，如果设立专职的计划，就面临要数据没数据，要经验没经验，要判断没判断的窘境，成了坑人的"寡妇岗位"⊖。

那怎么办？用户兼职计划呗：做凉菜的负责人提凉菜的需求，做面点的负责人提面点的，热菜由负责切菜的人来提需求，其他的比如冻货由厨师长做计划，粮油、调料呢，则由库管员做计划。兼职者可谓形形色色，但都有个共性，那就是熟悉业务，用经验来弥补数据的不足，用组织措施来弥补流程和系统的能力不足。

用户兼职做计划，看上去是个组织问题，其实短板在流程和系统上。解决方案呢，也得从流程和系统着手。比如我熟悉的一个连锁餐饮企业决定上 ERP 系统，让门店和供应链都用同样的信息系统，以便把前后台的数据拉通。但是，该企业一直处于快速成长中，营收一路增长到几十亿元，门店一路增加到几百个，业务的复杂度越来越大，销售与运营协调流程尚在理顺当中，计划团队的能力也有待提高，计划职能的专职化尚需时日。

这也是为什么有些组织措施，在外资企业实行得相当不错，但到了本土企业就很难落地。人们习惯性地把这些归咎于企业文化、国情特色等，其实不是：根本的原因是组织对应的流程和系统支持不一样。有经验的职业经理人对此深有体会。比如有一位供应链总监，先前一直在通用电气这样的大型跨国企业做事，一个民企请他来，看重的是他在外资企业的经验，希望他带来外企的做法，帮助完善他们的供应链管理。但一段时间下来，

⊖ "寡妇岗位"是指那些设置不合理，谁做都是死路一条的岗位。比如新增了组织，但缺乏流程和信息系统的支持；岗位的责任很重，企业的期望很高，但资源配置有限。

越是了解，他越是怀疑，这些跨国企业的做法，虽说是经过时间验证的最佳实践，但如果实施到民企，是否真的可行？

需求计划的专职化是为了提高计划能力。而能力呢，则是**组织、流程和系统的三位一体**。①**组织**是找到合适的人，以合适的方式组织起来，并给他们合适的激励机制；**流程**是告诉这帮人活儿怎么干，由谁干，谁先干谁后干；**系统**指的是信息系统，它一方面固化流程，一方面给组织提供工具，一方面提供反馈数据，评估组织和流程是否达到既定目标。组织、流程和系统相辅相成，当一方面的能力不够时，就得由另一方面的能力来弥补。也就是说，一方面的短板，一定得由另一方面的"长板"来弥补。

这也就解释了，企业的系统、流程的能力越是不足，就越得依赖有能力的人；越是管理粗放的企业，就越容易患上能人依赖症。放在需求计划上，因为信息系统能力不足、销售与运营的对接流程不畅，就只能由最接近需求，也是最熟悉需求的职能来兼职需求预测。制造业的销售做预测，餐饮业、零售业的店长做计划，贸易行业的客户经理提需求，都是在用组织能力来弥补系统和流程的能力不足。

相对而言，公司规模小的时候，流程比较简单，信息系统的能力薄弱；公司规模大了，信息系统的能力一般会提高，但流程却更加复杂，变成了很难突破的障碍——想想看，前端有千百个销售，后端有千百个运营，对

---

① 在 *Enterprise Sales and Operations Planning* 一书中，看到一种很有趣的思路，我认为可以系统解决企业的问题。这个思路有三个层面。首先，在最高层面，要综合 people, process and tools，这就是组织、流程和系统（系统是信息系统，提供工具），构建能力。其次，在日常计划层面，要平衡 work（工作量）、schedule（进度）和 resource（资源），改变一个，一定得至少改变另一个，以取得平衡。最后，这就要求我们认真规划我们的资源，为个人层面的说到做到做准备：do what you said you will do。这样给整个系统注入更多的可预见性：能力层面有保障，资源方面有保障，做出的承诺能够兑现。该书作者为 George Palmatier 和 Colleen Crum，由 J. Ross Publishing, Inc. 于 2003 年出版。

我们很多企业的问题呢，正好是三个层面都有：在能力（最高）层面，没有从组织、流程和系统来提高，而一味地靠"打鸡血"发挥人的主观能动性来应对；在日常计划层面呢，对于任务（工作量）、日程（进度）和资源没有妥善平衡，而一味地靠"金有狼牙棒，宋有天灵盖"来应对；对客户端的要求无条件答应，自然造成个人层面的"轻诺者必寡信"，说到做不到，整个系统自上而下缺乏可预见性，就保证不了做事的质量。

接起来的难度该有多大。但不管怎么样，系统和流程的能力不足，都只能由组织措施来弥补。就如一位实践者所说的，他们公司的流程与 IT 系统不完善，销售系统没有打通，数据业务逻辑未统一，数据不一致，准确性差，就只能靠一线销售提需求。

对于快速发展中的企业来说，规模到了一定程度，不但要求计划与执行的分离，而且要求执行内部的专业化分工。两种情况交织在一起，给组织设计带来诸多挑战。要知道，**供应链管理是以专业分工为基础的，先分后合**——分是专业化，合是集成化。表面上看，供应链管不好，是因为没法集成不同的职能，实际上，却是专业化分工不够，事情就做不到位——试想想，供应链就如一只复杂精致的钟表，里面单个的零部件运作不好，钟表能走得准吗？

但是，专业分工的结果是对流程、系统的要求更高，因为分工后的职能需要流程、系统来支撑。作为管理者，在专业化的过程中要分清轻重缓急，切忌导入太多的组织变动，要着眼于组织变更背后的系统、流程建设，兼顾组织、流程和系统的整体改进，就如下面这个案例讲的。

案例　计划与执行的分离：某快消品公司为例[一]

有个快消品公司，它的主要产品是护肤、美容用品。公司采取轻资产运作，产品全部由代工厂加工。比如生产一款洗面奶，他们需要找到外盒工厂、软管工厂、塑封膜工厂，帮助生产所需的包材，完成后直接发货到化妆品加工厂，由后者灌装，把成品发送到该公司，再由该公司进行销售。作为公司的采购职能，虽然名义上是采购，其实履行的是供应链管理职责，是实际上的供应链管理部门。

这几年来，该公司业务发展迅速，处于全面爆发阶段。比如上一年营收只有几千万元，下一年上半年就直奔 3 个亿而去。爆炸式的成长给采购和供应链带来诸多挑战：需求预测薄弱，采购计划准确度低；供应商有选择，没管理，交付、质量问题频发；采购人员一竿子插到底，需求预测、

[一] 谢谢司继家先生分享并与我们讨论案例，为我们提供一个研究快速成长的初创企业的机会。

供应商开发、合同谈判、订单管理、合同管理一肩挑，专业上难以聚焦，效率低下，而且缺乏必要的监督和约束，供应商相关的贪腐风险大。

为了有效应对这些挑战，作为实际上的供应链负责人，采购经理准备调整组织结构。

在现有的组织结构下，采购经理汇报给 CEO，与营销经理、设计经理等平行。如图 1-38 所示，采购经理下面设有两类职位：（1）采购助理，主要负责采购计划的制订、采购部门数据统计、ERP 系统维护等；（2）采购员，主要负责从供应商开发到合同谈判、订单管理、货款支付的整个采购周期，包括对接营销部门来制订需求计划，对接设计部门来支持新产品开发。按照不同的采购项，该公司分配专门的采购员，分别负责对接 OEM 代工商以及瓶器、外盒和其他配件的供应商。

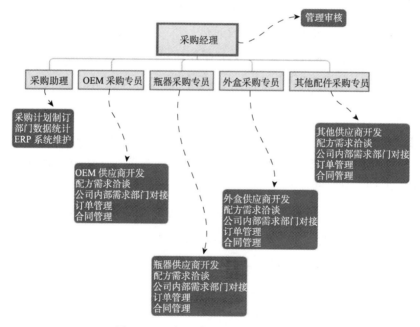

图1-38　现有的采购/供应链组织结构

业务规模的迅速增长，益发彰显了当前组织模式的不足。

其一，需求预测上多头管理，多个采购员跟营销、设计联系，制定需求预测。比如负责瓶器的采购员跟销售经理对接，制定瓶器的需求预测；

负责包装的采购员与同一个销售经理对接，制定包材的需求预测；负责OEM代工商的采购员继续找这个销售经理，制定对代工商的需求预测。多头管理，效率低下，给内部客户带来诸多挑战。

其二，采购员忙于订单层面的操作，没有时间来管理供应商绩效，导致供应商有选择，没管理，结果交付、质量问题频发，采购人员疲于奔命。现有供应商不能满足需求，那就再找新的供应商，结果是学习曲线重来一遍，质量风险大；采购额分散，更加难以驱动供应商快速响应。可以说，采购深陷救火的泥淖，焦头烂额，按下葫芦起了瓢。

采购经理意识到，企业发展处于拐点，专业化是必然之举。为了让专业人做专业事，采购经理在考虑如下三个组织调整，如图1-39所示。他不是很确信，这种组织结构是否合理，实施以后会有什么风险。

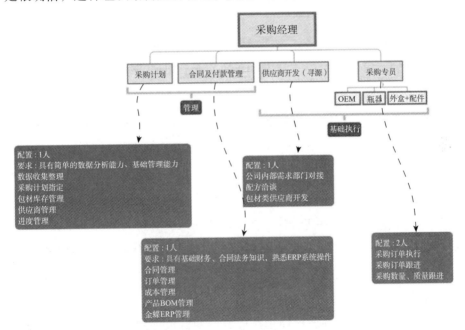

图1-39　采购经理建议的组织分工

注：该组织分工建议中，"采购计划指定"应该是"采购计划制订"的笔误。

第一，计划与执行分离：设立专门的采购计划，由专人来对接销售，制订需求计划，转化为采购计划，并且负责仓储管理。

第二，供应商管理与订单管理分离：设立专门的人负责供应商开发（寻源），再由专职的采购员负责不同采购项的订单处理。

第三，采购与付款分离：由专人负责合同履行及支付。

案例企业的组织结构在小公司、管理粗放的企业比较常见，突出表现为计划职能薄弱，执行职能兼职做计划。就案例企业来说，没有产品层面的需求计划，多个采购在物料层面做计划，跟多个销售、产品、设计等对接，多对多的效率低下，公司小、产品少的情况下也就罢了，随着企业规模越来越大、产品越来越多，问题就愈发突出。

那解决方案自然就是计划与执行的分离，即建立独立的计划职能。采购经理建议成立的采购计划，表面上是采购计划，其实是需求计划＋库存计划＋采购计划，即整个计划职能，其中最核心的是需求计划。有了独立的计划职能，并不意味着计划的问题会解决：计划，特别是需求计划，要遵循"从数据开始，由判断结束"，而销售是这个流程中的关键构成。但问题是，在案例企业，销售认为需求预测不是销售的事，应该由采购做。作为采购计划，没有销售的支持，缺乏来自销售的职业判断，就只能"从数据开始，由数据结束"，注定还是做不好需求预测。

所以，成立专门的计划职能才是开始：需求预测流程不健全，计划职能仍旧是跛脚鸭一只，作用有限。流程不完善，销售不愿支持需求预测，解决方案之一是由组织措施来弥补：把需求计划职能放到销售下面，由销售经理对需求预测负责。这样一方面，销售经理对需求预测负责，责任机制会驱动他重视需求预测；另一方面，计划人员和销售人员都汇报到销售经理，销售经理也可以更好地利用组织措施来打通流程，驱动两者合作。在这个公司，推动组织变更的采购经理直接汇报给 CEO，只要他能解释清楚，还是很有可能说服 CEO 做出这样的组织调整的。

再说采购的两层分离，即供应商管理和订单处理的分离。两层分离的好处呢，是有专人负责供应商层面的事，比如供应商选择和整体绩效管理。两层不分，管理资源往往被订单层面的琐碎杂务所侵占，供应商层面的事务得不到足够的资源，就选不好、管不好供应商，造成更多的订单层面的问题，形成恶性循环。但两层分离的挑战呢，则是这两个子职能之间的对接和职责划分。比如按时交货绩效不理想，是寻源团队没选好供应商，还是订单管理团队没做好日常工作？

再就是如何考核寻源的绩效——找个供应商干活儿没什么难，难就难在找到合适的供应商。怎么判断寻源是否找到了"合适"的供应商呢？与众多企业一样，案例企业有供应商选择的门槛，比如供应商必须满足注册资本、管理能力、类似项目经历等要求。但这些要求既不是必要条件，也不是充分条件——满足这些条件，并不能保证供应商能做好；不满足这些条件，也并不是说供应商就做不好。[⊖]那最直接的呢，就是用供应商的后续实际表现来衡量，这至少对寻源有了闭环考核。不过前提是信息系统能够统计供应商绩效，比如按时交货率和质量合格率。而案例企业的现状呢，就跟任何快速发展、由小变大的企业一样，信息系统能力薄弱。虽然有ERP，但主要用的是财务功能，比如统计库存，没有供应商考核功能，就不得不借助Excel表来统计供应商绩效。

即便有了系统能力，还得改善流程来配套：系统只是提供了收集数据、汇报指标的能力，但数据的产生、收集还是离不开流程。就拿按时交货率来说，围绕每个订单的每一行，采购要收集供应商的承诺日期，并且把该日期录入ERP，以统计实际交付是否按时。但在这个快消品企业，业务急速发展，采购员人少事多，根本没有资源去做这些：除非是急单，或者已经超期，采购员根本没有精力来确认交期。这就意味着，即使有了信息系统，还是没法较准确地统计绩效。

对于这个企业来说，于是就有两种选择：一是导入供应商管理和订单管理的两层分离，同时改进系统和流程来支持这一组织变更；二是暂不分离供应商管理和订单操作，而是先改进系统和流程，等系统和流程成熟后，再导入组织变动。鉴于企业快速发展的现状，第二种方案的风险可控性较

⊖ 比如几年前，一位在职研究生希望我做他的副导师，指导他的论文。他写的是备件计划，而我的职业生涯里，有8年在负责备件计划，正想着写些这方面的文章，所以就爽快地答应了。不过多久，他很抱歉地说，学校规定副导师必须具备高级职称。我在美国企业，当然没有体制内认可的"高级职称"，但我不认为我没能力指导他写论文，而那些有高级职称的，只能是来自体制内的企业的，而体制内的企业呢，管理往往粗放，这些人并不一定能够指导研究生的论文。

高，特别是已经决定要分离计划与执行的情况下。

对于系统和流程建设，我们也可以这样来理解：当前"一竿子插到底"的方式下，所有的知识、信息都储存在负责的采购人员头脑中，或者他们的计算机上，需要的系统和流程支持力度最小。也可以说，系统和流程能力不足的情况下，"一竿子插到底"是小企业的理性选择。不过随着规模的增大，业务复杂度上升，这种做法没法有效满足企业的发展。但是，专业化的结果是流程、系统更复杂，天然会降低效率。[○]也就是说，专业化的结果是有更多的事要做，需要更多的资源。

比如"一竿子插到底"时，你不需要每做一件事就统计其绩效，因为责任人只有一个，抓住最后结果即可；而专业化后，一个子职能的结果是另一个子职能的输入，你得统计上一个子职能的结果，以判断下一个子职能没做好，是因为上个子职能输入的质量不高，还是这个子职能本身没做好。这都让系统、流程更加复杂，要做的事儿更多，尤其在导入变革初期。当企业在快速发展，人力资源严重短缺的时候，特别要考虑到这一点。

基于这一系列考量，我们建议该案例企业做出如下调整：

1. 单列计划职能，而且让计划汇报给销售，等日后需求预测流程完善后，再把计划转移到供应链部门。

2. 把供应商的合同管理和付款单列出来，确保有基本的风险管控，避免"一竿子插到底"带来的贪腐风险。

3. 暂时不分离供应商管理和订单操作，而是改善 ERP 系统和采购订单管理流程，等系统和流程的能力较强时，再推动供应商和订单层面的两层分离。

之所以做出这样的建议，是因为计划与执行的分离已经是非常大的变动，同时导入太多的组织变动，在流程和系统能力没法匹配的情况下，不可控因素太多，特别是企业快速发展时，带来的绩效风险太大。

[○] 这点得益于与赵玲女士的交流。专业分工还有相互制衡的目的——降低风险是所有大公司的必经之路，风险控制第一，而不是效率第一。（赵玲女士语）

小贴士 **需求计划的进化史**

我们这里换个视角，谈一下需求计划的"进化史"（见图1-40），以及中美企业在需求计划上的差异。简单地说，需求计划的整个"进化史"，也是需求计划从单一职能向跨职能、跨企业发展的历史，从避免大错特错向追求精益求精的发展历程。

最早的需求计划是单一职能在做，且往往以兼职的形式。比如，公司小的时候老总做计划，公司大点后执行职能兼职。自上而下基于销售目标做需求预测，英语里叫"政治预测"，也是这个阶段的常见的做法。单一职能做预测，预测准确度低；跨职能没达成共识，多重预测并存，是这个阶段的显著特点。

图1-40　需求计划的五个阶段

然后发展到跨职能共识阶段。本书讲的"从数据开始，由判断结束"，就是跨职能共识预测。计划职能的数据分析，加上业务端的职业判断，让预测的准确度更高；跨职能达成共识，让需求预测的约束力也更强。这也是对多重预测的应对方案，但生成的需求预测往往是非限制性的，即没有或没有充分考虑生产、采购能否满足。

到了第三个阶段，需求计划达成共识的范围更大，从营销、计划延伸到产品、生产、采购、财务等职能，需求计划成为协同各职能的关键。这就是销售与运营计划（S&OP）。S&OP涉及的职能更多，时间跨度更长，需求预测成了限制性的预测，供应链得按照这个计划生产出来，销售得按照这个计划销售出去，财务得按照这个计划准备资金，生产、供应商得按照这个计划来准备产能等。

到了第四个阶段，需求预测超越企业的边界，跟供应链伙伴对接起来。这就是协同计划、预测和补货（CPFR）。这最早是零售行业发展起来的。比如沃尔玛每卖掉一瓶洗发水，相应数据就传递给宝洁，帮助宝洁安排后续的生产和补货计划。这是在拿信息换库存：信息越对称，不确定性就越小，库存也就越少。跨职能之间如此，公司之间也是如此。

在第五个阶段，集成业务计划（IBP）把 S&OP 的思路延伸到整个供应链、产品和客户，形成端对端的管理流程。IBP 更多地从财务视角，为企业决策层提供决策依据。⊖IBP 的出现，也跟 S&OP 日渐成为运营层面的工具有关。S&OP 刚导入的时候，是为解决企业中长期的产能与销售目标平衡问题。⊜但是，在实际操作中，S&OP 越来越下沉到运营层面，成为日常运营中各职能达成共识预测的工具。IBP 就应运而生，从而在更高层面指导企业决策。

这就是简单的需求计划进化史。你能看到，需求计划的影响范围一直在增大，从单一职能到跨职能再到跨企业，成为形成共识的核心手段。我们常说的供应链协同，就是围绕同一个计划的协同，而需求计划是这个同一计划的基础。供应链上各环节能够串起来，需求计划扮演的角色怎么强调也不为过。

对于本土企业来说，大部分的企业处于第一个阶段，要么是基于老总的行政命令，自上而下地分解销售目标，成为需求预测；要么是一线销售、用户提需求，层层博弈、层层调整，汇总成为总预测。在这个阶段，计划职能普遍薄弱，既缺乏数据分析能力，也缺乏组织协调能力。企业普遍意识到预测准确度低，但在向第二个阶段过渡上挑战重重，因为这需要显著改变企业的运作方式。这本书就是为了帮助企业完成这一转变。

美国企业中，做得差的也在第一阶段挣扎，做得好的在实施销售与运营计划（S&OP），以拉通需求和供应，推动跨职能协同，但普遍挑战重重。部分企业在做第四个阶段的事，在需求计划上拉通客户和供应商。第五个阶段可以说是需求计划的理想，尚停留在系统提供商和咨询公司的宣传阶段，新瓶装旧酒，解决的主要还是前几个阶段的问题。

⊖ First S&OP, then IBP – what's next? By Jean-Baptiste Clouard, https://www.linkedin.com/pulse/first-sop-ibp-whats-next-jean-baptiste-clouard/.

⊜ 比如至少要覆盖 18 个月（因为建厂房、买设备需要这么长时间）。

在需求预测上，两个国家的企业面临的挑战也不尽相同。

中国是增量市场，经济增长迅速，小公司众多，品牌不够强，相对竞争更为激烈；线上、线下模式并行，电商、新零售的比例高，改变需求的方式众多。就拿电商来说，京东、天猫上的促销活动，频率和幅度都远超亚马逊。需求变化更快，产品的 SKU 更多、生命周期更短，消费者的忍耐度更低（对速度的期望更高），对需求预测和供应链执行的挑战也就更大。

美国是存量市场，增长有限，由大公司主导。这些企业主打品牌和市场份额，产品其实更少、更精简，产品的生命周期相对更长，线上业务比例低，能够显著改变需求的行为较中国少。看美国的文献和实践，计划区间一般都较长，有些甚至有几年的数据（来展示季节性），因为是成熟的经济，行业整合得比较厉害，产品导入较少，产品组合也较简单，需求的变动相对较慢，社会媒体、电商也没有国内发达，能够显著改变需求的手段较国内少。

在需求计划的聚焦点上，两个国家也就不同。中国企业还处于快速发展阶段，找对机会，避免大错特错就能赚钱。这也是为什么企业更聚焦组织和流程，打通销售与运营，因为组织和流程是避免大错特错的关键。美国企业在存量经济下，只有追求精益求精，才能在成熟经济里生存。这也反映在需求计划上，那就是更加重视软件系统，因为信息系统的特长是精益求精。

美国的人口结构相对老化，传统经济和线下零售为主，产品的创新、迭代较慢，计划软件似乎也以此类行业为主要目标。比如前段时间，我在学习一款美国的预测软件，发现其中的例子主要是啤酒、糕点、咳嗽药什么的，应用对象是传统的零售业。那些啤酒每年都在卖，咳嗽药也是换汤不换药，糕点、饮料的口味形成，也是多年积累的结果。

在中国，近年来计划软件开发的重点似乎是电商、新零售。这些系统的挑战都很一致：产品生命周期短，更迭快，很难有足够多的历史数据来做季节性、周期性分析；电商环境下，需求急上急下，成熟期短，趋势分析也难做；人为影响需求的行为多，很难光靠分析数据就能预测。数据质量低，主数据不准确，计划人员的数理统计基础薄弱，这一切都导致计划软件的应用任重道远。

在工具和软件系统的应用上，需求计划一般经历三个阶段。[1]

阶段一是 Excel 表加判断，这是绝大部分企业的现状，不管是在美国还是中国。在这个阶段，企业主要在应对七分管理的问题，比如打通销售和运营协调流程，没有太多的精力来解决三分技术的问题，即便解决了后者，上了软件系统，效果也相对有限，因为系统没法解决流程和组织的问题。

阶段二是软件系统，能实施时间序列预测法，比如前文提到的指数平滑法。这个阶段的特点是有软件，用的是时间序列模型，完全按照需求历史做预测。从没系统到有系统，这是一个很重要的跨越。计划职能的数据分析能力也在上升，这样才能够驾驭专业的计划软件。这也是计划职能在自己能够控制的范围内，提高预测准确度。相当一部分的产品，如果基于需求历史做预测，要比层层提需求的方式更准确。

到了阶段三，系统和流程对接起来了，表现在计划职能用软件系统分析数据，应对存量部分，制定基准预测；销售、市场、产品等职能提供判断，应对增量部分，两者合起来，完成"从数据开始，由判断结束"。这对那些促销活动频繁，产品生命周期短，新老交替频繁的产品尤为重要。

就需求计划的未来来说，"三分技术"上会有很多机会，比如大数据、人工智能等，但挑战仍旧是"七分管理"，即供应链上职能与职能、公司与公司之间要建立更高的协作度、信赖度。前者是个技术问题，后者是个商务和管理问题，套用诗人西川的话，那就是"乌鸦解决乌鸦的问题，我解决我的问题"，不可混为一谈。

需求预测汇报给哪个部门

前面说到，企业大了，业务更加复杂，需求预测就不能继续作为老总、高管和其他职能的兼职工作，而要走上专业化、全职化之路。需求计划的全职化，一方面是专业化的结果，一方面也是因为这个职能对接市场、销售、

---

[1] Educational Webinars, How to improve your forecast by using events, Business Forecast Systems Inc., YouTube.com.

产品、品牌、高管、供应链甚至客户，有很多组织协调工作，再加上大量的数据分析工作，兼职很难保证资源投入，高质量完成，如图 1-41 所示。

这个全职的头衔是需求计划经理，或者叫需求经理。企业规模大、业务复杂度高时，上面会设有总监，下面会设需求计划员和分析员的职位。在建制完善的大企业，需求计划是个标准岗位。到北美最大的求职网站 Monster.com，输入 Demand Planning（需求计划），你会看到成千上万的招聘机会。

专职的需求计划设立后，究竟应该汇报到哪里去，或

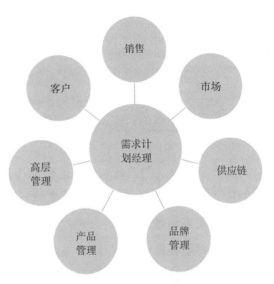

图1-41　需求计划经理是衔接诸多职能的汇聚点，在企业大了后是个全职工作

者说属于哪个部门呢？这取决于**销售与运营协作流程的完善程度**：当该流程比较完善的时候，需求计划一般汇报到供应链职能；否则的话，要汇报到销售、市场等更接近客户的职能，如图 1-42 所示。

需求计划流程**不成熟**时
必须归销售或市场
缺点：计划与执行二度分离，优化空间小

需求计划流程**成熟**时
可以划归供应链
优点：计划与执行在同一部门，优化空间大

图1-42　需求计划的归属取决于需求计划流程的成熟度

当前端的销售和后端的供应链对接不畅时，供应链没法有效得到销售

的职业判断，汇报给供应链容易导致需求计划成为"寡妇岗位"，难以有效发挥作用。典型问题就是，计划根据需求历史做好了基准预测，要求销售、市场等前端职能给判断，但后者不予以足够的支持，以各种理由不给提供判断反馈，比如借口客户情况不明、市场不确定等，甚至纯粹置之不理。结果呢，计划就只能基于需求历史做预测，自然"死"得很惨。计划告到供应链的老总，供应链的老总找销售的老总论理，"被拍死"是个大概率事件，销售还是不做他们该做的事。所以，供应链没法有效驱动销售，"从数据开始，由判断结束"的流程就打不通。

这种情况下，**需求计划必须汇报到销售或市场部门。**⊖ 现在那几个专职的需求计划人员归销售老总管了，如果销售经理们仍旧不帮助做判断，需求计划就告到销售老总；销售老总现在对需求预测负责了，就会采取组织手段，驱动销售来支持计划。这其实也是用组织的力量来弥补流程的不足，打通销售与运营协调流程。当然，一大风险是，有些销售老总对专职需求计划的重要性认识不足，所以一旦需求计划向销售汇报，就有可能成为一个辅助功能，帮助销售汇总自下而上的预测数据，或者帮助销售老总分解销售目标，这从一定程度上边缘化了需求计划职能。⊜

此外，需求计划汇报到销售或市场时，还会造成计划与执行的**二度分离**，增加了计划与执行交互优化的难度，影响执行的效率和全局优化。

让我们打个比方来说明这点。女儿放学回家，对妈妈说，今天可饿坏了。妈妈参照女儿平日的饭量和这一反馈（"从数据开始，由判断结束"），酌情多做点饭，尽量让女儿吃饱，同时不要浪费。这里，作为家庭"供应链"主体，妈妈既做计划又做执行，集计划与执行于一体，优化的效果最好。

后来家里请了保姆。女儿放学回家后，还是跟妈妈喊饿，妈妈吩咐保姆做什么菜，做多少。这是执行与计划的**一度分离**：妈妈做计划，保姆负责执行，但执行和计划都在"供应链"职能。相对于妈妈既做计划又做执

⊖ Demand Management Best Practices: Process, Principles, and Collaboration. by Colleen Crum and George E. Palmatier, J. Ross Publishing, 2003.

⊜ 赵玲女士语。

行,保姆对妈妈意图的理解,当然不如妈妈对妈妈自己的理解好。所以,一度分离后,计划与执行的交互优化效果就降低,因而就容易剩菜——相对而言,不够吃的问题会更大,所以保姆一般会宁多勿缺。

后来女儿上大学了,搬到别的城市自己过了,就经常到饭馆里吃饭。这时候,她不能简单地说今天我饿死了,然后让大厨决定做什么、做多少;她得自己决定吃什么,吃多少,告诉店小二,再传给大厨。就这样,计划职能前移到用户身上——女儿得提需求,做计划,她跟履行执行职能的大厨沟通非常有限,有的话也是通过店小二。这就是计划和执行的**二度分离**。

二度分离下,计划和执行对接不畅,相互了解更少,所以交互优化就更加困难。就拿到饭馆吃饭来说,要么点多,要么点少。比如菜单上的碟子,你不知道是上海人拳头大的碟子,还是山东老乡一尺大的碟子;菜单上的鱼头煲看上去小小的,结果上来一看,一个鱼头就一斤多,而且还是两个,最后浪费一大堆。

需求计划汇报给销售或市场,除了造成计划与执行的二度分离,还会造成弱者更弱、强者更强的局面:需求计划汇报给供应链时,供应链至少还有机会影响需求(**需求预测的本身是以供应链的理性制衡销售的强势**[一]);需求计划汇报给销售或市场时,销售和市场就做了所有的决策,供应链完全沦为执行职能,容易成为"以销定产"的牺牲品,直接表现就是闲的时候闲死,忙的时候忙死——需求计划代表销售利益,当然更加不愿意"削峰填谷",在淡季多生产,增加销售的库存风险。

就如一位大型家电企业的计划部长说的,作为需求计划的负责人,他汇报到销售部门,这增进了与市场、销售的交流和沟通,但与生产制造更加隔离,在市场导向下,制订需求计划时较少考虑产能安排等,跟生产计划之间矛盾较多。他说,现在他更加理解了,为什么公司的生产和采购看到他,通常没有好脸色。

最终的解决方案呢,还是要从打通销售与运营的协调流程着手,以求计划提供数据,销售提供判断,完成"从数据开始,由判断结束"的闭环

[一] 赵玲女士语。

流程。需要强调的是，**需求预测看上去是个职能，其实更重要的是个流程，或者说流程型职能**。所以，不能单纯从组织的角度来解决需求预测问题——任何组织措施都很难弥补基本流程的缺失。当销售与运营协调流程稳健后，前后端各司其职，需求计划则可以转移到供应链管理，以增加计划和执行的互动与优化。

实践者问

需求预测汇报给销售，与一线销售提需求（做预测）有什么区别？

刘宝红答

需求预测汇报给销售，意味着"从数据开始，由判断结束"的预测流程发生在销售职能内部。在这种情况下，需求预测是个**全职**工作——销售部门有一部分人专门做计划，分析数据，制定基准需求预测，然后借助组织力量，促进与一线销售的对接，完成由判断结束。

而一线销售提需求，则意味着需求预测是个**兼职**工作，"从数据开始，由判断结束"的需求预测流程不存在，或者不健全。结果需求预测不是跨职能的结果，而是一线销售"从判断开始，由判断结束"，主要由"拍脑袋"做出来，注定次优化的结果，预测的准确度低下。

值得注意的是，**一线销售提需求与需求计划汇报给哪个部门没有直接关系**。即便需求计划汇报到销售，管理粗放的企业还是没法打通"从数据开始，由判断结束"的需求预测流程，最后以一线销售提需求告终。而所谓的"需求计划"人员呢，则只能充当目标分解器、数据收集者的角色，沦为销售部门的边缘群体[⊖]，起不到供应链的引擎作用。

实践者问

我们是个电商，自从成立九年以来，需求计划从物流部门转移到电商

⊖ 赵玲女士语。

部门，再到产品部门，再到独立。本人经历了所有的调整，发现每次失败都有个共性，就是各部门无法做到协同：每个环节都做得很好，可是形成不了一种系统。因此本人有一些疑问：在一个企业的供应链环节中，是否应该有一些环节要做必要的"退让"？如果有的话是哪些环节呢？除了考核之外是否还有办法让大家自愿让步呢？

刘宝红答

不是退让，是共识：在需求计划上各部门无法协同，根本原因是没法形成共识，而共识呢，则要基于历史数据和职业判断，在信息对称的基础上达成。不管需求计划汇报到特定职能，还是独立汇报到 CEO，如果没法打通销售与运营协调流程，做到"从数据开始，由判断结束"，整合前后端的智慧，找到最接近真相的"真相"，就无法形成共识。靠某个环节的"让步"也没法解决问题，因为这样的"让步"并没有提高需求预测的准确度，让我们把计划决策做得更好。

需求计划做什么：快消品行业为例[一]

在有些公司，人们不理解需求计划人员的职责，认为他们就是数据搬运工，甚至可有可无。作为一位全球知名快消品企业的需求计划经理，Radio Zhang 结合自己的实际工作经历和最佳实践，描述了需求计划员在需求预测和 S&OP 流程中的角色、职责，并清晰勾勒出需求计划工作的框架，供大家进一步理解需求计划对公司的价值。

Radio Zhang 是供应链计划领域的自媒体人，其公众号"收音机小姐"自 2017 年起，以通俗易懂的语言，分享快消品供应链计划的一线实操经验。她著有《需求计划师：快消品需求计划与预测实战》[二]一书，感兴趣的读者可以订阅她的微信公众号。

[一] 本部分的原作者为 Radio Zhang，纳入本书时有文字润色。Radio Zhang，毕业于浙江大学，九年深耕于消费品外企，目前就职于互联网公司，先后获取过 CPIM 和 CDMP 认证。

[二] 国际经济出版社出版。

这里之所以选择快消品案例，还有两个原因：（1）快消品行业变化快，挑战多，影响需求的方式多，需求计划的挑战也大；（2）很多计划领域内的最佳实践，比如销售与运营计划（S&OP）、协同计划、预测和补货（CPFR），都是率先在快消品等行业导入，也出现了一些做得不错的快消品公司，比如这个案例里的公司。

下面是 Radio Zhang 的正文。

有个朋友说，公司想聘用一位需求计划员，不过担心这份工作是否能填满一个人工，于是问我，你们公司的需求计划员忙不忙，他们都在干什么？这个问题问得好。之所以好，是因为当时我很奇怪，竟然会有人问这样的问题，难道需求计划员不是都很忙吗？不过他们都在忙什么呢？

在公司里，需求计划管理需求预测流程，并制定需求预测，作为采购和库存计划的依据。在不同的行业、不同的公司，需求计划的汇报部门会有不同，预测频率也可能不同，工作侧重点和方式都会有不同。在这里，我们以消费品公司为例，盘一盘需求计划的工作内容。

每个月，需求计划员的工作从看上个月的实际准确率（或偏差率）开始，分析哪些产品或系列低卖，哪些超卖，自己先看看原因。[一]比如：

- 产品的经销商进货超卖[二]，是因为经销商出货多，还是因为经销商库存的增加？如果经销商出货超卖[三]是因为有个团购，那这个团购是否会持续？
- 经销商库存增加，是因为销售的季末冲刺（为达到本季销售目标而向渠道压货），下个月就会回调？经销商库存一般是多少，能够覆盖多少天的需求？这是一个常规压货品类吗？
- 新品销量未达预期，才卖到预测量的一半。到底会这样掉下去了，还是只是时间进度问题？

经过一番推敲，有些问题通过数据分析就能得到答案，有些问题则需

[一] 人都是从经验里学习，特别是过去的失败经验。对于计划来说，尤其如此。对比预测与实际，分析不足，就是从错误中学习，以期后续改进。
[二] 指经销商从制造商进的货超出预期。
[三] 指经销商卖给零售商的货超出预期。

要记下来，去找市场和销售碰一碰。那么，该问市场和销售哪些问题呢？

- 新品怎么样？超卖或不如预期的原因是什么？铺货进度到哪一步了，对比预期如何？本月还能把进度赶回来吗？产品反馈好不好？二次购买如何？
- 促销套餐卖得如何？是否达到目标？是否会给客户延长、追加这一促销？
- 是否有紧急计划的区域促销？力度如何？是否会持续？
- 经销商库存的高压线大概是多少？换算成金额或者可供销售的天数。
- 多少销量来自新开发的经销商或新开店？接下来的开店计划和进度预期是什么？

…………

经过了自己的分析和跟市场、销售的沟通，才是做好了预测准确率报表分析。这也会帮助我们"清洗历史数据"[⊖]，从而得到更加准确的统计模型，指导我们调整后面的预测。

清洗历史数据，做基准预测

对于具体的产品，可在需求预测软件里标记，多少销量是来自非重复的促销，多少是本来有需求，但因为缺货没能卖掉。通过这样的"削峰填谷"之后，得到的才是基准需求历史。即使只是用Excel做预测，剔除特殊情况、清洗历史数据也是必要的。要知道，需求预测的"从数据开始"，指的是可重复的基准需求历史，这是个关键假定，一定要遵守。

接着，需求计划就开始"闭门造车"，做一版基准预测。基于足够多的历史数据，利用统计模型，软件可以帮助我们跑出一版数字。但这数字靠不靠谱？

- 首先，要提防"垃圾进，垃圾出"。数据有问题，或者没有进行足够的分析和清洗，统计模型自然会跑偏。
- 其次，要选择合适的统计模型。这需要通过重复实践，并结合行业

⊖ 比如把历史需求中不可重复的剔除。

特点。比如有些快消品具有很强的季节性，且近期趋势对将来影响较大，那双指数平滑模型就可能比一次指数平滑更合适。

- 最后，如果是没有足够历史数据的新品，统计软件也不能"无中生有"，就只能参照类似产品的历史数据。

开预测会议，结合业务计划调整预测

历史不会重复，这意味着基于需求历史的基准预测一定不完美。需求预测会议是征求关联部门的判断，对基准预测做出调整。

开会前，大家都要预先做好准备工作。

- 计划：准备好基准预测，且重点标注相对上个月的版本，哪个系列的产品我们更看好了，而哪个被下调。
- 市场：媒体计划，市场趋势信息，新品计划（长期），终端销量数据及分析（如果有）。
- 销售：开店计划，新品铺货计划，促销计划。
- 财务：准备好每月销售指标，会前提供给需求计划，需求计划的表上就能显示哪些月还有缺口，而哪些月有机会做超。

这样的预测会议，能开 2 小时到半天，开一天也不夸张，取决于各方数据的完备程度，以及计划的精度和新品、促销的个数。逐个品类，重点产品逐个 SKU 地过，都是非常有必要的。

经过这个会议，一个"闭门造车"的基准预测就结合上了业务计划，促销和新品都放进去了。但会议成果不光是一版数字，重要的是，需求计划需要记录下数字背后的假设，比如套餐个数和总金额预估，新品铺货进度预估，跟标杆产品对比的销量提升幅度，对现有产品的蚕食比例和开始时间等。这都是来自销售、市场、产品和高层管理等的判断。在以后分析实际与预测的差距时，这些假设也是我们重要的"落脚点"。对于重点渠道或重点客户，也可根据生意比重、销售行为的差异性，来分开单独计划和追踪。

开预测决策会议，解决缺口与分歧

做完了基准预测，结合了业务计划，但是跟财务给的指标还是有差距，或者部门之间有分歧。那好，带到决策会议上由总经理决定。

决策会议的结果就是本月预测的最终版，需求计划根据会议决定，按照每个SKU预测，交由负责供应计划的同事，供他们完成产品的采购或生产计划。

供应及分拨计划

除常规产品之外，需求计划还要进行产品生命周期管理，比如上市如何上得顺利，下市如何下得省钱，都需要跟供应计划做充分的沟通。如果组织还比较小，这两类计划可以由同一个人来担任，那么他就要结合总仓库存做好采购计划，传给工厂，并且对工厂发货、运输、进口等环节进行跟进。这些事情虽然琐碎，却也非常重要。如果你有区域分仓（RDC），但没有专门的分仓计划员的话，那需求计划还要负责库存分配工作。

当月销售监测

说到这儿，你以为需求计划的活儿差不多了吗？没有。预测准，不光是估出来的，更是执行出来的。CEO之所以越来越重视预测准确率，是因为它体现的是整个团队的计划和执行能力。这两个能力上去了，成本就下来了，呆滞库存就会少，公司的盈利也会上升。

根据采购提前期的不同，很多公司考核的预测准确率是M-2甚至M-3[①]。但到了当月，需求计划仍然不能想着"反正预测已成定局"，就地等死，而要跟进销售进度和重点SKU的状况，及时跟市场、销售了解情况，解决问题。这项任务充盈在整个月当中，是需求计划的一项日常工作。不要小看这些跟进，这些日常跟进中拍大腿的恍然大悟，就是我们日后做预测时来自实战的启发。

此外，需求计划偶尔还需要去跑一下市场，看看渠道情况。若是消费品，自己用一用，感受产品效果。这些不仅增加自己对产品的判断，而且

---

① M-2是指两个月前，你预测这个月的需求，作为预测准确度的基准。等两个月后，需求落地了，对比实际需求与预测基准，计算预测的准确度。M是单词month（月）的首字母。M-3类似，只是更严苛。

增加和销售、市场的共同语言，从而促进沟通。

最后，需求计划要做好预测，帮助到业务，有几点需要强调一下：

- 需求预测需要数据。给渠道的批发出货量、渠道给零售的出货量、零售给最终顾客的销量，越接近终端的数据越真实。渠道库存数据，如果不全可以折算估计。
- 需求计划需要总经理、市场、销售和财务的配合。参与预测、对自己部分的预测结果负责（如新品、促销预测），需要成为市场和销售工作的一部分，最好还能进入考核（简单的排名与奖励已经很棒了）。
- 需求计划需要流程保证其权责的实现，需要合理的KPI考评和激励政策。流程搭建初期，更是需要高层的参与和支持。
- 要建立信用，就得有担当，为自己的工作负责。这也意味着，需求计划人员不能光扮演受害者的角色，"瞎子算命两头堵"：销售来找时，就把责任往生产、采购头上推，说是执行不得力；生产、采购找上门来，就把责任往销售头上推，说销售的预测不准。对于生产、采购来说，需求计划代表需求端，要代表供应链来管理销售；对于销售来说，需求计划代表供应端，要代表销售管好供应链。这就是有担当，用杜鲁门总统的话说，就是 the buck stops here（责任到此就终结）。

我们把上述案例总结一下，就是图1-43中的七件事，也可以说是需求计划的工作说明。想必大家在招聘需求计划人员的时候，知道他们的岗位说明该怎样写了吧。

需求计划做什么：销售与运营协调

我们从更大范围来看需求计划的职责。

对于熟悉销售与运营计划（S&OP）的读者来说，图1-44看上去应该比较面熟：一轮四周，每周五天，每天都有非常具体的任务，这就是销售与运营计划的一个模板。整个流程持续一个月，包括14件大事情，其中绝大部分是由需求计划负责或主导的。

比如在第一周，需求计划先花两天时间更新、分析历史数据（任务①），然后用一天来做数据清洗工作，比如把促销的需求清洗掉（任务②），最后在周四、周五选用合适的预测模型，制定基准预测（任务③）。在这满满的一周时间里，看得出，需求计划都是在埋头做分析。那么多的产品，那么多的数据，如果要把"从数据开始"的工作做到位的话，也的确需要一周时间。

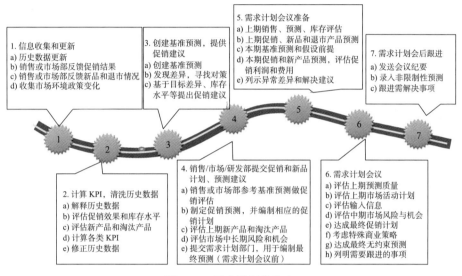

图1-43 需求计划做什么

资料来源：驭策供应链。

第二周的前两天由销售、市场、研发等提交促销计划、上新计划等（任务④），这是"由判断结束"的信息输入，包括数据和数据背后的"故事"（假设、依据等）。然后需求计划把这些判断纳入预测，准备需求计划会议（任务⑤），在会议上计划提供基准预测、需求端提供判断，数据和判断都放在桌面上，让信息得到对称，两者结合生成**非限制性的需求预测**，即不考虑供应能力限制的预测（任务⑥）。

当然我们知道，供应能力不是无限的，一个不考虑供应能力的需求计划不是好计划。这就进入第三周，需求计划人员把非限制性预测给供应端，让生产、采购等评估供应能力，必要时调整需求预测，比如适当提前或推后（削峰填谷），生成**限制性的需求预测**（任务⑨），然后发送给各相关职能，召开跨职能的预会（任务⑩~任务⑫），为最后的销售与运营协调会议做准备。

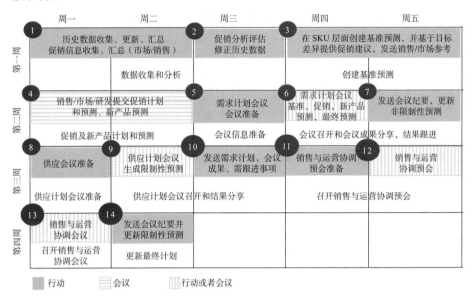

图 1-44　需求计划在销售与运营计划中扮演着关键角色

资料来源：驭策供应链。

第四周，销售、市场、产品、供应链、财务等关联职能和高管集合到一起，达成最后最高层面的共识，完成整个销售与运营计划流程，驱动各职能按照同一套计划行动。对于跨职能没法达成的共识，比如销售目标是一个亿、需求预测是 8000 万，也在这个会议上提请高管比如 CEO 来拍板。一经拍板，就形成对各个职能有约束的需求预测，大家都围绕同一个计划来推进：供应链得按照这个生产出来，市场得按照这个来推广，销售得按照这个卖出去，财务得按照这个来准备资金，工厂、供应商得按照这个来准备产能等。

供应链协同的基础是**同一个计划**，就是这个需求计划。需求预测"从数据开始，由判断结束"，此外还要**达成共识**，才能成为各职能协同的基础。这可以说是需求预测的三要素，或者说三条腿。前两者做到了，但没有达成共识，大家还是会相互博弈。S&OP 的精髓也在于形成跨职能的共识。

结合前面的快消品企业案例，以及这里的销售与运营计划可以看出，需求计划的任务非常多，如果兼职的话，很难得到资源保证。资源投入不足，事情就做不到位，比如数据清洗缺失，数据分析不扎实，跨职能沟通不到位，就很难形成共识。

可以说，S&OP 是个关键的沟通工具，而需求计划在主导这个沟通工具。用研究机构 Gartner 的话说，就是"需求计划不是销售或营销预测，不是订单，也不是预算。**需求计划是个流程**，通过这一流程，确定产品组合的需求，兼顾各种约束和需求风险，以期利润最大化"[一]。这一流程，就是 S&OP 的主干。

要知道，企业有两大主干流程：集成产品开发（IPD）聚焦新产品开发，从 0 到 1，整出一个好产品；集成供应链（ISC）侧重量产，从 1 到 N，将产品批量生产与销售。这两大流程驱动企业的绝大部分资源投入。对于集成供应链来说，其核心可以说是 S&OP；而 S&OP 呢，其核心则是需求计划。所以，如果说需求计划是集成供应链的核心，恐怕也不为过。这就是需求计划在企业的定位。

在欧美，S&OP 刚诞生的时候，是为了应对中长期的需求与供应匹配问题，比如在企业层面确保有足够的产能来满足需求。也就是说，目标是为解决战略层面的**资源匹配**问题，所以跨度一般都相当长，在 18 个月以上（因为建一个工厂就得一两年的时间）。

但是，在实践中，S&OP 却一日日降落到运营层面，成了围绕产品甚至 SKU 的跨职能沟通工具，核心变成了需求计划，或者说它是需求计划的跨职能版。这也无可厚非。我的个人感觉是，最初的 S&OP 一直在空中"飘着"，对战略层面来说有点偏运营，对运营层面来说有点偏战略。最终 S&OP 落地，变成运营层面的工具，其实它反映了需求计划，特别是跨职能形成共识的需求计划的重要性。

在实际操作中，有些人总觉得，一个月做一次 S&OP 实在难以想象：

[一] " The demand plan is not a sales or marketing forecast, it's not orders, and it's not a budget either. It is a process by which organizations determine the most profitable mix of items that could be sold, balanced by constraints and demand risks " –Gartner, Building an Effective Demand Planning Process, 2012. 黑体部分是本书作者加进去的。

要那么长时间吗？特别是在一些行业，产品的生命周期只有几个月的情况下。但如果你仔细探究图 1-44 中的每一项任务，那么多事情，如果要做到位的话，的确需要一个月的时间：数据分析、跨职能沟通、需求与供应的迭代验证，时间投入不足的话，很容易就成了走过场。

还有，一个月做一轮 S&OP，并不意味着其间就不能调整需求预测：在具体的产品上，如果有大的变动，比如新产品导入，老产品下市，特殊事件发生等，我们当然可以随时调整，给供应链最新、最准确的需求信号。定期的计划，更多的是扮演"疏而不漏"的功能，确保我们定期把每一个产品都过一遍。

需要注意的是，**快不能作为高效的标准**。把每件事做到位，制定准确度最高的需求预测，系统协调跨职能团队是最终的目的。遗憾的是，很多公司求快，事情做不到位，每次都是蜻蜓点水，挖了很多井，但都挖不出水来。没做到位，就不得不重来，应了一位职业经理人戏谑自己公司的话：我们从来没时间把事情一次性做好，但从来都有时间两次、三次做好。

比如有个企业每两周做一轮 S&OP。虽然名义上是 S&OP，其实做的是层层提需求：一线销售汇总到"战区"，"战区"汇总到公司总部，再由总部计划驱动生产、供应链。虽然有职能兼管需求计划，但并没有什么实质性的计划工作：公司连统一的需求历史都没有，不同职能、不同地区、不同的人用不同的数据，数字经常对不上。尽职的一线销售也做基本的数据分析，但要预测 3 个月的需求，每两周更新一次的话，其实也没多少可更新的，在上次的预测基础上稍做调整就交差，就是走过场。

实践者问

我们是个手机公司，研产销协调总是出现各种问题。如何开好一个产销会？

刘宝红答

产销会不能光理解为一个会，而是持续一个月的系列任务。就如图

1-44中列出的案例一样,它包括14件大事情、4个大的会议,其中的数据分析、职业判断、沟通协调都意味着很多工作量,需要时间来做好。台上一分钟,台下十年功。产销协调会开不好,一大原因是事情没做细、做到位,而不是会议本身"没开好"。

|实|践|者|问|

在产销协调上,如何让各大区不做任何博弈?

|刘|宝|红|答|

凡事拿到桌面上来,让信息得到对称;不但提数据,而且讲故事,故事比数据更重要;数据和故事都记录在案,以供反馈总结。

|实|践|者|问|

供应链能不能修改计划的需求预测?

|刘|宝|红|答|

限制性预测变为非限制性的过程中,供应链可以建议调整,但需跟计划、销售等需求制定方达成共识,而不是单方面调整。

|实|践|者|问|

作为生产计划主管,我的理解是不可以质疑需求——需求计划的领导说了,需求就是需求。我的个人看法是,需求计划部门应该去管理客户的需求,对于离谱的需求,不应该直接就丢给生产计划。比如就一款产品来说,产线的最大产能是每周6000个,前端直接给一个2万一周的需求,全部放在第一周,有点明知不可为而为之。我们对如此大的波动还不能有任何异议,好像太不合理了吧。

刘宝红答

2万一周是"需求预测",也就是说,是客户的需求。这跟供应能力没关系,就如你饿了,要吃两碗饭,至于你有没有两碗饭,并不影响你想吃两碗饭的需求。从这个意义上讲,上级是对的。但是,"需求计划"跟"需求预测"还是稍有不同的,需要考虑供应能力来适当平滑需求,兼顾产线、供应商的诉求,力求总体效益最大化。所以,您的诉求也是对的。这就是为什么要有销售与运营协调。

实践者问

我们上了销售与运营计划(S&OP),但日常交付还是挑战重重,计划团队不理解,怎么办?

刘宝红答

S&OP的跨度较长,一般是半年、1年、18个月或更长,它对付的是整体资源配置,比如产能、人工、长周期物料等要与需求匹配。S&OP做得好,总体需求和供应匹配了,日常的交付问题会少。但是,即便总体平衡了,短期、局部的不平衡还是会出现。比如短期需求过高,短期供应能力受限等,最终体现在日常交付上。

什么样的人适合做需求计划

从需求预测的工作内容可以看出,需求计划对人的资质要求相当高。可以说,**在供应链管理领域,需求计划对人的综合素质要求最高**。理想的需求计划人员需要具备三方面的条件,如图1-45所示。

1. **分析能力**。需求预测"从数据开始",数据分析是计划人员的基本功,再强调也不

图1-45 需求计划的资质要求

为过。外行认为计划经理整天靠张嘴为生,其实他们的看家本领是数据分析。

2. **协作沟通**。需求预测"由判断结束",需要与销售、市场、产品等职能的人员配合。为了有效驱动这些没有汇报关系的职能,需求计划人员需要具备相当强的组织协调能力。

3. **业务知识**。需求预测是个跨职能流程,计划人员需要有基本的产品、业务知识,以有效对接销售、市场、产品和高层管理。有些公司刚开始建立需求计划职能时,往往到市场销售、产品管理和生产计划去"挖"人,看重的就是他们在产品和业务方面的知识。

当然,在现实中,我们能不能找到既有分析能力,又长于组织协调,还熟悉业务的人做计划?很难:具备这些条件的人,八成不再干这活儿了。那么,分析能力、协作沟通和业务知识中,究竟该如何取舍?

在我看来,协作沟通一定得具备:**需求计划是三分技术,七分管理**,其本质是个跨职能行为,需要跟不同职能的人协作。人们容易忽视需求计划的**管理特征**,把需求计划定位为**分析功能**。这种认识是片面的,也是需求预测做不好的一个原因。

需求预测离不开数据,但我们看到的不应该只是数据,而是数据背后的**各种假设和动因**。数据只是跨职能沟通的载体,**真正的挑战是挖掘数据背后的故事**,以解读和修正数据。这是需求计划的最大的挑战,没有之一。[一]而要获得销售、市场、财务和管理层的信任,让他们告诉你背后的真实故事,做出相关的判断,计划需要很强的协作沟通能力。

与数理统计和分析能力不同的是,**协作与沟通能力很难在短期内培养起来**。要知道,经验、天赋都不可替代。**优秀的需求计划经理一将难求**。

相对而言,业务知识最容易培养:从别的行业招个人,给他/她几周时间,就可以熟悉我们的业务。人们往往低估了不同行业在计划职能上的共性。这些年来,我深度介入新零售、电商、快消品等行业的计划,而理论框架呢,还是离不开我在大型设备行业十多年的经验。比如计划的三道防线、"从数据开始,由判断结束"等逻辑,都是我基于大型设备、小批量

[一] 赵玲女士语。

行业的实践总结出来的，放到别的行业同样适用。

经常有企业问，我们要新建需求计划职能，首批员工从哪里来？一种做法是到外面招，找一位有经验的经理，围绕他建立需求计划团队。这种做法的挑战是，计划类的专业人士往往在大型外资企业较多，但他们很多常年在基层，一个萝卜一个坑，带团队的经验不一定够。也就是说，这些人的专业度够，分析能力强，但广度往往不够，团队管理、跨职能协调能力容易有短板。

另一种做法就是在公司里找。要知道，以前没有专职的需求计划，并不意味着没人做需求计划，否则企业是没法运转的，只是说需求计划是某些人的兼职。那好，我们就在那些兼职人员中找，要么是销售，要么是生产计划，有些公司的采购也可能兼职需求计划（比如电商、新零售行业）。

当然，这里的问题是那些兼职人员往往不愿来计划部门。比如我在辅导一个跨境电商改善计划和供应链体系时，发现他们的一个销售是很好的计划苗子：她有很好的分析能力，也有很好的沟通和组织能力，但她就是不愿做计划主管。为什么？计划和供应链在公司的地位低，报酬也不如销售。

那怎么办？企业得重视计划，让大家愿意来计划职能。那什么叫重视呢？**重视就是资源的投入**——你的钱花到哪里，资源投入到哪里，你就在重视哪里。对于计划来说，最直观的就是给计划员工更好的薪酬和待遇。这里分享一点我的个人经历。

我管理全球计划团队多年，最多的时候，在全球各地有二十几位计划员。那么多员工，你就会一直在招新人：有的升职了，有的到别的公司做主管了，有的回家结婚生子了。每当有计划员流失，我们就在那个分公司的客服、物流甚至现场工程师、销售团队里面招人，问那几个最优秀的员工：愿不愿意做计划员？答案八成是"愿意"：在本地运营团队中，我的计划员是本地运营经理的左右手，是薪酬最高的几位员工之一，是他们在指导客服、物流、仓储的日常工作，大家当然愿意来做计划员了。

这些员工到了计划部门，优点是他们熟悉企业的业务、流程和组织，缺点是他们不熟悉计划。那好，我就给他们专业的计划培训，从需求预测到库存计划，再到供应链的执行。这些都成了本书以及《需求预测和库存计划：一个实践者的角度》的基础。在这些书的基础上，我开发了一系列培训，十多年过去了，我以公开课和公司内训的形式已经做了三百多次培训，大家感兴趣的话，可以到我的网站和微信公众号了解详情。

小贴士　分析能力是可以评估的

分析能力是需求计划的看家本领。你知道，有些人有分析能力，有些人没有。在面试需求计划人员时，我一般会问以下三个问题，以便客观、准确地评估应聘者的分析能力。

第一，你会不会用 vlookup 函数？如果你看到对方一脸困惑，不知道 vlookup 为何物，这人的分析能力八成没有他自己说的那么强。做过计划职能的人都知道，计划离不开 Excel 表，而 vlookup 是把一张 Excel 表与另一张连接起来的关键，是用 Excel 分析数据时最常用的函数之一。[一]

第二，你会不会用数据透视表？透视表是 Excel 中的基本功能，让我们以不同的方式来切分、汇总数据。在用 Excel 分析大量数据时，你很难回避透视表。跟 vlookup 函数一样，数据透视表也反映了一个人是否经常用 Excel 分析数据。你也可以让应聘者现场操作，分析数据做一张透视表来。

第三，什么是正态分布？这是评估应聘者的数理统计知识。需求预测"从数据开始"，包括用数理统计的方法建模，基于历史数据做出基准预测。作为优秀的需求计划人员，你得具备数理统计的思维。正态分布是最常用的概率分布，可衡量一个人是否具备最基本的数理统计知识。

遗憾的是，不管是在哪个国家，具备数理统计思维的计划人员凤毛麟角。所以，如果说前两个问题是评估基本的分析能力，第三个问题呢，则是把优秀者与一般计划人员区分开来。

[一] 比如两张表中都有"料号"一栏，一张表有库存数量，另一张表有单位成本，用 vlookup 函数，我们就可以把库存数量和单位成本合并到同一张表上，以计算库存的金额。这是 Excel 中应用最广的函数之一，微软后来推出了 xlookup 来替代。

|实践者说|

做好计划，个人觉得有三个层面的功夫要下：

首先是打基础，要对采购、生产、库存、销售链条各环节有基本的整体认识，对原料组成物料也要有基本的整体认识，对生产组织方式、工序能力及制约总体产能的瓶颈环节有总体认识，对推拉结合（pull-push）模式和供应链的各环节的交期有个整体概念。

其次在实践中，在诸多目标中确定一个当期主要目标和几个不可突破的底线规则，以主要目标为中心统观全局，反复磨炼提高平衡水平和对变动的预判水平，逐步做到即便异常状况发生也早已心中有数。

最后就是系统，现在一些先进的排程系统已把人脑反复计算平衡的东西在总结各种模式的基础上算法化了，但也黑箱化了，高水平的计划人员要理解底层的基础的东西，才能用好系统，充分发挥系统的计算力。㊀

需求计划的绩效管理

一旦提起需求计划的绩效，一般人就会联想到预测的准确度。这没错，但不全面。所谓绩效，真正重要的是指跟客户、股东利益**直接相关**的东西。我不是说预测准确度不重要——预测准确度当然重要，因为会影响到客户和股东利益，但客户跟你做生意，股东买你的股票，有多少是因为你的预测准确度高？所以，对需求计划的绩效评估，要超越预测准确度本身，从客户和股东的视角来看待。

我们知道，供应链管理作为一个整体，有三大类绩效指标：**客户服务水平、运营成本和资产周转率**，如图1-46所示。前一个指标是让客户满意，后两个指标是让股东满意，只有两者都满意了，企业才可能成功。供应链的终极目标呢，是在提高客户服务水平的同时，运营成本要低，资产周转要快。

这三大指标中，与需求计划**直接**相关的就有两个：客户服务水平和资产周转率。因为需求计划是有效对接需求和供应的关键环节，预测准确度

㊀ 源自麻麻猫，"供应链管理专栏"微信公众号读者。

的高低，可以说从最大程度上决定了这两项指标。同理，需求计划也影响运营成本，比如预测失败导致的加急赶工、产线员工闲置等，尽管这些运营成本主要发生在执行部门，而非计划部门。

这三大指标相当于凳子的三条腿，只有三条腿都差不多长，凳子才能站得稳。也就是说，**三者必须兼顾，不得取舍**。能力低下时，这三大指标是互相矛盾的，或

图 1-46　需求计划对供应链的三大目标影响显著

者说是背反的，比如要提高客户服务水平，就得多花钱，多建库存。但能力提高后，这三类指标是可以同时实现的。比如一流的企业客户服务水平最高，而库存往往最低；三流企业的客户服务水平最低，但库存往往最高。

为什么呢？一流的企业知道计划什么，不计划什么。就这样，客户要的他们计划了，客户服务水平就高；客户不要的他们不计划，库存水平就低，资产周转就快。而三流企业正好相反：库存很高，客户服务水平却很低，都能看到计划上先天不足的影子。可以说，需求计划做到位，是同时实现供应链的三大貌似矛盾、其实统一的目标的关键。

这里想强调的是，跟任何职能一样，**需求计划一定要由表面上相互矛盾，但实质上相辅相成的指标来驱动**，比如按时交付水平要高，同时库存周转率也要高。这样，需求计划才能兼顾多方利益，做出更为均衡的决策。否则，单一指标驱动下，聪明人就会做傻事，加剧了职能之间的博弈，增加了跨职能协作的难度。⊖需求计划的支持职能呢，比如生产、采购也得如

⊖　比如在那些销售提需求（做预测）的企业，销售由服务水平指标驱动（比如按时交付），供应链由效率指标驱动（比如库存周转），双方都是单一指标，表面上互相制衡，实质上互相博弈，增加了协作难度和不确定性，最终会转化为更高的成本和库存。

此，否则需求计划就没法有效驱动内部执行职能，变成断难成功的"寡妇岗位"，"死猪不怕开水烫"，对它的任何绩效考核也就没了意义。

很多中国本土企业在经历了多年的快速发展后，经营规模大增，复杂度也大增，客观上需要强化其计划能力，尤其是需求计划。需求计划设立后，企业的期望很高，希望在提高客户服务水平、控制库存和降低运营成本上大有作为。也就是说，**企业对需求计划的考核是全面的**。但是，对于需求计划的内部支持职能，却没有类似的考核，还是以**纵向的效率指标**为主。结果就是需求计划很难得到兄弟职能的足够支持，发挥应有的作用。

比如在一个制造企业里，计划物流部履行需求计划职能，其指标是客户的按时交付和库存周转——一对相互矛盾但相辅相成的指标。但是，作为计划物流的内部供应商，生产、采购却是单一指标驱动的，前者以单位生产成本最低为导向，后者以采购价格最低为宗旨。一分钱一分货，供应商的质量、交期和服务可想而知，影响到对生产以及客户的按时交付。生产线为了降低单位生产成本，就采取大批量生产，这样换线次数少，生产效率高，但在客户需求日益小批量、多品种化的情况下，大批量生产的结果就是订单履行周期长，客户满意度低，屡屡投诉，计划物流部焦头烂额，计划部长干不了多久就离职，成了典型的"寡妇岗位"。

这里的根本解决方案呢，就是在内部职能之间建立**强相关**的横向指标，比如生产对计划的承诺是 x 天交货，95% 的情况下兑现；采购对生产的承诺是 y 天交货，95% 的情况下兑现；如果有紧急需求，从计划到生产再到采购又设立相应的绩效指标。**强相关的横向指标是把各职能集成起来的关键，也是让需求计划成功的关键。**㊀我们平日说，计划是供应链的龙头，而

㊀ 简单地说，横向指标是内外客户关注的指标，一般以服务指标为主，比如按时交付、质量、灵活性等。相对应的是纵向指标，即自上而下传递的指标，一般以效率指标为主，比如运营成本、采购价格、库存周转率、产能利用率等。在矩阵型组织，员工汇报给两个老板：一个来自业务，比如事业部经理，传递来的主要是横向指标，一般以服务指标为主；一个来自职能，比如职能经理，传递来的主要是纵向指标，一般以效率指标为主。两者组合起来，驱动员工既满足客户需要（横向的服务指标），也满足股东需要（纵向的效率指标）。这里的强相关有两重含义：其一，做不到要挨板子（考核）；其二，能够相对客观量化。更多细节可参考我的红皮书《采购与供应链管理：一个实践者的角度》（第3版），第 26~30 页。

需求计划又是计划的龙头。"龙头"驱动供应链有效运作，靠的就是从计划到生产再到采购的**强相关指标**。而供应链所谓的"链"，就是由这些横向服务指标串起来的。

实践者问

哪个职能对客户的按时交付负责？

刘宝红答

需求计划。我的逻辑如下：销售支持需求计划，制定需求预测；作为回报，需求计划要给销售合适的产品，对客户的按时交货率负责。不背指标，需求计划就缺少动力做恶人，来驱动生产和采购以有效支持客户需求。比如销售一追责，需求计划就把责任归到生产、采购，做了二传手，让销售去找那些执行职能。这种情况下，销售端容易产生"我帮你做了预测，你也没法确保供货，那我为什么还要帮你预测呢"的情绪，客观上决定了后续预测的准确度不高。

"欲戴王冠，必承其重。"如果要扮演计划和供应链的龙头，需求计划一定得承担相应的责任。否则，没有责任就没有压力，也就不会有动力来持续改进，真正做好需求预测。当然，需求计划对客户交付负责，并不意味着需求计划要做所有的事：对于工厂的按时交付，生产计划要对需求计划负责，而产线要对生产计划负责；对于供应商的按时交付，采购要对生产计划负责，而供应商要对采购负责。这样层层传递，建立按时交付的"责任链"。

在有些公司，需求计划的能力不足，资源不够，就只能对一线销售提交的需求做些汇总工作，没法为需求预测做出实质性的贡献，当然也承担不了对客户的按时交付责任，注定会被边缘化。

实践者问

当遇到问题的时候，比如缺料，生产部会认为计划的物料管控出问题了，由计划部背锅；计划部认为是采购部的供应商管理出问题了，由采购部背锅；采购部会认为是供应商执行缺失，不能由采购部背锅，而且问题也不大（或者扣款解决就好）。

以上三个部门看起来都没有责任，所以都不愿意承担责任。但我知道，终端客户是无辜的。谁应该主导这个问题的跟踪解决？生产的按时交货率，需要区分"内部因素"和"外部因素"造成的迟到吗？比如因供应商导致的缺料，生产需要承担责任吗？

刘宝红答

这是个典型的按时交付的"责任链"问题，需要建立层层追责的机制来应对。

企业是看结果的。成品的交付迟到了，影响了客户，即便生产不是主责，他们还是要承担一定的连带责任，比如没有相应的绩效奖。如果是供应商没能在正常交期内交货，采购就是主责，不光没有绩效奖，连工作都可能丢了。

作为生产，你不能简单地把这归因于"外部因素"，两手一拍了事——采购是生产的内部供应商，生产有义务来管理、督促采购把事做到位。这就如你的部下做砸了，他要挨板子，你也得挨批评，你不能简单地说那是"外部因素"，不关你的事。

在整个"责任链"上，要避免铁路警察——各管一段，人人只统计自己能完全控制的"内部因素"，把自己不能完全控制的排除掉，所以每一段的指标都很好看，但"手术很成功，病人却死了"。

实践者问

一旦开始考核，供应方（不管是内部还是外部）就开始藏着掖着，怎么办？

刘宝红答

这种现象很普遍，我们可采取两种方法来应对。

其一，标杆以往的实际表现，作为基准，制定持续改善目标。比如原来客户订单一落地，80%的在2周内交付，95%的在3周内交付；现在要正式考核了，你不但要维持以前的表现，而且应该更好。那好，下一年做到85%的在2周内交付，98%的在3周内交付，其余的在4周内交付等。

其二，销售老总、生产老总、采购老总坐下来，集体谈判，敲定每个环节要达到的绩效。需求计划可以作为会议的组织者，分析历史绩效，协调各环节的诉求，达不成共识的话，邀请公司老总介入。这是在建立框架协议，以尽量减少围绕具体订单的博弈，减小工作层面的摩擦。

实践者问

如果断货了，如何判断是不是计划不足？

刘宝红答

看供应商的在途订单。如果在途订单超出标准交期（或供应商承诺的交期），一般来说是个执行问题；否则是计划不足问题。

实践者问

对于呆滞库存指标，能否详细解释一下？

刘宝红答

呆滞库存是指一定期限没法消耗掉的库存，库存的风险较高。对于库存绩效，库存周转率是个整体指标，建议将其中的呆滞库存单列出来。要知道，库存问题一般有两个：（1）整体库存太高，（2）呆滞库存太多。两个问题是相关的，但需要分开：前者反映了整体的计划和执行能力不足，没法做到精益求精；后者则反映了"从数据开始，由判断结束"中有严重的短板，预测准确度太低而导致大错特错。

小贴士　预测准确度如何统计

说是准确度,其实很多时候谈的是误差;说是提高预测准确度,其实是降低误差。对于误差,我们先介绍两种常用的统计方式,如表1-2所示。

表1-2　两种常见的误差计算(示例)

周	1	2	3	4	5	6	7	8	9	10	11	12	13	平均
预测值	6	5	5	4	5	5	5	5	4	4	5	4	6	
实际值	8	2	4	4	6	6	3	7	1	3	8	5	7	**4.9**
误差	2	−3	−1	0	1	1	−2	2	−3	−1	3	1	1	
绝对误差	2	3	1	0	1	1	2	2	3	1	3	1	1	**1.62**
绝对误差百分比	25%	150%	25%	0	17%	17%	67%	29%	300%	33%	38%	20%	14%	57%

先说平均绝对误差百分比。这是针对每一期的预测值,先求与实际值差异(实际值−预测值),取绝对值后,除以实际值就是绝对误差百分比;多期的绝对误差百分比取平均值,就得到平均绝对误差百分比。取这几个词的英文的第一个字母,就是MAPE,相信很多人看到过这个缩写。1减去平均绝对误差百分比,就得到预测准确度。

绝对误差百分比的好处是简单易懂,便于跨职能沟通。但是,当分母很小的时候,百分比的值就很大;如果实际需求为零,分母就成了0,这个值就成了无限大。㊀这也意味着汇总多个产品的误差百分比,以评判企业的整体预测准确度时,可能放大那些小批量产品的影响。

比如假定一个公司只有两种产品,其中一种的需求预测是2个,实际需求是1个,绝对误差百分比就是100%;另一种的预测是800个,实际是1000个,绝对误差百分比是20%。两者平均,来评估总体预测准确度,误差就是60%,这显然不合适。

应对措施之一是加权平均。比如按照总销量或总金额,计算每个产品的权重,再跟各自的绝对误差百分比相乘。让我们举个例子。假定这个公司只有两种产品,产品1的平均绝对误差百分比是90%,但该产品只占同期所有产品总销量的1%,那么加权处理后就成为90%×1%= 0.9%;产品

㊀　一种措施是设立上限,比如误差最大不能超过100%。

2 的平均绝对误差百分比是 20%，但占总销量的 99%，加权处理后就成为 20%×99%=19.8%。两种产品综合起来，误差就是 19.8%+0.9%=20.7%，亦即这个公司的整体预测误差 [如果简单地平均的话，则是（90%+20%）÷2 = 55%]。

应对措施之二就是直接用平均绝对误差（英文的缩写为 MAD，也叫平均绝对离差）。这个指标的好处是直观，容易沟通，但要跟产品的需求量一起考虑。比如平均绝对误差同样是 10，但产品 A 的平均需求为 5 个，产品 B 的平均需求为 100 个，这样的误差意义可大不一样。也就是说，这一指标在不同产品之间缺乏可比性。还有，在计算多个产品的平均准确度时，平均绝对误差可能放大大批量产品的影响：需求大的产品预测误差一般也大，比如产品 1 的预测是 1100，实际是 1000，绝对误差就是 100，看上去很大，其实预测准确度高达 90%，一点也不差。[一]

对于绝对误差，有时候也会出现误导。比如在图 1-47 中，假定这是对同一个产品用两种不同的方法预测，我们要确定哪种方法更准确。如果统计过去 13 周的绝对误差，方法 A 和方法 B 的平均值相等，都是 3.6。但是，你知道这两种方法不是一样好，作为计划人员，你当然更不喜欢方法 B，因为你知道，小的误差好对付，我们可以通过设置安全库存，或者驱动供应链执行来应对；"害死"我们的是大错特错，也就是那些极端误差——方法 B 在第 7 周就产生了这样的极端误差。

怎么办？我们可以对每期误差的绝对值取平方值，再平均，得到预测准确度的第三个统计指标：均方误差，英文的缩写为 MSE（对这个值开平方，就得到均方根误差 RMSE）。这样做的好处是通过平方，我们加倍"惩罚"那些极端误差，在预测方法择优中，尽量选择那些能够避免大错特错的方法。比如就图 1-47 的例子来说，方法 B 的均方误差是 22.5，显著高于方法 A 的 13.9，就被淘汰了。

[一] 作为改进，可以把平均绝对误差进一步归一化处理，比如除以平均实际需求。再用 1 减去误差百分比，就得到预测准确度。表 1-2 中，该产品的平均绝对误差是 1.62，平均需求是 4.9，MAD/平均值 =1.62/4.9=33%。这让不同产品之间有了可比性。

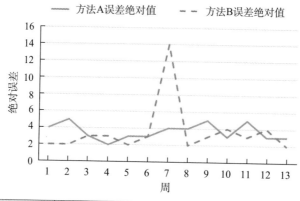

周	1	2	3	4	5	6	7	8	9	10	11	12	13	平均
方法A误差绝对值	4	5	3	2	3	3	4	4	5	3	5	3	3	3.6
方法B误差绝对值	2	2	3	3	2	3	14	2	3	4	3	4	2	3.6
方法A均方误差	16	25	9	4	9	9	16	16	25	9	25	9	9	13.9
方法B均方误差	4	4	9	9	4	9	196	4	9	16	9	16	4	22.5

图 1-47　均方误差凸显了极端误差

相对于别的预测准确度指标，不管是均方误差，还是均方根误差，它们的缺点都是不直观。比如在图 1-47 中，预测方法 B 的均方误差是 22.5，或者说均方根误差为 $\sqrt{22.5}=4.7$，究竟是什么意思，谁也说不清楚。但好处是大家都用同样的指标，不怕不识货，就怕货比货，不同方法有了可比性，就可以了。

当然，预测准确度还有多种不同的计量方法。人们经常会问，这些预测准确度指标中，究竟哪种最好？这没有标准答案，这就如问哪个指标最能体现人的健康一样，因为每个指标各有利弊，而且不同指标可能得出不同的结论。就预测模型的择优而言，我一般会用均方误差（或者均方根误差），很多学术研究也用这个指标。有些预测软件用平均绝对误差，作为预测模型择优的依据。㊀在跨职能沟通中，绝对误差百分比更直观，更容易理解。在实际操作中，可考虑统计多项指标，帮助我们综合评估。这就相当于你去看病，医生往往要做多个化验，然后综合考虑一样。

接下来我们探讨另一个问题：预测是个循环更新的过程，对于同一个产品，滚动预测的过程中会有多个预测，究竟该用哪个预测做基准，来计

㊀ 比如 Forecast Pro。估计是因为平均绝对误差（MAD）对实践者来说较通俗易懂。

算预测误差？

理论上，这取决于在正常情况下，哪个预测对供应链执行影响最大，一般跟供应链的响应周期相关。比如在有些行业，生产加上长周期物料的采购提前期，大概在3个月，因此用3个月前的预测（M-3）①较为合理：1月末，你告诉我4月的预测是100个，我就按照这个来采购、生产；结果4月的实际需求是80个，那么误差就是20个，绝对误差百分比是25%（|80−100|÷80=25%）。

M-3的误差一般会相当大，人们会习惯性地归因于时间：预测做得越早，准确度就越低。没错，对需求预测来说，时间是最大的影响因素，又不可控，但我们不能把一切都归因于时间，而忽略很多别的因素，其中有些是可控的。这不，如果你统计M-2、M-1的话，甚至当月预测当月的需求，准确度也不会是100%，这表明时间之外，还有别的因素在制约预测准确度。

让我们用乔丹投篮来打比方说明。

乔丹的生涯投篮命中率是49.7%，这是他在三分线内外的命中率。假定乔丹一过中场就投篮，估计命中率只有5%。分析为什么95%的球都投丢了，结论很简单，就是他离篮板太远了。其实即使乔丹冲到篮下，跟篮板的距离是0，上篮命中率也远不是100%。这意味着在距离因素以外，还有别的因素在影响他的投篮命中率，比如投篮的姿势，手腕的发力，还有篮下那个七呎②长人等。除了对方的那个七呎长人外，投篮的姿势、手腕的发力其实是可以控制或者说改进的，但如果被距离因素掩盖掉的话，就难以被发现，从而无法采取适当的纠偏措施。

对企业来说，可以按照时间维度，统计多个预测的准确度，比如M-1、M-2、M-3，来凸显时间以外，那些可能影响预测的因素。有些企业采取折中的方式，用M-1、M-2、M-3的平均值或者加权平均来统计预测准确度。这在操作上有点复杂，也不直观，而且多个数据一旦取平均值，就会掩盖不少有用的信息，但好处是采取同样的方式，预测准确度指标就有了一定

---

① M是单词month（月）的第一个字母。在M-3中，M指的是当前月份，-3指的是3个月前。
② 这里的呎指英尺，约等于0.3米。

的可比性，对推动持续改善还是有帮助的。

另外，采用多久前的预测做基准，也是销售与供应链博弈的结果：销售的力量越强，就选择越近期的预测做基准；供应链的胳膊越粗，就越可能用更早的预测做基准。但不管怎么样，讨论预测准确度，一定要先弄清是如何统计的。想必我们现在也清楚了，如果两家公司都说它们的预测误差是30%，而一个用的是 M-1，另一个是 M-3，那它们的差距可不是一星半点哦。

预测准确度还有很多种统计方法，以及统计上的细节，比如是按周还是按月汇总，我们这里不予详细探讨。但不管用什么方法，物理学上的"测不准"定律在这儿都适用：对于预测准确度，或者说预测误差，我们找不到完美的统计方法。这都不重要。真正重要的呢，是我们要统计，不完美的统计也比不统计强。还是那句老话：不统计就不知道，不知道就没法管理和改善。

实践者问

预测准确度多高才算合适？

刘宝红答

这没有绝对的标准。行业不同，产品不同，预测的准确度都不一样。还有，统计口径不同，也让准确度失去可比性，比如有的统计产品层面，有的统计规格、型号层面；有的按周汇总，有的按月甚至按季度汇总；有的以三个月前的预测为基准，有的以一个月前的为基准。其实这些都不重要，重要的是看趋势，在现有基础上持续改善。

实践者问

绝对误差百分比中，分母为什么是实际值，而不是预测值？

刘宝红答

预测的目标是尽可能接近真实需求，所以要和实际的需求值比较。当然，在有些企业，实际销量（需求）很大程度上取决于销售行为，而需求预测本身也是销售做的，以预测为分母，是为了考核销售"说到做到"，这无可厚非。但在我看来，预测的根本目的不是让预测本身"做对"，而是尽可能靠近客户端的真实需求。

小贴士　预测准确度：可以不考核，但不能不统计

考不考核预测准确度，考核哪个职能，如何考核，历来是需求预测的一个热点话题。

我的倾向是对预测准确度本身可以不考核，但不能不统计。根本原因是，预测准确度是个过程指标，其本身并没有实质意义：企业做预测的目的不是看准不准，而是为更好地对接需求与供应，在提高客户服务水平的同时，控制库存水平，降低运营成本。可以说，预测的准确度本身不是终极目标，终极目标是客户服务水平、库存周转、运营成本，我们可以通过后三者来衡量需求预测的质量。

这也符合绩效考核的设计准则：企业的指标可以有千千万万，但大部分是过程指标，如果都考核的话，要花掉很多资源；考核不当的话，容易让人们聚焦"做事正确"，而不是"做正确的事"。㊀要考核的那些叫关键绩效指标（KPI），要与客户、股东的直接诉求有直接关系。比如说，客户不能按时拿到货（按时交货率，或者说服务水平），会直接影响客户的满意度；呆滞库存太多，运营成本太高，会直接影响到企业的盈利水平。所以这些指标与客户、股东的诉求直接关联，应该成为绩效考核的 KPI。

需求预测的准确度会影响上述几个 KPI，但对客户和企业的影响是间

㊀ 我在美国上市企业工作十来年，对此深有体会。对于上市企业，华尔街的期望是"说到做到"。比如你说预期每股盈利 5 美分，上下浮动 0.2 美分，那就得在 4.8～5.2 美分，达不到自然是不能接受，超出也不能接受：华尔街对藏着掖着深恶痛绝，他们追求的是 No Surprise（不能有意外），好的坏的意外都是意外。对企业来说，盈利预测就如射箭，最后射中什么不重要，重要的是射中你说你要射中的东西。我能理解投资者为什么这样要求，但这也让企业花了太多的资源，来确保"说到做到"；如果把这些资源花在干活上，投资回报会更高。就拿预测准确度来说，有些公司考核销售的预测准确度，结果一到季末，销售就拼命往渠道里压库存，人为造成需求波动，供应链一直处于上坡下坡状态，导致产能利用率低，库存周转慢。

接的。举个极端的例子：你原来对这个月的需求预测是100个，但是直到这个月的最后一天，需求一个都没来，你的预测准确度是0。不过没关系，下个月1日来了个订单，把那100个产品都给卷走了，你的客户拿到了他想要的东西，你的库存也降下来了，客户、股东皆大欢喜，你当然也高兴。

但是，不考核并不意味着不统计。毕竟，不统计就不知道，不知道就没法管理和改进。我们还是建议企业统计需求预测的准确度，分析偏差，采取纠偏措施。

有趣的是，人们不愿意统计预测准确度，原因之一是不愿意为预测的结果负责。[一]他们看到的是"不统计就不知道"，不知道就没法追责，最终却以"不知道就没法管理"为代价，失去了总结提高的机会。这跟公司政治也有关：预测事关大局，准确度低可以说是人人有份，于是大家就有意无意，都把头埋进沙子里，不愿面对现实，企图掩耳盗铃，蒙混过关。时间长了，这就成了组织惰性：大家都知道这是个问题，刚开始是没有能力来应对，慢慢就成了没有意愿，低下的预测准确度就成了必要之恶。

实践者问

我的一个朋友在一个做塑料管材的工厂就职。他告诉我，他们会统计销售需求预测的准确度。我不知道他们是否会分析偏差，采取纠正措施等，但他们采取的一个措施是，会优先给销售需求预测准确度高的销售员的客户发货。我原来一直觉得这个方法挺不错的，但看了你的文章后，我有些困惑，这到底是不是个好办法？

虽然我大体上理解了你的"统计但不考核"的观点，但是该工厂的这个做法不是也能将压力传导到销售员那里，进而促进他们做出纠偏措施吗？对于你文末提到的种种考核的弊端，我在想任何指标不都会有副作用吗？那么我们是否仍然可以考核销售需求预测的准确度，但给予不同的权重来处理呢？即给予库存、交货率等高权重，而给予准确率以低权重。让

[一] Spyros Makridakis, Steven C Wheelwright, Rob J Hyndman. Forecasting Methods and Applications (3rd edition)[M]. John Wiley & Sons, Inc., 2005.

销售员在一对矛盾的指标中，自己做取舍，来平衡呢？

刘宝红答

优先给预测准确度高的销售员发货，会正面激励销售员更用心做预测。但是，这改变不了一线销售提需求、预测准确度低的根本问题，我们前文已经谈过。

给予权重是种考量。但是，销售有很多指标，比如营收、毛利、回款、客户满意度等，林林总总一长串。现在加上一个预测准确度，比如占绩效考核的5%，会如何改变他们的行为呢？我跟一位销售总监开电话会议，问预测准确度占销售的绩效考核比例，连他自己也说不出来是多少，你能期望一般的销售知道多少呢？不知道的话，他们能在乎吗？毕竟，你听说过几个销售因为预测不准被开掉的？

小贴士 需求预测的最终结果，由销售老总负责

我们这里说的"最终"结果，指的就是那堆过剩的成品库存。需求预测由计划做，而最终结果却让销售的老总负责，这听上去有点奇怪，且听我细细道来。

所有的预测都是错的，这表明需求预测做出的那一刻，就注定有些产品客户要，但我们没有计划到；有些产品我们计划了，但客户不要。计划的先天不足，需要执行来弥补。对于短缺，自然要由生产、采购来加急赶工；对于过剩，库存都生产好了，即使要送人，也得销售去送。

从某种意义上讲，销售的任务就是把客户不要的卖掉——如果客户需要的话，他们自然会找到我们，就跟爱美的女孩子一样，不管那件漂亮的裙子藏在多么偏僻的角落里，她们总能从网上给翻出来。销售的任务呢，就是把那些你不需要的东西卖给你。当然你知道，这是我在开玩笑，不要当真。

如果销售的老总不对需求预测的最终结果负责，计划就习惯性地成了销售业绩不达标的替罪羊。相信大家对这样的场景很熟悉：老总问销售，为什么今年的销售目标没达到？销售的第一答复就是：客户要的我们没有，

我们有的客户不要。这话听上去有道理，其实更多的是个借口。让我举个例子来说明。有个酒厂的供应链总监诉苦说，他的销售老是投诉，说客户要酒 A，但我们只有酒 B。作为一个好销售，如果你的老板的老板（销售老总）对库存负责的话，你会这么讲：××，酒 A 和酒 B 都 99.9% 的是水和酒精，酒 A 能够喝醉人，酒 B 也能喝醉人。这样吧，给您便宜 5 分钱，您就买酒 B 吧。

销售的老总对需求预测最终负责时，他会驱动他的销售努力弥补计划的不足，解决多余库存的问题。这时候，需求预测才有可能同时约束销售和供应链：供应链按照需求预测生产出来，销售按照预测卖出去。否则，呆滞库存就是个大挑战。比如有个公司，新型号导入后，总有些老型号的库存积压：销售的指标是销售额和毛利率，老型号的毛利率低，没有销售愿意去卖。但问题是，这些老型号，如果卖得及时，打八折就行；等压上个三年两年，送人也没人要了。面对大量的呆滞库存，计划和产品管理焦头烂额，但讨论呆滞库存的会议上，销售连来也不来。如果销售对库存，即需求预测的最终结果负责，库存积压百分之百地形成销售的成本，降低他们的毛利，相信销售的行为会截然不同。

当然有些人会问，销售对预测的结果负责，那计划不卖力干活怎么办？这好办。需求计划没做好，产生一堆呆滞库存，那作为第一责任人，计划得先挨板子，比如这半年的奖金没了，甚至丢了工作。但那堆呆滞库存的最终解决方案，还是得在销售那里找，因为库存形成了，还是那句老话：即便是送人，也要销售去送。

此外，企业就如动物世界，销售一般是强势职能，处于支配地位；计划一般是弱势职能，处于被支配地位。让强势的销售对最终结果负责，更可能驱使弱势的计划职能改进；而弱势的计划职能呢，离开绩效考核，是断断不能驱动强势的销售职能的。

实践者问

如何让销售更加支持计划？

刘宝红答

让销售的老总对计划的最终结果，也就是成品的库存负责。

实践者问

作为供应链计划部门，我在制定今年的KPI，想把库存周转、按时交付、呆滞库存三项结果指标作为本部门的指标。但由于这些指标跟相关部门关系密切，如呆滞成品库与销售部关联，呆滞半成品原材料与研发、计划、生产、物资供应关联。我想让相关部门共同承担，各定一部分权重，但又有担心：（1）如果平均权重的话，快捷高效，有助于协同，出现问题共同负责承担，不内耗，但可能又会让大家觉得不完全是自己的事，都负责又都不负责；（2）如果分不同权重，分开考量，要花精力在责任的划分上，我认为有些内耗，应将精力集中在最终的结果上，责任是相对次要的事项。

刘宝红答

设定权重不是分担责任的有效方法：权重相同，三个和尚没水吃；权重不同，"天塌下来大个子顶着"，还是有人躲在树下乘荫凉。分担责任的有效方式是责任的百分之百传递。这就如你的一部分责任百分之百传递给你的一位员工，如果他没完成，那他百分之百负责，比如这个季度的奖金没了；然后传递到你这里，你百分之百对结果负责，站在老板面前挨批。就拿成品库存来说，比如说有呆滞，那计划职能首先百分之百负责，如果需求计划是他们做的话；但对于那些呆滞库存，只能依靠销售来处理，如果销售处理不掉的话，就形成成本，降低销售毛利，销售少拿提成，甚至承担更多的绩效考核。

需求预测：分门别类，区别对待

有个养殖企业，营收在几百亿的级别，长期以来是需求拉动：养殖场有需求，就提交库管，驱动采购来满足。需求拉动的问题有二：其一，给供应链的响应时间太少，经常成为紧急需求，导致加急赶工，运营成本高，内部用户体验也差；其二，需求零散，难以聚合，缺乏规模效应，导致采购价格偏高——即便签订总量合同，拿得更好的价格，但因为需求是零散的，批次多，跨度长，供应商最终也往往要求随行就市，实际收取更高的价格。

比如总部采购预计到一种产品价格要大涨，就要求各子公司快速集中申购，锁定价格；多次提醒，各区域采购部也有行动，但使用部门不重视。很多子公司的用户不申购，因现场无法存放、暂时需求不明等。有些子公司即使下单了，也不让供应商发货。有些子公司让供应商备货，供应商以无订单、资金压力为由拒绝。最终，大部分供应商坚持按行情定价，最终合同采购仍然按行情价签。

这看上去是个采购问题，其实是个计划问题：各内部用户提需求（这里是数以百计的养殖场），预测颗粒度太小，预测准确度低，特别是申报几个月外的需求的话；看上去是使用部门不重视，其实是预测准确度太低，库存风险太高，这些内部用户宁可牺牲价格也不愿提前建库存。那解决方案呢，就是对这样的材料集中计划，集中采购，集中存储，然后内部用户随用随取。这是利用需求的聚合效应，提高整体预测准确度，降低库存风险。

他们的问题是，几千、几万个采购对象，究竟什么可以预测，该计划；什么不能预测，不可计划？要计划的话，是在总公司层面，还是子公司或者养殖场层面？

很多人想到的就是 ABC 分类法，比如 A 类产品贡献 80% 的营收，B 类产品贡献 15%，其余贡献 5% 等，根据它们对业务的影响，决定是否要计划，以及在总部、子公司还是养殖场层面计划等。这是从业务的视角来分类产品，但从计划的角度看，价值 5000 元的 A 产品和价值 5 分钱的 C 产品单价差别很大，对业务的影响大不一样，但完全可能用同样的预测模型，采取同样的计划方式，因为它们的"计划特性"一样。

那什么是"计划特性"呢？简单地说，计划特性就是产品的需求特点，可从两个维度来描述：**频繁度**和**稳定性**。需求越频繁、越稳定，产品的可预见性越高,可计划性也越高;需求越不频繁、越不稳定的情况正好相反。当然,这里我们一般会用需求历史,假定历史需求有一定的重复性,如果有设计变更、生命周期变化等显著改变需求的情况,我们会另行考虑。

对于需求的频繁度,我们这里导入13周频次的概念,亦即在过去的13周里(1个季度),有多少周有需求。比如13周频次为5,表明在过去13周里,有5周有需求。这里的判断标准很简单:在特定的一周,如果有需求,那就是1;如果没有,那就是0;把13周的值累计起来,就得到该产品的13周频次。13周频次越高,表明需求越频繁。26周频次、12月频次的概念类似。

如图1-48所示,这是某电商的13周频次图。其中有2500多个SKU的13周频次为0,表明这些产品在过去13周内没有一周有需求;500多个SKU的13周频次为3,表明这些产品在过去的13周里,有3周有需求。这些都是典型的长尾产品。13周频次越高,产品越可能是短尾,但并不一定是短尾,因为这里还有个需求的稳定性问题:需求虽然频繁,但不稳定的话,我们会归入"中尾"。

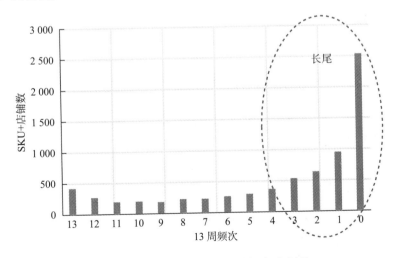

图1-48 需求的频繁度:13周频次(示例)

资料来源:某电商。

对于需求的稳定性，我们导入**离散度**的概念。如图 1-49 所示，假定产品的需求符合正态分布，我们用离散度（也叫离散系数）来描述需求的稳定性。比如过去 20 周，示例产品的每周平均需求是 49.6 个，需求的标准差为 18.2，那么该产品的需求离散度就是 0.37（18.2÷49.6=0.37）。在图 1-49 中，我们也显示了 Excel 中计算标准差的公式。

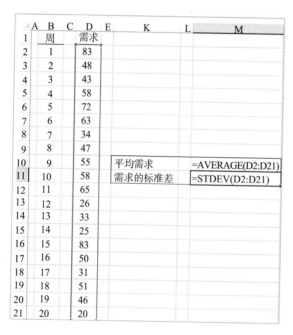
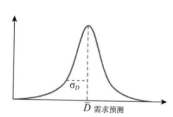

图 1-49　需求的稳定性：离散度（示例）

注：标准差能反映样本数据的离散程度。

从数理统计的角度看，标准差本身就能反映需求的稳定性。但是，产品的平均需求不同，其需求的标准差也缺乏可比性，比如需求越高的产品，其标准差一般也越大，反之亦然。离散度是对标准差的归一化，让不同产品有了可比性。

基于需求的频繁度和稳定性，我们可以把产品分为三类。第一类是需求频繁而且稳定的产品，我们这里称之为**可以预测**的"短尾"；第二类产品的需求相当频繁，但不稳定，这里称之为**难以预测**的"中尾"；第三类产品的需求既不频繁，也不稳定，是**不可预测**的"长尾"。

要注意的是,这里的短、中、长尾定义,跟我们平常看到的有联系,但也有不同。平日看到的"短尾",更多的是从业务的角度来阐述,需求相当频繁,营收占比也较大,其实也包括"中尾"(有些企业叫"头部"产品)。从**计划**的角度出发,我把需求频繁,但变动性也大的"短尾"单列出来,这就是"中尾"。

在这三类产品中,长尾难对付,但相对来说是"小灾小难",因为业务占比较小;"中尾"在业务中占比更大,更容易导致大错特错,其实是最难对付的。

让我们举个例子,看如何通过频繁度和稳定性两个维度,来把产品分门别类,区别对待。

如图1-50所示,这是个工业品企业,共有1919个产品型号。在频繁度上,我们用12月频次,因为他们的产品批量小,品种多,12月频次比13周频次更合适。对于稳定性,为了分类的方便,我们分为多个台阶,每个台阶为0.25。比如表格的最右上角是41,意味着有41个产品型号的12月频次为12,需求的离散度不超过0.5。相应地,表格最左下角的505,意味着有505个产品型号在过去12个月没需求,需求离散度高于1.5等。

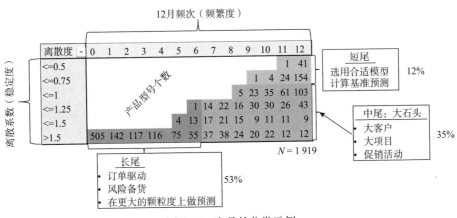

图1-50 产品的分类示例

资料来源:某工业品企业。

我们这里把12月频次大于等于8、离散度小于等于0.75的定义为短尾产品。要强调的是，这种分法仅仅是示例，具体的标准要视企业的具体情况而定。比如在需求相对稳定的行业，离散度为 0.75 其实已经是变动相当大的产品；但在小批量行业，特别是这里的案例企业，项目型需求多，大客户的影响大，再加上销售的周期性压货行为，离散度为 0.75 的产品已经是相当"平稳"的了。这些产品占所有产品的 12%，它们的需求相对频繁，变动也相对小，是用数据模型来预测的理想对象，并不需要太多的判断，除非是有设计变更、大客户的导入导出等。

对于中尾产品，图 1-50 中的示例定义为 12 月频次高于等于 6，但离散系数大于 0.75。中尾产品的需求之所以频繁但不稳定，往往是因为有显著改变需求的事情在发生，比如促销、活动等"大石头"，要么是企业自己驱动的，要么是客户、竞争对手驱动的。我们的应对方案就是基于数据模型，制定基准预测（往往需要数据清洗），然后结合销售、市场、产品等的判断，"从数据开始，由判断结束"，来制定需求预测。

在这里的养殖企业，有些防疫药物就呈现出中尾特性：疫病的流行与否，显著影响这些药物的用量。对于电商行业来说，活动款就是典型的中尾产品：这些产品的平日需求也不错，但电商节、店庆等各种促销活动显著改变产品需求，大大增加了需求预测的难度。

剩下的就是长尾产品，它的需求很不频繁，也很不稳定，可预测性非常低。这类产品所占业务比例往往不大，但产品数量众多，在小批量、多品种环境下尤甚。对于图 1-50 中的案例企业，此类需求往往是项目驱动，或者客户定制的。对于这里的养殖企业，养殖场设备的有些备件就是典型的长尾：有时候一年换一次两次，有时候几年也不坏。

对于长尾产品，企业的解决方案有三：

其一是不见兔子不撒鹰，由订单驱动，这是在承担客户体验的风险。

其二是承担相当高的预测风险，备风险库存——在备品备件领域，慢动备件即属此列，一旦缺失，产线、设备就没法运行，对业务影响巨大，不能不备，但要备的话预测准确度低，库存周转慢，呆滞风险高。

其三是在颗粒度更大的层面做预测，比如不是在子公司、工厂层面，而是在总公司层面做计划。就如那些高值慢动的备件，我们不在每个工厂建库存，而是在子公司甚至总公司层面备一些。在鞋帽服装行业，有些极端尺码比如超大码不是在每个零售店备货，而是在一定商圈里的某个地方备，别的零售店有需求的话调货。㊀

有时候在成品层面是长尾，但多个长尾产品用有共性的长周期物料，那可在长周期物料层面做预测，也是在更大颗粒度上做预测。让我们看个例子。在图 1-51 中，这几个成品的需求离散度相当大，是典型的长尾。但是，这些产品用共同的长周期物料，由于需求的聚合效应，该长周期物料的可预见性就强多了，表现在离散度显著低于成品的（从成品的平均值 2.45，降低到 0.95）。我们可考虑在物料层面做独立预测，缩短响应周期。当计划的能力越强，就越可能从数据分析中识别这种共性，更好地计划长周期物料。

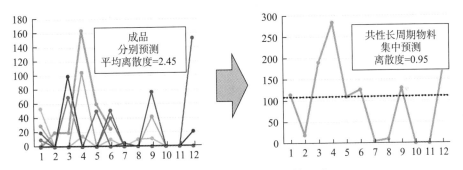

图1-51　在有共性的物料层面做预测

对于短、中、长尾产品，我们用更形象的方式来描述，如图 1-52 所示。根据不同类型的产品，我们有不同的计划方式，由不同的职能来主导：

- 对于短尾产品，历史数据有相当大的可参考性，主导职能是计划。
- 对于长尾产品，要么由订单驱动，要么由销售提需求，主导职能是销售（除非是在更大的颗粒度层面做预测，那时计划成为主导）。出于服务水平考量不得不备的长尾产品，计划也可根据有限的历史需求，或者产品管理、设计、销售等的建议，设置一定的安全库存。

㊀ 《货品极端尺码商圈分析》，作者武俊敏，微信公众号 wujunmin。

- 中尾产品介于短尾和长尾之间，可由计划来主导，根据历史数据，采用预测模型得到基准预测；销售、产品、市场等职能辅助，预判可能显著改变需求的事件，由判断结束。

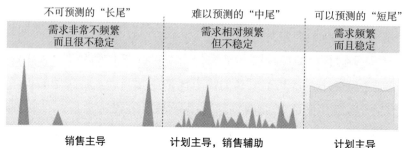

图 1-52　不同的产品，由不同的职能来主导，采取差异化的预测方式

要特别注明的是，这里讲的"计划"泛指做数据分析的人，并不一定是供应链下的计划职能；"销售"泛指有判断的人，也可能是市场、产品、品牌、设计、高管、内部用户等。

我们再回到前面的养殖企业。要决定哪些产品可计划，在什么地方计划，需要分析每一个采购对象的需求频繁度和稳定性，来量化其可计划性。比如有些产品需求相当稳定，也很频繁，那我们可以在养殖场层面做计划，建库存；另一些产品在养殖场层面是典型的长尾，但在子公司层面呈现更好的可计划性，那我们就在子公司层面建库存。还有些产品在养殖场、子公司、总公司层面都是长尾，那我们要么承担一定的风险，在总公司做计划，建一定库存（比如关键的进口备件）；要么订单驱动，依靠供应商的库存（假定供应商的需求有一定的聚合效应，可计划性高）。

对于这个养殖企业来说，基层用户申报需求的做法，其实是把计划的风险向两头转移：一头是几百个内部用户，预测颗粒度太小，预测准确度太低；一头是供应商，需求的不确定性高，市场价格波动大。这两头面临的不确定性都相当高，特别是对中长期需求来说，因此都不愿意承担高风险，于是就博弈，博弈的结果是随行就市，以支付更高的采购价为代价。

总部的集中采购呢，则是典型的"空手套白狼"做法，要么让内部用户提前申报需求，承担预测风险；要么跟供应商谈定"一揽子"价，但没法保证需求量，让供应商承担市场价格波动的风险。风险太高，两者都不愿承担，集中采购就没法做。基于采购对象的计划特性，在总部或子公司层面做预测，适当承担可控的库存风险，其实是整体风险和成本更低的做法。集中计划、集中储存，有助于真正实现集中采购。

对于该养殖企业来说，采取基层用户申报需求的做法，主要是因为担心库存风险和资金积压。他们的顾虑是，现在改为计划，库存金额会不会更高？答案是不一定。现在是申报需求，并不意味着没库存：基层用户深知，一旦需求落地了才申报需求，按时交付就可能成问题。那么，他们就适度提前申报，这其实是在做预测；因为预测颗粒度小，预测的准确度低，库存积压就是自然而然的了。不然，仓库里塞得满满的东西都是怎么来的？

在合适的层面做计划，提前备库，其实降低了整体的库存风险。同样，由于集中存储，整体库存的周转效率更高——一线申报需求，伴随的是分散存储，有些库存在信息系统里甚至都看不到，不同养殖场的库存很难调用，"货到地头死"，结果都是库存高企。计划得当，提高库存的齐套率，都有助于降低整体库存（想想看，一边在短缺，一边在爆仓，整体原材料的库存反倒更高，因为别的物料都来了）。至于建立计划机制后，用户体验更好，运营成本更低，则是库存以外的好处了。

当然，这里有个重要的假设，就是计划体系的能力，即用合适的方法，让合适的人做计划，有组织、流程和信息系统的支持。否则，维持现状是理性的选择。

实践者问

您的文章中经常说的数据加判断，是指针对中尾产品吗？

刘宝红答

每种产品的预测都需要数据分析和职业判断，无非两者的比例不同罢了。对短尾产品来说，数据分析的比例最大，大部分决策可以基于数据来做，如果要做判断的话，往往只需要少数的判断，比如整体业绩的增速、产品的替代、促销和渠道政策等。相对而言，中尾产品需要的职业判断更多，因为需求变动大，根本原因是有显著改变需求的行为在起作用，但数据分析还是不可忽视，因为这类产品的需求频繁，有相当大的可重复性，可以通过数据分析来获知。长尾产品则主要靠职业判断，因为需求既不频繁，也不稳定，数据分析能告知我们的非常有限，这就得靠业务端提需求，不管这样的需求是来自销售、内部用户的，还是来自客户的。

相对而言，短尾、长尾产品不需要太多的跨职能协作，而中尾产品则不是，它是"从数据开始，由判断结束"的典型应用场景，也是需求预测中最具有挑战性的一类产品。

需求预测错了怎么办：滚动预测，尽快纠偏

所有的预测都是错的，我们要做的就两点：第一，**尽量少错**，"从数据开始，由判断结束"，整合了历史信息和未来判断的需求预测错得最少；第二，**尽快纠偏**，尽快知道错在哪里，及时调整预测，采取纠偏措施，把损失降到最低。

到现在为止，我们谈了需求预测怎么做、由谁做。怎么做、由谁做的问题解决了，尽量少错的目标就达到了。那预测错了怎么办，我们一般有三种应对方案：（1）尽早发现，尽快纠偏，如图 1-53 所示，这是下面要详细探讨的；（2）设置一定的安全库存，应对需求和供应的不确定性，这是下一章的重点；（3）选好、管好供应商，驱动供应商快速响应，这是我的红皮书⊖的重点。

我们的挑战呢，一方面是预测准确度低，另一方面是预测错了但知道得太晚。业界常用的措施呢，包括建立小步快走机制，滚动调整预测；贴近需求，尽早探知和应对变化等。

⊖ 刘宝红. 采购与供应链管理：一个实践者的角度 [M]. 3 版. 北京：机械工业出版社，2020.

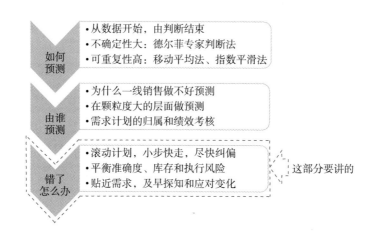

图 1-53 预测错了怎么办,是这部分的重点

小步快走是通过对有限时间、有限市场的测试,获取更多信息,来调整整体预测。这就如你包饺子,先包一只煮出来,尝尝盐是否放够了;酿酒师每隔一段时间,就舀点酒出来尝尝;生产线在正式投产前,会预生产一段时间,调整设备、工艺参数;中医看病,也是先开一个药方,试一些药材,判断是否有效,然后进一步调整。这些都是常识,是人们多年试错后的经验结晶,关键是要**有条不紊、有计划地做计划**。

下面我们针对服装行业,看它们如何采取一系列"小步快走"的做法,先在小范围测试,获取更多信息,验证产品,尽快纠偏,提高后续预测的准确度。

小步快走,尽快纠偏:服装行业为例⊖

我们行外人很难想象的是,服装从开发到上市的整个周期,需要一年以上的时间(快时尚、电商可能快点)。比如现在开发的不是今年卖的,而是明年这个季节的服装。周期长,款式多,SKU 复杂,从面料到款式再到颜色,服装的需求预测历来挑战重重。这些问题,特别在快时尚领域,还没有完善的解决方案。但多年来,服装行业也总结了一系列经验智慧,尽量把预测做准,做不准的话尽快纠偏。

⊖ 特别感谢森马服饰的供应链发展部总监金亮先生,分享服装行业的一系列做法。

上市前，典型的做法就是**试销**。

试销做得早的，今年就试销明年的，主要是检验来年主推产品的面料：选特定的面料，做个款式，一般批量较小，放在一些门店去卖，或者针对VIP会员试销、试穿，如果反响好的话，就用作下一年的主打面料。这背后的逻辑是，面料的延续性相对较好，今年反响好的，来年一般也受欢迎。相反，颜色、款式的流行元素就更多，很难像面料那样早地验证。

对于当季产品，利用南北气候差异，秋冬款式先在北方，春夏款式先在南方试销，来判断当季的销量，及早调整计划和生产，这也是服装行业的惯常做法。不过要注意的是，气候只是南北差异的一部分，还要考虑南北地域、城乡差别及别的消费习惯对需求的影响。

对于电商业务来说，试销可做得更及时：款式设计好了，放到线上店铺，向粉丝、会员预售，根据预售量来调整量产。这里的前提是原材料是现成的（要么自己备，要么能从供应商那里拿到现货）。电商能做到这些，也是电商业务的特点决定的：电商直接发货给顾客，不需要走渠道和门店，点对点，速度快；整个节奏可以小批量进行，直接发货，灵活度较高。而线下门店呢，受制于层层物流、铺货等限制，响应速度慢，规模效益要求高，没法做到电商那样的预售。

其他的做法还有看样会、订货会等。

大概在上市前9个月，样品出来了，做些调整；大概在上市前8个月，组织看样，把所有的样品整理出来，进行内部评审，让大家对款式展开讨论。如果是加盟模式的话，加盟商也会来提意见，给反馈。订货会在前文已经提到过，一般是提前6个月，虽然制造了很多问题，但也给品牌商提供了宝贵的信息。比如根据订货量，判断款式的流行度，决定是否要补货；要补的话，补多少。

新款上市后，导入期一般为两三周，销量数据非常重要，需要盯紧，比如每周回顾，以便调整后续预测。进入成长、成熟期后，监控销量，做好门店之间的库存调配，或者调整生产。比如同样的款式，在购物广场和街边店的销售情况可能不同，可能出现一类店积压，另一类店短缺的情况。

在铺货的时候，也不要一下都铺完，而是把部分货品放在大仓库，然后视不同渠道、店面的销售情况来补货，避免一路推到底，"货到地头死"，积压在渠道和门店里。

在供应链执行上，特别是对量大的款，把订单拆成几次，而不是一次下达给工厂，也是规避风险的常见做法。量大的一般分三次（比如433）或者两次（55开）下达订单。比如先下第一批订单，生产完送到仓库；第二批开始生产，第三批的原材料备着等。这样形成批次，成品、半成品、原材料处于供应链的不同环节。如果销售表现好，就把后续批次生产出来，否则用来生产别的，或者退回供应商，尽量减小损失。

服装企业们在需求预测上层层纠偏，为什么还是一地鸡毛，短缺与过剩并存？我想根本原因在于**小批量化的需求与大批量的供应不匹配**。

这些年来，随着消费水平的不断提高，需求愈发碎片化，流行元素愈发难以预计，大的品牌商动辄每年导入成千上万款衣服，加上颜色、大小，SKU的数量可想而知，而供应链还是以传统做法为主，批量大，周期长，灵活性不足：纺纱属于大批量、重资产，织布也属于大批量、重资产，种棉花也是每年一季。这种不匹配根深蒂固，可以通过尽快调整预测来改善，但没法根治。

另外，即便层层纠偏，纠偏的对象还是以主打款式为主。款式那么多，对于众多的小众产品来说，企业很难有精力做细：初始预测往往是参考类似产品，或者"拍脑袋"做出的；后续要小步快走、层层纠偏的话，成本、时间上都很难做到，特别是快时尚产品。即便要层层纠偏，这些小众产品也主要在基层做，而基层员工在经验、技能上往往难以胜任，形不成统一的方法论，决策不一定科学，效果并不一定好。

小批量的需求跟大批量的供应之间的矛盾，也是各个行业的普遍问题。供应链有刚性，要求有一定的规模才能把单位成本做下来，但代价就是速度也慢下来了，对需求变动的响应也慢了。而解决方案呢，还是要回到"前端防杂，中间治乱，后端减重"上来：前端控制需求的复杂度，增加规模效益；后端减轻重资产的影响，降低对批量的依赖；中间做好计划，改

善供应链的三道防线。[一]

对于供应链运营来说，前端的需求主要是由市场、销售和产品设计决定的，一旦产品设计出来，供应链能做的就非常有限；后端减重涉及产线改造、设备投入等，成本高，也很难改变。而中间治乱呢，主要是改善计划，却是供应链运营能够更大限度影响的，也是投资回报更高的领域：在相同的需求和供应条件下，计划做得更准，调整得更合理，效果还是很明显的。

我们接下来要谈的是，预测纠偏不光限于新品导入和量产阶段，更重要的是要从产品**开发阶段**开始。

💡 案例　尽快纠偏要从产品开发阶段开始[二]

案例企业是个女装电商。女装本身就很难对付：产品生命周期短，季节性明显，款式、颜色、尺寸众多；供应周期长，从布料到半成品再到成品，整个供应周期动辄在3个月左右。电商又增加了一层难度：各种社交媒体层出不穷，给我们众多的方式来影响需求，但也加剧了需求的波动性，让不确定性高的需求更加难以预计。快时尚的服装，再加上电商，需求和供应的复杂度都很高，给供应链计划和执行带来的挑战就可想而知。

在快时尚和电商的双重影响下，案例企业的产品成熟期非常短，上新促销即达顶峰，然后大部分产品的需求就一路下跌，进入衰退期，只有少部分产品会维持一定的销量，成为长销产品。需求变化快，不确定性高，供应链的响应周期长，这对新品的计划提出非常高的要求：新品的预测准确度要尽量高，否则过剩、短缺风险就很大；预测错了要尽快纠偏，否则给供应链的响应时间不够，加急赶工的运营成本惊人，返单的可能性也大大降低。

整个供应周期为3个月（13周），也就意味着要提前13周做预测。做初始预测的时候，甚至连产品设计、生产工艺都还没有定型，再加上快时尚

[一] 这是我的《供应链管理：高成本、高库存、重资产的解决方案》一书的主旨，机械工业出版社，2016。

[二] 这个案例摘自我的《需求预测和库存计划：一个实践者的角度》，第 268 ~ 274 页。为了内容的完整，也纳入本书，有调整。

和电商环境的不确定性,预测的准确度就可想而知。做不准,那就得尽快纠偏,即在整个产品生命周期,伴随新产品的开发、导入和量产,信息越来越多,我们要及时回顾,及时更新需求预测,也就是这里要讲的滚动预测。

对于这个案例企业的新品计划,我们设计了 6 个关键的时间节点,也是产品生命周期里的 6 个决策点,3 个在新产品导入前,3 个在上新期间,来建立新产品的滚动预测机制。

先说新品的开发阶段。在案例企业,我们把 3 个月的供应周期分解为三段:长周期物料(比如面料)的采购大致 1 个月,半成品深加工(比如染色)大致 1 个月,成品加工大致 1 个月,如图 1-54 所示。这 3 个决策点是广义上的,无非是行业不同、产品不同,对应的时段长短不同罢了。

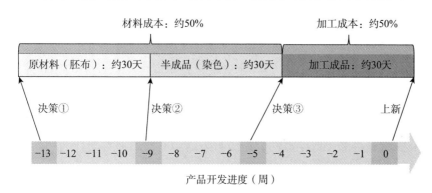

图 1-54　案例新品开发过程中的 3 个决策点

相应地,在新品开发阶段,我们有 3 个决策要做,也就是说有 3 次调整需求预测的机会:

1. 倒数第 3 个月的时候(第 13 周),我们要决定长周期物料的采购(决策①),这是制定初始预测。

2. 倒数第 2 月的时候(第 9 周),我们要决定是否对原材料深加工(决策②),这是第一次更新预测。

3. 倒数第 1 月的时候(第 5 周),我们要决定究竟加工多少成品(决策③),这是第二次更新预测。

与这 3 个决策相对应的,是供应链上的 3 个推拉结合点:原材料、半成品和成品。就产品形态而言，越靠近原材料，呆滞的风险越小，短缺的风险越大；越靠近成品，短缺的风险越小，而呆滞的风险却在增加。这3个决策对应的需求预测呢，决定了产品在这3个推拉结合点的数量和时间。伴随着产品开发进程的推进，信息越来越充分，更新预测就是动态匹配需求和供应，动态评估短缺和过剩的风险，以便供应链更精准地响应。

比如在决策点①，产品刚出原型，甚至只有图纸、规范，信息有限，但因为已经进入3个月的提前期，我们必须制定初始预测，比如1000件，来驱动长周期的物料采购。到了决策点②，产品的设计、工艺基本定型了，甚至已经得到一定的用户反馈，比如发现产品的受欢迎度有限，我们认为1000件的预测有点高，就可能决定只把700件加工成半成品，而让其余的300件停留在原材料阶段，来控制库存风险。

到了决策点③，我们可能已经接到一些预售订单，信息更加充分，看样子前景没有多大改善，我们可能决定只把700件半成品中的500件加工成成品，200件半成品和300件的原材料先放着不动。当然，如果发现前景变得更好了的话，我们也可能会尽快把这700件半成品都加工成成品，把300件原材料加工成半成品，同时再采购400件的原材料什么的。

想想看，供应链的响应周期那么长，新品的初始预测要提前那么早做，而且往往是销售、产品、老总"拍脑袋"的结果，就注定做不准；一旦做出，预测制定者往往是"只管生不管养"，不回头看，"养"的任务就交给计划来主导——跟随着产品、项目的进展，计划需要纳入更多的信息，及时调整、更新预测。

但现实是，在新产品计划上，很多企业的计划人员只扮演执行者的角色，把销售、产品等职能给的"数字"录入系统就万事大吉，然后盲人骑瞎马，不管不顾地一路往前走，在有了更多信息的时候也没有及时更新预测。就这样，新品预测既没做准，又没及时纠偏，结果就可想而知。

那应对方案呢，就是在产品开发流程中，明确上述3个时间节点，作为集成产品开发流程的一部分，正式成为供应链的3个里程碑。这3个里程碑能让我们免于损失吗？当然不能。但是，它们能让我们免于灾难性的损失。

有一次，我在上海培训，一位叫劳志成的总监这么讲（大意）：任何一件事情做砸了，但如果及时补位、及时纠偏的话，没有什么灾难是不可避免的。㊀ 这话是他多年供应链与企业运营的经验结晶，讲得很到位，让人顿时有种被击中的感觉。放在新品的需求预测上，也再贴切不过了：新品计划要避免而且能够避免大错特错，只要及时纠偏，我们可能会有点损失，但不会是灾难性的损失。

对于案例企业来说，新产品导入后，紧接着就又有 3 个决策点，对应 3 次调整预测的机会。

首先是新品导入的第 1 天。这就如战役的第 1 天，各个电商平台、微信公众号、社交媒体开始狂轰滥炸，炮火密集，一天下来，已经可以相当好地预判未来：如图 1-55 所示，上新首日销量跟上新第 1 周、整个预售期间（上新 3 周）、首月（4 周）正常销售的销量强相关。我们分析了 15 个类似产品的上新历史，发现如果首日只卖个几件十几件什么的，这款产品的后续销量也就基本那样了；上新第 1 天的销量高，比如说超过 100 件，那上新 1 周、上新 3 周、首月正常销售注定也不错——这点从图 1-55 的散点图中可以清楚看出。

根据上新首日的销量，我们可以调整后续预测，决定是把更多的半成品加工为成品，把更多的原材料深加工，采购更多的长周期物料，还是尽快踩刹车，及时止损。这就是决策④。

几天后，上新第 1 周的销量出来了，我们有了更多的数据，就可以更进一步更新计划，决定下一步的原材料、半成品和成品计划。这就是决策⑤。

在决策⑤，我们把第 1 周的销量与整个上新期间 3 周、正常销售首月的销量对比，发现正相关的线性关系更明确：如图 1-56 所示，实际数据点更加均匀地分布在直线的两边，离直线的距离也更短，表明模型的预测效

㊀ 他还讲到，一件事情做错了，他的老板总会问他："这个事情你不要去考虑别人的问题，这个事情是否可避免？如果你做了不同的努力能够让这个事情被避免，这就是你的问题。"这放在新品的计划上同样有道理：我们不能光把新品计划的失败归咎于销售、产品等前端职能，计划职能也有可为之处。

果也更好。当然,一周的数据毕竟有限,而且受促销活动影响较大,我们还得结合销售、产品等的职业判断,来决定是否要采购更多的原材料,做更多的深加工,生产更多的成品等。

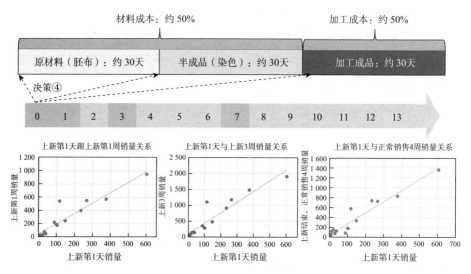

图1-55　上新首日的销量跟后续需求强相关

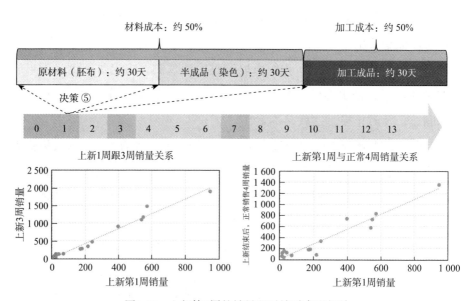

图1-56　上新第1周的销量跟后续需求强相关

在案例企业，等上新 3 周结束后，我们有了 3 周的需求历史，数据更多了，信息更充分了，相应的预测也更准确，于是可进一步更新预测。由于上新初期的广告、活动影响，这段时间的需求还是有一定程度的扭曲，不会百分之百重复，但已经相当接近正常，而计划职能扮演的角色也越来越重要。

就这样，对于案例企业的快时尚产品，我们在第 1 天、第 1 周、前 3 周的销售数据出来后，三次系统地回顾和调整需求预测，来驱动整个供应链快速响应，比如长周期物料的采购、半成品的深加工等。这就是典型的"快反"——快时尚行业的热词。

值得注意的是，人们一提到"快反"，就习惯性地联想到让供应商、生产线快速反应，是执行的快反。其实，快反首先要体现在计划上，表现为快速滚动预测、及时调整计划。毕竟，想不到就很难做到，我们计划职能连想都想不快的话，还能期望生产线、供应商执行得快吗？

你说这些神秘吗？一点也不神秘，凡是个企业都或多或少在做。但问题是，我们是不是在有计划地做计划，为新品的滚动预测机制注入更多的可预见性？缺乏正式的流程驱动，比如没有把这些决策点正式纳入产品开发、集成供应链流程；或者没有明确的责任机制，比如由计划职能来主导滚动预测，注定新品的滚动计划要么不及时，要么流于形式。○

最后要补充的是，上面的方法论看上去是针对新产品开发和导入，其实也适用于其他不确定性大、周期长的情形，比如工业企业的项目、产能和仓储能力的扩充等。就拿工业类项目来说，需求的独特性高，设计、采购周期都相当长，还有招投标等因素影响，一旦中标就没有足够的响应周期，所以不得不提前驱动长周期物料的制造（基于预测）。但随着项目的推进，信息越来越多，项目的需求越来越明确，竞争对手的情况也是如此，

○ 新品计划首先是计划，然后是新品，这就是为什么要由计划职能来主导。当然，主导并不意味着所有的事都得计划职能来做。大部分的决策还得依赖产品管理、产品设计、销售和市场等职能的判断，但计划职能处于最佳的位置，应定期驱动各职能，有计划地做新品计划，以及后续的定期滚动更新。更多内容，可参考我的《需求预测和库存计划：一个实践者的角度》第 274～275 页，机械工业出版社，2020。

需要及时、定期调整预测来应对。⊖

再比如新零售要扩张到别的城市，提前几个月选定仓库，确定库容，购置和安装仓储设备。随着项目的推进，信息越来越多，要及时调整预测，增加或者减小库容等。都是同样的道理，这里不再赘述。

怎么知道预测错了，需要纠偏

> 所有的突然之前，都伴随着漫长的伏笔。
> ——卢思浩

我们都说要及时纠偏，但究竟怎么才能知道预测错了？

最简单也是很常见的，就是等别人冲着我们大喊大叫：客户在催货，你知道是短缺；财务在质询呆滞库存的事，那自然是过剩了。但是，**这些结果指标**是滞后的，因为供应链上的库存有冗余，信息传递有延迟，等我们知道了，已经太晚了。这就如同等觉得口渴时，身体早已处于缺水状态了。

就拿短缺来说，一般企业至少手头放着几天到几周的安全库存，客户也往往能容忍一段时间的交付延误。等到客户冲着你大叫时，每个环节的安全库存都已消耗殆尽，供应链上已经是"无险可守"，离短缺实际发生（需求超出预测）已经过去好几个星期了。过剩也是同理：等财务找你问呆滞库存时，客户的设计变更往往都已落地几个月了，要消耗老库存已几无可能了。

这就是说，我们得更早发现预测错了。如果从**客户订单**一落地，我们就监控订单量，跟预测值比较，判断预测是高估还是低估，并采取相应措施的话，就可能为我们争取更多的时间。这背后的逻辑是，大多数变化都不是突然发生的，而是有个过程；如果我们跟踪需求，识别变化，及时了解变化背后的原因，我们就可能及早发现问题，及时纠偏，有效管理这样的变化（见图1-57）。

当然，企业的业务一直处于变动中，变是绝对的，不变是相对的，我们

⊖ 我的《需求预测和库存计划：一个实践者的角度》一书中有篇文章（第276～279页），谈的就是工业项目的预投机制。

不能事无巨细都去管，因为大多数变化可由安全库存、产能冗余、供应链执行等来消化。这样的变化是"小沙子"，是"杂音"，不会造成严重后果。这就如身处火山带上的日本，每隔 5 分钟就有个轻微的地震，但没关系，房子做得足够结实，不需采取特别行动；我们真正需要应对

图1-57　不变的不需要管理，管理的重点是管理变化

的，就是那些震级高、破坏力强的地震。放到企业业务中，就是那些**变化幅度大、影响金额高**的"大石头"。

为了识别这样的"大石头"，我们需要及时监控、跟踪和分析需求变化。比如作为代工商，客户给你的预测往往虚高，但你又不能事事抗拒，每次拿到预测时就跟客户谈判，说以前你们的预测偏高什么的。客户对于以往的"黑历史"当然没什么说的，但总会说这次的预测没错；你也没法证明还没发生的。那么，随时监控实际落地的订单，跟预测相比，如果偏差显著的话，就立即驱动销售跟客户对接确认，这也是尽量减小损失的做法。否则的话，库存积压，那还不成了客户的银行。⊖

及时发现，及时采取行动，看上去有点被动，但也只能是退而求其次了：只要跑得快，虽然可能没法完全避免损失，但还是能够减小损失的。这就如在日本，地震发生后，震源附近的地震仪首先监测到地震波，估算出震源位置、地震强度，气象局立即通过广播、电视、互联网等一系列方式，迅速向公众发出地震警报（见图 1-58）。地震波每秒传播几公里，而地震预警信息每秒传递 30 万公里，两者之间的速度差，让大众争取到几秒乃至十几秒的逃生时间。不要小看这点时间，训练有素的话，已经足够关闭煤气，找个安全的角落，甚至逃出家门了。⊜

⊖ 程晓华语。程晓华著有《制造业库存控制技巧》(第 4 版) 等专著。
⊜ "无所不至"的日本地震预警，http://discovery.163.com/14/0804/03/A2PB5S3K00014N6R.html。

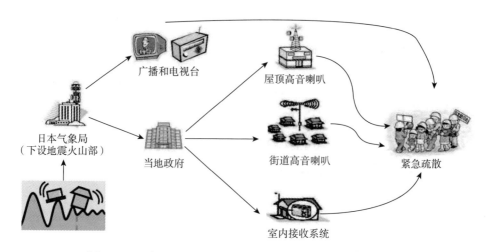

图1-58　日本的地震应急系统：及早发现，尽快启动应急机制

对需求管理来说，客户订单落地，就相当于地震发生。定期监控每个产品、每个客户、每个渠道的订单量，一旦发现有显著变化的端倪，就启动预警和应急机制，及时提醒计划、销售、市场、产品管理等，让对方确认是一次性需求，还是需要调整预测，采取措施。

比如客户导入了竞争对手，对我们产品的需求会减少，这从客户的订单量就可看出；我们及早识别，让销售尽快跟进客户，即便挽救不了市场份额，也至少让客户把现有的库存消化掉；如果等到手头库存高企，客户的需求都没了，再去找客户，那就太晚了。

实践者问

通过统计预测的准确度，能否尽早纠偏？

刘宝红答

理论上可以，但实际上往往滞后：预测准确度的统计周期一般较长，比如每月甚至每季度。而实际需求的监控，从接到客户订单即开始，根据短期订单量的显著变化，能更加及时地识别可能的问题。当然，严格意义上讲，实际需求的监控也是在做准确度统计。

当然，对于那些能**显著影响需求**的事，不管是计划了却没发生，还是发生了却没计划，我们要力求在需求**落地前**就发现，因为一旦发生，就太晚了。这要求我们及时确认先前的假设会不会发生，比如新客户的开拓、新店面的铺设、促销活动的开展；及早探知以前没计划，但可能发生的需求，比如竞品的活动、政策的改变、客户端的异常等。很多需求其实不是紧急需求，而是因为知道得太晚，或者说"紧急"知道而成为"紧急"需求。

讲个养殖行业的事。有一年流行瘟疫，冬天尤甚，技术老总决定采取某种设备来消毒。这下可糟糕了：这种设备平常的需求也就每月几台几十台，他们给供应商的预测也不高，现在一下子要几百台，上哪儿去找呢？设备是进口的，从欧洲过来就得几周；找替代产品，也要花几周的时间。一时间，这种设备成了采购的大麻烦。

采购说，这都怪技术老总的突然决定。我问他们，这瘟疫是不是新的？答曰：不是，断断续续都几年了。那技术老总是不是一夜之间，就决定采取这个方案？答曰：不是，春季的时候已经在有些省份试点了。这就对了：如果在技术部门寻找解决方案过程中，采购和供应链早期介入，就大有可能早发现，早处理了。看上去是这个特定设备的事，其实反映的是需求管理不到位，不是这种设备就是另一种设备，问题总会发生的。

要知道，这些事情很少会突然发生——任何事情都有"十月怀胎"的过程；看上去是突然**发生**的，其实不过是你突然**发现**罢了。解决方案呢，在于跟业务端紧密联系，积极管理需求；即便业务端不说，计划人员也要主动探听，就如下面的案例所说的。

💡 案例 他没说，那你问了没有

他没说，罪在不赦；你没问，同样该挨板子。

我以前带计划团队的时候，有个计划员老是抱怨，说前端的销售和客户"作孽"，没有提前告诉他，这就是为什么现在有一堆的过剩，或者整天在催料。我就问：销售没说，那你问了没有？答案往往是没有——这个计划员整天对着计算机,习惯于"跪受笔录",内部客户叫干啥就干啥,而不是主动出击,提前探知内部客户的需求。他没说,罪在不赦;你没问,同样要挨板子。

想想看,销售们活在当下,什么时候会给计划和供应链"说"?当然是"着火"了或者"冒烟"了的时候:需求已经落地,或即将落地,那时已经来不及了。我们不能等他们说,我们要提前去问。那究竟该问些啥,怎么问呢?我就给计划员们设计了一个周例会,让他们跟自己支持的主要销售经理一对一会面,来管理那些可能显著影响需求的"大石头"。

这是个周例会(见图1-59),面对面或者电话方式,有三个特点:**议程固定,内容具体,有说有做。**

固定的议程
- 产能利用率变化,比如从下季度起,产线A的利用率由70%上升到90%
- 市场开拓计划,比如客户的试产计划、量产进程
- 关键产品的替代计划,比如导入产品A,替代产品B
- 关键产品市场丧失,比如被低成本竞争对手抢走
- 高风险、高影响的产品
- 主要质量问题等

具体的产品、料号、客户产线细节
- 比如高风险、高影响的产品
- 主要设备类别,产能变化状况
- 与销售共同判断、制定需求预测

具体的行动
- 需求计划变动表(定量)
- 需求变动状况邮件(定性)
- 会议纪要

图1-59 计划员与销售人员的周例会(示例)

先说**议程固定**。每次会议,计划员和销售经理都有个固定的清单,总共包括九类问题,比如客户产能的变化,销售的市场开拓计划,关键产品的替代计划,以及高风险、高影响的产品等。⊖有些事情,虽然在销售的眼

⊖ 这九类问题主要是针对工业备件领域可能显著影响需求的事,比如产能利用率的变化(产线利用率越高,对备件的需求就越大),市场份额的变化,关键备件的替代等。这些问题比较特殊,这里就不一一说明了。不过我想强调的是,每个人要根据自己的行业、公司特点,制定这样的清单。当你把那些一条条写下来时,你会发现我们要管理的东西其实没想象的多。跟最有经验的几个员工定期修改增补,几次下来,就能制定一个相当完善的清单——凝聚了团队最佳智慧和经验的清单,指导整个团队更有效地管理需求。

里还不很确定，也需要告知计划，因为计划和供应链可能会做点什么。比如销售在谈新客户，虽然成功概率只有50%，但因为是通用料，我们现在就可能拔高预测，驱动供应链提前备货，大不了由别的客户消耗掉。这是在承担可控的库存风险，来给客户更好的体验。如果是定制产品，那就及时告知销售，要么承担风险来备料，业务谈不成的话销售得想办法消化这些库存；要么提前管理客户期望，业务谈成后要等一段时间才能拿到货。

当然，第一次跟销售开会时，对于清单上的这些问题，你不能期望得到多少高质量的信息，因为这些问题大都针对未来几周甚至几个月，销售经理们一般不会想那么长远。那好，下次会议上给答复。第二次开会时，销售经理八成把这事儿早抛脑后了。那好，我们第三次会议继续谈。第三次开会前，销售经理意识到他有"家庭作业"要做，于是就开始提前准备。就这样，销售开始按照计划和供应链的思维，及早考虑那些能显著影响需求的"大石头"来。这是"有计划地做计划"，定期跟进、更新没有发生但可能发生的大事情。

接下来，我们说**内容具体**。这是把会谈内容落实到具体的产品、规格、型号，跟具体客户的具体信息联系起来，比如工厂、产线、设备等，这样才能言之有物。要知道，需求计划和一线销售的着眼点不一样。需求计划是全局的，针对所有的客户；一线销售天生是局部的，针对具体的客户。在沟通需求变化时，如果落实不到具体的产品、具体的客户，计划和销售的对话就很难有意义，容易流于形式。

这就如同孩子从学校回来了，妈妈问，今天学校里都干了些啥？啥都没干呗，孩子一句话就把妈妈打发了。但你知道，学校里每天都发生很多事。如果问得更具体点，比如第二个课间休息，你跟谁一起玩，在教室里还是操场上玩，玩什么，妈妈八成会得到更加具体也有意义的答案。对于这个例会来说，如果没有具体的对象，大家谈什么？谈天气，骂客户，东拉西扯。销售经理发现这会议是在浪费时间，那下次还会来吗？

这也要求计划人员熟悉客户端的业务。有的计划人员会说，那么多的客户，那么多的产品、规格、型号，我咋能搞得清呢？这只能说他还没有走上正轨,不知道自己在干什么。你知道,你有很多客户,但给你制造麻烦的其实没几个;你有很多产品,但任何时刻,"害死"你的就是那么几个。我在管理计划团队的时候,在日本和中国台湾地区有几个很优秀的计划员,他们每人维护一个短短的"问题产品"清单,任何时刻就那么几个主要产品,数量很少超过两双手的手指头。之所以说优秀,是因为他们能从满地鸡毛中提炼出真正重要的问题来。如果一个计划人员觉得他一直处于随时可能被"乱棍打死"的境地,那他还没有成为一个优秀的计划员。

最后,我们谈**有说有做**。这是指要有具体的行动。销售经理满足了计划的"好奇心",计划当然得干点什么,比如定量的变化要体现在需求预测中;定性的变化要通过邮件、会议纪要来沟通,并及早通知生产和采购来评估,万一这个项目能够拿下来,有没有足够的产能和长周期物料等。如果销售尽早做了预判,而计划和供应链却不作为,那么以后他们还会不厌其烦地跟你会面吗?

对于"有说有做",我设计了一个闭环来落地执行,并让分析员开发了个简单的信息系统,如图1-60所示:营销通知可能的变动,计划调整需求预测后,由生产、采购来执行;每一周,生产、采购反馈执行情况给计划,计划再反馈给市场、销售。这样,大家都按照每周的频率来更新。这增加了执行的可靠性,增加了营销端对计划和供应链的信心,也好让他们把更多的精力投入到管理需求上去。

在管理粗放的企业,这个闭环往往不存在:营销确认了需求变化,就开始祈祷能拿到货;计划调整了需求预测,录入ERP或者发Excel表给采购,就以为自己的事儿做完了;生产、采购做到哪里算哪里,客户就只能自求多福了。离开了闭环的执行,前端对后端没有信心,

图1-60 闭环执行增加了执行的可靠性,使得销售得以专注管理需求

就不得不花很多精力来管理后端，表现在营销经常让计划汇报进展，计划让采购做同样的事，采购追着供应商要信息。结果从需求端到供应端，大家的注意力都是朝后的，被动反应，花费了更多的精力，那花在需求管理上的时间就可想而知，需求管理自然做不到位，就形成恶性循环。

实践者问

为什么要跟销售一对一呢？跟他们的上级开会，或者把一帮销售拉到同一个会议中，不是更有效吗？

刘宝红答

真正的判断来自一线，销售的上级其实跟计划一样，也得依赖一线提供信息来做判断。所以，一步到位，直接跟驱动需求变化，或者可能了解需求变化的关键销售对接，其实更有效。至于一对多，虽然貌似有效，但销售之间互为竞争对手，往往藏着掖着，不肯说实话；人多了，特别是销售出差多，会议时间就很难协调；一次谈的事情太多，势必不是每个销售都感兴趣的，也不能最有效地利用他们的时间。所以，一对一，短平快，更有效。

实践者问

我安排了跟销售的一对一例会，可一到会上，销售经理总是谈短缺的事，而你知道，一旦追起料来就没完没了，啥都谈不成了。

刘宝红答

你可以"义正词严"地说，这个例会是谈现在还没发生，但以后可能发生的事——正是因为那些事没管好，才让我们频频陷入今天的短缺状态。这道理没错，但很难推行：销售整天被客户追着，现在好不容易逮着你，当然会利用这个机会解决他的问题。

作为更好的解决方案，开会前，你可以预判销售会有什么问题（你当然知道他在为哪些产品焦头烂额了），花上几分钟，看进展到哪一步了。开会时，率先汇报给销售，说你知道这对他很重要，现在货追到什么地步，什么时候会来第一批，什么时候来第二批等，如果他还要更多细节的话，会后让某某给他电话等。销售发现你对他的事情很上心，自然也就不会继续纠缠，因为他知道这短缺也不会在这个会上解决掉。然后你们就可以聚焦那些现在没发生，但未来可能发生的事情了。

实践者问

我安排了周例会，但销售总是以各种借口，比如出差在外啊，拜访客户啊什么的，不来开会。

刘宝红答

首先我们得以解决销售的问题为导向，否则他们认为这会议只是为了满足计划的"好奇心"，自然不愿花时间。做到这点还不够，我们还要锲而不舍：你出差没关系，从客户那里到机场的路上，我给你打电话，有事情多谈，没事情几分钟就行。重要的是，我们一定要养成开例会的习惯，督促销售帮助我们有计划地做计划。

实践者问

销售在谈很多业务，但不确定性大，怕承担库存后果，就不愿告诉计划。

刘宝红答

这往往是因为我们还在依赖销售提需求。一个好的预测是从计划职能的基准预测开始，由销售等内部客户的职业判断结束，整合前后端最佳智慧的跨职能行为，是基于共识的。在信息对称的基础上，每个职能各尽所能，做成什么就是什么，不应该对销售有额外惩罚性措施。当然，最终销售还是得想办法处理库存，他们或许会少拿提成，那是分内的事。

聚焦重点客户的重点变化

我们总觉得客户太多,变化太多,不知从何下手。其实虽然客户很多,但并不是所有的客户都一样。一般而言,重点客户制造的麻烦要远比非重点客户多。

如图 1-61 所示,这是我在带计划团队的时候做的分析,发现一年来,全球几十个客户的需求异动,60% 来自体量最大的前 5 位重点客户。管好了这些重点客户,大半问题就解决了。有几个小客户相对于他们的业务量,也制造了不少麻烦,但问题总量并不大。

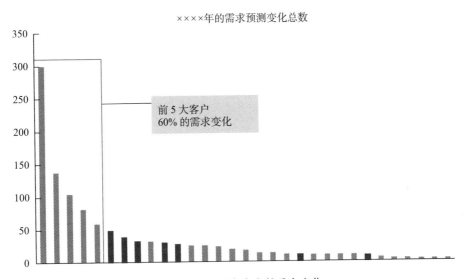

图 1-61 聚焦重点客户的重点变化

注:客户名称被隐去。

那么,什么客户是重点客户呢?

对营销来说,跟我们做生意最多的客户、快速增长的客户、新近打入但增长潜力巨大的客户,都可能是重点客户。这些客户往往有很多"大石头"。一方面因为他们的需求量本身就大,另一方面他们作为行业领头羊,往往也是最早采用新产品、新技术的客户,而新产品、新技术尚未经过充分验证,问题也更多,更集中,天然就是"大石头"。

对于计划和供应链来说,最简单、最直观的识别方法呢,就是**谁给你**

制造的麻烦最多，谁就可能是你最重要的客户，需要定期、不定期地沟通，理解和管理他们的需求。

那你怎么知道麻烦的多少呢？你可以统计急单的数量。有个公司有专门的催货小组，每个急单来了，就登记在一个 Excel 表中，分配给一个催货员，这样就很容易分析客户的急单数量。做得精细的企业呢，会利用 ERP 系统来识别此类订单，比如 SAP 中就有个字段，来识别每个订单的加急级别。对于那些加急需求很多的客户来说，不管是自身的计划能力不足，需求管理不到位，还是因为业务变化大，都值得我们花更多的精力来管理。**所有的重视都得落实到资源的投入上**，比如围绕特定客户，每周开例会，每月汇报绩效等，这都是资源的投入，也是需求管理的具体措施。

对于内部客户来说，也是同样的道理。比如一个计划人员可能要跟众多的销售、市场、产品经理打交道，再加上研发人员和管理层，动辄几十个人。你自然是没时间跟每一个人开会，你要做到的就是盯紧那几个经常给你制造麻烦的人。

那有人或许会问，这不是在助长那些人的"恶习"吗？其实不是。要知道，**企业人是理性的**。那些麻烦制造者不会故意给你制造麻烦，因为让你的日子过得很悲催也不符合他们的诉求；他们给你制造麻烦，根本原因是他们的合理诉求没有得到满足，至少是他们认为没有被满足。作为内部供应商，我们要做的就是尽早探明他们的需求，尽量来满足他们的合理需求。

说到"企业人是理性的"，往往有人不理解。让我们打个比方来解释。有孩子的人都知道，小宝宝刚生下来只会哭，但他们也不会无缘无故地哭，折磨妈妈。有经验的妈妈都知道，小孩子哭，无非三个主要原因：饿了，要换尿布了，或者喂完奶后没拍嗝⊖。这三件事解决了，小孩十有八九会安然睡去。想想看，几个月的小孩子都这么理性，那销售部三十八岁的老王，

⊖ 用奶瓶喂奶时，小孩会吸入空气，等喂完奶了要轻轻地拍他的背部，让他打嗝吐出来，不然小孩难受，会不停地哭——我之所以知道这些，是因为这八成是我身为爸爸做得最好的事了。没做过妈妈的可能不知道，这就是"经验不可替代"：人总是在从经验中学习，你要么是从自己的经验中学习，要么是从别人的经验中学习。希望这本书是向别人学习经验的机会，不光是我的，更多是我学习过的人。

产品部二十五岁的小李，怎么会不理性呢？

我们讲这些，是想说明不管是内部客户还是外部客户，经常给我们制造麻烦，不是他们故意让我们难过，而是因为他们的能力有限，没法有效管理自己的需求。**证明他们不够聪明不是解决方案，弥补他们的能力不足才是。**

比如销售背负严苛的销售指标，习惯性地活在当下。尤其那些负责重点客户的销售，更是被各种投诉、突发事件淹没，很难静下心来思考长远。作为计划和供应链，我们的视角更加长远，因为我们更理解供应链需要响应时间，动辄几周几月，必须具备长远思维才能有效应对，条理性是我们的特长，要弥补内部客户的不足。那么，我们来分析需求历史数据，定期、不定期与这些内部客户跟进，提醒、帮助他们管理需求异动，是双赢的做法。

再比如线上业务刚上马，线下业务刚开拓到新的地域，销售团队都面临经历学习曲线的过程：销售端人手不足，经验不够，对新的环境不熟悉，都需要计划和供应链端的特别关照。特别是线上业务，因为改变需求的方式众多，需求变化节奏快；因为没有渠道的库存作为缓冲，需求变化会直接影响到供应链。这些都需要计划和供应链改变慢条斯理、按部就班的传统工作方式，重点关注，重点管理。

尽快纠偏要以数据驱动、计划主导

先说计划主导。

虽然销售深度介入需求预测，但需求预测不是销售的主业，即便兼职预测的话也往往只管"生"，不管"养"：他们提完需求，然后就去忙别的，不再回头看。什么时候才回头看？灾难降临的时候，要么是短缺，要么是过剩，都是基于结果的，而结果是滞后的，甚至是严重滞后。所以，作为计划职能，我们不能一直等着业务端"有什么变化，要尽快告知"——那是推卸责任，而是要定期滚动预测，发现不确定之处主动问业务端。

尽快纠偏，如果由销售、产品等职能驱动的话，**时效性**往往是个大问题。比如有个公司的新品预测由销售经理来做，销售经理当然知道，刚上市的那几天每天的销量都很重要，应该用来及时调整后续的预测。但是，这位销售经理一忙，有时候一周、两周过去了，还没来得及调整预测；一经调整，就是大的调整，或者今天调整，明天再调整，缺乏计划性，给生产、采购和供应商的执行带来诸多挑战。

再比如有个连锁零售企业，预测主要由各大区的销售主导，初始预测准确度低，尽快纠偏也做不到位。比如在2020年的新冠肺炎疫情期间，突然在5月发现库存太高了，一下就超过正常库存的35%。这么多的库存能一下子多起来吗？当然不可能。需求和供应出现这样显著的不匹配，总有一个过程。预测和需求的差距拉大的过程中，如果及时调整预测的话，这样的灾难是可以化解的。

于是，销售们就立即踩刹车，结果供应商一下子就没了订单，6月、7月嗷嗷待哺。9月了，库存问题好转，短缺却成了大问题，又开始给供应商下大量的订单。生意能突然变好吗？当然不会，还是计划调整得慢了呗。供应商要么饿死，要么撑死，背后都反映的是计划调整的不及时和随意性，而一大根源呢，就是过度依赖销售来主导计划纠偏，让计划本身缺乏计划性。

再说数据驱动。

你知道，需求一直在变化，但如果你问销售、市场、产品经理们，答案往往是没什么变化。一大原因呢，是这些人身处变化之中，反倒不觉得是变化。这就如你自己的孩子，一生下来就自己带，每天看着他长大，渐进的信息没法改变你对他的看法：他就一直是个小孩子。直到有一天，你"突然"发现孩子长大了。孩子当然不是突然长大的，无非是你"突然"注意到罢了。

放在需求管理上，客户的需求量在一直逐渐调整，销售、客服端身在其中却注意不到这样的渐进变化。直到那一天，需求从量变到质变，严重的短缺、过剩产生了，人人都注意到了，但已经太晚了。**逐渐改变的信息是没法提高判断质量的**——判断的对象是显著的变化。但是如果你把这些数据整理出来，你会发现明显的趋势等。这就是为什么要以数据分析为主，协助判断为辅。

作为计划人员，定期回顾已经发生的需求，从需求历史中便能看出端倪；定期跟销售、产品、市场等对接，借助他们的业务信息来验证数据分析的结论；还有就是采取**自适应性**的预测模型，更好地基于需求历史的变化调整预测——这些都是数据驱动的。对于渐进的变化，没有什么比数据分析更能清楚地揭示了。销售人员作为一个整体，数据分析不是他们的强项，很难期望他们基于数据来定期调整预测。

对于**自适应性模型**，我们这里多讲几句，因为它们在数据分析中扮演关键角色，你也会理解为什么不能期望销售做这样的数据分析。

当没有显著的趋势、季节性的时候，需求变动是随机的，我们一般用移动平均法和简单指数平滑法来预测。鲜有例外，在我尝试过的例子中，简单指数平滑法都比移动平均法更准确，因为前者有更强的自适应性：简单指数平滑法下，越近的需求历史所占权重越大，其权重随着时间的消逝以指数级别衰减，这更符合业务的特点，特别是那些需求变动快的电商、快消品行业。

同样的道理，对于趋势，霍尔特指数平滑法就比线性回归更具自适应性：线性回归是一条直线，而霍尔特指数平滑法在平滑系数的作用下，随着需求的变化调整斜率，预测是一条折线，跟实际需求更加匹配，预测准确度一般也更高。同理，对于季节性加趋势，霍尔特—温特模型也比一般的季节性模型的自适应性更强：在平滑指数的作用下，趋势、季节性参数都可以调整。

也就是说，自适应性强的模型更加具有动态性，更能随着需求变化而调整预测参数。没有人知道得比数据更多，这些自适应性的模型是发掘数据，由数据驱动来纠偏的好工具。你说有几个销售懂这些？我们也不能期望他们懂。销售擅长的是大的调整，避免大错特错；计划擅长的是精益求精，通过数据分析，发现需求历史中渐进的、微小的变化，及时调整预测，避免小洞不补、大洞难堵的局面发生。

建立滚动的预测更新机制

对于小的需求变动，供应链有一定的纠偏和容错能力。比如预测相对偏低的话，可由安全库存、安全产能来应对；预测适当偏高的话，可以延迟供应商给我们的交付，或者手头库存暂时高一段时间。但这是有前提的：我们得尽快调整预测，否则长期累积下来，小洞变大洞就难补了。

定期滚动更新预测，就是主要的解决方案。实际上，绝大多数的预测偏差，都是等看到一定的苗头后，通过滚动预测，按部就班，事后补救的。

滚动预测的逻辑是，时间越近，预测的准确度就越高。很多模型，比如移动平均法、指数平滑法，都是更善于预测近期的需求，而对中长期的预测准确度相对低。所以，随着时间的消逝，需求历史越来越多，我们离需求的发生时间也越来越近，理论上能够更准确地更新预测，及早驱动供应链响应，调整整个供应链通路上的库存。

预测的滚动调整也叫滚动计划，就是定期更新未来一定时段的预测。比如有个公司采取13+3的滚动机制，每周五滚动，操作起来是这样的：每周五，该企业就更新未来13周的预测，按周汇总；外带后续3个月的预测，按月汇总。前者一般用来指导物料计划和生产安排，后者则更多地供参考，来驱动产能建设、长周期物料的采购等。这周更新了第1~13周的预测，下周更新的就是第2~14周的预测，依此类推。

虽然看上去预测越准确越好，但并不是每一个人都喜欢调整，因为这可能影响到执行，增加运营成本，降低产能利用率，特别是调整频率太高，调整的预测太近的话（一个极端例子就是今天调整明天的预测，而原材料、半成品都已经上线，模具都已安装好了，要撤下去换另一个产品的话，你知道生产线会有多愤怒了）。

在滚动更新频率上，并不是说越频繁就越好，或者说越不频繁就越不好：滚动调整的节奏跟业务变动相匹配。有些企业是每月滚动，有些是每周滚动。如果业务变动不大，没有更多的新信息，滚动预测也没有多少调整，就容易流于形式。当业务变动剧烈的时候，比如新产品上市，老产品下市，设计变更等，显然需要更频繁地调整预测。快时尚产品，尤其是通过电商导入的，上新期间甚至每天都可能要看订单变化，调整预测。

在滚动频率上，要特别避免陷入滚动越快越好的误区。有个营销老总说，他们为了尽快响应市场变化，决定每两周做一次销售与运营计划。该企业在全球运作，有四个大区，N个国家，大的国家下面又有好几个分区，整个计划滚动涉及上百人（因为他们采取层层提需求的方式），而且手动操作居多，周期长，效率低，两周滚动一次，急急忙忙，很多数据收集和分析工作都做不到位，预测的质量其实并不高。

滚动频率也会影响到规模效益。比如有个公司的采购提前期是4周，每周滚动一次预测，预测未来5周的需求。这其实是每次预测，释放第5周的需求，也就是1周的量。如果每2周滚动一次，每次就释放2周的需求。滚动频率太高，每次新释放的需求太少，减小了批量以及相应的规模效应，增加了单位成本，而滚动频率太低，虽然规模效益增加了，但又可能影响及时纠偏。

我们接下来讨论，未来多长时间内的需求预测可以调整，执行端必须得满足。这就涉及计划的**冻结期、半冻结期和自由期**（见图1-62）：（1）在冻结期内，对预测的数量和时间调整，供应端可拒绝执行，否则执行成本太高；（2）在半冻结期内，供应端要满足一定的时间调整（比如适当提前或推后），但可不响应数量调整（因为原材料等很难在短期获取）；（3）其余的是自由期，预测的数量和时间都可以调整（这一般是采购提前期外），供应端必须满足。

要特别提醒的是，这里的冻结期、半冻结期是**执行概念**，而不是计划概念。**在冻结期内，计划还是可以调整预测的，但执行有权利不执行。**这跟自由期不一样：在自由期，计划一旦调整预测，执行必须满足。

三类期限的长短，取决于供应链的执行能力，以及计划和执行的力量对比。在有些公司，生产和采购、供应商很强势，冻结期就往往很长，甚至是一旦进入采购提前期就不得做任何调整，不管是数量还是时间。我能够理解他们之所以这么做，是为了给供应链执行更多的可预见性，但一刀切地不允许调整，也可能丧失很多机会，有些调整对生产和供应链也是有利的。

比如我们原来低估了，现在调整预测，供应商或许正好有富余产能，可以把更多的原材料加工成半成品，把更多的半成品加工成成品。这对他们来说，意味着更高的产能利用和更多的营收，何乐而不为呢？再比如我们原来高估了，现在滚动调整预测，让供应商适当推后生产日程，或许供应商正在经历产能、长周期物料的短缺，正好松口气，降低加急赶工带来的运营成本，以及可能的质量问题。

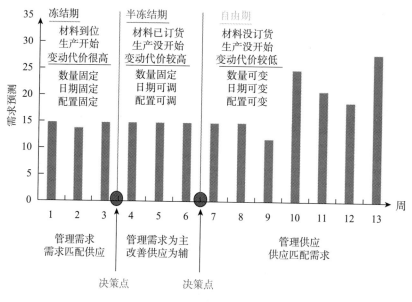

图 1-62　供应链的响应区间（示例）

冻结期、半冻结期本来是为了保护供应链，因为供应链执行有一定的刚性，不能说变就变。但很多时候，表面上是生产和供应商执行的"刚性"，其实是因为信息化程度低，没法有效传递、跟踪这样的预测变动，动态匹配需求和供应。再加上供应端的生产、采购、供应商太强势，嫌麻烦，不愿意做出本来能够承担的改变，最终往往造成双输的结局。

比如有个电商，他们的主要供应商比较强势，强烈要求4周以内的预测不能调整，那好，所有的调整就都放到第5周，每次滚动预测，第5周都是人为的波峰和波谷，这人为降低了预测的准确度——前4周的不准确，第5周的也注定不准确，对供应链的产能安排也没什么好处。

这是人为扭曲，传递了虚假信息，掩盖了真实问题。让我们举个例子来说明。

假定滚动预测的冻结期是4周，初始预测是每周100个。突然情况有变，每周预测变成130个。在冻结期的作用下，后续预测就是前4周每周100个，第5周则变成250个：130个来满足第5周的需求，额外的120个（30乘以4）满足冻结期4周没法调整的预测。然后从第6周起变为每周130个。基于这样的预测，供应商做了承诺，能够满足每一周的需求。需求和供应完全匹配，多么完美啊。

但这是假象：需求按照每周130个进来了，实际供应还是基于老的预测——100个，每周的缺口是30个。需求端得不到想要的，客户在叫，销售也在叫，而供应链上却一派升平，这无异于掩耳盗铃，又一个典型的"手术很成功，病人却死了"。当然供应端会说，我们会尽力而为，按照最新、最准确的需求预测行事。但问题是，这最新、最准确的需求预测都没有录入ERP里，没有系统的方式告诉生产、采购和供应商，他们又能怎样"尽力而为"呢？

要知道，滚动计划机制是公司的一大沟通工具，让整个供应链从市场、销售、产品到计划、生产、采购和供应商，都围绕同一个计划，也就是**最新、最准确的预测**来运作。这是供应链协同的关键。

那应该怎么办？每次滚动预测的时候，计划端都给供应端最新、最准确的需求预测，如果已经进入冻结期或者半冻结期，生产与供应商做到是情分，做不到是本分，但作为计划，我们还是要把问题暴露出来：需求和供应在这里不匹配，原因不在供应端，而在计划和需求端。作为供应链，我们不能讳疾忌医，掩耳盗铃：没有暴露出来的问题是没法解决的，自然也是没法改进的。当然，在考核上，也要改变单纯考核需求满足率的做法，而是采用基于**承诺**的满足率。㊀

㊀ 需求满足率的统计基于需求日期，比如需求预测或客户订单要求，3天后需要100个，需求满足率统计的是供应链是否在3天内供应了100个，而不管正常交期是3个月。承诺满足率呢，则是基于需求和供应能力，以及双方达成共识的日期。比如客户3天内要100个，正常交期为3个月，计划和生产最终达成共识，30天内给客户100个，然后统计是否兑现，这就是基于承诺的考核。

计划的滚动机制也是供应链上各环节联动的关键：基于滚动预测的日程，每个职能都知道什么时候新一版预测会产生，他们各自什么时候需要提交促销计划、新品上市计划、市场拓展计划等，预测更新后每个职能要采取什么行动，什么时候采取行动等。这都给整个供应链运营注入更多的可预见性。

比如销售与运营计划案例中（参照前文图1-44），每个月第二周的星期一、星期二是提交促销计划、新品上市计划的时间，人人都知道。接下来是别的事，也是按部就班的。这让计划成了日常工作。计划不是艺术，而是科学，滚动计划体现了这一点。这也是计划专业化的体现，否则容易有一搭没一搭，想到哪儿做到哪儿，缺乏可预见性。

在生产制造企业中，严格的滚动计划相对常见，而在新兴行业，很多企业还是习惯于以项目的方式推进。比如有些互联网企业刚进入硬件领域，还没习惯制造业的严谨（主要就是滚动计划机制），还在用老的项目方式推动生产制造，结果就是上蹿下跳，频繁救火，充满不确定性，严重影响供应链的平稳运营。

滚动计划主要通过流程和系统驱动业务，比如每月滚动，每个时间节点要做什么，由谁做，都清楚地列明。更广义地讲，滚动预测机制跟企业的年度、季度计划机制一起，构成企业的整体计划机制。相反，项目方式过度依赖组织的力量，往往聚焦例外，挂一漏万，注定会漏掉很多问题，让很多小问题最终变成大问题。天网恢恢，疏而不漏，滚动计划机制就是企业的"天网"，定期过一遍，把那些可能漏掉的例外、"例内"都给及时兜住。

我发现，有些企业习惯于做"一锤子"的买卖，在向持续性业务过渡的时候，建立有效的滚动预测机制便成为关键一环。比如有个跨境电商，主要通过谷歌、脸书等平台引流，拿到消费者的订单，之后从国内采购、发货到全球。但有些产品的业务量相当大，生命周期也更长，该企业就尝试建立预测机制，提前补货到北美市场，来提高现货率，改善客户体验。第一批货发过去了，已经卖完了；第二批货发过去，在路上就已经卖完了；

现在在备第三批。这背后呢，除了初始预测准确度低，滚动预测机制尚不完善、没法及时纠偏是一大主因：补一票货，从供应商到公司，再海运到北美，动辄两三个月，而其间销量信息是每天都在进来，如果及早纳入滚动预测的话，整体的短缺和过剩情况就不会那么严重。

实践者问

我们的预测经常错，而且错的幅度比较大，有什么解决方案？

刘宝红答

预测错了并不可怕，可怕的是没有及时发现，及时纠偏。任何偶然，都有漫长的必然；任何大错特错，在发生之前都有很多蛛丝马迹，如果尽早纳入预测，及时调整预测，积累成大错特错的可能性就大大降低。

实践者问

生产和采购希望设置计划变动率，来限制计划的变动。

刘宝红答

如果我们知道更准确的预测，我们应该告诉生产和采购。作为执行职能，他们不喜欢，但计划的终极目标不是**稳定**，尽管我们要尽量平稳来保护执行；计划的终极目标是**准确**，即尽可能准确、及时地探知真相。我们不能削足适履，本末倒置，把车放在马的前面○。

我们可用两种方式来保护执行的利益：（1）用划分冻结期、半冻结期的方式，比如一旦进了冻结期，计划可调整预测，但执行者可选择不执行；（2）用准确度来约束需求端随意调整预测，即调整可以，但必须是冲着更准确的目标，比如提前3个月的预测准确度要高于55%，提前2个月的高于70%，提前1个月的高于80%等。

○ Put the cart before the horse，是英语里的一句谚语，意即本末倒置。

向失败学习，提高预测准确度

> 成功充满偶然性，但失败却有其必然性。

预测做砸了，并不是什么见不得人的事；不愿承认做砸了，才是真正应该感到羞耻的。对于错误，用美国著名橄榄球教练布莱恩的话讲，就是：（1）承认错误；（2）汲取教训；（3）不要重犯。这个三部曲的起点是你得承认做砸了。不承认，就不能汲取教训，就要冒重犯的风险。

不承认，一大体现就是"偶然"化心态：人们经常以各种各样的"偶然"事件，来解释为什么预测做砸了，比如分销商结婚啊，员工生孩子啊，天气太热或太冷啊，下雪或下雨啊，都成为"预测不准"的借口。这都是在搪塞，把事情糊弄过去，而不愿意正视现实，寻找真正的根源。结果是借口文化盛行，预测一直在低水平运作，准确度自然提不上去。

套用安全管理上的一套理论，那就是1个大事故背后，隐藏着10个小事故、100个没发生但快要发生的问题，以及1000个安全隐患（见图1-63）。这是提醒大家，那些大事故看上去都是偶然发生的，不过但凡小概率的事件，一旦发生了，背后就有深刻的必然性：不是所有的问题都会露出根苗，但一旦露出，背后必然有很多问题。

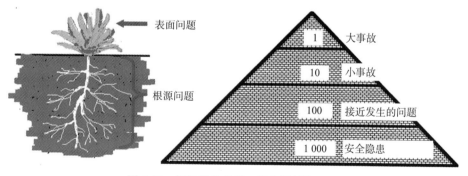

图1-63 任何偶然背后，都有深刻的必然

所以，对于"偶然"，我们千万不能当作偶然来处理，否则就是自欺欺人，注定要付出更大的代价。探索偶然背后的必然，从做砸的事情中发现问题，是持续改进的关键。我们之所以变得更聪明，是因为我们向失败学

习，从做砸了的事中得到经验教训。对于预测失败，做根源分析，采取纠偏措施，比如优化统计模型，与销售、市场、产品管理会面讨论，和关联职能协商等，这是改进计划、提高预测准确度的关键一环。

需求预测虽说是"预测"，其实大部分时间都在纠偏，跟做砸了的事打交道。如图1-64所示，需求预测就如发射导弹，一路搜寻目标，一路纠偏，命中目标的过程其实就是纠偏的过程。以前我在管理全球计划团队的时候，计划员们每周一上班，都有一件固定的事，那就是分析上周的紧急需

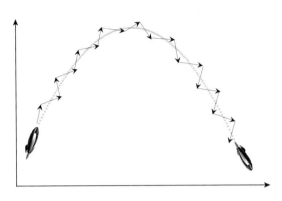

图1-64　预测就如发射导弹，击中目标的过程也是发现偏差、纠正偏差的过程

求中，有哪些没有及时满足；没有满足的话，究竟是什么原因；然后基于不同的根源，采取适当的纠偏行动。每周如此，每月如此，每季如此，整个计划团队花了大量的时间，讨论的都是做砸的事，就这样一步步向季度、年度目标迈进。那一个个"小洞"都给补起来了，计划自然会做得更好。这就如路本来不是平的，把所有的坑都填平了，也就自然平了。

最后，我想再次强调的是，**成功往往是偶然的，但失败却有其必然性。**这就如对着那位九十多岁的老寿星，你问他长寿的秘诀，他说他吃饭，运动，睡觉——他其实也不知道为什么自己长寿，否则为什么不教给他的老伴儿，这样她就不会在三十年前去世了？但早死却有其必然性：喝了很多酒，吸了很多烟，过路口不管不顾；在XYZ公司上班——加班太多，过劳，压力太大。

那怎么能够长寿？你没法通过长寿来长寿，你得避免早死才可能长寿。放在计划上就是，预测准确的话，往往有很多幸运和偶然的因素，但预测失败了，则一定有很多必然因素。向失败学习，及时纠偏，避免再次犯类似的错误，避免预测不准，预测准确度自然就高了。

本篇小结

这部分我们讲了供应链的第一道防线：需求预测。需求预测是"三分技术，七分管理"：三分技术是"从数据开始"，即基于需求历史制定基准预测；七分管理是"由判断结束"，即由销售、市场、产品管理等熟悉需求的职能来判断调整。企业大了，有数据的没判断，有判断的没数据，决定了需求预测的跨职能本性，而这正是需求预测最具有挑战性的地方。

而要改善跨职能协作，计划需要加强分析能力，一方面制定更好的基准预测，另一方面筛选出需要判断的"大石头"，让前端的销售好钢用在刀刃上，有针对性地判断。销售要对需求预测的**最终结果**亦即成品库存负责，这样可以驱动销售通过执行来弥补计划的不足，更好地对接需求与供应。当然，这并不意味着计划可以为所欲为：他们还是得为需求预测的结果承担**直接责任**，只不过呆滞成品库存的最后解决方案，还得来自销售，因为即便库存送人，也要销售去送人。

我们还讲了需求计划的三个阶段，即公司小的时候，老板做计划；规模稍大时，执行部门兼职做计划；企业大了，就得有专职的计划团队。一线销售提需求是典型的兼职计划，其本质是企业的系统、流程能力不足，没法有效对接销售和运营，完成"从数据开始，由判断结束"的需求预测流程，就得由最能承担预测风险的职能来做预测。

我们还通过具体的案例，对产品分门别类，采取差异化的预测方式，那就是由计划来主导需求稳定且频繁的短尾产品；由销售来主导需求既不频繁也不稳定的长尾产品；而对于需求频繁但不稳定的中尾产品，则由计划主导，销售来支持。不管哪类产品，需求预测都得遵循尽量做准、尽快纠偏的准则，避免大错特错，追求精益求精。

[资源] 更多供应链管理的文章、案例、培训

- 供应链专栏网站 www.scm-blog.com，写了 15 年了，有 700 余篇文章。

- 《采购与供应链管理：一个实践者的角度》，10年来一直领跑畅销榜。
《供应链管理：高成本、高库存、重资产的解决方案》，着眼于整体改进。
《需求预测和库存计划：一个实践者的角度》，聚焦计划的"三分技术"。
- 微信订阅号：供应链管理专栏，更新、更快，定期发布新文章。

Supply Chain Management 第二篇

供应链的第二道防线：
库存计划

前面我们讲了供应链的第一道防线：需求预测，知道所有的预测都是错的，我们的任务就是"从数据开始，由判断结束"，尽量提高预测准确度，争取首发命中。那首发命不中怎么办？除了尽快纠偏外，还得靠供应链的第二道防线——科学合理地设置安全库存，以应对需求的不确定性，也就是这部分要讲的库存计划，如图 2-1 所示。

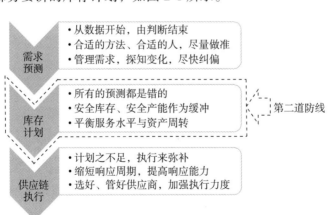

图 2-1　库存计划是供应链的第二道防线

理想主义者不喜欢库存，认为库存掩盖了众多的问题。其实，库存是个好东西，不然的话你为什么每个月都往银行里存钱——用供应链的行话，那是在建库存。库存是供应链上各环节之间的黏合剂[一]，除了可以应对不确定性、有效对接需求和供应外，它还是实现规模效益、降低运营成本的关键。人们往往谈"库存"色变，根本原因是没法有效管控库存风险，导致库存要么太多，要么太少，就成了问题。这都是库存计划和管控能力不足的表现。

在这部分，我们分三个方面，来阐述库存计划和相应的库存控制：

（1）如何量化需求和供应的不确定性，科学合理地设置安全库存？

（2）如何建立再订货点机制，把合适的库存分配到合适的地方？

（3）如何缩短周转周期、降低不确定性、改变组织行为，通过正面影响库存的驱动因素，来控制整体库存，使库存降下来而且不反弹？

除了应对需求与供应的不确定性外，库存计划还有一大任务，那就是有效地分配库存，把合适的库存放到合适的地方，比如总库、分销商、零售商、门店等。要知道，供需平衡的首要任务是总进与总出匹配。但是，总量平衡只是供需平衡的必要条件，而非充分条件：总进与总出平衡了，合适的库存进来了，但如果放不到合适的地方，还是会导致短缺的短缺，过剩的过剩，造成局部的供需不平衡。

让我们更形象地看这点。如图 2-2 所示，作为第一道防线，需求预测保持总进与总出匹配；作为第二道防线，库存计划把合适的库存放置到合适的地方。第一道防线主要应对总部和生产线、供应商端的供应链，以"深"为特点，表现为补货周期长，一旦预测失败，恢复周期比较长（想想看，芯片的采购提前期动不动就在 13 ~ 26 周甚至更长）；第二道防线则更多地聚焦渠道和客户端的供应链，以"广"为特点，表现为库存点多，一旦库存放到了错误的库存点，要重新调配就比较困难（想想看，把中国东北地区的啤酒搬到中国华南地区，把亚马逊德国的货运到日本，费用该有多高）。

当然，需求预测和库存计划在图 2-2 中的区分是相对的，主要是为了

[一] "黏合剂"一说是程晓华语。程晓华著有《制造业库存控制技巧》(第 4 版) 等专著。

阐述上的方便。实际操作中，两者往往是交织在一起的，比如在总库会做预测，驱动生产与采购，但也会设安全库存，这离不开库存计划；在前置库存点，在设置再订货点的时候，虽然依据的是库存计划，但我们也离不开预测，因为再订货点包括补货周期内的预期需求，我们在后面还会细讲。

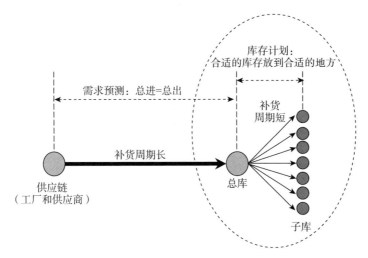

图2-2 需求预测和库存计划各有侧重点

预测之不足，安全库存来应对

> 预测不准，要么承担库存风险，设立安全库存；要么承担执行风险，加急赶工。

世界不完美，特别是在供应链运营的世界里。这表现在**需求**和**供应**都充满了不确定性。比如预测是每天 100 个，实际需求可能是 120 个，也可能是 70 个；供应商的标准交期是 3 周，可有时候都 4 周了，货还没有影子。需求太高，供应太迟，对于需求和供应的不确定性，供应链的自然举措就是建立**安全库存**，启动供应链的第二道防线。

安全库存是库存计划的关键构成，也是最难对付的库存。在实践中，很少有人真正理解安全库存的计划，一般都是凭经验放一定天数的用量，比如 A 类物料放 3 周，B 类物料放 4 周的用量之类的。那为什么是 3 周而不是 3.2 周，或者 2.7 周？是 4 周而不是 3.8 周？没人说得清。要知道，同是 A 类产品，有的产品需求更稳定，有的产品需求变动性更大，一刀切都放 3 周的安全库存，那有些产品可能多放了，有些可能少放了，最后是短缺与过剩并存。

即便是同一个产品，在不同的渠道，需求的不确定性也可能不同，所需要的安全库存也可能不同。比如同是电商，京东上的消费者一般收入更高，对价格的敏感度更低，受促销活动的影响更小，因而需求相对更加平稳。而淘宝上的客户正好相反，需求的波动性就更大，因此需要更高的安全库存来应对。线下业务中，分销商的需求相对分散，而大客户的需求则集中度更高，它们对安全库存的要求也不同。

在有些公司，从上到下，安全库存没有统一的公式，没有清楚的原则，是一笔糊涂账，安全库存就只能当作"必要之恶"放着罢了。我们这里的首要任务，就是客观、科学地设置安全库存，而要做到客观、科学，我们得首先识别、量化安全库存的驱动因素，建立它们与安全库存的关系，以合理设置安全库存。

如图 2-3 所示，安全库存的高低取决于三个因素：（1）**需求的不确定性**——需求变动越大，需要的安全库存就越多；（2）**供应的不确定性**——供应越不稳定，需要的安全库存也就越多；（3）**服务水平**——服务水平要求越高，安全库存水位也就越高。前两个因素在**操作层面**就可确定，比如量化过往需求和供应的不确定性（后面会细讲）。但服务水平呢，比如客户的订单来了，多大比例的我们能够立即满足，多大比例的我们 3 天、5 天、7 天之内发货等，貌似很细微琐碎，实则是公司运营策略的重要构成，显著影响运营成本和库存周转率，是个**战略层面**的决策。安全库存的计算，就是通过量化这三个方面的因素，采用合适的数理统计公式来计算。

相对而言，在很多公司，供应链的第一道防线——需求预测做得不够好，但企业意识到了，在改进；供应链的第二道防线——安全库存其实做得更不到位，但企业还没有意识到，自然也就不会改进了。在很多公司，安全库存只是停留在执行层面，甚至没法引起运营层面的足够重视。

在有些公司，大家忌讳谈安全库存，因为他们认为安全库存是"非法"

的，是低效的表现。但不管承认与否，我们总有安全库存，虽然并不一定这么叫，因为我们总有不确定性，总有对服务水平的期望。不正视安全库存，安全库存就以"潜规则"的形式存在，往往没有规则可循，依靠个人的判断能力，或者由错误的人在设置，决策质量欠佳。

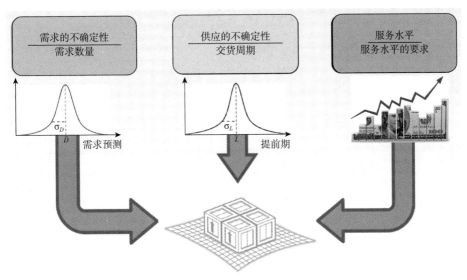

图2-3 影响安全库存的因素

资料来源：http://elearning-examples.s3.amazonaws.com/Safety-Stock/player.html，有调整。

比如有个工业品企业，芯片的供应周期长，而且不稳定，采购就美其名曰在做"策略备货"，多备1~3个月的量。这不是什么策略备货，这是安全库存，为应对供应的不确定性而设。我想他们一旦提到安全库存，就联想到成品，而成品的安全库存，最后得靠销售来处理，所以销售很不愿意听到"安全库存"这几个字，尤其是原材料的安全库存。那好，换个高大上的名字，加上"策略"二字，就成了战略寻源的兼职任务。

一帮做战略寻源的采购，怎么做得了安全库存这个典型的计划工作？那就乱做，整出很多风险库存来。我曾经分析过这个企业的库存，发现原材料的在库和在途库存中，三分之一是风险库存，金额是1.7亿元，其中相当一部分就是"策略备货"的安全库存。

我们得正视安全库存的存在。正式提出来，上帝的归上帝，凯撒的归凯撒，分门别类来管理。需求预测是个跨职能行为，需要销售、市场、产品等前端职能的深度介入，更多的是七分管理；安全库存主要涉及计划职能，更多的是"三分技术"，应该由专业的计划人员来做。

小贴士 适当拔高预测，不就代替安全库存了吗

需求预测对付平均需求（总进总出），安全库存是为了应对不确定性，即平均需求外的需求。经常有人说，那把预测适当拔高点，不也同样解决问题？其实不然。

首先，传递的需求信号不同。假定需求预测是每周100个，安全库存是130个。这传递给供应链的信号是，每周给我按照100个来准备产能；同时，我有个130个的一次性的需求，这是安全库存，你帮我一次性备齐以防不测。这样，供应商会按照100个/周来备产能和原材料库存，对于那130个安全库存，他们会以加班加点的方式一次性解决，影响的是供应链的短期运营成本。

但如果适当拔高预测，比如把这130个安全库存分摊到未来三个月（13周），每周分摊10个，那么需求预测就变成110个/周，供应商就得按照这个来准备产能，中长期产能就多备了10%，导致产能利用率低下，长期成本上升。

其次，在SAP这样的ERP软件里，对待安全库存和需求预测的方式不同：安全库存是"永久需求"，一旦设定就一直在那里，驱动供应链补货；预测则相对"虚"多了，根据用户的设置，一定时间内没用的话就可以自动删除，驱动供应链来取消或延迟补货订单，并且把手头的多余库存用于别处。

对于不熟悉ERP的人来说，这比较难以理解。让我们继续上面的例子，ERP用SAP软件。假定你不设安全库存，而是把预测由100个/周调到110个/周，而真实需求正好是100个/周，这样每周就平均有10个是"多余"的，SAP的逻辑是先帮你留着，万一是需求滞后呢。但它也不会无限期留着啊，比如留了3周以后（用户可设置），发现需求仍然没来，SAP就认为这个产品预测过高了，便把这"多余"的10个预测给自动取消了，

同时传递信号给供应链，说我们的预测虚高了，这里要取消10个的订单。得，供应商就给你少造10个。这也意味着实际的安全库存可能只有30个，因为在这里，按照用户设置，SAP只保留3周的"多余"预测，即3乘以10等于30。等到不测发生时，你发现你手头该有的安全库存没有，因为你的实际安全库存远低于应该设置的值。

当然，在那些管理粗放，ERP没有这项功能，或者有但根本不用的企业，这就不是问题，"傻人有傻福"，对吧？不要高兴得过早：该流的汗总是要流的，麻烦在那里，总是会造成问题的。举个例子。有一次，我帮助一个分销商改进需求预测和库存计划，培训结束后，几位销售拉住我不放手，纠缠来纠缠去，老半天才弄明白是两个问题：过剩预测的调整和安全库存不够"安全"，跟我们上面谈的两个问题都相关。

这个公司是典型的销售兼职计划，把安全库存分摊到需求预测中。需求预测虚高的话，成了过期需求，就得删掉一些，不然一直挂在那里，驱动供应，就会让过剩库存源源不断地进来。但究竟哪些该删（真正的过剩），删多少？哪些要保留（安全库存），保留多久？这个公司没用ERP的功能，全靠人工判断，成千上万个产品全靠人工也根本应付不过来，那就不去理睬，结果产生了大量的过剩库存，连那些可预见性高的短尾产品也是。

这帮销售还弄不明白的是，明明设了"安全库存"，但总觉得不够"安全"——经常短缺，被客户投诉。他们的感觉没错：本来这130个的安全库存，是要求供应商马上就送过来的，现在却摊到未来13周送来，实际安全库存远比要求的要低，不短缺才怪呢。这样的短缺，不管用什么方式来对付，最终十有八九是放更多的库存，以过剩结束。

那解决方案呢，就是需求预测和安全库存要"凯撒的归凯撒，上帝的归上帝"，不要混在一起，人为地增加不确定性。要知道，需求预测和安全库存相辅相成，前者对付的是平均需求，后者对付的是不确定性。这是两个不同的概念，应该分开处理。

小贴士　你是如何设定库存水位的[一]

我在招聘库存计划员，或者评估一个企业的库存计划水平时，都会问一个同样的问题：你是如何设定库存水位的？对库存计划人员来说，这个问题的基本程度，就如问一个成年人是怎么用筷子的一样。但不要以为这是对库存计划人员的冒犯。在我面试过的几十个计划人员中，能给出满意答案的凤毛麟角。这再一次证明了，最简单的往往是最难的。就如 1+1=2 是最简单的数学题，但到现在为止，谁都不能够证明一样。

大多数人没法把服务水平和库存水位有效地联系起来。直观地说，别的条件不变的情况下，服务水平要求越高，安全库存水位也就越高；反之亦然。但这关系不是线性的，需要从概率统计的角度来理解。很多计划人员的数理统计基础薄弱，没法从理论的高度理解服务水平，以及**量化**服务水平和库存水平的关系。

例如他们本能地知道，提高库存水位，服务水平就会提高，但是把安全库存从 8 提高到 10，或者降低到 6，服务水平会改变多少，就不知道了。于是制订库存计划就只能凭经验，凭经验则往往偏向于保守，该降的没降到足够低，不该升的却升了很多。没经验可凭怎么办？那就只有跪受笔录，唯内外客户之马首是瞻；而对于内外客户来说呢，库存当然是多多益善，最后就剩下一堆没用的库存了。

很多人没能力客观量化需求和供应的不确定性。安全库存是用来应对这些不确定性的，客观量化安全库存就要求客观量化不确定性。这背后也有基本的数理统计原理，比如用一定的概率分布来模拟需求历史。我们生活在不确定性之中，而数理统计是描述不确定性的最佳工具，对于计划，我们得有数理统计的思维。这并不难，只要了解正态分布就可以了——在百度搜索一下，半个小时就能让你上手。

[一] 在本书里，库存水位和库存水平会多次出现。这两个名词容易混淆，这里特意说明一下。在本书，库存水位也叫库存目标水位，是库存期望达到的目标水平，相当于英语里的 target stock level。库存水平是实际手头的库存数量，相当于英语里的 inventory level。举个例子，再订货点是 10，指的是库存水位，或者说库存目标水位；实际上手头的库存水平大多数时候会低于 10，因为补货的在途库存还没有到达。

我曾经面试过一个计划员。这位美国老兄在三四个大公司做过多年库存计划，也通过了美国运营管理协会（APICS）的 CPIM 和 CSCP 认证。可惜这么多的认证通过了全没用，库存水位的设置还是凭老经验，说不出个一二三来。老经验只能把你带到老经验的高度，但没法更上一层楼。这就如同一份工作做了十几年，表明这人做得还可以，要不早就给开掉了；但同时也表明这人八成也就那样，否则怎么会在同样的岗位、同样的职责范围做那么久？雇这样的员工，好处是"即插即用"，你不用教他们最基本的东西，但风险也在这里：他们最薄弱的，正是那些最基本的方法论，而且思维已经固化，要改变的话更困难。现在想必也理解了，为什么有些日本企业更愿意雇刚出校门的大学生——一张白纸好作画呗。

安全库存的设置：库存计划的看家本领

那么，究竟怎么来设置安全库存呢？那就是**量化需求的不确定性、量化供应的不确定性和量化服务水平的要求**，"从数据开始，由判断结束"，在数据分析的基础上适当调整，得到最后的安全库存水位。为了简单起见，我们假设供应是恒定的，比如交期没有变动性。这样，我们就只需要量化需求的不确定性和服务水平的要求。下面让我们一步一步来说明。

第一步：量化需求的不确定性

我们首先来量化需求的**不确定性**。简单地说，需求的不确定性，取决于我们能不能有效地预测。当需求难以预测时，预测的准确度就低，实际需求与预测之间的误差就大，需求的不确定性就大，我们就得放更多的安全库存来应对。在数理统计上，我们用"标准差"来量化需求的不确定性。[⊖]

对于具体的产品，我们找到过去一段时间每期的预测和实际需求，计算两者之间的误差，围绕预测误差求其标准差，就能量化需求的不确定性，如图 2-4 所示。标准差越大，表明需求的不确定性越大。这里有个基本假

⊖ 标准差反映了数据的离散程度。通俗地讲，就是量化各个数据点与平均值之间的差距。标准差越大，表明数据点离平均值越远，数据也越离散。在 Excel 中，可以用函数 STDEV 来计算标准差。

定，那就是需求历史的代表性，即过去和未来需求有一定的重复性；预测的能力也稳定，即以后的预测准确度和过往一致。此外，我们也假定预测误差符合正态分布[⊖]。

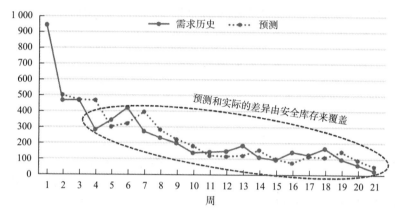

图2-4 量化需求的不确定性

这里的假设是，特定的预测方法会有误差，而以前的误差与未来的误差整体上一致，也就是说，误差的历史有代表性，错的方式也差不多。这就如员工A做事一直很仔细，差错很少，你不会花多少时间检查他做的事；员工B有点马大哈，差错较多，你以前花了很多时间，以后也会花很多时间来检查他的工作——你在假设两个员工的差错（误差）有延续性，过去的历史可以代表未来。

从数理统计的角度看，为了让标准差的可靠性高，我们一般要求30个以上的数据点。但是，在实际操作中，我们往往没有那么多数据点。我会尽量不少于13个，这是一个季度的需求历史，按周统计。如果少于10个

⊖ 正态分布曲线呈钟形，两头低，中间高，左右对称，经常被称为钟形曲线。摘自百度百科的"正态分布"词条。放在需求预测上，简单地说，正态分布就是我们知道平均需求为 x，实际需求有时候比 x 多，有时候比 x 少，但大部分时间都在 x 左右。

数据点的话，我会非常谨慎地对待统计结果——试想想，如果要画一个像样的正态分布曲线，你至少得有十几个点吧，从数理统计角度描述也是同样的道理。

当需求相对稳定，需求历史本身符合正态分布的时候，我们可以直接围绕需求历史来求标准差，作为需求的变动性量化指标，如图2-5所示。这其实相当于把**平均值**当成预测，预测误差等于实际需求与平均值的差值，围绕差值求标准差。

让我们实际演算一下来说明。如图2-5所示，第②列是过去20周的实际需求，第③列是过去20周需求历史的平均值，第④列是平均值与每周实际需求的差值（误差）。看得出，围绕第②和第④列求标准差，两者的结果完全相同。这就是说，我们可以求需求历史的标准差，用它来量化需求的变动性。

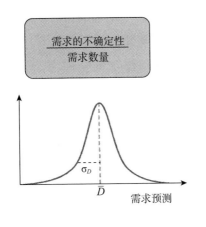

①	②	③	④
周	需求	平均值	差值
1	83	49.6	33.5
2	48	49.6	−1.6
3	43	49.6	−6.6
4	58	49.6	8.5
5	72	49.6	22.5
6	63	49.6	13.5
7	34	49.6	−15.6
8	47	49.6	−2.6
9	55	49.6	5.5
10	58	49.6	8.5
11	65	49.6	15.5
12	26	49.6	−23.6
13	33	49.6	−16.6
14	25	49.6	−24.6
15	83	49.6	33.5
16	50	49.6	0.5
17	31	49.6	−18.6
18	51	49.6	1.5
19	46	49.6	−3.6
20	20	49.6	−29.6
标准差	18.20		18.20

图2-5 需求相对稳定时，需求历史的标准差就是其不确定性

注：图中数据有四舍五入。

这种方式的好处是简单直观，容易理解，不用保留需求预测历史等。

正因为图2-5中所示的情况简单，更容易计算标准差，所以有时候被滥用。比如有些需求有明显的趋势或者季节性，需求历史本身是不符合正态分布的，如果你预测的话，你也不会简单地用一段历史需求的平均值作为预测值。这时候，我们要回到图2-4中所示的方法。如果你以前已经在预测，那就计算每期预测与实际值的偏差，围绕多期的偏差来求标准差；否则的话，你可以用以后要用的预测方法，复盘预测过去一段时间的需求，来计算误差及其标准差。⊖

第二步：量化服务水平的要求

接下来我们量化**服务水平**的要求。简单地说，服务水平就是需求来了，库存能够马上现货完全满足的概率⊖。如果不设安全库存，光靠预测来驱动供应的话，服务水平会是多少？很多人会说100%，不对，正确的答案是50%：假定预测是每天100个，供应也是每天100个，一半儿的情况下，实际需求会超过100个，我们没法完全满足；一半儿的情况下，实际需求会低于100个，我们能够完全满足，这就得到50%的服务水平。

如果50%的服务水平没法接受，那就得增加安全库存。如图2-6所示，增加一个标准差的安全库存，服务水平提高了34个点，达到84%；再增加一个标准差的安全库存，服务水平提高了14个点，达到98%；增加第三个标准差的安全库存，服务水平提高了2个点，达到99%。⊜你马上看出，安全库存的边际效应在递减，为了达到最后几个点的服务水平，需要投入很多的安全库存。所以，对于追求100%的服务水平，如果你是销售，尚可理解，但作为供应链职业人，则不可原谅。

反过来看，如果我们想达到特定的服务水平，需要放多少个标准差的安全库存？我们可以反算出来：Excel中有个函数NORM.S.INV（见图2-6），能帮助我们做这样的换算。在数理统计中，这就是在计算正态分布的Z值，

⊖ 对于这样的复盘，我有个完整的案例，收在《需求预测和库存计划：一个实践者的角度》一书中，第203~220页。该案例虽然针对跨境电商的店铺计划，但方法论有共性。

⊖ 当然，还有别的服务水平，比如需求落地后，3天、7天、14天内分别能完全满足的概率等。这种情况下，安全库存的计算方式类似，可参考我的《需求预测和库存计划：一个实践者的角度》第152~153页。

⊜ 为了简单说明，有四舍五入。

也可以通过查正态分布的表格得到。这就是在量化服务水平的要求。

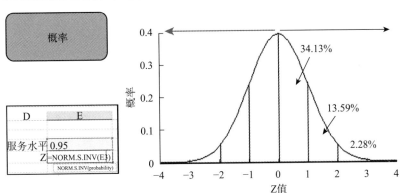

图2-6 量化服务水平的要求

简单地说，服务水平对应的是一个系数（我们姑且称为"安全系数"），两者之间是一对一的关系：服务水平要求越高，安全系数越大；反之亦然。直观地说，服务水平可以折算成安全系数（Z值）。服务水平越高，安全系数越大，不过两者不是简单的线性关系。

小贴士 服务水平跟有货率的关系

人们经常混用服务水平和有货率，其实它们相关但不同。

简单地说，服务水平是一个订单来了，我们有没有足够的库存来完全满足，是0和1的关系；有货率呢，则是手头库存能满足这个订单的百分比。比如这个订单要求100个，我们手头只有90个，那么服务水平是0，但有货率却是90%。有货率也叫现货率、库存达成率等（当然不同行业、不同公司，这些指标的叫法和确切含义可能不尽相同）。

放在每天、每周、每月等时间单位上，也是同理。就拿表2-1中的例子来说，假定我们在统计过去7天每天的服务水平，每天的初始库存都是10个，每天的实际需求不同。这7天内，5天的库存能够完全满足当天的需求，服务水平的值为1；2天的不能完全满足，服务水平的值为0；7天的综合服务水平是71%（5÷7≈71%）。

但是，有货率的计算就不一样。比如第2天的需求是12个，库存只有

10 个，服务水平是 0，但有货率却是 83%（10÷12≈83%）。这样，累计 7 天的需求，发现总需求 61 个中，有 55 个能够当天满足，有货率是 90%（55÷61≈90%）。

表 2-1 服务水平和有货率计算示例

天	库存	需求	服务水平（当天完全满足为1，否则为0）	有货率（当天能满足的数量）
1	10	8	1	8
2	10	12	0	10
3	10	10	1	10
4	10	14	0	10
5	10	5	1	5
6	10	3	1	3
7	10	9	1	9
总计		61	5	55
百分比			71%	90%

看到这里，大家可能得出这样的结论：服务水平看上去更严苛，如果用有货率统计的话，我们的指标会更好看。且慢，对于批量大的产品往往如此，但对于小批量的产品来说，也可能正好相反。就如表 2-2 中，假定每天的库存是 2 个，实际需求一般都很低，但偶然会很高（对长尾产品来说，这很常见），比如第 7 天的需求为 9 个。整体的服务水平还是 71%，但整体的有货率却只有 58% 了。

表 2-2 批量小的时候，有货率可能比服务水平更低

天	库存	需求	服务水平（当天完全满足为1，否则为0）	有货率（当天能满足的数量）
1	2	1	1	1
2	2	2	1	2
3	2	2	1	2
4	2	1	1	1
5	2	1	1	1
6	2	3	0	2
7	2	9	0	2
总计		19	5	11
百分比			71%	58%

可以说，服务水平是完全满足率，不完全满足就不算；有货率是部分满足率，部分满足也算。服务水平的算法在实践中有其现实意义：如果没法完全满足，对我们来说意味着多次送货，物流成本增加；对客户来说也意味着多次收货，客户体验差。更糟糕的是可能影响到齐套率，比如产线设备坏了，需要一次性更换一组即两个零件，而我们手头只有一个……

两个指标对业务的影响可能不同。

对于B2C业务来说，比如你要给汽车换轮胎，希望一次把4个轮胎都换了，而4S店只有3个轮胎，那你八成不会等着他们凑够4个轮胎的时候再去，而是直奔另一家4S店。这意味着第一家4S店可能失去业务。但是，企业往往没法统计这点，因为客服人员一般不会把这些记下来，甚至根本不知道发生过这事。这种情况下，服务水平的统计就更有意义。

对于B2B业务来说，因为双方都是企业，商务关系比较稳定，相互的忠诚度也更高，他要4个，你手头只有3个，那就先送3个过去，讲一下往往是没问题的，而客户也不愿投入资源寻找和验证第二个供应商。但如果长期如此的话，就会影响客户体验，双方的运营成本也更高。这种情况下，有货率的统计也是有意义的。

在安全库存的计算公式中，我们用的是服务水平，即补货周期内完全满足需求的概率。当统计有货率的时候，一般会比服务水平高。对于客户来说，他们最为关注的当然是服务水平，甚至是"完美订单[⊖]率"。但作为供应链，人们往往用有货率来"混淆视听"，尤其是企业既有大批量产品，也有小批量产品的时候。

让我们以MRO产品为例来说明。有些备品备件是高值慢动产品，需求量大的往往是低值产品。那么5000元一台的发动机我们就一个也不备，5分钱一只的螺丝钉我们备很多；客户订了10次发动机，每次要1台，都没货，不过没关系，他们也订了990只螺丝钉，我们有货，整体有货率是99%[990÷（990+10）×100%=99%]。但你知道，这对客户而言却是很

⊖ 完美订单是这样的：客户订单上要5种不同的产品，每种产品要8个，只有这5种产品的每一种都能给他们8个，才算完美订单。显然，这比按产品统计的服务水平更加严苛。

糟糕的。

企业可以根据自己的实际情况,决定究竟统计服务水平还是有货率。不少人问服务水平和有货率是否可以换算。很遗憾,我还没看到什么方法能用一个计算出另一个来。我们可以两个指标都统计,一段时间后,建立两者之间的大致关系。当然,不管统计哪个,如何统计,都没有完美的统计方式,真正重要的是要统计,有可比性,驱动持续改进。

第三步:计算安全库存

在量化了需求的不确定性,量化了服务水平的要求后,安全库存的计算其实挺简单:需求的标准差乘以安全系数,就是安全库存。特别要注意的是,这里的标准差指的是**补货周期内**的需求的变动性,而我们在图2-4和图2-5中计算的标准差呢,一般是以1天、1周或1个月为单位。如果两者不一样,我们要做一定的转换,在图2-7中有详细的公式,但要注意在转换的时候,时间的单位要一致,比如需求历史的标准差是按周计算的,那么补货周期也要换算成周。

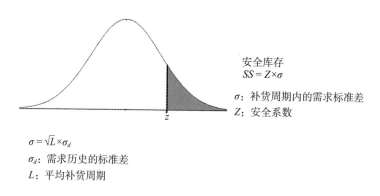

安全库存
$SS = Z \times \sigma$
σ:补货周期内的需求标准差
Z:安全系数

$\sigma = \sqrt{L} \times \sigma_d$
σ_d:需求历史的标准差
L:平均补货周期

图2-7 安全库存的计算公式

举个例子。比如需求历史、预测误差是按周统计,而补货周期是28天的话,该公式就是把每周的标准差转换为每28天(4周)的,后者是前者的$\sqrt{4}$倍(注意时间的单位要统一,如果用$\sqrt{28}$就大错特错了)。这也符合常识:补货周期越长,补货周期内的不确定性就越大,需求的变动性(标准差)也就越大。这个倍数是开根号的关系,而不是一对一的线性关系,从数理统计学的角度可以证明——如果时光倒流到 20 世纪 90 年代初我在大学里学数理统计时,我还可以现场证明给你看,如今我虽廉颇未老,不过对数理统计的很多细节,却是不能推演了。

实践者问

我们公司想把预测准确率放到安全库存里去计算,有没有什么公式可参考啊?

刘宝红答

没有,因为安全库存虽然跟预测准确度有关,但我还没看到有公式来建立直接的联系。预测准确度越低,需求的变动性就越大,安全库存就越高,但这关系不是线性的,或者可以直接描述的。

案例　安全库存的计算示例[⊖]

很多人经常问我,需求呈现明显的趋势或季节性,安全库存该怎么设置?

因为需求变动,所以预测不准,安全库存的一大任务是应对预测的不准确,即预测的误差。所谓的需求变动性,是相对需求预测的变动性,表现为预测的误差。如图 2-8 所示,我们可以摘取一段需求历史,比如第 8 ~ 20 周(13 个数据点),找到每周的预测(如果没有的话,我们可以复盘,用以后要用的预测方法,来复盘这段时间每周的预测),计算每周的预测误差,围绕误差计算标准差,这个例子中是 2163。然后,基于这个标准差计算安全库存。

假定该产品是由供应商加工,采购提前期是 3 周。假定期望的服务水平是 95%,我们可以在 Excel 中计算该产品的安全库存:

Z=NORM.S.INV(95%)= 1.64

[⊖] 这个案例摘自我的《需求预测和库存计划:一个实践者的角度》,机械工业出版社,2020。

$\sigma_d = 2\,163$（用 Excel 中的 STDEV 函数，图 2-8 中已经计算出来了）

$\sigma = \sqrt{L} \times \sigma_d = \sqrt{3} \times 2\,163 = 3\,746$

$SS = Z \times \sigma = 1.64 \times 3\,746 = 6\,144$

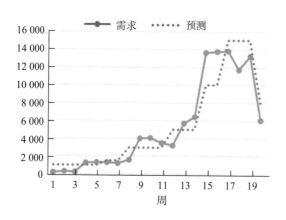

周	需求	预测	误差
8	1 613	3 000	-1 387
9	4 025	3 000	1 025
10	4 100	3 000	1 100
11	3 533	3 000	533
12	3 241	5 000	-1 759
13	5 686	5 000	686
14	6 421	5 000	1 421
15	13 637	10 000	3 637
16	13 746	10 000	3 746
17	13 823	15 000	-1 177
18	11 747	15 000	-3 253
19	13 241	15 000	-1 759
20	6 038	8 000	-1 962
标准差	4 704		2 163

图 2-8 需求呈现明显的趋势、季节性时，如何量化需求的变动性

计算出来的安全库存是 6144 个，意味着基于这样的需求历史和我们的预测水平，我们需要设 6144 个安全库存，才能实现 95% 的服务水平。对这个例子中的供应商来说，我们要给他们提前期内的预测，比如从第 8～10 周的 3 周，每周 5000 个，同时保持 6144 个的安全库存。所以我们的"毛需求"为 5000×3+6144 = 21 144（个），减掉在库和在途的库存，得到净需求，就是给供应商的订单。

要注意的是，在季节性、趋势明显的时候，我们不能简单地摘取过去一段时间的需求历史，用图 2-5 中的方法，求实际需求的标准差来量化需求的变动性。图 2-5 中的情况只适用于需求相对平稳，需求本身符合正态分布的情况。否则的话，需求的标准差会很大，比如在这个案例中是 4704（见图 2-8），导致我们高估而多放安全库存，造成更大的库存风险。

实践者问

我们在这里假设供应周期恒定。实际上，这种假设很难成立，交期总会有变动。那该怎么计算安全库存呢？

刘宝红答

是的，这个假设很难成立。理论上，我们也可以量化供应的不确定性，比如统计每次订单的实际交期的标准差（假定交期符合正态分布），把交期的变动性整合到安全库存的公式中（公式相对有点复杂，这里就不分享了）。但问题是，很多时候实际交期很难准确统计。比如有些企业习惯性地拔高预测，给供应商下订单后一再推迟交付；或者给供应商一个大订单，让供应商分次送货。另外，如果实施供应商管理库存（vendor managed inventory，VMI），供应商根据需求预测和库存计划水平自动补货，采购方不再直接管理订单，也就没法统计供应商真实的供应周期。

作为替代方案，我们可以假定供应周期恒定，根据经验在安全库存中加上一定的量，比如某类物料加 5 天，另一类物料加 10 天的用量什么的。我理解，这不科学，只能说是一种不完美的方法了。

实践者问

在上面的安全库存公式中，我看到正态分布的假设。如果这一假设不成立的话，该怎么计算安全库存？

刘宝红答

那我们得找更合适的分布来模拟。比如对长尾产品来说，正态分布不能满足，我们就用泊松分布来模拟。详细的做法和公式，可参考我的《需求预测和库存计划：一个实践者的角度》一书，第 189~195 页。

小贴士　如何确定合适的服务水平[一]

我在企业做培训、咨询时，经常问他们的服务水平目标是什么，从销售到供应链，大家经常是大张嘴，就是一笔糊涂账。

[一] 摘自《需求预测和库存计划：一个实践者的角度》，刘宝红著，机械工业出版社，2020。有修改。

那么什么是合适的服务水平？从理论上讲，合适的服务水平就是短缺成本等于过剩成本的那个点——短缺会带来营收损失，以及对应的净利润损失；过剩意味着库存成本，比如资金积压，以及打折损失等。当两者的期望值相等时，理论上我们最大化了收益，那就是我们的目标服务水平。但在实践中，很少有人能算清这笔账。作为替代解决方案，我们考虑以下三方面的因素，来确定合适的服务水平，如图2-9所示。

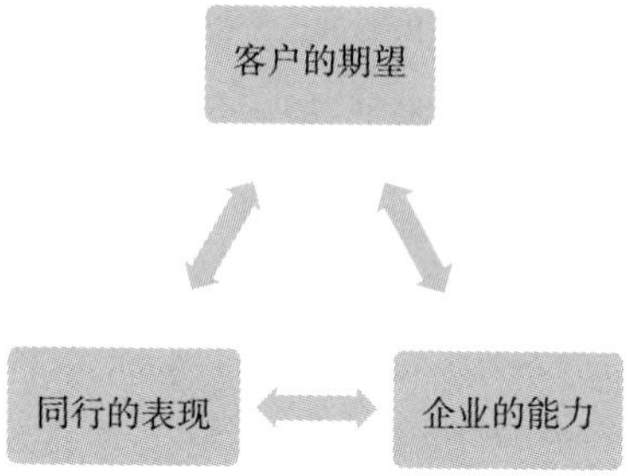

图2-9　确定合适的服务水平

其一，客户的期望。客户究竟期望多高的服务水平？对于生产工人用的手套，等几天或许没什么问题，但关键备件缺失，几千万元一条的产线停机待料，那可是件要命的事。我在负责全球备件计划时，半导体芯片厂商的期望是，一旦有这样的紧急需求，关键备件在4个小时内送到客户门口的概率要超过95%（中国台湾等地甚至是2小时，98%的服务水平）。你知道，这意味着你得在客户附近放一大堆的库存，用高库存来获得高服务水平。

其二，同行的表现。这点不用解释。不过有趣的是，在财务指标的驱动下，有的企业不是向上而是向下对标，说竞争对手只能做到92%，我们的目标为什么要定在95%？这看上去没错，不过你知道我们的市场份额为什么比竞争对手高吗？这跟我们的服务水平有关。在客户眼里，服务水平就如你的工资，只能升不能降。财务背景的数字专家们往往不懂这点。当一个企业开始向下对标的时候，也就是开始走下坡路的时候。㊀

其三，企业的能力。服务水平是企业的组织、流程和系统能力的体现，要改善的话，需要在人员、库存和产能等方面投资，有相应的成本。比如以前我做计划的时候，实际客户服务水平为95%，销售不满意，要更高。那好，你要提高到98%？可以，经过分析，我们得再建一个仓库，雇3个

㊀ 这就如美国的中小学教育，为了不让任何一个孩子落下，就降低标准，向下对标，结果教学质量堪忧，而高等教育没这问题，所以美国的高等教育是全球顶尖的。

员工，放 500 万美元的库存，每年的总成本为 180 万美元，会把我们的销售毛利拉低 2 个百分点。作为销售，你是承担这样的成本呢，还是管理客户期望，维持现有的服务水平？

这里还有一个相关的问题：该由谁来设定服务水平目标？不是供应链，因为他们不了解营收；也不是销售，因为他们不了解成本。所以，服务水平目标的设定是销售和供应链的联合行为：销售能够评估营收风险，供应链能够评估成本风险，再结合客户的期望和竞争对手的表现，才能设定最合理的服务水平目标。

在实践中，对于不同的业务、客户、产品，服务水平的目标也往往不同。比如相对老产品而言，新产品的服务水平一般更高。对于企业来说，新产品的毛利一般更高，缺货带来的营收损失更大；对于客户来说，新产品往往用在更关键的地方，缺货造成的问题更大。相对一般客户而言，关键客户的服务水平一般更高，因为关键客户给我们更多的生意，让他们满意更重要。相对一般需求而言，紧急需求对服务水平的要求更高，比如产线的关键部件坏了，停机待料，客户当然期望更高的服务水平；一般需求下，比如常规的替换，让客户等几天也可以理解。

影响服务水平的因素还有很多。比如寄售或 VMI 下，客户不再持有库存，没了缓冲，对寄售和 VMI 的服务水平要求也更高。对于功能性产品，人们对服务水平的期望一般更高——试想想，你到楼下超市，发现他们连食盐都断货，会对他们的运营水平嗤之以鼻；对于创新性产品，人们更能容忍断货，比如女孩子的漂亮衣服，断码是很普遍的，你不喜欢，但不会当作多大不了的事。

但不管怎么样，确定合适的服务水平，最终还是要回到基本面：客户的期望是什么？竞争对手的表现如何？我们做到了哪一步？三者综合平衡，让企业收益最大化的服务水平，就是我们的目标。

小贴士　承诺的是服务水平还是库存水平

作为计划职能，承诺给内外客户的是服务水平，还是库存水平？

我做过8年全球计划，支持全球各地的半导体芯片公司。有些客户，特别是那些管理水平低下的，动不动就问：你放了多少库存来支持我，总库多少，当地库多少？我说那是两回事：那些库位是支持多个客户的，放多少库存，没法直接"翻译"成你得到的服务水平，而且放多少库存是我的事，如果对你的按时交付不达标，那我们会做差距分析，制订方案来达标。简言之，我对你承诺的是服务水平，而不是库存水平。

能力低下的时候，承诺的往往是库存水平。外行的客户，比如有些不懂库存计划的采购人员，习惯性地采取强势做法，规定供应商一定要放多少多少库存，作为自己对内部客户的"功劳"：看，我让供应商投资了500万元的库存来支持我们。而外行的供应商呢，则是计划和执行都很烂，没法确保服务水平，就由客户来做计划：你要我放的库存我都放了，出了问题可别怪我。

强势的内部客户也类似。销售来投诉，计划大多以花钱消灾结束：我花了多少多少钱，建了多少多少库存，专门来"改善"绩效。以后绩效有了问题，销售的第一个问题就是，上次备的那些库存还在不在？一旦不在了，就开始大做文章，不管那是不是问题的根源。所以，这样的库存放上去就很难拿下来，虽然时过境迁，不再需要了。也就是说，库存被扣作人质。

作为一个计划人员，你当然不想承诺库存水平，让内部和外部客户束缚住自己的手脚。所以，你的目标是承诺服务水平。不过前提是提高组织、流程和系统的能力，否则没法做出确切的承诺，承诺了也很难切实做到。

到现在为止，相信大家对安全库存已有了基本了解。我们不想探讨太多的计算细节，大家也不用担心有更难的公式了——更多的细节呢，主要在我的《需求预测和库存计划：一个实践者的角度》一书中，本书主要是从管理的角度来阐述基本的思路。

我想强调的是，**安全库存的设置也是个"从数据开始，由判断结束"的过程**：量化需求的不确定性、量化供应的不确定性、量化服务水平的要求，计算出一个基准的安全库存，然后根据具体业务情况来调整。比如新产品要导入了，那么老产品的安全库存可适当调低；年头节下需求旺盛，安全库存可适当拔高点等。再比如产品的成本高，就适当少放些安全库存；产品的成本低，就适当拔高安全库存，这样以较低的总体库存，实现较高的总体服务水平。

安全库存的计算本身不难，关键的是我们要计算。我们常犯的错误呢，就是"从判断开始，由判断结束"，凭经验、"拍脑袋"设置一定天数的用量作为安全库存。一刀切，结果就是安全库存高的高，低的低，短缺与过剩共存，整体库存高，整体齐套率低。

当然，基于经验的"一刀切"也有其价值：这些经验值也整合了很多历史经验，包括我们吃过的苦、受过的罪，能帮我们避免大错特错，所以不要一棍子打死。一方面，有些产品不符合上述公式对正态分布的假设，在我们找到更合适的公式之前，还得靠老经验来计划；另一方面，这些经验值也可以帮我们初步判断，我们按照公式计算出来的安全库存是否大错特错。

比如刚开始用这些公式时，会经常有这样那样的问题，诸如公式套错，数据有问题，公式的基本假定没满足，导致计算的结果跟经验值大相径庭。这很可能是我们算错了的信号，要特别注意。毕竟，作为一个企业，多年这么做下来，现在的做法都是有原因的，那些经验值是有一定的合理性的，至少在避免大错特错上是这样；如果新的方法让老的方法看上去非常不合理，那八成是新的方法有问题。

所以，对于公式计算的结果，首先要过直觉关：看上去靠不靠谱？这是另一种形式的"从数据开始，由判断结束"。尊重自己的直觉。**如果你觉得错了，那八成是错了。**

再订货点：需求预测和库存计划的结合

在库存计划领域，除了安全库存，经常打交道的还有**再订货点**（或者就叫**订货点**）。其逻辑是一旦库存降到预设的水位（再订货点），就启动订货机制，驱动供应链补充一定数量的货（订货量）；在货来到之前，库存继续下降，直到补的货到达，拉高库存的水位，然后开始下一个循环，如

图 2-10 所示。再订货点法在业界使用很广泛，对于它的几个主要参数，我们在此稍做解释。

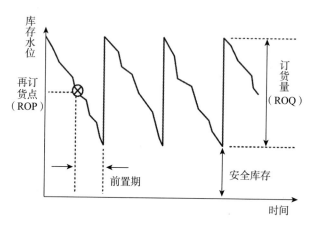

图2-10　再订货点法示意图

注：ROP 是 reorder point 的缩写，亦即再订货点；ROQ 是 reorder quantity 的缩写，亦即订货量。

先说再订货点。

直观地看，再订货点跟平均需求有关：如果每天的平均需求是 10 个（这是需求预测），补货周期是 5 天的话，我们至少应该在库存还有 50 个的时候就订货，然后每天消耗 10 个，5 天后库存正好为零，而补的货也到了。当然你知道，世界是不完美的，需求会有不确定性，供应也是如此，所以我们得放一点安全库存。

所以说，再订货点是由两部分构成的：（1）**补货周期内的平均需求**——这是平均需求预测 × 补货周期（如果需求相对稳定的话，一般会用过去一段时间的平均需求来代替）；（2）**安全库存**——这是为了应对需求和供应的不确定性，以提高服务水平。

这个概念其实你在做单身汉的时候就已经烂熟于胸：你每周买一次菜（这意味着补货周期是 7 天），每天平均吃半斤小白菜，那你要把小白菜的"库存"至少建到 3.5 斤，这是"补货周期内的平均需求"；有时候斜对门的另一个单身汉来蹭饭，那是"需求的不确定性"，你就得多备点，得了，再加 1 斤，就是你的"安全库存"。这样，你的"再订货点"就是 4.5 斤。

再说订货量。

这是说每当补货时，需要补多少。这方面你天生就是专家：（1）**订货成本**越高，订货量就越大——为了几根葱，就让你跑一趟菜市场，来回半个小时，你会很愤怒，因为你跑一趟的"订货成本"很高，你当然希望多买些东西，把单位订货成本降下来；（2）**需求量**越大，订货量就越大——这能解释为什么你会一次买50斤米，但不会买50斤盐；（3）**库存成本**越高，订货量就越小——这就是为什么你不会买够半年喝的水，因为占地方没处放，你也不会买够一个月吃的小青菜，因为小青菜会烂掉，两种情况下的库存成本都很高。

在经济学中，有个"经济订货量"（EOQ）①的概念，已经被研究了一百余年，它就是指平衡上述订货成本、需求量和库存成本后确定的采购的最小订货量，以及生产的最小批量。这些都告诉我们，每次补货的时候，订货量不能低于经济订货量——之所以是"不能低于"，是因为有时候还有别的影响因素，比如最小包装量、使用习惯等。比如作为零售商，你对矿泉水的经济订货量是42瓶，但厂家是24瓶一箱，不零卖，那意味着你得订两箱即48瓶。

下面是经济订货量的公式。其中Q是我们要计算的经济订货量，即每次订货，综合成本最低的订货量。D是需求预测，注意要转换成每年的量。S是每次订货的订货成本，这主要是发生在公司内部的成本，比如下订单，跟踪订单，催货，验收，付款等（假定运输等物流成本已经包含在供应商的单价里，如果不是的话，还得加上这些成本）。H是单位库存持有成本，即持有该产品一年的单位成本，包括资金成本、仓储成本、呆滞成本等。

$$Q = \sqrt{\frac{2DS}{H}}$$

式中　Q——每次的经济订货量；

　　　D——每年的需求；

---

① 经济订货量（EOQ）是一位叫福特·哈里斯（Ford Harris）的人于1913年开发的。有趣的是，他只有高中学历，也不是个研究者，后来成为一位律师。这也说明，你不需要是个数学家，才能做计划，做数据分析什么的。来源：How to Understand the History of the Economic Order Quantity, by Shaun Snapp, https://www.brightworkresearch.com。

S——每个订单的订货成本；

H——单位库存持有成本。

作为管理者，我们要定义跟订货量密切相关的两个参数：订货成本和库存持有成本。

订货成本就是订一次货的相关成本，比如提采购申请、下订单、跟单、运输、收货、验货、摆放到货架、付款等整个订单生命周期的成本，都属于订货成本。行业不同，公司不同，信息化程度不同，订货成本也会不同。在美国，这一数字一般在几美元到几十美元。随着电子商务的发展，订单相关的大部分任务都可以自动化，订货成本在持续下降。但不管怎样，订货成本是运营成本的重要组成，光看看有多少采购员、催货员、质检员，我们就不能忽视订货成本。

库存持有成本也叫库存成本，是为持有库存而产生的成本。你马上能联想到两个主要部分：（1）资金成本——对于中小企业来说，融资成本在 10 个百分点上下；（2）呆滞成本——这库存放久了，会过期、老化，被新产品取代等（如果你是做生鲜生意的，你八成对此深有体会）。此外还要租仓库，买保险，支付仓储人员的费用，杂七杂八的各种成本加到一起，对电子产品来说，大概能占到产品单位成本的 20% ~ 30%（当然，对快时尚产品来说，这个比例可能更高）。这就是说，100 元的电子产品，在仓库里放上 1 年，就会产生 20 ~ 30 元的库存成本。

库存成本是个大问题。产品更新换代越快，需求预测准确度越低，库存成本就越高。这里面有相当一部分是隐藏费用，在添置库存时注意不到。生意做了，钱却赚到库存里了，说的就是库存成本。很多计划人员不大接触公司的财务运作，不能全面理解库存成本，往往会低估库存成本。当然，这也跟绩效考核有关：很多企业特别是在快速增长的时候，对计划的考核以交付为主，短缺会挨板子，甚至丢了饭碗；但过剩呢，最多是挨点骂。于是就备货，超额备库存，花的是老板的钱，省的是员工的麻烦。库存太多，就没有短缺来触动纠偏行动，直到老板缺钱，发现钱都进了库存的时候。人们往往理解缺货的成本，但不理解有货的成本。[一]所以，**如果你一直有货，那也可能是个问题，表明你在牺牲股东利益。**

像经济订货量这样的经典公式，主要是在过去一百多年内研究出来的，是典型的传统经济的产物，表现为节奏较慢，"从前的日色变得慢 / 车，马，邮件都慢 / 一生只够爱一个人"[二]，人们思考的"单位时间"也就比较长，比如这里经济订货量的需求是按年来计算的。20 世纪 80 年代以后，信息技术发展迅速，特别是这些年的电商经济发展尤其迅速，于是工业节奏就更快了，如果这些研究是在现在围绕快消品完成的话，我想更可能会用周或月来做时间单位了。

对于库存计划来说，最基本的其实就这三个概念：**安全库存、再订货点、订货量**。熟悉这三点，库存计划就入门了。其实就概念而言，我们天生就懂得安全库存、再订货点和订货量——会买菜的人都懂这些。天生懂得，并不意味着我们就做得精，而做不精，就不是个优秀的计划人员。

库存计划要像上海女人勤俭持家，精打细算，打的算的都是数字——我们缺的就是数据分析。数据给我们**理性**，库存计划是拿理性平衡情感——销售说，业务挺好，给我建一大堆库存就是了；计划说，且慢，让我先看看发货和订单情况，兼顾业务和库存。**我们其实不缺数据**，尽管数据收集起来不容易，**我们缺的是分析**。很多库存计划员呢，虽然干的是计划的活，一路走来凭的却都是经验，分析能力上的短板明显，注定库存计划做不好，供应链的第二道防线就习惯性地失守。

在库存计划方面，还有很多细节，对运营成本和整体库存水平有显著影响，比如是定期补货还是随时补货，补货量固定还是变动，不同的产品采取何种补货机制，可以参考我的另一本书[三]。

最后补充一下，再订货点法看上去是库存计划的一种方式，其实是供应链的三道防线的结合体。

[一] 赵玲女士语。
[二] 《从前慢》，木心。选自《云雀叫了一整天》，广西师范大学出版社，2013。
[三] 《需求计划和库存控制：一个实践者的角度》，第 143 ~ 148 页，机械工业出版社，2020。

再订货点包括"补货周期内的平均需求"和"应对不确定性的安全库存"。前者叫周转库存，是基于需求预测的，跟供应链的**第一道防线**相关；后者是安全库存，是供应链的**第二道防线**。需求预测的准确度太低，直接造成周转库存的过剩或短缺；安全库存计算不合理，也会造成同样的库存问题。

作为供应链的**第三道防线**，执行效果也直接影响再订货点。执行不到位，比如信息延迟，造成信息不对称，不确定性增加，会导致库存升高（"拿信息换库存"的反面）；执行不力，供应的不确定性增加，供应链的自然反应就是增加安全库存，导致同样的库存问题。

现实中，**很多人分不清安全库存和再订货点**，把两者都称为安全库存。所以，一旦听到"安全库存"四个字，我一般会问，你们的补货是全靠"安全库存"来驱动，还是"安全库存"加预测？如果是前者，那么"安全库存"是严格意义上的再订货点，你得把补货周期内的平均需求扣掉，得到真正的安全库存，以判断安全库存是否设置合理。

小贴士 **用再订货点还是安全库存＋预测**

对于备货型生产来说，库存是由计划驱动，按照计划提前生产出来的，订单一到即可满足需求。这里的"计划"呢，常见的做法有两种：一种是再订货点法，一旦库存达到或低于再订货点，就驱动供应链补货；另一种是按时段设定需求预测，外加安全库存。前者其实是把需求预测和库存计划整合到一起，好处是简单，缺点是没法有效传递需求预测；后者是把两道防线分开，上帝的归上帝，凯撒的归凯撒，更加清晰，但维护起来工作量更大。

在补货周期内，这两种方式带来的总体库存一样，但传递给供应商和供应链的信息可大不一样，对于供应链运营成本的影响也大不一样。鉴于大多数人不熟悉这点，我们这里来专门解释一下。

我们先看再订货点法。

再订货点＝补货周期内的平均需求＋安全库存。假定需求预测是每周10个，采购提前期是6周，安全库存是30个，那么再订货点就是 $10 \times 6 + 30 = 90$ 个。首次设置好后，物料需求计划（MRP）跑起来，假定没有在库、在途库存，再订货点给供应链的需求信号是：给我 90 个，马上就要。当然，作为供应链和供应商，你知道不会是 90 个马上都要。但是，你没法系统地知道，究竟什么时候需要多少，因为再订货点没法准确传递需求的时间维度，它传递的只是需求的数量维度。

极端的情况下，后续的需求进来了，比如今天用掉 1 个的库存，正好触动补货点，MRP 一跑，就产生 1 个的需求，驱动生产线制造或供应商补货 1 个；明天用掉 100 个，MRP 就产生 100 个的补货指令（假定最小起订量是 1 个）。供应链看到的需求是忽高忽低的，这对追求平稳的生产、配送来说，是个大挑战。根本原因呢，就是再订货点没法平滑需求变动，除非手工干预，前端的需求波动会直接传递给供应链。

再订货点的上述两个缺点，在安全库存 + 需求预测的模式下，即拆分需求预测和库存计划两道防线，都能得到相当完美的化解。

在安全库存 + 需求预测模式下，需求预测的数量维度和时间维度都能设立，比如每周的预测是 6 个，供应商看到的指令就是每周送 6 个过来。对于后续需求，一旦客户的订单录入 ERP 系统，它会"消耗"预先设好的需求预测，而不是直接转化成给供应商的指令⊖，这样就平滑了需求的起起伏伏，如图 2-11 所示。供应链和供应商看到的需求信号呢，还是原来设好的需求预测，按照一定的时段、数量分布。这样，需求就更平滑，有利于控制生产、配送过程中的运营成本。当然，就如我们在后文会详细讲到的，如果实际需求太高，超出 ERP 里向后消耗、向前消耗的设置，多余部分就会以紧急需求的方式传递给供应链，形成需求波动。

进一步讲，再订货点没法传递需求预测。就像前面的例子，再订货点是 90，如果你不参与再订货点的计算，有多大可能把 90 分解为安全库存 $=30$，每周的预测 $=10$？安全库存 $=12$，每周预测 $=13$，也能得到同样的再订货点 90。这样的组合有 N 种可能。对于供应商来说，再订货点传递的只是一个一个的订单，很难翻译成准确的预测，难以有效指导原材料备货和产能规划。

⊖ 这有点专业，特别在 SAP 那样复杂的 ERP 系统中，我们这里不予详细探讨。

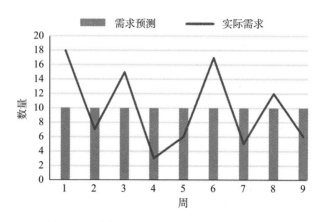

图 2-11　需求预测比再订货点更加能够平滑需求

在多重供应链的情况下,这个问题就更加突出。如图 2-12 所示,从门店到经销商,再到品牌商(以及后面的供应商),供应链有多个环节,层层再订货点加上最小起订量扭曲了真实需求,根本没法在多个供应链伙伴间传递需求预测。这助长了牛鞭效应,是供应链协同的大敌。当产品特殊性较高,比如定制化设计,供应方高度依赖需求方的预测时,问题就更大。

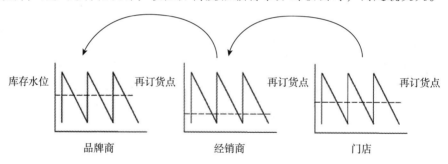

图 2-12　层层再订货点和最小起订量,掩盖了真实需求

资料来源:Martin Christopher, Robert Lowson, Helen Peck. Creating Agile Supply Chains in the Fashion Industry[J]. International Journal of Retail and Distribution Management, 2004(32).

另外,再订货点没法有效应对变动的需求预测,比如前 6 周预测是 10 个/周,后 7 周是 15 个/周,除非到第 7 周时调整再订货点水位。而安全库存+需求预测则可以更灵活地呈现需求的变化,如图 2-13 所示。这让我们得以更灵活地应对促销、活动、新老产品交替,以及季节性需求等。

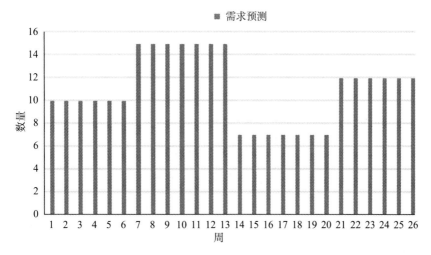

图2-13　在ERP里，需求预测比再订货点更灵活

当然，再订货点也不无优点，比如简单，好理解，操作、维护起来也容易，因为它只有两个参数：再订货点和订货量。一旦设定，只要整体需求没有大的变化，再订货点就不用调整，一直在驱动供应链来补货。安全库存+需求预测呢，操作起来则相对更复杂，在ERP里需要设置多个数据点，包括安全库存和多个时间段的需求预测，而且得定期维护，比如每过1周，就有1周的预测被消耗，需要补上1周的预测。维护的间隔越长，每次需要补上的预测周数就越多。

对于简单的情况，比如子库从总库调货，门店从子库调货等，补货周期较短，一般是几天到一两周，下级库存点也不需要向上级库存点传递预测，再订货点能很好地应对。这些简单的情况下，设好再订货点和订货量，由ERP系统持续监控库存，一旦库存降到再订货点，自动补货即可。如果用安全库存+需求预测的方法，则维护成本较高，有点像杀鸡用牛刀，特别是越是前置库位，兼职计划的可能性就越大，人员能力参差不齐，很难确保需求预测的质量。

对于供应商向总库补货，补货周期动辄几周甚至十几周的情况下，供应商需要依赖采购方的预测来备原材料、备产能，再订货点法就显得力不从心，特别是供应商需要进行比采购提前期更长的预测时，安全库存+需求预测就更有效（再订货点只能传递补货提前期的需求）。通过 ERP 系统和电子商务平台，安全库存＋需求预测也更容易传递，在跨职能、跨公司沟通时更不易被扭曲。

案例　为什么不能一刀切地设置库存水位

有位客服经理抱怨，三天两头在催货，而断货的总是那几个相同的产品。

我看了一下他们的库存计划，发现库存水位是简单的一刀切，按一定天数的用量来设置，而没有考虑采购提前期、需求的变动性、供应商的交期稳定性等因素。该公司的服务水平目标挺高，是 98%，我们在此服务水平基础上，按照前文的公式来计算再订货点，除以现有的再订货点，得到一个比值——比值高于 1，表明现有的库存水位设得太低；低于 1，则设得太高。从图 2-14 中可以看出，左边的产品库存水位明显设得太低，右边的则明显过高。而经常短缺的那几个产品呢，无一例外，都在左边，属于库存水位设得太低的那些。

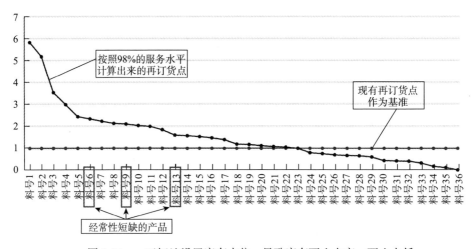

图 2-14　一刀切地设置库存水位，导致库存要么太高，要么太低

或许有人会问，那么多的产品库存水位都偏低，为什么就这三个经常性地短缺呢？况且，它们的库存水位还不是最低的。

这就涉及供应链的第三道防线：供应链执行。这三个经常缺货的产品是由"有能力，也有脾气"的战略供应商供应的，它们有技术优势，配合度不高，催货很难催到；其余的产品呢，供应商多为"没脾气，也没能力"的一般供应商，配合度相对较高，通过加急赶工，弥补了案例企业的计划不足。

在库存水位设置上，案例中的库存计划忽视了以下几个因素：

- 供应商的交期不一样长。这个公司说，不管什么材料，供应商的交期都是两周。我们找了几个不同的料号，发现有的料号平均交期 10 天出头，有的都快 20 天了。即使平均交期都接近 14 天，不同产品交期的变动性也大不相同。

- 除了供应商交期，补货周期还包括订单发送、来料验收、节假日和周末等。我们分析了几个料号，发现整个补货周期在 3 周左右，而计划员呢，则一律基于供应商交期为 2 周来设定再订货点。

- 需求的变动性也不同。虽说产品都差不多，客户也差不多，但产品需求的变动性是不同的。我们找了一组类似的产品，用过去 13 周的需求历史，计算每个产品的需求的标准差，用标准差除以平均需求，得到每个产品的离散度，来判断相对的需求变动性。离散度越大，表明需求的波动性越大；反之亦然。如果都按照同样天数的需求来设安全库存水位，那么对前者来说可能太低，而对后者来说又可能太高。

案例中的情况在管理粗放的企业里很常见。精细化管理就是差异化管理，根据不同的情况采取有针对性的措施。他们假定供应周期、需求和供应的不确定性、服务水平的要求是恒定的，每个产品都一样，但现实并不是这样。供方的产能情况在改变，原来短缺的，现在可能过剩；原来过剩的，现在可能短缺，所以供应周期也会改变，相应的变动性也会不同。买方的经营状况、市场形势也在改变，需求的模式、需求的不确定性也在改变。这些都不是秘密，你不需要找麦肯锡这样的顾问公司来告诉你，也用不着动不动就去问销售——你看看客户订单数据就可以轻易发现。没有人知道的比历史数据更多。但你不愿意分析，别人又能拿你怎么办？毕竟，你没法唤醒一个装睡的人。

我们再看一个跨境电商的案例。

这个跨境电商的主营业务是电子产品，年营收在几亿元。在库存计划上，这个电商也是一刀切，放 3 周的平均用量作为安全库存。我们对其 81 个主要产品计算安全库存，跟一刀切的库存水位对比分析。之所以选择这 81 个，是因为这些产品的需求频繁，每周都有需求，且需求符合正态分布。

对于这 81 个产品，我们用最近 13 周的销售数据，分解到周，采用 92% 的服务水平目标，按照前面的公式来计算安全库存，再折算成平均需求的周数，发现安全库存分布在 1.4 ~ 4.8 周，如图 2-15 所示。这说明，有的产品放 1.4 周的量作为安全库存，就可以达到 92% 的服务水平；而有的产品呢，则需要放 4.8 周的量。你马上看得出，一刀切地放 3 周的量，虚线下面的产品就放多了，会过剩；虚线上面的产品则放少了，导致短缺。短缺与过剩并存，这是库存计划的大问题。

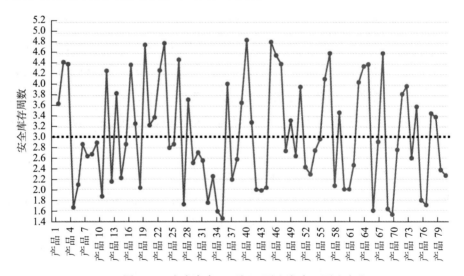

图 2-15　安全库存一刀切，要么太多，要么太少

我们进一步分析安全库存跟平均需求量的关系，发现随着平均需求的上升，安全库存的周数呈轻微的下降趋势。两者之间的相关系数是 –0.14，表明是负相关，虽然相关性不高，但也说明在库存计划上，规模效益照样

存在：需求量越大，需要的安全库存的周数就越少。这也意味着，同一个产品，随着需求量的上升，我们可以适当降低安全库存的周数，这是企业收获规模效益带来的好处。如果一刀切地设 3 周的安全库存，你会发现，规模效益并没有得到体现。

对这 81 个产品，我们继续分析需求的离散度。离散度是用需求历史的标准差除以平均值得到的，它让不同产品的需求离散性有了可比性。比如产品 A 的离散度大于产品 B，表明 A 的需求变动性大于 B，因而得放更多的安全库存来达到同样的服务水平。与上面的计算相同，我们还是用 13 周需求历史，以 92% 作为服务水平目标，计算需要的安全库存数量，并折算成用量的周数，如图 2-16 所示。我们发现，安全库存的周数与离散度之间存在显著的正相关关系，相关系数是 0.84。

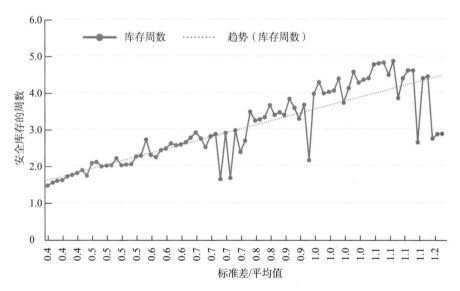

图 2-16　需求的离散性与安全库存的周数呈正相关

这表明，离散度越小，安全库存的周数就越小；反之亦然。看得出，如果采取一刀切，设 3 周的平均用量作为安全库存，对那些变动性小的产品，安全库存可能太高；对那些变动性大的产品，安全库存可能太低，结果同样是短缺与过剩并存，高库存与低有货率并存。

小贴士　库存计划的两种思维

安全库存，面对业务的不确定性，要么计划准，要么计划不准。或者说，企业做生意，要么赢，要么输。而职业经理人的任务呢，就是争取提高赢的概率，以最小的总成本做成最多的业务。

有两种计划方法："从判断开始，由判断结束"，说白了就是"拍脑袋"；数据驱动，利用数理统计工具来提高自己的赢面。问题是，我们往往以拍脑袋的方式做库存计划。

每一个库存水位的设置都有赌的成分。库存水位越高，客户要货时有货的概率就越高，但库存成本也越高。我们得时时权衡收益与成本，即满足需求的概率和成为呆滞库存的概率。这本身就是数理统计。或许有人说，一个产品的概率统计比较困难。没错，在单个具体的产品上，拍脑袋式的判断可能比数理统计更准确，但一个企业，比如在零售、电商和工业品领域，动辄就有几千、几万个产品规格，放在那么多的库位，没有什么比概率统计更能统筹思考、全局优化了。要知道，数理统计就是基于大数据，更加科学地取代我们"拍脑袋"的。

一谈到数理统计，有些人的第一个念头就是那得有一定的量才行。比如有一位MRO电商的CEO说，他们的大部分产品需求很小，一年就卖那么几次，根本没有规律可循。他说的"规律"，其实指的是正态分布下的规律。是的，那么少的数据点，当然没法满足正态分布的要求。但他不知道，对这种情况，却有更好的数理统计模型来模拟，比如泊松分布⊖。

比如你有10 000个产品，大多数的需求量很低。针对那些长尾产品，你可以用泊松分布来模拟需求，根据需求预测设定库存水位，就得到这个产品对应的服务水平；所有的产品加在一起，就得到整体服务水平和库存投资。然后调整来尽量提高整体服务水平，但降低总的库存投资：便宜的多备些，服务水平更高；昂贵的少备些，服务水平相对低一些。

⊖ 对于那些批量小、品种多的长尾产品，我们可以用泊松分布来模拟需求，设定合适的库存水位。更多细节可参考我的《需求预测和库存计划：一个实践者的角度》，机械工业出版社，2020。

在库存计划上，出于保守心态，拍脑袋式的做法一般会面面俱到，不管贵贱，每个产品都备1个，至少也封住销售、客服、工程师们的口啊：看，我备了库存的。潜台词呢，就是如果库存还不够，那只能怪你命苦了。经验判断适用于阶梯性改变，对渐进式改变则不是最佳。从0到1（备1个库存）容易，凭经验即可。但从1到2、从2到3就远没有那么简单了。离开数据分析，渐进式的库存增减就很难做到位。

拍脑袋的着眼点是战斗，聚焦局部优化，在一个个具体的产品上死磕，"广种薄收"，每个都设一点库存，结果是总体库存高，但综合服务水平低；数据驱动则着眼于战役，聚焦全局优化，在数据分析和数理统计的支持下，虽然在具体的产品上可能输掉，但在众多产品中能优化服务水平和总库存。用数据驱动思维代替拍脑袋思维，对于多品种、小批量的长尾产品尤其重要。

小贴士 为什么系统建议的库存水位经常偏低

一位经理人说，公司的系统里有一套算法，来帮助计划员设置安全库存。用了一段时间后，发现系统建议的库存整体偏低。我问，既然这样，那为什么你的挑战却是降库存呢？不用他回答我就知道答案：系统建议偏低，计划人员就手动调整，多放一些库存，但人员水平良莠不齐，不知道设置合适的库存水位，最终就以高库存为解决方案。

细究为什么系统建议偏低，我发现他们的系统低估了需求和供应的波动：（1）系统按照部分产线的需求变动性计算安全库存，但另一部分产线的波动性更大；（2）系统假定供应商的产出是稳定的，其实供应商也受疫情、环保、关键料短缺等影响，产出是有变动性的；（3）小长假等因素造成的运输延误，也没有考虑在系统里。

这让我联想起，以前老东家的计划软件也有类似的问题。比如从硅谷到亚洲，正常运输周期5天就够了，系统里也是这么设置的。但每逢年头节下，航空仓位偏紧，再加上周末延误等各种因素，5天就不够。系统也假定需求有不确定性，但只计算正常的波动，而异常需求时有发生，当你的服务水平要求95%甚至98%以上的时候,这些异常需求就不能忽视。这位经理人的企业也是一样:流水线停下来,那可是不得了的事,安全库存一点也不能"不安全"。

那软件系统为什么偏低而不偏高呢?主要有两方面的原因:其一,有些极端异常没法量化,比如节假日、灾害性天气带来的运输延误,在不同地方、不同季节都不相同,很难在系统里设置统一的值;其二,一旦设置那些值,可能造成正常时期库存水位显著偏高,但因为信息系统的"合法性",计划员就不愿意降下来。

这背后有博弈的成分:软件系统的做法是建议个"保本"的值,计划员认为不够的话再增加——他们有足够的动力去增加,而增加一般是需要审批的,有一定的制衡;但如果系统建议偏高,计划员则没有动力去降低——不管在哪个公司,计划员的第一要务是确保有货,而且有N多个理由不降低本来该降的库存水位。

况且,对很多企业来说,上软件的一大目的就是降低库存,这客观上也导致软件的建议会保守(否则的话,这软件还能上?)。其实这也没错:一个好的库存计划决策也是"从数据开始,由判断结束"的,放在这里就是软件考虑正常的波动、服务水平,做出基准建议;对于极端情况,计划人员调整软件的建议,等恢复到正常情况时再调回来。我理解管理者总是希望能够数据化,让信息系统决策,但计划面临的环境太复杂,不可能量化所有的情况,需要计划员的职业判断来应对。

对于这位经理人来说,这里的真正问题有二:其一,对于能考虑到的正常情况,软件是否都考虑到了,尽可能少地依赖计划员的判断?其二,计划员能力差异很大,如何适当固化优秀人员的智慧,形成做法,指导整个团队,提高判断的水平和一致性?

对于第一个问题,你发现很多软件里的众多参数,一经设定,就不再调整,或者调整非常不及时。而那些参数很可能是当年上系统的时候,由一帮分析员、管理层设置的,这些人的共性是不熟悉一线业务,一刀切的可能性相当大。后续的磨合主要是在一线计划人员和软件之间,但一线人员往往不熟悉软件的结构，或者没有权限去调整。最终，他们不是去调整系统的参数，而是系统地调整软件的建议，这增加了调整的工作量，也增加了犯错的机会。

对于第二个问题，我们可以量化优秀员工的智慧，制定指导性的"简单法则"。我在计划领域快20年了，深刻体会到，我们不能忽视计划员的经验。这也是计划员存在的原因。那他们的经验从何而来？说得好听点，就是以前吃过的苦，受过的罪；说得不好听点，就是试了很多错，交了很多学费的结果，要么以客户利益为代价（短缺），要么以股东利益为代价（过剩）。

总结优秀员工的经验智慧，可以降低团队试错的成本。比如找到那几位最优秀的主管、骨干员工，看看他们在不同的极端情况下，是如何调整系统的建议的；一对一地问他们，为什么是加一周，而不是加两周的库存；以匿名的方式汇总结果，再以匿名的方式征求他们的意见等。如此再三，我们一定能总结出一些"简单法则"来，这就是集体的最佳智慧。

这样的简单法则跟需求的变动性、采购提前期等关键参数结合起来，就形成图2-17中这样的指导纲要，比如在不同的采购提前期下，安全库存与需求变动性的关系。当然我们还可考虑更多的因素，比如单位成本比较高，安全库存可适当降低；对业务比较关键，安全库存可适当增加等。这些简单法则很难让我们做到精益求精，但可大幅降低大错特错的概率。让大家开始用这样的简单法则，过几个月再来调整、完善，持续改善。半年下来，简单法则会更加优化，整个计划团队的能力就会有显著不同。

作为管理者，我们需要：（1）复盘、验证简单法则，确保它们的合理性；（2）选择合适的模型，设置合理的主数据，让软件系统尽可能地给出合理的基准建议。

先说简单法则的验证。我们问优秀的计划人员如何设置库存水位，他们的答复往往受各种因素影响，不一定客观：他们猜测你的心理，讲给你的，其实是你想让他们做到的；他们对自己的做法也不完全相信，所以告诉你他们认为应该做到的。这都有悖于初衷。那我们可以分析他们以前做过的计划，看是否跟他们总结的经验匹配，比如他说在这种情况下，他会放 3 周的安全库存，那究竟他是不是这样做了？这是第一重验证，"信任但要确认"，验证言行是否一致。第二重验证是把这些简单法则用到别人的产品上，复盘一段时间的历史情况，看实际的库存和服务水平情况。经过两重验证后，这样的简单法则才算真正的经验结晶。

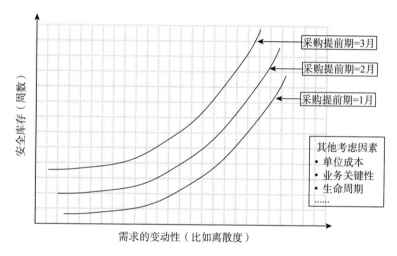

图 2-17　安全库存的指导性简单法则（示例）

再说软件的配置。选择合适的模型，设定基本参数，一般是管理层的任务，这需要管理者有基本的数理统计知识。实践中，很多管理者没有这方面的能力，就只能依赖起初上系统的时候，那些顾问们选定的基本模型。而顾问们当年急急忙忙上系统，在模型的选择和配置上往往没有优化——优化的工作需要结合实践，由管理者来做。

更糟糕的是，有些管理者把软件系统当成跟员工博弈的工具。比如他们知道计划员会高估，那就操纵补货周期等参数，拉低系统建议的安全库存。实践是检验真理的唯一标准，员工采纳系统建议，结果因为短缺被需求端骂得狗血喷头，下次当然不信任系统建议，直接表现就是全面拔高库存水位，高库存就是这么来的。

那如何知道软件系统的模型、参数设置合理呢？你要看系统建议的采纳率。看到有个新零售企业的系统建议采纳率连 30% 都不到，你就知道那些软件工程师、数学家整出的计划系统有多可靠了。要知道，人很难在细微的判断上胜过计算机：如果个别员工在大面积做微调，那可能是这个员工在宣示存在感；如果员工普遍在做大面积的细微调整，那是软件不合理的信号。软件配置合理的一大标志呢，就是员工做的调整以大幅度调整为主。

总结起来，就是软件做基本的数据分析，制定库存水位中的"存量"部分，亦即正常情况下需要的库存；计划员根据特殊情况，比如需求和供应端的异常情况，做出"增量"调整。两者结合，才算完成了库存计划的"从数据开始，由判断结束"。作为管理者，我们希望计划决策是基于数据的，但你没法完全基于数据，由计算机来做计划。基本的软件，加上计划员的最佳经验结晶，才能真正做到"人机一体"，提高团队的计划能力，兼顾库存和服务水平。

VMI：最高、最低库存水位如何设置

这里把 VMI 作为一个专题讨论，主要是因为这些年来 VMI 被广泛采用，如果管理得当，对采购方和供应商都有好处，但由于计划和管理不善，VMI 又给双方造成了诸多问题。

VMI 是**供应商管理库存**的缩写，最早在零售行业出现，由沃尔玛于 20 世纪 80 年代率先导入。简单地说，VMI 就是供应商在采购方或第三方的仓库放一堆货，由供应商自主安排补货，把库存维持在最低和最高计划水位之间。如果操作得当，VMI 可以简化客户与供应商之间的**产品流**、**信息流**和**资金流**，降低双方的交易成本，降低供应链的总库存，因而被广泛应用于各个行业。

对客户来说，VMI 提高了客户服务水平，因为一有需求，马上就可以拿到货。同时，VMI 也降低了整个供应链的库存：在建立 VMI 前，客户有一堆库存，供应商有一堆库存；建立 VMI 之后，两堆库存变成一堆，供应链的总库存就下降了。这也是供应链的一个基本原理：**供应链上的库存节**

点越少，供应链的总库存就越低。库存低，成本就低；库存少，导入新产品就更快，因为要消化的老库存更少，可以更有效地响应市场需求变动。

在 VMI 运作中，供应商得到的指令就像这样：这是给你的预测，比如每周 100 个，实际库存不要低于最低，比如说 200 个，但不要超过最高，比如说 400 个，你自己安排生产、配送吧（见图 2-18）。最低、最高库存水位是 VMI 顺利运作的关键。那么，它们是如何设置的呢？

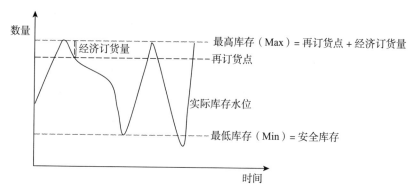

图 2-18 用需求预测、最低和最高库存目标来设置 VMI

让我们先看最低库存（Min）。最低库存目标其实就是**安全库存**。理想情况下，供应商按照既定的预测定期供货，客户按照既定的预测消耗，两者都没有变动性，两相抵消，实际库存应该高于或等于 Min。但是，不确定性是不可避免的，有时候需求会高于预测，有时候供货会迟到，实际库存就可能低于 Min。

Min 是 VMI 的警戒线。在设计良好的 VMI 系统中，一旦手头库存低于 Min，客户的信息系统会自动给供应商催货指令，比如**黄色警报**，而一旦库存为零或接近零，那是非常严重的，黄色警报变成**红色警报**。这些都可以通过电子商务系统直接传递给供应商。供应商也可在电子商务平台上随时监控整体库存的情况，比如所有的料号中，百分之多少的料号库存处于最低和最高之间，百分之多少的低于最低目标但高于零，百分之多少的库存为零。采购方也可围绕这些设置相应的绩效考核。比如中国台湾地区有个半导体制造商，要求供应商的 VMI 库存 98% 的情况下高于最低水位，他们每天统计一次库存水平，驱动供应商及时采取补救措施。

从理论上讲，最高库存（Max）= 最低库存（Min）+ 周转库存 + 补货量。

这里的周转库存是补货周期内的平均需求，补货周期主要包括生产、运输及入库验收时间。如果供应商是按照需求预测生产，库存已经生产好了的话，就不包括供应商的生产周期。

细心的读者或许已经注意到，"最低库存 + 周转库存"就是再订货点，为什么还要加上个补货量呢？我们可以这么想：假定供应商随时监控库存水平，并安排补货，所以任何时候，VMI 的在库与在途库存之和都大于或等于再订货点；当在途与在库库存降到再订货点时，供应商就安排补货，发送一个"补货量"的库存（其实就是经济订货量）；最糟糕的是这段时间客户没有任何消耗，等这批货到达时，库存就达到"最低库存 + 周转库存 + 补货量"，这就是最高库存的水位。

实际操作中，Max 的设置要综合考虑经济订货量、需求预测、仓储空间、补货频次、供应商的执行能力等多个因素。经济订货量越大，需求预测越高，供应商执行能力越弱，Max 也就越大；仓储空间越小，补货频次越高，Max 也就越小。在数据分析和经验操作的基础上，有些公司采取简单原则，比如把 Min 的 1.5 倍或 2 倍定义为 Max，这是种不科学，但直观、易沟通的做法。

作为客户，你也不想让 Max 太大，让自己成为供应商的仓库，这样供应商的仓库一旦不够用了，就把大量的货发送给你；或者说供应商一下子生产半年的量，一股脑都给你送过来。当然，你也不能为了追求所谓的"精益"或者单纯节省仓储面积，把 Max 设得太小，导致供应商的送货频次大增，增加补货的运营成本。

在一些北美企业，Max 涉及客户的最大库存责任。比如有个公司规定，公司对供应商的 VMI 库存负责，以后用不掉的话也要给供应商付钱，因为那是为采购方准备的，不光是成品，还包括部分过程库存——为了维持 Min/Max 的库存水位，供应商必须有一定的过程库存。但是，在该公司，库存责任不得超过 Max 的 2 倍。在这个公司，Min 一般是 3～4 周的库存，Max 一般是 Min 的 2 倍，即 6 ~ 8 周的库存，那么 2 倍的 Max 就是 12 ~ 16 周的库存，是大致一个季度的用量。这是该公司的责任上限，实际责任还得取决于双方的谈判协商，因为对于过程库存，有可能加工或返工成别的产品；对于标准化、通用化程度高的成品，供应商也可能卖给别的客户——长期协作下，这些都是可以跟供应商协商的，而且供应商一般也会通融。

库存责任上限是为了在出现呆滞库存的情况下，限制采购方承担的风险，同时也提醒供应商，不要一下子生产太多，到时候用不掉来找我要钱；或者在明知消耗不掉的情况下，还不管不顾地生产、发货，最后形成呆滞找我索赔。此外，这里没有考虑到供应商的原材料。如果原材料是为采购方专门定制的，这部分的风险也要加进去，以全面评估 VMI 的库存风险，从而评估设计变更、客户需求变化可能造成的影响。

在有些企业，采购方不对供应商的 VMI 库存负责，出现呆滞库存，采购方认为那是供应商做生意的成本之一。**这是对供应商不负责任的做法，也不利于培养计划人员的责任心**：既然没有库存责任，那计划人员就随意拔高预测，提高最低、最高库存目标水位，反正花的是供应商的钱。离开了库存指标，计划就由服务水平这一**单一指标**驱动，不利于持续改进需求预测和库存计划，最终给供应链造成更高的成本，降低了整条供应链的竞争能力。

当然，采购方不对 VMI 的呆滞库存负责，供应商也有应对措施，那就是以各种借口不把库存放满，以规避自己的风险。有一次，一位计划经理跟我说，业务快速成长，供应商总是不把 VMI 库存放满，他非常担心断货。这没什么抱怨的：既然不对库存负责，你得到的，正是你应得的。

另外，做了 VMI 后，库存不在自己的账本上，企业对呆滞库存往往不够警惕，增加了设计变更、需求变动等导致的库存风险。比如深圳有个制造商，就因为 VMI 造成严重的呆滞库存，决定放弃 VMI。从供应链的角度来看，如果管理能力不够，不做 VMI 不失为明智之举。

实践者问

我们跟供应商做 VMI，让他们把库存备在供应商自己的仓库里，我们随用随提。这有问题吗？我们也担心挪用，并制定了严厉的罚则，如果供应商断货的话。

刘宝红答

从确保供应的角度看，这还是有风险。让我打个比方。小朋友知道吃糖不好，妈妈也一再教育，说吃多了会蛀牙。但妈妈只管说，糖罐子还是归小朋友管，你知道，小孩最终还是忍不住吃了很多。所以，聪明的妈妈们会把糖罐子锁起来。

VMI 的库存放在那里，大部分时间是一大堆，看上去永无断货之虞，因为 VMI 的服务水平一般都很高，比如 98%，库存水位需要设置得相当高。别的需求来了，供应商手头没有别的库存，那就把 VMI 里的拿出点给别的客户吧，隔天再给补回去不就得了。这不，库存这玩意就是备着的时候不用，不备的时候需求就来了：需求突然拔高，挪用的库存没有及时补回，都可能造成断货。

这个企业说，他们要供应商定期汇报库存量，比如每月汇报。这也解决不了问题：供应商不一定会如实汇报，采购方又不能随时到供应商那里现场去清点。即便汇报的话，又能有什么用？比如库存的最高点为 100，最低点为 20，现在手头库存是 70，如果不挪用的话，应该是 90。你怎么能分得清呢？

那解决方案呢，就是让供应商把库存放入采购方的仓库；如果供应商不放心，那就放入第三方仓库，不给供应商"监守自盗"的机会。这看上去是不信任供应商，其实长久的信任，一定是建立在一定的风险管理机制上的，而不是盲目地为了维持信任，留下漏洞，让小孩子自己管糖罐子。

VMI 是对供应链三道防线的终极挑战

一个苏州的公司问，我们让供应商建了 VMI，但短料、呆滞频发，怎么办？我的答复是：供应链的三道防线。他们问，三道防线中没有一个字是谈 VMI 的，为什么能解决我们的问题？答曰：预测准确度低，第一道防线建不好，VMI 要么是断货，要么是呆滞；库存计划不到位，第二道防线没建好，VMI 的最低、最高库存不合理，问题当然是一大堆；需求预测和库存计划的不足，最后都得由供应商的执行来弥补，这是供应链的第三道防线，要求我们选好、管好供应商，对我们的寻源和供应绩效管理提出更高的挑战。

可以说，**VMI 是对供应链三道防线的终极挑战**。在 VMI 上，你不能期望通过转移问题来解决问题；三道防线的问题，不会因为 VMI 而解决。相反，这三道防线不但要各司其职，而且要道道扎实，比建立 VMI 之前要更好。

就**需求预测**来说，VMI 要求给供应商提供每天或每周的预测，而且跨度要至少覆盖供应商的交期。比如供应商的交期是 3 个月，那就提供 3 个月，即 13 周的滚动预测，来驱动供应商的生产计划；最好还有 14～26 周的预测，以指导供应商的中长周期产能计划。这对需求预测质量差、需求管理薄弱的企业来说是个很大的挑战。比如有的企业只能给供应商 1 周的送货计划、4 周的预测，根本没有能力提供更长远的预测，当供应商的生产周期长于 4 周时，做 VMI 的结果就可想而知了。

在**库存水位设置**上，最低、最高库存水位设置不合理，导致积压的积压，短缺的短缺。就短缺而言，没有 VMI 时，采购方有一堆库存，供应商有一堆库存，供应链上库存的冗余多，客观上减轻了计划失败的负面影响；有了 VMI 后，两堆库存变成一堆，供应链更"精益"，库存计划稍有不慎，"石头"便会露出水面，影响到生产线和客户，也增加了供应商执行弥补的成本。这客观上要求 VMI 的库存计划人员有更强的能力。

再就是**供应链执行**上，VMI 把更多任务转移给供应商，对那些管理粗放的供应商来说，这意味着相当大的风险——这些供应商管理能力低下，按照客户的订单生产尚可，按照 VMI 的一整套参数来排产，则是莫大的挑战。

VMI 对多点寻源也是个挑战。在管理粗放的企业，多点寻源非常普遍，比如同一个料号，分配给多个供应商生产。VMI 要求跟供应商深度合作，所以一般只能跟数量有限的供应商合作，供应商的选择与管理能力不够，供应风险也会增加。可以说，在供应商管理上，VMI 是严格地要求对供应商有选择、有管理，而且是重选择、重管理。

对很多企业来说，供应链的三道防线是一地鸡毛：销售和运营协调流程的能力薄弱，需求预测的准确度太低，第一道防线习惯性地失守；库存计划是"拍脑袋"、一刀切，第二道防线很薄弱；执行上，供应商寻源是"多子多福"，多点寻源，有选择，没管理，第三道防线的可靠性不够。有些企业错误地以为，VMI 是解决这些问题的法宝。而现实呢，VMI 只是把那些问题**转移**给了供应商，不但没有**解决**问题，而且让问题变得更困难。

在**信息**方面，VMI 对信息的及时性要求更高。就拿实际库存量来说，采购方多久更新一次手头的库存，多久传递给供应商一次，对 VMI 的库存水位设置影响很大。比如有个客户给供应商每周更新库存信息，这意味着补货周期增加了最高达 1 周，反映到库存上，就是库存水位增加一周。这还没完：客户每周一提供实际库存水平，而供应商要等到周三才能给客户所在的区域补货，这意味着补货周期又得增加 3 天。所以经常会看到这样的情况：客户和供应商都在同一地域，实际距离就 2 个小时的车程，但 VMI 的库存水位却动辄有三四周的用量，其中大部分就是用来对付各种延迟。

而要解决这些问题，离不开信息系统和电子商务。⊖可以说，**VMI 对信息系统的要求更高**。提高信息化水平，用 EDI、电子商务等电子手段对接双方的系统，都有实质性意义。或许这也是为什么直到 20 世纪 90 年代后，VMI 才被广泛应用的原因——之前的信息技术没有能力支持 VMI，就跟

⊖ 对于这点，可参考我的《需求预测和库存计划：一个实践者的角度》，第 182～183 页的"案例：离开信息化，就很难具备做 VMI 的条件"。

计算机广泛应用之前，物料需求计划（MRP）也很难实行一样。

有趣的是，在那些快速发展的企业，系统建设往往滞后，信息系统能力不足，就不得不雇一大帮人来弥补信息系统的不足；而建制完善的企业呢，比如那些人人皆知的跨国名企，信息系统是有，但往往是十几年、二十几年前的老技术，系统与系统之间的对接也需要大量的人工介入。但不管怎样，共同之处是信息系统能力低下，采购方和供应商的集成度低，信息沟通不畅，代价是高昂的库存。拿信息换库存，通过更充分、更快地共享信息，来降低库存水平，在 VMI 环境里尤其重要。

小贴士 VMI 是个好东西，对供应商也是如此

作为客户，你喜欢 VMI，这并不稀奇，因为 VMI 降低了你的库存，提高了服务水平。我们这里要讲的是，对于供应商来说，VMI 也是个好东西。你可得仔细看了，因为下周一，你的老总可能给你任务，让你要求供应商建立 VMI，而你得给供应商解释，为什么这对他们来说也不无好处。

我们从供应链的产品流、信息流和资金流三个方面来阐述 VMI 的好处，如图 2-19 所示。

供应商管理库存（VMI）降低整体库存水平
- 库存点减少，总库存降低（产品流）
- 信息更准确、更及时（信息流）
- 财务所要的文件更少（资金流）

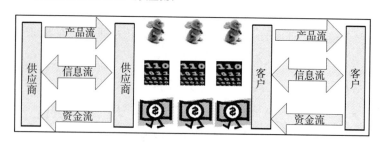

图 2-19 管理得当，VMI 是个好东西，对供应商也是

先说产品流。有 VMI 之前，产品的流动是由订单驱动的，这意味着生产线上今天用掉 1 个，明天就给供应商下单补货 1 个；用掉 500 个，就让

供应商补货500个。看得出，需求时高时低，参差不齐，供应商看到的需求变动很大，这对供应商来说不是好事。建立VMI之后，供应商可以参照最低、最高库存水位和需求预测，比如每天生产250个，这样产线安排就平稳多了。而且闲的时候多生产，忙的时候少生产，产能利用率提高，单位生产成本下降。物流配送也是：根据客户的预测，供应商可以每天送货，也可以多天送货，这样配送成本也降低了。

再说信息流。有VMI之前，信息围绕订单流动。每个订单都得确认交期、单价、数量，交付，验收入库，N多个订单就有N多条信息流，供应商得花很多时间来管理，采购方也是如此。有了VMI之后，供应商只需要知道三方面的信息：最低、最高库存目标水平，当前的实际库存，以及需求预测，就可以指导整个生产和补货。

此外，建立VMI之前，如果客户催货，供应商是没法判断究竟有多紧急的——他们能做的就是根据采购方的声音大小，以最快的方式加急赶工，连夜配送，花了不少冤枉钱；有了VMI之后，信息更加对称，供应商可以确切地知道客户现在手头有多少料，昨天用掉多少，前天用掉多少，上个月用掉多少，根据这些信息更好地安排加急赶工，所以成本更低。

最后说资金流。有VMI之前是订单驱动，每个订单都得结一次账，供应商和采购方都得花大量的精力来对账——你知道，你最不喜欢的就是对账，尤其是采购单、收货单、发票三单不一致的时候。有了VMI之后，一般每一个月结一次账，统计一下总共用掉多少，乘以单价就是总价，资金流就简单多了。

所以说，不管是产品流、信息流还是资金流，供应商都可以从中获益。虽然在一般的VMI下，供应商需要承担库存压力（供应商一般规模更小，资金成本更高，库存压力确实是个问题），但供应商在产品流、信息流和资金流上得到的好处，应该可以抵销库存带来的额外成本。更重要的是，VMI下，客户和供应商一般会达成共识，给供应商一定的业务保障，这给供应商更多的确定性，也可以帮助供应商降低成本，比如可以一次性大批量生产一大堆。

这么说，供应商对VMI就会双手赞成吗？不会。为什么？因为有些采购方信奉"别人的孩子不心疼"，给供应商制造无谓的成本。

比如有个全球公司在自己建库存时，放个三周、四周的库存；轮到供应商建VMI时，却让供应商放五周、六周、七周、八周的库存。问他为什么，该客户自然有各种理由，但说来说去，都不会提及那个人人都明白的"理由"：以前是自己的钱，现在是供应商的钱了。在"别人的孩子不心疼"的心态下，采购方损人不利己，供应商在库存上积压太多资金，这是供应商不喜欢VMI的一个根本原因。

讲到这里，顺便插一句：与损人不利己相比，损人利己是种"高境界"。大公司仗着胳膊粗、拳头大，做了很多损人而不利己的事，给供应链伙伴制造了不少成本。而这些成本呢，最后也会"羊毛出在羊身上"，以某种方式转嫁给采购方。就拿上面的那个公司来说，它对每个供应商都这么做，那么供应商在报价的时候，就把这部分成本包括在价格里。每个供应商都这么做，最后还是采购方买单。这里的关键呢，是这样的大公司很容易识别，所以冤有头债有主，供应商能够把成本转嫁过去。

小贴士 VMI和寄售没关系

与VMI常常一起出现的还有寄售。很多人搞不清两者的关系。其实，它们两者没关系：VMI说的是库存的管理责任，寄售说的是库存的所有权。在实践中，你可以用VMI而不用寄售，可以用寄售而不用VMI。当然两者并用的情况也很常见，以至于业界一旦提到VMI，首先想到的是库存也归供应商持有（寄售），而很多企业采用VMI的初衷呢，也是为了把库存压力转移给供应商。也就是说，很多人心目中的VMI其实是VMI加寄售。

寄售其实是买卖双方分担风险的一种方式。比如零售商对制造商的产品没有信心，担心进货后形成呆滞库存；制造商说那好，我给你供货，卖掉的话你付给我钱，卖不掉的话你把货还给我好了。就这样，制造商承担的是库存风险，零售商出的是店面和管理，双方分担风险，为共同的目标协作。

再比如在有些大型设备行业，客户对供应商的设备不放心。供应商说，在保修期内，我在你家仓库里放一堆备件（寄售），确保一旦设备出现问题，我们马上有备件给你。大型设备一般都比较复杂，客户的经验往往有限，很难知道哪些零配件要备货，备多少——有些零配件消耗量非常低，形成呆滞库存的概率很大。相比之下，供应商更加了解自己的产品——产品是他们设计、制造的，他们也从别的客户积累了不少经验，所以能更好地判断哪些零部件要备，备多少，即便这个客户用不掉，日后还可以给别的客户。所以，设备商为客户建立备件的寄售，有利于双赢。

在上面的两个例子中，供应商更熟悉自己的产品，对自己的产品更加有信心；或者有规模效益，在这个客户处用不掉的库存，可以让别的客户来消耗。所以，供应商处于更好的位置来承担库存风险。这也是寄售存在的客观前提。但在现实中，寄售常常变味，变成采购方为了降低自己的资金压力，纯粹向供应商转移库存的工具。这有悖寄售的初衷。

如果单纯是为了解决现金流问题，倒还不如直接延长供应商的账期了。不过在有些悲催的行业，供应商不但要做寄售，而且有3个月的账期，最后拿到手的是张6个月的承兑汇票，算是走到极端了。如果你不幸，在这种供应商处从业，你只能自叹命苦，找个更好的去处了。

在决策层面，人们很少意识到寄售背后的运营挑战。从运营角度来看，鲜有例外，寄售增加了供应链的复杂度，增加了双方的交易成本，制造了很多额外的麻烦。比如在寄售模式下，货物发送给客户了，却不能当作应收账款来处理，就不得不在双方的ERP里设一个专门的账户，来跟踪这些库存；而大多的ERP系统呢，在处理寄售上都乏善可陈，这往往意味着定制开发，或者花大量的人力来手工管理寄售。同样的原因，日常的库存转移、对账很容易出现偏差，因为物料的进出存更复杂，系统往往不能及时、准确地记录物料的移动，信息流和产品流不同步，最后不得不靠大量的人力来一行一行地对账。

有个高科技跨国企业，跟客户有八九十个寄售库存，其中有几个客户经常出现库存偏差，动不动就是几万、几十万美元的差异，对起账来可真是件头痛事。其中最糟糕的是个北美客户，虽然收取巨额资金给众多的公司做IT咨询和信息系统建设，自己用的信息系统却很老旧，数据交换延迟、数据质量不高、双方系统很难对接，结果是一堆烂账，长年累月对不齐。计划人员、客服人员对付不了，最后部门老总就不得不出马。那是位斯坦福大学的老博士，学运筹学的，聪明异常，从头上所剩无几的头发就可以看出。但没用：直到他退休，这寄售客户的账还是一地鸡毛。

库存四分法：有针对性地控制库存

讲完了安全库存、再订货点和VMI，我们这里探讨一下整体的库存控制。

库存是个好东西，但太多太少都不好。太多和太少表面上不一样，根源却相同：计划上的先天不足，还有执行上的拖泥带水。不管是短缺还是过剩，它们的结局也一样，那就是过剩：短缺下，需求端的压力大增，计划就不得不加库存，但因为计划能力不足，不知道该加多少，最后大概率以过剩结束，大量的资金就积压在库存里。

企业的资源不是无限的，所以降库存是不可避免的。

在我的蓝皮书⊖中，我们谈到常见的老总降库存，说的是现金流紧张的时候，老总就全民动员，开展降库存运动。于是，销售软硬兼施，拼命把货往渠道压；采购告诉供应商，勒令它们少发货；生产线上也在勒紧腰带，把那些过程库存消化掉。但是，降库存运动一过，库存一点点又上来了：销售渠道库存积压，就不再进新货，公司的成品库存就上升；生产线要正常运作，整条线上的过程库存总得加满；供应商也不能一直压着货，要送货领钱养家糊口，原料的库存就上升了。

库存反弹，就如减肥失败：忍饥挨饿，好不容易减掉几斤，但如果生活习惯不变，一旦转入正常生活，减掉的不但又增加上了，而且增加更多。于是，老总就开始下一轮的降库存运动。结果你知道的：库存就这么越降越多，越多越降。老总在解决库存问题上屡战屡败，最后把库存降成"打

⊖ 刘宝红. 供应链管理：高成本、高库存、重资产的解决方案 [M]. 北京：机械工业出版社，2016.

不死的妖怪",就是因为没有找到根源,自然就没法系统地解决问题。

实践者问

库存难降,还是成本难降?

刘宝红答

两个都难降,所不同的是成本难降,而库存更难降。毕竟,老总可以一怒之下降成本,比如从明天开始,所有的出差都取消,一切问题都电话上解决(这样差旅费就降下来了);从下周开始,所有的供应商付款自动扣减 $x\%$,采购成本自然就降下来了(不管你信不信,通用汽车就这么干过)。但是,你听说过哪个老总一怒之下,就把库存给降下来的?成本问题可以转移,但库存不能:造成库存问题的根源大都来自客户端,比如预测准确度低,必须通过解决问题来解决。一个人刚出校门就可以做采购,会说话就会砍价,影响成本,但要做计划,影响库存,却是要有些经验才行。作为职业人,级别越高,跟库存打交道的概率就越大,进而影响企业的现金流。

那么,库存的根源是什么呢?库存可分为三大部分,其根源也不尽相同,如图 2-20 所示。

图 2-20 库存的分类和根源

第一部分是**周转库存**,即维持正常运转的库存,比如从供应商到公司的生产线再到销售渠道,总得维持一定的库存量。这部分库存的根源是**周转周期**。比如生产周期是 4 个星期,那就意味着有 4 个星期的在制库存;

运输过程是 2 周，那注定就有 2 周的在途库存。而要降低周转库存，必须缩短周转周期。在再订货点的公式里，周转库存就是补货周期内的平均需求，补货周期就是周转周期。

第二部分是**安全库存**，用来应对不确定因素，比如需求波动、补货延误、质量问题等。安全库存的根源是不确定性，只有降低**不确定性**，才能从根本上降低安全库存。产品的标准化设计增加了规模效益，规模效益带来需求的聚合效应，它们都降低了需求的不确定性；提高供应商的按时交货率，降低了供应端的不确定性；销售与运营协调通畅，信息更对称，需求的不确定性也会降低。这些都是降低安全库存的有效举措。

剩下的库存既不支持正常运转，又不应对不确定性，就是**多余库存**。订单取消、设计变更、预测失败等造成多余库存，批量采购、批量生产、策略采购也会带来多余库存。多余库存的根源是**组织行为**，比如单一职能做预测、无序导入设计变更、大批量采购以获取价格优惠等。所以，控制多余库存必须从**组织行为**上着手，比如促进供应链上的信息共享，推动协同计划、预测与补货，以及提高决策水平，都是防止多余库存的有效举措。

对于多余库存，我们还需要继续细分，以指导我们采取更加有针对性的措施。

有些多余库存是正常的，或者是可以接受的。比如再订货时，本来订 5 个就能达到再订货点，但最小起订量是 8 个，那就意味着产生 3 个的多余库存；库存准备好了，但客户延期提货，到期就成了多余库存。再比如库存不齐套，也会产生一定的多余库存。⊖这些库存可统称为**过剩库存**：我们不喜欢，但不会要了我们的命，因为在一定期限内可以消耗掉。

真正可能会害死我们的是超出过剩库存的**风险库存**，也就是我们要重点预防和控制的。

就这样，我们把库存细分为四部分，也就是这里要介绍的**库存四分法**，

⊖ 当然，在有些企业，这些库存不算"多余"，比如已经有客户订单，无非是还没有或者推迟提货。从 MRP 的角度看，需求与供应匹配，不算严格意义上的"多余"。不过，从管理的角度上，此类库存还是要引起注意，因为产品流不通就形成库存，要查究产品流不通畅的原因。

以帮助我们细分库存，识别风险，有针对性地管理风险，如图2-21所示。

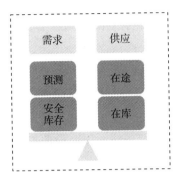

1. 周转库存：平均需求×周转周期，是维持正常运营所必需的
2. 安全库存：基于一定服务水平，应对需求和供应的不确定性
3. 过剩库存：超出"安全库存+周转库存"，但可在一定时段消耗掉
4. 风险库存：超出"安全库存+周转库存+过剩库存"，风险最高

图2-21 用库存"四分法"来识别、管控库存风险

四分法的对象是**整个供应链**的库存，包括**在途**和**在库**。需要强调的是，在途库存虽然不在我们的仓库里，但也是我们的库存，因为订单已经下达，供应商或配送中心迟早会送来。常见的误区是，老总一问库存为什么那么高，我们就吭哧吭哧地做起分析来，好不容易把手头的库存弄清楚了，满足了老总和财务的"好奇心"，结果第二天在途库存入库了，库存又不"合理"了，又得开始下一轮的分析。

下面来进一步介绍库存四分法，以及分析每部分库存的"合理性"。

1. **周转库存**：维持正常的周转所需，对原材料来说就是在途订单，对成品来说就是在制库存。此类库存的风险相对较低，设计变更、需求变化等是最大的风险源。周转库存是合理的，除非周转周期太长，或者预测准确度太低而导致库存过高。

2. **安全库存**：我们所处的世界不完美，不确定性总是有的，所以安全库存也是合理的，除非是不确定性太大，比如供应商的选择与管理不到位，供应的不确定性太大；销售和运营协调有限，需求的不确定性太大，导致的安全库存过高。

3. **过剩库存**：我们不喜欢过剩库存，但只要不超出一定范围，它就不会要了我们的命。从这个意义上讲，过剩库存也是"合理"的，从公司和财务的角度能够接受。这就跟虽然我们人人都想很健美，但小肚子上还是可以有点肥肉一样。

4. **风险库存**：所有的库存都有风险，但超出周转、安全和过剩库存的部分风险最大，这里专门设为"风险库存"以区别对待。风险库存是长时间消耗不掉的，不但积压了资金，还可能形成计提等，降低了企业的利润率。**风险库存是不合理的**，从上到下，一定要特别关注，深究根源，采取组织、流程和系统措施来预防。

在这里，我们还要分清**合理与合适**（见图2-22）：库存合理，并不一定说就合适。合理是因为是企业正常运转所必需，合适与否则取决于相应的驱动因素。如果周转周期太长，周转库存就不合适；人为制造了太多的不确定性，安全库存就不合适；懒人养库存，库存养懒人，多余库存就不合适。库存控制不是皓首穷经，做各种分析来解释库存的**合理性**，而是采取行动，应对库存的驱动因素，让库存变得更加**合适**，从而系统改善交付，降低库存，提高资产周转率。

图2-22　库存合理，并不一定合适

对于库存的风险来说，我想强调的是任何库存都有风险，不能因为有些库存是"合理"的就放松警惕。要知道，大部分风险库存一开始都不是风险库存，而是以周转库存、安全库存，或者可以接受的过剩库存的面目出现的。后来情况改变了，我们没有及时调整库存计划水位，以便尽快消耗多出的库存，这些"合理"的库存就变成了风险库存。这在大面积短缺下更是常见，就如下面两个案例要讲的。

案例　库存四分法：原材料为例

四分法给了我们结构化的方法，来展现库存风险，以控制整体库存。这里我们以原材料为对象，介绍这一方法的具体应用。

案例企业是个制造商，原材料的在库和在途库存合起来有几亿元。针对几千种原材料中的每一个料号，我们拿最近 3 个月的平均需求作为预测，乘以采购提前期和采购单价，得到周转库存。案例企业有相当一部分业务是项目型的，订单驱动，在 ERP 系统里没有预测，我们就用需求历史来替代。之所以用 3 个月，是因为业务的季节性强，再加上月末、季末的压货行为，3 个月的需求历史最有代表性。当然，我们明白，需求历史不会完全重复，但在总体库存分析上至少给我们一个起点。

对于很多料号，这个企业把安全库存和需求预测放在一起，并不在 ERP 中设相应的安全库存，只是多下些订单。这是不规范的做法，前面已经说过了。我们就让他们逐行确认，把安全库存的部分甄别出来，总额 7830 多万元。对于超出周转和安全库存的部分，该企业认为，如果不超过 3 个月的正常需求，风险就相对可控，那就是过剩库存。其余的就是风险库存，即超出了周转和安全库存，3 个月还消耗不掉的库存。在这个案例中，风险库存总额为 1.66 亿元，占所有库存的近 30%，是个大问题，如图 2-23 所示。

图 2-23　某制造商的在途 + 在库库存分解

那好，对着图 2-23 中四类库存的汇总，你能做点什么？你当然什么也做不了：你得分解到每一个具体的料号，理解这 1.66 亿元的风险库存从何而来，以便在料号层面采取措施。

你会发现有些风险库存是新产品的，因为需求历史低，所以这里被高估了（实际上可能不算风险库存）。但更多的是些关键元器件，总共占了5000 多万元的风险库存。芯片行业短缺，采购提前期大增，比如原来是 16 周，一路上升到 26 周了。也就是说，这些关键元器件在提前下单，而计算中用的周转周期还是原来的标准交期。所以说这部分也高估了。有道理？当然有，但你千万可不要给这些合理的理由蒙蔽。

再仔细往下看，看数据。是的，实际的采购提前期增加了，在途库存就得增加。但数字对不上啊。比如有一个芯片，采购提前期涨到 26 周了，但为什么要下三十几周的订单呢？答曰：跟销售、产品和采购协商的结果，集体决策。这回答的是谁做的决策，并没有回答为什么做了这样的决策：提前期延长到 26 周，你下 26 周的订单就行了，为什么要下三十几周的，把那么多的订单都下下去？这是个计划问题。

采购订单下单太多，为什么说是个计划问题？因为计划在决定买多少。计划员说，这是集体决策。我想说的是，这决策最终是计划做的，那计划就是决策者，不能因为销售、产品、采购等职能参与就不负责任。行业短缺下，作为内部客户，销售当然希望多多益善，恨不得把一年的订单都给下了；采购当然希望订单越大越好，他们顺便谈个好价钱，让"年度降价"更好看，奖金多多。但是，他们对库存负责吗？他们是"崽卖爷田不心疼"。谁对库存负责？计划——库存是个计划指标。⊖

计划员说，现在短缺，下了订单反正也没有货，意思是风险并不大。继续看数据。就这个具体的芯片来说，虽说短缺，手头的库存却已经够用 3 个月。别的几个料号也类似。这表明短缺已经没有那么糟糕，我们用不着下那么多的额外订单，给公司增加额外的库存风险。不信？等到年尾了，

⊖ 当然，这也有前提，就是计划在决定数量和时间：要多少，什么时候要。在有些公司，采购有权改变采购量和到货时间，其实在兼职部分计划职能，相应地背负一定的库存指标也是有道理的。

供应商的产能不再短缺了，把那些在途订单都发送过来，你今年的库存控制目标就算泡了汤。这也罢了，库存目标本身不过是个数字，苦日子还在后头：那几千万元的芯片，都够用大半年了，积压着，光资金成本就有几百万元。如果客户需求变动，或者设计变更，变成呆滞库存，就更糟糕了。

这背后反映的是"动物本能做计划"：因为短缺，所以我们就拔高预测、拔高安全库存，恨不得给供应商下一年两年的订单。不过想想看，行业性短缺下，这样做能不能拿到更多的货？当然不能。我以前负责计划时，一旦总库有短缺，有些子公司的计划员就要求拔高当地库的安全库存。我说如果你果真有本事，能够提前预知总库要短缺，提前拔高当地库的安全库存，我佩服你是条汉子。而现在呢，短缺已经发生了，不管你拔得多高，总库还是没货给你；等到终于有货了，那拔高部分还不成了过剩库存。这不，老的短缺问题刚过去，新的过剩问题又来了。

对于计划来说，我们有几条基本准则要坚守：（1）采购提前期是多长，就给供应商释放多少订单；（2）持续的短缺状态下，拔高安全库存、拔高预测不是解决方案，相反助长了牛鞭效应，造成更多的后续问题；（3）如果出于策略备货（比如预计价格上涨），给供应商下了额外的订单，计划需要定期监控整个在库与在途库存，及时采取措施，包括取消部分订单，我们在后文还会谈到。

💡 案例　关键元器件的库存四分法

让我们再看个库存四分法的案例——一个长周期关键元器件的案例。

案例企业要采购关键元器件，其需求是 2 万颗/月，补货周期是 6 个月（包括生产、运输、入库验收等），安全库存水位是 1.5 个月的量。假定单位成本（采购价）是 100 元/颗，那么周转库存就是 2 万元×6×100=1200 万元，安全库存 =2 万元×1.5×100=300 万元，如图 2-24 所示。

该元器件的在库库存是 3300 万元，在途库存是 1200 万元（美国供应商已经发货到了中国香港地区）。按照该企业的业务特点，周转库存、安全库存以外的库存,如果 3 个月消耗不掉的话,风险就很高。那么过剩库存就是 600 万元。剩余的 2400 万元呢,就是风险库存。主要的风险呢,来自设计变更、客户需求变化、技术革新等。

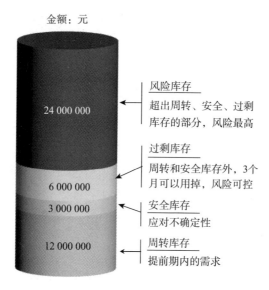

图 2-24 关键元器件的四分法

至于这 2400 万元的风险库存是怎么来的,想必大家猜也都能猜得到:基于本能做计划。

当时芯片短缺,案例企业就给硅谷的供应商下了很大的订单,足够未来数年的用量。现在的问题是,这 2400 万元的风险库存,我们该怎么办?退给供应商?不行,货要么已经到手了,要么已经发到中国香港地区,正在办理入关手续,而且供应商早就说过不能退。那卖给别的公司?供应商早就料到这一招,在合同中约定不能卖,否则的话可能冲击渠道,造成混乱。这个供应商在硅谷,总部离我家就半个小时的车程,经历了半导体行业多年来的起起伏伏,这样的事情见得多了,早就在合同中把这些路给堵住了。

在案例企业,这样的元器件有两个,总共在库 6700 万元,在途 2400 万元。对于这 9100 万元的在库、在途库存,没用四分法时,这个企业没法有效识别库存风险,自然就没法有效管控风险——不统计就不知道,不知道就没法管理,用了四分法后,老总一眼就看出了问题所在,担心之情溢于言表。

值得欣慰的是,这是两个通用料。但是,即便真正的库存呆滞风险微乎其微,单纯的库存成本也不容忽视:9100万元的库存,一年下来光资金成本就在千万元上下。而该企业每年的营收10亿元不到,是技术创新型企业,虽然不缺钱,但这还是一大笔钱啊。

解决方案呢,还是要回到计划的基本的准则,比如不要拔高计划来应对行业性的短缺,只下提前期内的订单等。如果要超出提前期,一定要理解风险,认真评估风险,只承担"经过计算"的风险。我们得随时记着,所有的短缺,大多以过剩结束;所有的过剩,大多是在短缺时造成的。计划团队处于最前线,要居安思危,慎始如终。

库存究竟多少才算合适

> 库存或许是造物主的最伟大发明之一,但太多太少都不好。

多少库存算合适?理论上,我们可以对每一个成品、半成品、原材料做四分法分析,计算它们分别在总库、分库、门店等每个库存点的周转库存、安全库存,再加上可以承受的过剩库存,就得到合理的库存目标。但是,一个企业动辄就有几百、几千甚至上万个料号,那么多的库存点,要回答多少库存算合理,还真不容易。不花个一天半天,职业经理人都搞不明白,想必你也知道了,老总"拍"出来的"合理库存"该有多"合理"了。

实际操作中,我们常常用以下两种方法来设立库存目标。

其一,按照四分法做粗略估计,比如周转库存要3周的用量,安全库存放2周,再加个2周的过剩库存,这就得到7周的库存目标,换算成周转率就是每年7.4次(52周÷7周≈7.4)。

其二,在历史绩效的基础上,采取持续改进的做法,比如每年比上年的库存周转率提高10%。当然,这里要注意营收的变化:如果营收在下降,库存的周转效率一般也会下降;相反,如果营收在增加,库存周转本身也会更快。

上面两种方法也可以结合使用，通过持续改进来逐步逼近目标周转率。这并不是最重要的，重要的是要开始统计库存指标。要知道，**统计的话并不一定能做好，不统计的话注定做不好**。这就如学校考试，孩子们不一定能学好；但如果不考试的话，孩子们注定学不好。

除了库存的周转效率外，库存的合理性还要包括**呆滞库存**。

呆滞库存在不同公司的定义会有不同，比如究竟放多久用不掉就算呆滞。但有一点是相同的：这些库存要么已经死在那里（变成"死库存"），要么以后用不掉的可能性很大，可以说是风险库存中的风险库存。对于美国的上市企业来说，这样的呆滞库存要计提，即便库存还放在那里，相应的库存成本也要计提，计入成本。

相对而言，周转库存、安全库存、过剩库存积压资金，对应的是资金成本以及机会成本；呆滞库存则是百分之百形成成本，直接影响企业盈利，所以要严加看管。有些公司有类似的指标，比如呆滞率不超过营收的 $x\%$。x 怎么定？往往根据历史绩效，比如过去 3 年的呆滞率为基准，设定持续改进目标。

经常有读者问，呆滞库存怎么处理？我的答复很简单：呆滞库存就如孩子已经生下来了，要么自己抱着，要么别人抱着。⊖这里的关键是避免"孩子"生下来，这就得回到库存的四分法，对风险库存要严防死守，因为那是最可能成为呆滞库存的。风险库存也不是一开始就是风险库存，而是以多余库存、周转库存和安全库存的形式存在的。所以，你是没法控制"呆滞库存"的，除非我们能够更好地控制作为一个整体的"库存"。

这就回到图 2-20，针对不同的库存，采取相应的控制措施。总结起来，就是**缩短周转周期来降低周转库存，降低不确定性来控制安全库存，改变组织行为来减少多余库存**。我们下面依次来阐述。

⊖ 话说回来，呆滞库存还是有一定的方法来处理的，比如对于成品来说，销售可以打折卖给客户，生产可以拆解来重新利用原材料。对于原料，采购可以尝试打折退给供应商，设计也可尝试设计到别的产品、项目里——有个企业"悬赏"，谁能把那些呆滞库存用掉，就按照一定比例发奖金等。

缩短周转周期，降低周转库存

简单地说，周转周期由两部分构成：一部分是干活儿的时间，另一部分是等待干活儿的时间。比如门店向配送中心下达要货指令后，库管把指令下达给一线分拣人员，分拣人员捡货、包装，各样货放到一起打包，发送给物流公司，运输到门店——这些都是干活儿的时间。当然，你知道，每个环节都会有延误，因为那个环节的人在忙别的事，或者积攒一段时间来一起做，提高规模效益，这就是等待干活儿的时间。

但不管怎么样，凡是增加了周转周期的，我们总是得在某个地方增加相应的周转库存来应对。比如配送中心改变了发货频率，由原来每天发货改为每3天发货一次，这意味着补货周期增加2天。作为门店，你就得多放相应天数的货来应对，这都是常识。

周转周期的大部分时间是等待时间。即便是有限的干活儿时间，其中相当部分也不增加价值。长期以来，业界采取一系列的方式，比如精益生产，来系统地缩短周转周期。在这里，我们只是从计划的角度出发，来阐述一些我们能够改变的。

让我们先通过一个案例，来理解周转周期的构成。

💡案例　周转周期的构成：采购件为例

这是个工业品公司，其业务模式是从供应商处采购，备好货，客户有需求的时候现货供应。其产品的周转周期包括以下几部分：（1）订单发送周期，即从需求产生，库存消耗了，到补货的采购订单发出给供应商所需要的时间；（2）供应商交期，即下订单日期和收货日期之间的差值；（3）入库及验收，即供应商送货来了，记录到ERP里，验收好后，产品放到货架上所需要的时间。

从表2-3中不难看出，对于最近的20个采购订单，供应商的交期只是整个周转周期的一部分，占整个周转周期的三分之二不到。

就这个案例来说，订单发送周期为2.5个工作日。这两三天都在干什么？先是需求产生到需求被识别——早晨生产线上用掉一个零件，那一刻就是需求产生的时间；ERP里完成扣账，MRP运转，发现库存少了一个，需要补货，这是需求被识别了。需求被识别后，系统就触动补货流程，提出补货请求，这时系统就产生一个请购单。采购人员看到了请购单，就转换成供应商的订单（或者由ERP系统自动转换）。根据采购金额和其他规定，需要不同的管理层来审批。审批完成后，订单终于发送给供应商了，总算完成了订单发送周期。

表2-3　采购件的周转周期计算案例

订单号	订单发送周期（天）	供应商交期（天）	入库及验收（天）	周末（天）	周转周期（天）	供应商交期占周转周期的百分比
1	2.5	15	3	2	23	67%
2	2.5	14	3	2	22	65%
3	2.5	8	3	2	16	52%
4	2.5	10	3	2	18	57%
5	2.5	24	3	2	32	76%
6	2.5	14	3	2	22	65%
7	2.5	11	3	2	19	59%
8	2.5	23	3	2	31	75%
9	2.5	14	3	2	22	65%
10	2.5	24	3	2	32	76%
11	2.5	8	3	2	16	52%
12	2.5	9	3	2	17	55%
13	2.5	6	3	2	14	44%
14	2.5	7	3	2	15	48%
15	2.5	12	3	2	20	62%
16	2.5	14	3	2	22	65%
17	2.5	7	3	2	15	48%
18	2.5	11	3	2	19	59%
19	2.5	13	3	2	21	63%
20	2.5	10	3	2	18	57%
平均	2.5	12.7	3.0	2.0	20.2	63%

注：周转周期＝订单发送周期＋供应商交期＋入库及验收＋周末，有四舍五入。

看得出，发送采购订单看上去是很简单的一件事，其实很复杂，要走好几步，需要很多时间。周转周期的其他环节也类似，如果不是更复杂的话。企业的信息化水平越低、管理能力越弱，手工的事就越多，周转周期就越长，其不确定性也就越高。

就拿订单发送周期来说，在信息化程度高、执行效率高的企业，产线领料和 ERP 扣料同步进行（产品流和信息流同步），即使不同步，间隔延误也很短；在信息化程度低、执行效率低的企业，产品流和信息流不同步，比如每天交班前统一扣账，这意味着最长达一个工作日的延误。有时候太忙，扣完账已经错过了当日的 MRP 运转，这意味着得再等半天（如果 MRP 每天运转 2 次）或 1 天（如果 MRP 每天运转 1 次），到下一次 MRP 运转，系统才能识别需求。在有些 VMI 和寄售环境中，扣账等动作是每周做一次，这意味着间隔延误也是高达一周。

需求识别了，补货申请提出了，有的企业让采购员手工转换成采购订单，这动辄又是一天半天的时间，因为采购员不是整天坐在那里下订单——他们可能在开会，打电话，或者出差，延误是难免的。订单生成了，金额到达一定数量就需要审批，而管理层审批的周期就更难掌控——领导们经常在开会、出差。好不容易审批了，有的企业是定期发送邮件，或者通过电子商务发送订单，每天一次，稍微不慎，错过当天的发送时间，就给订单发送周期又增加了 1 天。

供应商的交付周期看上去直观，其实也很难确定。有些企业在采购订单发送上缺乏规律，比如同一个料，多个订单一次性发送，后续要的时候分次交货；或者发送一个大订单，分次交货。这都导致难以判断真正的交期。那就以合同方式来约定交期吧。但在合同上，供应商又给一个很长的不合理交期，采购也是睁一只眼闭一只眼，因为供应商的绩效就是采购绩效，采购当然不想供应商承诺一个交期，到时候又没法兑现。有些企业为了应对这些，就强制供应商在一定的天数交货，但这又往往没有顾及供应商的能力，供应商不能稳定交付，增加了供应的不确定性，最后还是得增加安全库存来对付。

好不容易供应商送货到门了，验收入库的程序又开始了，在这个公司又是 3 个工作日左右，其中大部分时间在排队，小部分时间做具体的检验，有时候是抽样。订单发送周期加上验收入库周期，正常情况也是 5 个工作日，这就注定会跨周末，给整个补货周期又增加了 2 天时间。

为什么要连篇累牍地谈这些细节呢？我们只有清楚地理解每个环节，才可能缩短周转周期，以降低周转库存。作为管理者，我们也要认识到，周转周期的很多环节取决于我们的决策，是个管理问题。比如订单的审批，领料扣账的频率，MRP 运转的次数和什么时候运转，都是管理层决定的，需要定期回顾，情况变了要及时调整。

|实|践|者|问|

如何确定供应商的标准交期？

|刘|宝|红|答|

简单地讲，标准交期就是双方约定的，从采购订单下达到产品抵达所需的时间。这里面有两个条件：（1）基于供应商的能力，供应商能够相当稳定地达到；（2）双方同意，有约束力。为什么要这样说呢？因为经常看到强势的采购方，单方面根据自己的需求规定交期，但供应商没法稳定做到，最后双方都受到影响。

比如有个部门老总推行霸王条款：所有产品的标准交期都是 4 周。但是，有些产品的情况非常复杂，供应商不可能 4 周交付，直接结果有二：（1）计划偏低，供应商没有足够的在制库存——假定正常交期是 6 周，供应商就需要 6 周的订单，而在强制设定的 4 周交期下，采购方只释放了 4 周的订单；（2）每天都在催货，计划员们习惯性地处于救火状态。

要知道，所谓计划，就是基于正常执行能力的计划，否则不是好计划。

信息化，缩短走流程的时间

在周转周期里，走流程占很大一部分。就如一位名为"风子"的"供应链管理专栏"读者所言:"时间的流逝往往不是出自供应商的产品生产环节,而是自家公司的信息流,从签订订单到执行订单的时间过长。"而走流程中的相当一部分事情,比如审批,在客户眼里没有价值但往往不得不做,一大根因就是信息不对称,这可以通过信息化来帮助解决。

有个大型设备制造商,需求从客户传到供应商,走流程的时间动辄一个多星期:如图 2-25 所示,该企业拿到客户订单,合同评审得 1~3 天,比如跟销售、客服对接,确认需求;评审完了,要录入 ERP 来驱动生产干活,又得审批,审批流程走完,两三天又过去了;录入 ERP,转换成给供应商的采购订单,1 天又没了;要花钱了,采购订单又得审批,又是 1~3 天;好不容易上了电子商务平台,供应商也不是随时随刻在那儿守着,如果错过了供应商上网下载的时间,这 1 天又损失掉了。

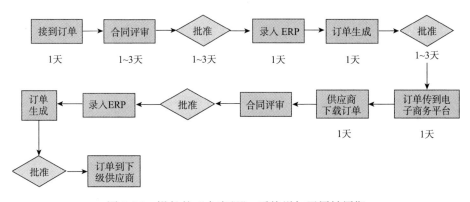

图 2-25 漫长的"走流程",系统增加了周转周期

从供应商到下级供应商,再到下下级供应商,这样的流程重新来过。这就是漫长的"需求探知"过程。供应链越长,流程就越复杂,需求信息从最终客户传到最末端的供应商,需要的时间也就越长,动辄就是几周。这也意味着周转周期增加了几周,相应的周转库存就增加了几周。想必现在你能理解,为什么生产线上要添置台设备,供应商的交期动辄要一两个季度了。

我们这里说的走流程,从客户的角度看不增加价值,但因为涉及组织、流程和信息系统,牵一发而动全身,精简的难度相当大。尤其是公司大了,流程就如库存，原来加上去是为应对种种风险，是合理的，即便随着业务的发展，相应的风险因素已经微不足道，甚至不再存在，也很少有人愿意冒风险拿下来。所以流程只有往上增加的理，没有往下精简的份。于是，流程就越来越臃肿、越来越长，成为大公司病的一部分，自然增加了周转周期和周转库存。

走流程主要在干什么？审批。为什么要审批，为什么是上级审批下级，而不是相反？审批不是为了宣示领导的存在感，审批是确保决策的质量：上级一般工作年限更长，经验更丰富，决策的质量更高。也就是说，**审批的根本原因是信息不对称**。上级比下级知道更多的信息，部分原因是职位带来的，因为级别越高，接触到的信息越多；更重要的是由于信息系统不完善，数据没法储存在系统里，就只能沉淀在人的脑子里，而级别越高的人一般年龄也越大，经验也就越丰富。

那么，减少、简化审批的一大解决方案呢，就是信息化，把信息变对称。㊀

比如我在做计划的时候，一度有二十多个计划员，散布在全球各地。计划员每天都在花钱建库存，超过一定金额就得我来批准。想想看，那么多的计划员，每天该有多少要审批的！于是我就告诉计划员们，我是如何来审批的，比如从信息系统中抓取什么样的信息，用什么样的公式，做什么样的分析，符合什么样的条件就批准等，只要他们按照同样的方式做决策，我就不用事先审批，而是事后审批。㊁ 这样，审批走流程的时间就可以节省下来。

我之所以能够这么做，是因为信息系统相当完善，计算库存水位所需的各种数据在信息系统里都能找到，客观上降低了对经验的要求：只要用

㊀ 我并不是说，信息化是减少审批的唯一解决方案。在企业里，管理越是粗放，职责越是不清楚，责任机制越不明显，审批也就越多，因为大家通过审批来分担责任，这些都没法简单地通过信息化来解决。

㊁ 在美国企业，事后审批也是审批，从风控的角度来说也可以接受（当然具体做法要看财务的规定）。就库存控制来说，比如一个计划员决定增加1000美元的库存，几天后在事后审批中如果发现不合适，影响其实往往有限：供应商或许还没有开始加工，采购订单能够取消；即便没法取消，也可以很快消耗掉等。

那些相同的数据，用相同的分析方法，就能得到相同的结论，做出同样好的库存计划决策来。

管理越粗放，信息化水平一般也越低，审批也就越多，审批的级别也越高。

比如在一家百亿级的国有企业，几万元的培训经费都得董事长审批，连 CEO 都没权批准。有个民营企业，也是百亿级的规模，CEO 每天都得做大量的审批，其实只是走过场，每个审批平均连 10 秒时间都用不到（该公司有自动办公系统，可以看得出每个审批花了多少时间）。在一些别的企业，我也看到它们在用自动办公系统，不管审批者在什么地方，都能够通过手机来审批，这有助于缩短走流程的时间，缩短周转周期。但根本的解决方案呢，还是通过信息化让信息对称，让基层就能做好决策，消除审批的必要。

改变批处理，减少等待时间

批处理也是导致周转周期长的重要因素。比如本来是随到随处理，周转时间短；批处理下，需要积攒一段时间，周转时间就长。这听上去是个生产制造的概念，其实普遍的程度远超我们想象。

比如有个公司，每周五晚上给供应商更新一次预测，这意味着最高达 7 天的延误：如果公司周一调整了预测，直到周五晚上才能传递到电子商务平台，而供应商一般周末不上班，只有到了下周一才能看到。很多供应商周一早晨安排各种例会，往往来不及消化上周客户的预测变化，一些重大问题就可能得等下一周的例会来解决。光这一项，就意味着可能高达两周的延误，也意味着产能扩张、生产准备可能得延迟两个星期。

或许有人会问，这每周五晚上更新预测的规矩是怎么来的呢？或许是多年前，信息系统刚实施时，硬件性能有限，运行太慢，每天更新不现实；或者是每周更新，易于报表、指标统计；或者是一个不经意的决策，"反正是预测，预测不就是中长期嘛，延误几天也没什么"；或者是出于善意，即让所有的预测都敲定了，周五晚上汇总发给供应商等。

有些批处理是规模效益原因，有些是信息技术原因，还有些呢，则纯粹是因为懒。但不管怎么样，批处理延长了周转周期，意味着更多的周转库存；批处理也增加了不确定性，供应链的自然应对是增加安全库存。

先说规模效益。批处理虽然在运营成本上获得一定的规模效益，却以更高的库存成本为代价。两者之间的平衡，跟企业规模有很大关系。随着企业规模的变化，我们需要及时调整。

比如有个跨境电商，规模小的时候，门店的销量有限，每周给总库下一次补货指令，这就意味着补货周期增加了最高达 1 周；同样，总库也不是每天都发货，而是每周发货，以降低货运的单位成本，这给补货周期又增加了最高达 1 周的时间；货物送到网店对应的仓库了，进库验收快则 1 天，慢则 1 周，"翻译"过来，又意味着增加最高达 1 周的补货周期。这些都显著增加了门店的周转周期，相应地，门店也得放更多的库存来应对。

后来，这个电商的规模越来越大，完全可以每周多次订货、发货，批量也足以拿到最好的运费条件；仓库也建议多次发货，这样不用一下子积攒太多库存，占用太多的仓库面积，也降低了仓库的管理难度。但是，老习惯很难改变，特别是在门店，店长们不愿增加收货频次。批处理的根源就变成了懒惰。俗话说，懒人养库存，库存养懒人，这就成了恶性循环。用一位叫"黑白"的读者的话说，库存花的是公司的钱，省的是员工的事，算是说到点子上了。

应对方案呢，可以考核店长，让他们更加勤快地补货；也可以专职化，设立专门的计划岗位，负责门店的计划和补货；还可以是信息化，让信息系统来自动驱动补货流程等。

信息化程度对批处理有显著影响。当信息化水平低下的时候，很多公司发送订单、跟踪订单、收货验收、付款都是人工做，成本相当高，所以习惯于批处理，以获得一定的规模效益。信息化程度高的时候，大部分任务可以自动化，比如 ERP 自动产生订单，自动通过电子商务发给总库或供应商，仓库收货验收时扫码，相关信息自动录入 ERP，付款周期一到，自动付款，人工参与很少，都能客观上降低批量，缩短周转周期，相应地降低库存。

设置推拉结合点，缩短周转周期[一]

在供应链上，设置合适的推拉结合点，适当承担一定的过程库存，往往能够缩短周转周期，降低整体库存。让我们看个具体的案例。

有个公司，一系列部件在硅谷做好粗坯，大致需要6周，然后运到亚利桑那，经过精加工，运回硅谷，总共13周，如图2-26所示。该公司起初采取拉动策略，交期这么长，其间需求和供应的不确定性相当大，该公司就建有很高的成品库存来应对。后来，该公司决定在精加工供应商处，建立粗坯的半成品库存，以缩短周转周期。整个供应链就变成了推拉结合：前段是推（基于预测），后段是拉（基于订单），虽然粗坯的半成品库存增加了，但因为交货周期缩短、供应的不确定因素减少，需求的不确定性也是，成品的安全库存水位因而明显下降。因为成品的成本远高于粗坯，所以供应链的总库存金额反倒更低。

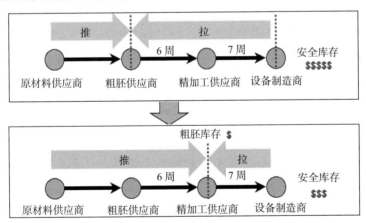

图2-26 推拉结合，缩短交期，降低库存

总库存更低，交货周期降下来近一半，这么好的事，为什么刚开始没做？一个原因是设计还没定型，一旦设置粗坯的库存，管理难度上升，设计变更造成的呆滞风险较大。另一个原因则是绩效考核：出自部门利益，

[一] 摘自我的《采购与供应链管理：一个实践者的角度》（第3版），机械工业出版社，2019年。为了库存控制知识体系的完整性，也收录在本书，同时有修改。

采购不愿意在供应商处建立过程库存，因为这增加了采购的责任。成品的库存虽然高，但属于计划部门，不关采购的事；现在设了粗坯库存，就变成了采购的问题，多一事不如少一事，采购自然不愿意。

当然，在供应商处建立半成品库存，确实有相当大的风险，因为采购方往往因为看不见而丧失警惕，等到设计变更或需求巨变后，供应商找上门来了，才知道还有一堆库存要处理，但已经太晚了。在这个公司，为了避免"看不见就管不着"，采购要求供应商汇报库存量，每月更新，以评估呆滞风险。在脉动更快的行业，库存更新的频率应该更高。

降低不确定性，控制安全库存

上面谈了周转周期，以及通过缩短周转周期来降低周转库存。下面我们接着谈不确定性，以及通过降低不确定性来控制安全库存。

不确定性是安全库存的驱动器。我们生活在一个不完美的世界里，需求有不确定性，供应也有不确定性，这些都是客观存在，但并不是说就是不可控的。

我们先说需求的不确定性。

管理能力强的客户会定期订货，细水长流，需求的不确定性就低；管理粗放的客户呢，要么不订货，要么3个月订一次货，一下子订3个月的量，需求的不确定性就高，供应链的自然应对呢，就是建更多的安全库存。能不能让他们增加订货频率，即便做不到每周订货，每月订一次总可以吧？

有些销售会说，客户很强势，谁能改变客户的行为呢？其实这是托词，是销售不愿意做恶人的托词。俗话说，卖的人比买的人精，销售的总体能力要强于采购，㊀只要销售愿意做恶人，总能影响到客户的采购，即便采购不愿意改变订货习惯，也至少增加他们的负罪感：这就是为什么你们没法拿到货。

㊀ 不是冒犯采购，采购的"能力"更多是职位给的，而销售就不一样。在美国，销售做成百万富翁的比比皆是，但有几个采购能成百万富翁？

就算客户强势，没法管理，销售自己总可以管理自己导入的变动吧，那为什么前端在促销，供应链不知道；门店在做活动，总部不知道？这背后反映的是销售与运营协调不到位，而作为强势的主导职能，销售负有主要责任。比如在投机心理下，总觉得总库里东西多得是，我们一个地区做活动没关系。可不要忘了，年头节下，每个地区都在做活动啊。这不，活动一半不到，库存就不够用了。

销售和客户是一个物体的正反面，如同孪生兄弟。他们互相影响，互为参照，而销售扮演主导角色：糟糕的销售找到的一般是糟糕的客户，而不是相反。人们总觉得劣质客户让销售做糟糕的事，其实不是：劣质客户是外在因素，对我们和竞争对手都一样；销售选择如何应对，却可以大不一样。只要销售端发挥主观能动性，做了可控的事，就能做得比以前好，比竞争对手好。

跟需求的不确定性类似，供应也有不确定性，也并不是不能管控。

比如供应商时常迟到，增加了供应的不确定性。那好，我们来统计供应商的按时交货率：谈定的交期是 4 个星期，95% 的情况下要达到。供应商一看你在统计，自然会更加认真，让交付更加稳定。这就如两伙人在打篮球，刚开始都随便打，等到有人说开始计分了，大家马上就认真起来一样。

要管控，首先要能量化。企业大了，如果问题没法量化，我们是没法解决的。用戴明的话说，就是"上帝说啥我们信啥，其他所有人必须拿数据说话"。没有数据支撑，不管是对需求还是供应的抱怨，都只能说是发牢骚，没法形成后续行动。

比如有个计划经理抱怨自己的工厂，说工厂的承诺屡屡没法兑现，让他承受很多客户和销售端的压力。承诺兑现率低，供应的不确定性高，不用问你都知道，渠道的每个环节都在放更多的安全库存来应对。我问他，你最糟糕的供应商就是你自己的生产线，但你统计工厂的按时交付吗？答曰：没有。企业大了，不统计就不知道，不知道就没法管理。

我讲这些，是想说明对于需求和供应的不确定性，很多是可以管理的。

人们总是用各种各样的**不可为**，来掩盖自己的**不作为**。外来的不确定性如此，内在的不确定性也是如此。

在不确定性管理上，还有一类是管理行为导入的不确定性，比如给渠道压货。这给供应链带来很大的不确定性，导致显著的库存问题和运营挑战，需要采取绩效考核等方式来应对。

渠道压货，人为加剧需求的不确定性

在有些行业，压货行为非常普遍，人为加剧了需求的变动性。

如图 2-27 所示，有个企业习惯性地向渠道压货：第一周基本没什么生意，第二周有一点点，第三周高一点，第四周是月度考核，就来一堆订单；1月没什么生意，2月也没多少，3月是季末，考核时间到了，就拼命向渠道压货，需求大增；季度考核完了，4月就没多少生意，5月稍微增长点，6月是季末和半年考核，销售冲量就更厉害。就这样，一月一个小周期，一季一个大周期，一年一个更大的周期，业务上下起伏，任何时候都跟过山车一样。

图 2-27　月末、季末、年末冲量压货，人为增加了需求的不确定性

需求变动这么大，对供应链来说，我们的产能没法那么快地周期性扩张，就只能在"淡季"的时候生产库存来应对：其中部分库存是周转库存，基于预测提前生产，应对正常周转；其余就是安全库存，基于需求的不确

定性而设置。不管是哪一种库存,整体库存金额更高,产品设计和客户需求变化了,呆滞风险就很高。

渠道压货,有着深刻的原因。其一是**绩效考核**。月末、季末、年末冲量,跟相应的考核节点紧密对应。其二是**产品竞争力**。产品的竞争力越弱,销售的压力就越大:如果生米不做成熟饭,把渠道的钱先拿到手,他们到时候不进我们的货怎么办?结果呢,大客户等强势客户是很难压动的,反倒利用销售考核对营收的诉求来砍价;渠道商等弱势客户呢,则成了压货的重灾区,造成供应链上整体库存高企。

渠道压货,就跟逼孩子吃饭一样。大人为了让孩子多吃点,就硬逼着孩子吃;你逼他吃得越多,下顿他还不饿,你就得逼得更狠,这就形成恶性循环。但对于孩子喜欢吃的,你发现,你是一点都用不着逼的。就案例企业来说,行业标杆的产品竞争力更强,客户喜欢,压货行为就轻多了。

从销售的角度,我们可以通过细化销售的考核,**增加考核密度**来减轻压货行为,控制压货行为带来的需求波动。

比如在销售目标上,有个公司不是每个季度考核一次,而是每月都考核,每月考核也不是一次性考核,而是分3次:销售要在上月底拿到下月50%的订单,当月10日前拿到70%~80%的订单,当月20日前拿到100%的订单,而且订单需要提前7天拿到。在这样的考核密度下,销售基本上每天都在"压货",需求自然就相对平稳多了。想想也有道理:销售的任务就是卖东西,当然应该每天都去吆喝,没道理要集中在月末、季末只做一次生意啊。当然,增加考核密度,对企业的管理水平要求也高,比如信息化程度低,数据没法及时统计汇总,就没法支撑这样频繁的考核。

从供应链的角度出发,我们也可以采取一系列措施,这里分享三点,都不完美,但有帮助。⊖

1. **监控渠道的实际销量**。对销售的考核不是基于卖给渠道多少,而是渠道卖给消费者和最终客户多少。这对于手机行业来说比较简单,因为手

⊖ 摘自《需求预测和库存计划:一个实践者的角度》,刘宝红著,机械工业出版社,2020,有修改。

机一旦激活，制造商就能够知道。但对很多别的行业来说就比较困难，因为在多重供应链的环境中，销量、库存的信息准确度和及时性都是挑战，有些管理能力强的企业在驱动渠道用同样的信息系统，尝试打通信息流。比如有个工程设备企业，自2015年以来，就能相当精准地监控渠道库存。随着信息化程度上升，相信更多的企业能做到这点。

2. **监控渠道的库存量**。你压货可以，但是渠道的库存不能超过一定限度，比如60天的销量。也就是说，品牌商在监控渠道的库存。而挑战呢，是没有合适的信息系统支持，那么多的渠道、那么多的产品，要获取及时、可靠的渠道库存非常困难。有时出于商业原因，比如销售返点等，或者在销售的"威逼利诱"下，渠道可能在库存数字上作假，让问题更加复杂化。

3. **销售不介入订单管理**。让销售聚焦在签订合同、获取市场份额上，而把订单管理纯粹留给供应链运营。在有些工业品公司，我们看到这种做法。或许这跟工业品环境的专业性较强、客户的忠诚度相对较高有关：合同签订下来，也就意味着后续订单到手了。当然，在客户多点寻源，特别是产品优势不明显，时时需要销售"临门一脚"的情况下，这种做法就不一定适用。

|实践者问|

线上、线下业务并存的企业，为什么线上预测准确度往往更低？

|刘宝红答|

线下的预测准确度相对高，有几个可能的原因。其一，线下业务相对成熟，预测做得更好；其二，相对线上，线下业务改变需求的速度一般更慢，需求的可预见性相对更高；其三，线下业务的渠道环节多，可以"调控"，通过销售的执行，弥补预测的先天不足。比如当预测高估的时候，就逼着渠道多拿货；预测低估的时候，提醒渠道少要货等。操纵渠道、压货等行为，虽然"有助于"线下业务的"库存控制"，但其实不过是转移问题而已。

改变组织行为，控制多余库存

多余库存是超出周转库存、安全库存的库存。根据风险的高低，我们把多余库存分为两部分：如果能在一定时间内消耗掉，风险较低，就叫过剩库存；一定期限内预计消耗不掉，风险较高，就叫风险库存。多余库存的驱动因素是组织行为，比如预测失败、订单取消、最小起订量、策略备货、设计变更等。

比如为什么会预测失败？是因为"从数据开始，由判断结束"的预测流程没打通，把本来是跨职能的行为，变成了单一职能做预测。这背后又经常看到层层提需求，层层博弈，藏着掖着信息不对称的影子，这都是组织行为问题。

再比如说订单取消，能让客户不取消订单吗？有些销售会说"不能"，因为客户强势。那是不负责任的说法，根本原因是销售不愿做恶人：即便不能杜绝客户取消订单，那给他们设置点障碍总可以吧，比如要取消的话，收15%的手续费——我们已经从那么远的总部把产品运来了，现在又要运回去，你付点运输费总是应该的吧。你当然不会指望真的收到那钱，但一旦开始收费，客户下次取消订单的时候就会更加小心。

再比如说最小起订量。有些一次性的需求，比如我们的需求是3个，供应商的最小起订量是100个，那就买100个，结果97个过剩，几年后扔掉。那能不能用几个就买几个？采购往往说不行。那是瞎说：只要付的价格足够高，供应商半个半个的也愿意卖给你。这背后还是个组织行为问题：买得越多，单价越低，采购的"降本"指标就越好看，但风险库存却由计划背，库存注销后形成的成本由公司买单。

至于说库存花公司的钱，省员工的事，自然是体现了库存责任归属不清，还是典型的组织行为问题。可以说，多余库存背后，都能看到我们干傻事的影子。

那么，如何改变组织行为呢？企业大了，组织行为要靠绩效考核来改变。

比如有个工业品公司，项目型需求较多，需求定义周期长，一旦需求确定了，供应链就没有足够的时间来响应。作为应对，销售就推动风险备货。有风险备货就有呆滞库存，但销售对呆滞库存不负责。结果你知道的：销售在风险备货上草率，呆滞库存成了大问题。

解决方案很简单：风险库存产生的呆滞库存，要从销售的毛利里面去扣。这样，销售就有一对强相关的矛盾指标来驱动，一方面要做更多的生意，一方面要控制呆滞库存，才能做出更好更均衡的决策来。㊀

还有个公司，设计变更后，高版本经常没法兼容低版本。高版本一经推出，低版本就成了呆滞库存。有时候你真得佩服工程师们：低版本不能兼容高版本好理解，高版本不能兼容低版本就有点令人费解。但不管怎么样，这是个设计问题。那怎么解决？呆滞库存从设计部门的经费里扣呗。当相应的库存由设计部门买单，工程师们得给他们的老总解释时，在设计变更上自然会更加小心。

当然，这并不意味着计划和供应链不介入。在设计变更导入前，计划要评估供应链各节点的库存，包括成品、半成品、专用原材料等，帮助设计决定设计变更导入的时间，以尽可能把老库存消耗完。㊁ 要知道，除非有安全等重大问题，老版本的产品还是可以用的，即便性能上稍微差点。计划的库存分析让设计更清楚地评估库存风险，绩效考核让设计有动力来消耗老库存，设计变更带来的库存问题便会得到更好的解决。

在新老产品交替中，一旦新产品导入了，销售就不愿意卖老产品，因为新产品性能好，毛利高，性价比更高，好卖。有个企业就有这个问题。试想想，新产品刚导入时，老产品打八折或许就能卖掉；如果在仓库里放上三年，白送估计都没人要了。那怎么办？相应的呆滞库存算到销售的头

㊀ 对于强相关的矛盾指标，可参考我的红皮书《采购与供应链管理：一个实践者的角度》（第 3 版），第 26～36 页。每个员工都得有一对矛盾指标来驱动，比如采购不但要价格低，而且要质量好；设计不但要性能好，而且要成本低；计划不但要服务水平高，而且要库存低。这样的指标表面上是矛盾的，其实是相辅相成的，如果员工的能力提高了的话。比如好的计划员知道计划客户要的产品，所以客户服务水平就高；不计划客户不要的产品，所以库存就低。

㊁ 有些公司设有专门的计划团队，来支持设计变更。更多内容，可参考我的《需求预测和库存计划：一个实践者的角度》，第 170～172 页，机械工业出版社，2020。

上就是了。

这时候,销售就面临两种选择:要么尽早打折,少亏些;要么让库存变成呆滞,100% 从他们的毛利中扣。在这个公司,老产品的呆滞库存不归销售,就很难驱动销售做点什么。比如要开会讨论呆滞库存时,计划来人了,产品管理也来人了,但就是没有销售。销售或许很有道理:新老产品的交替是产品经理的决策,所以产品管理要对呆滞库存负责。但问题是,库存已经在那里了,即便是送人,也要销售来送,更不要说产品管理往往是在销售的压力下早早导入新产品的。

实践者问

新旧产品的型号替换,如何控制好新旧物料的库存?

刘宝红答

首先是责任机制:谁对这样的库存负责?其次是管理问题:计划来提供供应链上每个节点的库存,供设计和销售决策。最后是导入的先后顺序:对于老产品,先在小客户下架,后在大客户下架——大客户的需求量大,更好消化老产品的库存,解决过剩问题;对于新产品,顺序正好相反——先在小客户处"试错",代价小,而大客户的需求量大,后导入的话可尽量避免短缺。但实际中正好相反,导致老产品过剩、新产品短缺同时发生。

避免"互扣人质",打开降库存的死循环

在库存控制上,总部跟分部、销售跟计划往往陷入"互扣人质"的情形,导致该加的加不上去,该减的减不下来。这是又一个典型的组织行为问题,其解决方案呢,我们这里主要讲三点。

其一,**只有加了该加的,才能降下该降的;不解决短缺问题,就没法解决过剩问题。**

库存要么是过多,要么是过少,而且过剩与短缺往往同时出现(见

图 2-28）。为什么？因为造成库存过高和过低的原因相同：**计划上的先天不足，执行上的拖泥带水**。企业的资源有限：如果你备多了不需要的产品，你就只能在有需要的产品上少备。所不同的是，利益相关方的关注点不同罢了：供应链看到的是库存太多，销售看到的是库存太少。

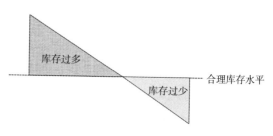

图2-28 库存要么是过多，要么是过少，短缺与过剩并存

供应链要降低库存，自然要从那些库存过高的产品入手。但征求销售的意见时，销售的答复往往是不能降，因为他们看不到库存过高的产品，他们眼睛里都是库存过低而短缺的产品。不解决短缺问题，就没法解决过剩问题。或者说，**要解决过剩问题，首先要解决短缺问题**。这就是说，要降低库存，首先要增加库存。或者说，要省钱，首先要花钱。

这看上去有点匪夷所思：我们的库存都那么高了，你还要增加库存？资金这么短缺了，你还要投更多到库存里？所以，很多企业的做法就是你不让我降，我就不给你加库存，销售和供应链"互扣人质"，陷入僵局。

不过你想想，作为销售部门，他们真的在乎库存高低吗？不在乎——销售的任务是做生意，不是管库存。销售之所以这么深地介入库存管理，是**因为供应链管不好库存，没法有效满足销售的需要，销售得不到想要的结果，就开始控制过程**——库存水位的调整就是过程。那怎么让销售松开手？唯有给他们应得的：解决短缺问题，把该放的库存先放上去。这也是帮助销售建立对供应链的信心。销售对供应链越有信心，就越不介入供应链的库存控制，供应链才会更容易地把该降的降下来。

在那些计划能力强的企业，供应链能够有效满足业务的需求，所以销售更少介入库存控制。在计划能力弱的企业，销售对供应链的信心不足，双方就习惯性地"互扣人质"：加上去的库存，销售部门有"发言权"，不让降；没加上去的库存，钱在计划手里，计划有决策权，就不给加。结果就是该降的降不下来,该加的加不上去,过剩与短缺并存,客户服务水平和库存周转率都不高。而要打开这个死结,供应链计划必须主动走出一步,这是由供应链的服务功能决定的。

其二,少打总库的主意:总库多备,子库少备,降库存的重点在子库。

跟供应链与销售之间的博弈类似,总库和子库、总部和分部之间也存在"互扣人质"的博弈。

一般的企业采取网络状库存结构:总库补给各个地区库,地区库补给下一级的子库,子库再补给客户,一层一层展开,形成车轮毂一样的补给结构。从理论上讲,这种结构便于综合平衡库存、运营成本和服务水平,以总成本最低的方式来达到既定的服务水平。为了方便叙述,我们把上级库都叫总库,下级库都叫子库。

在企业里,总库一般由总部的计划控制,子库由分部的计划控制。总部和分部的关注点往往不同:分部计划离客户更近,经常因为短缺被销售和客户追着,所以更关注客户服务水平;总部计划虽然远离前线的炮火,却不得不在老总和财务的眼皮底下讨生活,降库存的压力一般更大。所以你会经常看到,总部在老总和财务的驱动下,一轮又一轮地降库存;分部在客户和销售的驱动下,一次又一次地要求加库存。

总部要降库存,分部不支持,或者阳奉阴违而不了了之。总部对子库的控制力度小,降不了子库的库存,就在总库上打主意,做自己能控制的。但问题是,总库库存降下去了,对子库的补货不够及时,增加了供应的不确定性。作为应对措施,子库的自然举措就是拔高子库的安全库存。于是你看到,总库降下去些,子库就增加些,虽然增幅没有总库的降幅大,但架不住子库的数量多,总的库存反倒上去了。同时,总库降库存造成的补货不及时,进一步证实了分部"顾虑"的合理性,在后续的降库存上更加不配合。

在总部看来,子库里的有些产品的库存太高,分部不愿降;在分部看来,总库的有些产品库存太低,应该增加,总部的反应也经常是一口回绝。这就导致总部和分部之间"互扣人质",该降的不降,该加的不加,陷入恶性循环。而打开这个死循环的结呢，掌握在总部手里：你必须在总库先把该加的加上去，才可能把子库该降的降下来。要知道，总部和总库的存在，首要任务是履行其服务子库的功能，就跟供应链职能的存在，首要任务是满足销售、研发的正当需求一样。

在一个合理的多阶段库存体系里，总库增加库存，提高服务水平，缩短给子库的补货周期，降低给子库补货的不确定性，子库就能降低安全库存。子库数量众多，每个库降一点，总量就相当可观，除去总库加上去的部分，总体库存还是降低了。但这里的前提是，**只有总库加上该加的库存，才可能降下子库该降的库存**，总部和总库必须主动走出第一步。

另一种解决方案呢，就是**把子库的计划权限收归总部**，由总部的计划员统一设定总库、子库的库存水位。这样的话，整体的库存控制和客户服务都由同一组人负责，有助于总库、子库的全局优化。而全局优化的方式呢，就是建立**自来水一样的库存体系**：随时保持总水塔有水，这样老百姓就不用装满自己的坛坛罐罐——一句话，你还是得在总库多备，才可能在子库少备。

相信有些人还记得，以前很多城市，特别是四线、五线的小城市，自来水厂供水经常不足，或者水压太低，一到用水高峰就没法供水。作为应对，老百姓家里的盆盆罐罐都装满了水，整个城市的自来水库存反倒更高。你不能要求市民不要存储水——他们的行为是理性的，原因在自来水厂的**能力**上。等到自来水供应充分了，老百姓们的信心更充分了，自然就没人再去储水了，自来水的整体库存反倒更小。

一个良性的库存系统也应该这样运作。遗憾的是我们看到的往往正好相反：总库供给能力不足，各分部就私自囤积库存，走到了极端，连生产线、设计甚至客服都有自己的小仓库，库存更加分散，降低了规模效益，也增加了总体库存，降低了整体的服务水平。

其三，少打速动产品的主意：降库存的焦点是高值慢动品。

企业在降库存时，为了很快见效，常见的做法是打**速动**产品的主意：这些产品流动快，把库存的目标水位降低后，多出来的库存很快就被消耗掉了，库存也就降下来了。但这样做的问题呢，则是往往降低了这些速动产品的服务水平，影响了销售和客户，激起反弹，不但逼着把原来降下去的加上去，而且把一些本来很充足的库存也给加得更多。

这里的错误是把不该降的库存降了，打草惊蛇，激起"民变"：当发现连常用的产品都开始缺货时，销售对库存计划的信心就陡降，于是逼着计划采取纠偏措施，增加库存。面对愤怒的内外部客户，计划最终的解决方案呢，鲜有例外，都是花钱消灾，增加更多的库存了事，不但把那些速动产品的库存又加回去，而且给一些本来没出问题但"可能"出问题的慢动产品也增加了库存。而那些慢动产品呢，很多本来就很少用，需要降低库存。这不，偷鸡不成反倒蚀把米。

要知道，在一般的企业，库存过高、周转过慢的经常是些高值慢动产品。所以，它们应该是降库存的重点。这些产品因为用量低，"偷偷"降一点，销售和客户也不大注意。当然，有人会说，那些慢动但很贵的产品备库存，都是有特定原因的，如果缺货的话问题会很大。我们不是说没问题，我们想说的是不要忘了，库存计划的目标不是100%的服务水平。假定服务水平目标是95%，计划的任务是不但要确保达到95%的目标，而且要确保5%的缺货率。[一]这时候，你是缺5分钱一只但每天都用的螺丝钉，还是5万元一台但两年才用一次的发动机？

过激反应，短缺最后总是以过剩收尾

前面多次讲过，行业性短缺状态下，过激反应，大幅拔高安全库存和需求预测，不但解决不了短缺问题，反而造成后续的过剩问题，应了"所有的短缺，最后都是以过剩结束"。特别是集体决策下，人们倾向于承担更大的风险，[二]这往往超出企业的承受力度。同样是"集体"决策，库存

[一] 当然有人会说，我们的目标是百分之百地满足客户需求，即100%的有货率。如果这人是销售，可以原谅他这么想，但如果是计划人员则不可原谅，这表明他还是外行，没有意识到库存的边际回报率递减，特别是超过95%以后的那几个点。

[二] 这是个心理学现象。一帮人坐在一起，胆子就更大，更激进。古代文献中屡屡能看到"聚众造反"：人人都知道，造反是要杀头的，但人多了，胆子就更肥了，杀头的事也敢干了。

的责任不明确,补救措施就不及时,导致本来可以减轻的风险没有减轻。

比如关键元器件大面积短缺,销售、计划和采购坐在一起,自然反应就是拔高预测,增加安全库存,更早给供应商下订单。其基本逻辑呢,是采购提前期延长,供应不确定性增加。但背后更多的原因呢,则是跟供应商博弈,通过下更大更多的订单,希望在供应商分配有限的产能和库存时,能够多得一杯羹。不管怎么样,你的**在途**库存大增。但问题是,所有的短缺都会过去,除非是生活在计划经济时代,然后面临的是什么?当然是过剩。

让我们看个具体的例子。

2016年后半年,一个元器件的交期由正常的56天,一路飙升到265天。案例企业就增加安全库存,而且提前给供应商下单,大幅增加了在途库存。慢慢地,供应商的产能在增加,交期也逐渐回落。我们抽取了最近的10个采购订单,按照下达给供应商的日期排序(即图2-29中的"订单发送日期"),发现供应商的实际交期从265天一路下降到182天、72天,直到49天。等发现交期已经低于正常的56天时,在途加在库库存已经超过800万元,够8个多月的用量,其中的360万元成为风险库存。

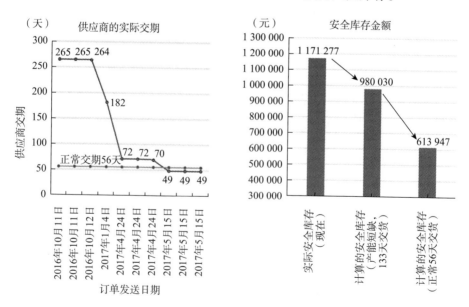

图2-29 供应商的实际交期改善,需要的安全库存也减少

在这里，短缺的问题很难避免，因为这是行业性的短缺，跟全球市场大行业的规律性扩张、收缩有关。作为规模较小的公司案例，企业很难有效驱动百亿、千亿级的大型供应商，让它们做点什么。但是，过剩问题，如果管理得当，完全可能规避，至少可以减轻损失。

先说**安全库存**。供应产能短缺，交期不稳定，企业的自然反应是增加安全库存。但问题是，即便增加了安全库存，供应商还是没有足够的货。有人说，之所以增加安全库存，是为了增加给供应商的订单数量。但是不要忘了，订单其实已经够多了，因为交期延长了，你得更早下更多的订单；原来下达的订单，很多都已经逾期了，还没有交付呢。

一句话，供应商没法给你更多的货，是因为它的产能有限，而不是你没有给它足够多的订单。拔高安全库存不解决眼下的短缺问题，等到供应商产能问题解决了，反而造成过剩问题。所以，**在严重的产能不足造成短缺时，管理良好的企业在安全库存上会非常谨慎，尽量不增加**。

在这里，案例企业没能"脱俗"，跟很多企业一样，拔高了安全库存，而且在交期逐渐返回正常时没有及时调整。比如在供应交期延长到265天的时候，案例企业的安全库存一路增加到117万元。但在交期缩短的过程中，比如交期下降到182天，再到72天，直到低于正常交期的49天，至少有数次机会，把安全库存降低到正常的61万元（见图2-29），相应地可以调整50多万元的在途订单，降低相应金额的在途库存。

再看看**周转库存**。供应商的交期延长到200多天时，我们是得给供应商相应提前期的订单。这大幅增加了周转库存，亦即在途库存，从原来56天的量，一直飙升到265天的量。再加上当时一时激进，拔高了预测，这周转库存就更多。但是，如果仔细跟踪供应商的实际交期的话，我们至少有机会来取消部分在途订单：当交期从265天下降到182天时，我们或许还不确信真的在改善，因为只有一个数据点；但从182天下降到72天时，改善趋势已经非常明显，因为体现在多个订单上。如果这时取消部分订单，供应商往往可能配合，因为整体上还是短缺，别的客户还在拼命下订单呢。等从72天下降到49天，人人都意识到交期返回正常了，大家都是盆满钵满的时候，你再去取消订单，那连门儿都没有了，因为这时候供应商也是货满为患。

严重的行业短缺下，计划面临重重压力和不确定性，很难理性地做预测和设置安全库存。但是，过激反应后，如果随着供应市场的改善，尽快采取纠偏措施的话，还是有可能挽回损失的。那问题是，如何才能知道供应市场在改善？大家往往首先想到那些行业报告。其实行业报告总是滞后的，没有什么比供应商的实际交付表现更准确了：我们的订单是什么时候发出、什么时候收到的，据此计算实际的交付周期，就能相当清楚地判断供方市场的走向。但问题是，谁来做这事呢？

你可以说，这跟供应商相关，应该由采购来做。是的，在建制完善的企业，采购需要定期跟供应商确认交期，更新到系统里，供计划反映到未来的计划中。比如以前我做采购的时候，每年两次滚动更新采购提前期，供应商通过电子商务，逐个料号确认；定期更新外，提前期如有显著变化，采购需要及时告知计划。

但在案例企业，这套机制尚未建立，完全靠采购的自觉。这就是问题：一旦交期延长，采购当然会迫不及待地告知计划，但是，供应市场改善，采购提前期缩短时，采购有多少动力来更新？他们当然希望系统里的采购提前期长点，这样供应商的"按时"交付率更高。既然知道了采购没动力，计划就应该主导，定期统计订单的实际交付情况，或驱动采购来验证供应商的交期。

短缺刚结束，大家还没来得及松口气，就发现坐在一堆过剩库存上，过剩的惶恐就接踵而来，于是就大幅降低安全库存、减少需求预测，长时间不给供应商下订单。供应商以为天要塌下来了，先关闭老的生产线，再关闭新的生产线，把工人打发走，慢慢地消耗库存和产能。等库存消耗得差不多了，大家就都开始下订单，却发现供应商的交期开始延长，于是短缺的恐慌就开始蔓延，接下来就是新一轮的增加安全库存、拔高需求预测、提前给供应商下更多的单子。

周而复始，短缺和过剩交替出现，所有的短缺都由过剩结束，而所有的过剩也是短缺的开始。这在微观层面上叫"牛鞭效应",在宏观层面上叫"经济危机"。看上去有点面熟?是啊,我们总是在一遍一遍地重复这样的问题,要不怎么说"太阳底下无新事"呢。

这不,一位职业人发微信过来,这是他的原话:"现在上游不断地在说涨价涨价,缺货缺货""我们的库存比平时都增加了两倍备货,但是需求一直涨不动啊,就是说销量还是一样大,但是库存变多了"。这是 2021 年 3 月,芯片正从新冠肺炎疫情造成的短缺中恢复过来。他说"看不到什么时候是尽头"。我们当然看不到,尤其是越接近尽头的时候,就跟黎明前的天空最黑暗一样。其实短缺已经结束了,从需求不变而他们有那么多的库存就知道结束了。

当然,或许有些人会说,**没有谁知道过程是怎样的,但结果谁都知道——站着说话腰不疼**。这话不无道理,身处行业性的短缺,信息有限,压力山大,有些决策是很难完美的,但并不是说过程就一点不可控:就如前面说过的,只要坚持基本准则,比如按照采购提前期发送订单,不疯狂拔高安全库存、需求预测来对付行业性产能不足,交付改善时及时调整在途库存,我们就可以做得比以前好,做得比我们的竞争对手好。

最后我想补充的是,行业性的问题会影响到每一个公司,不是让一个特定公司死掉的根本原因。一个公司死掉,或者深陷麻烦,一定是因为额外做的那些"孽"。严重短缺下,超出供应商交期疯狂下订单,疯狂拔高预测、安全库存等,都是"自作孽,不可活"。要留神,所有的短缺,最后都以过剩结束。执行不到位是"瞎马",计划不到位就是"盲人"。盲人骑瞎马,夜半临深池,风险太大。

实践者问

芯片的交期都到了 52 周,客户端在发狂,拔高需求;销售也在发狂,拔高预测;计划和采购也是,增加了富余量。但我们知道,这一切终将过去。您在硅谷,熟悉半导体行业,您认为短缺什么时候结束,我们如何提前识别供需已经平衡了,从而减少损失呢?

刘宝红答

我是在硅谷，离你们的一个核心供应商也就二十几分钟的车程，但我不知道什么时候芯片的供需会平衡。如果我能预测到这些的话，我早就到华尔街炒股票发财去了。

行业性短缺，客户在发狂，我们很难改变，但我们自己还是有可为之处的：（1）基于客户的订单和预测，整合销售、产品、供应链的最佳智慧，来尽量提高芯片的预测准确度，提高"计划"的赢面；（2）芯片的交期是52周，我们就得做一年的预测，给供应商一年的订单，这已经有相当多的富余量（正常交期是一两个季度），如果要增加富余量的话，就得非常非常小心，特别是在已经知道供应商不会按照订单量的大小来分配产能、库存的情况下；（3）定期比如每周监控芯片的实际交付情况，来判断供应市场是否在改善，就跟我们在上文案例中讲的一样，以便及时采取行动。

案例 有呼吸机，还是没有⊖

美国这段时间算是掉进坑里了，新冠肺炎确诊病人都超过40万了（2020年4月7日）。特朗普可以说是焦头烂额，每隔几天就得在白宫讲话，面对媒体咄咄逼人的问题。政客们的讲话，当然是形势一片大好，比如针对医疗器材的短缺，供应正在源源不断地涌来，前些天的热点是检验试剂，这几天就变成了呼吸机。每每讲完，总有记者"不识时务"地问，（您说有这么多），那为什么医生和护士们都在说"没有"？纽约等州的州长也不时发表言论，说的都是联邦政府短缺，找的都是联邦政府的麻烦。

这时候特朗普就变得非常焦躁护短，让记者举出人名来，究竟是谁在说"短缺"。记者当然举不出来：他们要么是从小道消息听来的，要么是从

⊖ 写这篇文章的初稿时（2020年4月初），美国正在经历新冠肺炎疫情的第一个高峰期，全国从上到下处于惶恐中，特朗普动用《国防生产法案》，驱动通用汽车、福特等赶制呼吸机。2021年，我把这篇文章纳入本书时，美国已经在经历第三个高峰期，每天都有几十万的确诊病例，恍若隔世。不过身处台风眼，反倒觉得平静了。或许这也应验了2008年金融危机中的一句俏皮话：任何灾难，6个月以后都会结束，因为到那时候大家都习惯了。

社交媒体上看到的。即便是某个人给他们讲的，他们也没有傻到在全世界面前讲出来，那以后谁还敢给他们爆料？既然你说不出具体的人，那我也没法解决你的问题，特朗普的逻辑就是这么简单粗暴。就这样，特朗普扳回一城，双方打成了平手。

每每看到这里，我就忍不住要发笑，不由得联想起当年做计划的岁月：老东家的总部在硅谷，就如美国的联邦政府；老东家在全球主要的工业国家、地区都有分公司，就如美国的各个州。一有短缺，总部跟分公司之间就开始扯皮，总部说整体供应能够满足，分公司却在连连告急：公说公有理，婆说婆有理。

这里有两个原因：其一，总量平衡是供应充分的必要条件，但不是充分条件；其二，组织之间的博弈，让糟糕的短缺变得更糟糕。这背后有很多组织行为问题，让我来详细解释。

先说总量平衡与供应充分的关系。

联邦政府相当于总仓，它要买到足够多的医疗器械给各州，各州下发给各县，然后再到具体的医院（或许细节上会有差异，但美国大致就是这样的供应链结构）。总仓层面一定要实现总进与总出平衡，否则大河没水，小河肯定会干。但问题是，大河有水了，并不意味着每条小河就有水：总仓进了合适的产品、合适的数量，但放到错误的分仓，进了错误的"小河"，结果有些分仓过剩，有些分仓短缺，短缺与过剩并存，这是供应链最糟糕但经常出现的情况。过剩的分仓当然不会"自我检举"，但短缺的分仓肯定会叫起来。这就是为什么即便整体供应很充分，你满耳朵听到的也还都是"短缺"。

那些分仓的"过剩"，背后也有计划逻辑上的原因。分仓建库存，是基于对未来需求的预测，结合补货周期和安全库存，设个"再订货点"（尽管不一定这么叫），一旦低于再订货点，就要求补货。就拿纽约为例，每天有上万病人确诊，假定5%的人会住院，那就有500个住院的人；住院者中，假定10%需要呼吸机，这就得出对呼吸机的预测，每天需要50个。再假定每次发出补货请求，联邦政府要5天才能送来货。于是，补货周期内的平均需求就是 250 个，因此再订货点就至少应该是 250 个。当然，纽约州州长的需求有不确定性，特朗普的供应也有不确定性，那就放一定的安全库存，比如 3 天的量即 150 个，把再订货点拔高到 400 个。这安全库存呢，很多时候是"过剩"的，特别是服务水平要求很高，安全库存设置得也很高的情况下。

联邦政府在计划的时候，往往按照总进总出匹配，比如预计全国每周要用 10 000 个，那每周就生产 10 000 个。但这 10 000 个分配到各州县的时候，有相当一部分是用作安全库存的，这就注定各州县的"需求"不能完全满足。之所以在这里加引号，是因为在特朗普和马斯克这些人看来，放到安全库存里的都不算需求。但做供应链的人都知道，那些安全库存不填满，供应链是没法正常运作的。这时候需求提得早的、嗓门吼得大的州，就把现有的库存给卷走，而其余的州就得跟短缺打交道。

这里还不用说纽约州这样的地方，面对人间地狱般的惶恐，各级政府和医疗系统怕拿不到货，那就层层拔高预测，拔高安全库存，加大订单量。这都是典型的抢货行为，你这么做，是因为你看到别人这么做；看到你这么做，别人也就这么做。人人都这么做，就成了恐慌，结果就是总体需求大幅放大，形成需求的"牛鞭效应"。

一般的分配系统是先来先得，这看上去最"公平"，客观却助长了抢货行为，让大家一窝蜂地提需求，排队等候。那该怎么办？要不统一给打个折，比如各方的需求总和是 100，手头的库存只有 70 个，那我们不管先来后到，凡是排队的，都给打个七折，最公平？错。这种打折虽然解决了大家"连夜排队"的情况，但助长了"浮夸风"，结果是大家更加拔高需求，希望借此多分一杯羹。

这是典型的组织行为问题：因为信息不对称，大家就互相博弈。比如，总部不知道分公司究竟什么时候要用，用多少，那分公司就在时间、数量上跟你博弈，希望尽早拿到尽可能多的货，结果造成局部过剩，加剧了本来就糟糕的短缺。我们的分配不能基于不对称的信息，而是基于对称的信息，比如实际发生了的需求量。具体地说，就是截取短缺发生前一段时间的需求历史，看每个分公司所占的比例，然后按照那个比例分配手头的库存。这样，就降低了各个子公司、分仓一窝蜂地提需求，一股劲地拔高需求的积极性。

对于新冠病毒来说，纽约现在成了重灾区，它对呼吸机的需求肯定会更大，需求历史不具有代表性。那可以参照确诊了的住院人数来分配。当然这可能造成各州县虚报确诊人数，但这个造假相对困难，因为这个数据是从很多医院、县市的医疗系统汇总上来的，大家是可以交叉验证的。这里的基本思路还是一样的：尽量让信息变对称，降低博弈的可能性。

还有，人们对短缺的定义不一样，也造成沟通上的问题。对总部来说，分公司手头库存不为零，就不算短缺。但对分公司来说，一旦在库库存低于再订货点，在途库存没法在期望的时间内到达，就是短缺，它们才不会傻到手头一个都没了，才开始催货。从供应链的角度来看，分公司是对的，这样才能确保供应链不会中断。这也直接决定了马斯克的计划是空话：这位"钢铁侠"在推特上说，特斯拉的呼吸机是免费的，连运费都免，但前提是你不能把我的呼吸机拿去放在库存里面。"钢铁侠"的初衷是好的，但医院要是等到手头一个都没有了再向特斯拉要货，那病人还不都死光了。

要知道，即便在极度短缺的情况下，整个公司还是有很多库存的。比如我在做全球计划时发现，对于那些销量较大的产品，一旦总部和分公司的总库存低于 8 周，就会处于短缺状态，你会看到各个分公司的计划员在催货；一旦跌到 6 周，就是严重短缺，各个分公司的经理、总监就开始催货，总部的总监级别的人就开始应对（这只是针对特定企业的特定值，请不要盲目参考）。那 6 周、8 周的货都在干什么？要么是放在错误的地方，要么在充当安全库存。

眼下的呼吸机就是这种状况：服务水平要求非常高——这可是人命关天的大事，所以每个医院都得放相当多的安全库存；组织博弈和计划逻辑下，相当多的呼吸机被放到不合适的州、县和医院去了，要重新分配几无可能；需求还在大幅增加，你从每天的确诊病例、死亡的人数就可看出。这样的短缺和混乱至少还会持续，直到供应完全超过需求，每个医院、每级仓库都放得"盆满钵满"的时候——这注定是会发生的,因为所有的短缺,最后都是以过剩结束,你从中国国内的口罩供应就可看出。一位实践者说,新冠肺炎疫情刚开始的时候,口罩成了热门货,一片难求。现在××网上9块钱50个的口罩就是活生生的例子。从一片难求沦落到大甩卖,也就区区几个月时间。

顺便提及,美国各州,特别是纽约州州长竟敢公然与总统特朗普互怼,这不是要反了吗?这是由美国的政治体制决定的:州长、市长们不汇报给总统;他们是选民选的,只对选民负责。在这里,每个州的国民都给联邦政府纳税,联邦政府收了那么多钱,总得给州里干点什么啊,比如教育、医疗。所以,联邦政府在这里是内部供应商,各州县市是特朗普的内部客户。这样你就能够理解,他们为什么对特朗普那么不客气了。

我当年做计划的时候,总部与各分公司的关系也类似。那怎么约束分公司的行为,让它们尽可能地协作,共同解决问题,而不是动不动就无限博弈,让本来够糟糕的问题变得更糟糕?我们的解决方案很简单,就是让各分公司的运营经理虚线汇报给总部的计划总监,让他们的计划员虚线汇报给总部的计划经理。显然,特朗普没这么"幸运",法律没有赋予他那么做的权力,那注定他的"苦日子"还要继续些时间。要知道,总统是美国胳膊最粗的那个人,你当然要给他各种约束——众议院、参议院、各州县,还有媒体,都是特朗普的"敌人",处处制约他,好让他夹紧尾巴做人。

本篇小结

这部分讲的是库存计划——供应链的第二道防线。我们知道,所有的预测都是错的,错了就需要安全库存来应对。安全库存的计算也要"从数据开始,由判断结束",在量化需求、供应的不确定性基础上,根据实际情况适当调整,切忌一刀切,导致短缺与过剩并存。

我们还讨论了VMI。VMI是个好东西,对供应商来说也是,这在于它简化了供应链的产品流、信息流和资金流,提高了供应商的生产、配送效率,降低了运营成本。VMI也是对供应链三道防线的终极挑战,对采购方的需求预测、库存计划和供应商管理提出更高的挑战,也对供应商的管理能力提出更高的要求。

在库存控制方面,我们介绍了库存的四分法,以有效切分供应链的整体库存,帮助识别和控制库存风险。要回答合理的库存究竟是多少,我们就得围绕每个成品、半成品和原材料,做四分法分析。实践操作中,我们也可以在历史绩效的基础上,设定一定的持续改进,使其成为库存目标。

对于库存控制,我们要切忌老总式的"降库存运动",治标不治本,把库存管成"打不死的妖怪",而是要三管齐下,即缩短周转周期来降低周转库存,降低不确定性来降低安全库存,改变组织行为来控制多余库存。降库存要从解决内外客户的问题入手,切忌陷入供应链与销售、总部与分部之间"互扣人质"的死循环。我们特别强调,所有的短缺,最终总是以过剩结束,所以在短缺时,我们要切忌过激反应,造成后续的过剩问题。

[资源] **更多供应链管理的文章、案例、培训**

- 供应链专栏网站 www.scm-blog.com,写了 15 年了,有 700 余篇文章。
- 《采购与供应链管理:一个实践者的角度》,10 年来一直领跑畅销榜。
《供应链管理:高成本、高库存、重资产的解决方案》,着眼于整体改进。
《需求预测和库存计划:一个实践者的角度》,聚焦计划的"三分技术"。
- 微信订阅号:供应链管理专栏,更新、更快,定期发布新文章。

Supply Chain Management 第三篇

供应链的第三道防线：
供应链执行

> 所有的计划都是错的。计划的先天不足，需要执行来弥补。

英国已故时尚大师亚历山大·麦昆说，"这是时尚的新时代——无规可循。时尚都是个性的时尚，高端的、低端的、传统的、新生代的，都混在一起穿"。时尚如此，非时尚亦然，无规可循，难以预测，计划的先天不足，需要执行来弥补，这就是供应链的第三道防线。

让我们再回顾一下供应链的三道防线：所有的预测都是错的，但错多错少可不一样，我们要整合跨职能的经验和智慧，制定准确度最高的错误的**需求预测**，争取首发命中，这是供应链的第一道防线。预测首发命不中怎么办？那就得科学、合理地设置安全库存，平衡库存投资与服务水平，争取企业利益最大化，这就是供应链的第二道防线：**库存计划**。所有的计划都是错的，计划的先天不足要靠执行来弥补，这就是供应链的第三道防线：**供应链执行**，也是我们这部分要重点阐述的，如图3-1所示。

对于供应链执行，我们要从两个层面来理解：

第一，**弥补需求预测和库存计划的不足**，即驱动供应链快速、有效地响应，弥补计划的不准确。在**执行层面**，企业在花费大量的时间催货，但是应急催货流程不清，导致大量的重复投入和混乱。在**战略层面**，企业选择和管理供应商的能力不足，导致采购额分散，没法有效驱动供应商快速响应。要知道，供应商负责 70% 左右的供应链增值活动，离开供应商的积极配合，供应链的快速响应就无从谈起。

图 3-1　供应链执行是供应链的第三道防线

第二，**执行需求预测和库存计划的决策**，即以成本最低、速度最快的方式落实计划的决策，驱动供应链来响应。这里的关键角色是信息系统。我们的挑战是，很多企业的信息化水平低，于是就花费巨大的人力资源，手工落实需求预测和库存计划，导致运营成本高、时效性差；资源浪费在执行上，那投入到需求预测、库存计划上的就有限，导致前两道防线做不好，习惯性地失守，造成更多的执行问题，形成恶性循环。

下面，我们就围绕上述两个层面的问题，展开更详细的讨论。如果说需求预测、库存计划部分重点着眼于**组织**、**流程**和方法论的话，这部分要更多地涉及**信息系统**。因为执行层面的重复性业务很多，信息系统一方面可以自动化执行这些重复性活动，提高执行层面的效率；另一方面也可以固化流程，规范行为，提高执行层面的一致性。

需要预测，是因为供应链的响应能力有限

这里我们先谈个有点哲学意味的话题：为什么需要预测？答案很简单：供应链的响应能力有限，或者说，在响应成本一定的情况下，供应链的响应速度有限。

打个比方。你早晨起来洗脸刷牙，打开水龙头，水就来了，响应周期为零；要多少有多少，响应能力无限，所以你无须提前预测用水量。**需要预测，根本原因是供应链的响应能力有限**。响应周期越长，响应能力越有限，对需求预测的依赖就越大，这也意味着需求预测要做得早，而预测做得越早，准确度就越低。你看，这陷入了死循环。

所以，**缩短供应链的响应周期，提高供应链的响应能力，是提高预测准确度、更好匹配需求与供应的关键**。这就如打篮球，地球上篮球打得最好的人可能就是乔丹了，他的投篮命中率（"预测准确度"）也只有50%不到，要提高，就得往篮下冲，缩短"响应周期"。"大鲨鱼"奥尼尔呢，他的投篮命中率接近60%，并不是因为他投篮真的有多准，而是因为他就站在篮下，"响应周期"更短。

销售人员久病成医，他们深知响应周期和预测准确度的关系。这不，当你挑战他们，为什么预测又不准时，他们不出三句话，就转到供应链的响应能力上了：老爷，你能不能缩短交期啊？得，把球踢回给供应链了。

不过在大多数情况下，供应链的响应能力是既定的，发到我们手里的就是副烂牌，那我们也不能就地等死，一味地怨天尤人，自叹命苦，而是要做我们能够控制的，把这副烂牌尽可能打好。总结起来，就是有效对接销售和运营，整合跨职能的信息、智慧和判断，"从数据开始，由判断结束"，尽量提高预测的准确度，提高首发命中率；命不中的话则靠安全库存，安全库存不够的话靠供应链执行来弥补。

这里，我们假定需求预测、库存计划已经做了它们能做的，现在剩下的就是供应链的执行了。你知道，首先想到的就是催货。

什么问题由催货解决：由加拿大的过期口罩谈起

看到路透社的报道，说鉴于"SARS"的经验教训，加拿大人学聪明了，开始提前准备。据说2007年，渥太华市就备了5500万只N95口罩，一直在仓库里放着。这不，等了十几年，新冠病毒来了，终于有了用武之地，可惜那堆积如山的口罩早已过期了。①

在所谓民主国家，一谈到花钱，政府历来是低效的代名词，怀着好意干傻事，这几千万只过期口罩就是典型的例子。但背后的问题是，对于疫情、地震、海啸这样的"黑天鹅"事件，从供应链的角度，我们该怎么应对？新冠肺炎疫情期间一直有人在问我，这里就一并作答。

解决方案还是得回到供应链的三道防线上来：尽量做准预测，争取首发命中，这是第一道防线；预测不准的话就靠安全库存，这是第二道防线；安全库存不够了，就靠供应链执行，这是最后一道防线。显然，加拿大人足够聪明，知道自己没法预测这样的"黑天鹅"事件，那就用安全库存，即供应链的第二道防线来应对。问题是，安全库存是不是合适的应对方案？

答案是否定的。

让我们用统计学的思路来分析。如图3-2所示，假定事件发生的概率符合正态分布，如果单纯靠需求预测，我们能在50%的情况下完全满足需求，此时服务水平为50%；如果要提高服务水平，那就得加安全库存，比如放2个西格玛的安全库存，服务水平可提高到95%左右；如果要求更高的服务水平，需要的库存投入就非常大，投资回报急剧下降，所以就主要靠供应链执行。

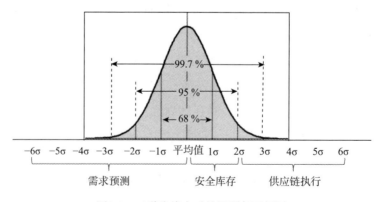

图3-2　三道防线应对的问题各不相同

---

① Allison Martell, Moira Warburton. Exclusive: Millions of Masks Stockpiled in Canada's Ontario expired before coronavirus hit [EB/OL]. (2021-05-18)[2020-03-09]. reuters.com.

在我的经历中，做得比较好的企业通过需求预测和安全库存，一般能够有计划地达到 95% 左右的服务水平，也就是 2 个西格玛的服务水平。顶级的企业能够达到 3 个西格玛上下，4 个西格玛是极限，也叫四西格玛墙，很难突破。一般的企业呢，大致只能在 1 个西格玛的水平徘徊（百分之八十几的服务水平）。

就新冠肺炎疫情这样的"黑天鹅"事件来说，发生的概率相当低，需求预测和安全库存显然不是最合适的应对方案——加拿大人备了那么多的口罩，最终成了笑柄，就是活生生的例子。安全库存的成本如此之高，连加拿大这样的有钱国家也对付不了：路透社报道，加拿大人把钱都花在买那些医疗用品上了，就再也没钱来管理这些库存了，比如把快过期的口罩让医院用掉，补充更新库存等。这不，最后那么多的口罩就只好过期了。

放到更大的供应链环境里，我们知道供应商可能会遭受地震、水灾，经历政治动乱，甚至库存被火烧了，但对这样的小概率事件，我们不能靠备份或者冗余（比如安全库存）来应对，因为那样做的话成本太高，我们早都破产了。㊀我们的解决方案是通过执行来弥补：对供应商重选择、重管理，选择最合适的供应商做生意，跟关键供应商建立长期关系，驱动它们快速响应来弥补计划的不足。也就是说，在选择供应商的时候，尽量选择能力强、管理水平高的企业，这样的企业抗风险能力也强，万一发生了小概率事件，也有能力更快地响应补救。

作为采购方，我们更要保持灵敏的嗅觉，善于从蛛丝马迹中发现问题，以便尽快采取行动。

让我们看个诺基亚和爱立信的例子。这两个企业都是曾经的手机巨头，都用飞利浦的芯片，而且这些芯片都来自飞利浦在美国新墨西哥州的工厂。那里的工厂突然着火了，火势虽然不大，而且很快就扑灭了，但对生产芯片的工艺还是造成了很大的影响。所不同的是，诺基亚一发现苗头，就立

㊀ 当然，如果要绝对安全，还是备大量的安全库存或者备份供应商为好。不过那样做的代价太高。这就如你买了辆车，不管质量多好，总会出点机械故障什么的，趴在路上动不了，那最安全的办法呢，就是再买一辆车备份，一旦有问题就换上。你不这么做，不是因为那不安全，而是因为成本太高。

即行动,让飞利浦把诺基亚的订单转到新加坡的工厂;爱立信呢,还是慢慢吞吞,一层一层地汇报,等终于回过神来,诺基亚早已把新加坡工厂的产能都占完了。芯片供应中断,爱立信没法导入新产品,这个事件成为爱立信退出手机行业的导火索。

就新冠肺炎这样的全球疫情来说,各国政府都有很多功课要做,一方面要以预防为主,另一方面要建立更好的应急机制,加强执行力度来应对。比如中国用10天的时间,就建成了方舱医院;美国启动"战时生产法"㊀,连通用汽车这样的老油条,都被驱动起来制造呼吸机。

此外,人们一看到"执行"二字,首先联想到的就是撒腿快跑。这是"做到"。没错,我们是要"做到",但不要忘了,要做到,还得先知道:如果你的眼睛是蒙着的,看不到海啸过来,不管你跑得多快,还是会被淹死。对供应链来说,这就要求**信息透明和对称**,一方面要借助信息技术来解决**手段**问题,让大家有能力分享信息;另一方面要消除组织壁垒和博弈,让大家有**意愿**分享信息。

当然有人会说,美国人民对疫情的发生一清二楚,可那些不怕死的人呢,还不是一样地在海滩上玩,在大街上串来串去,口罩都不戴?没错,但知道跟不知道还是有天壤之别的:即便知道了,傻人还是会继续做傻事,但如果不知道的话,聪明人也可能在做傻事。

催货是有学问的

> 没人喜欢催货,但催货是生活的一部分,区别是催多催少、怎么催。

没人喜欢催货,但催货是供应链执行中不可避免的一部分。极端情况是行业性短缺,比如关键元器件大面积短缺,上至老总,下至采购员,都在催货,连一些百亿级的大公司也不例外:它们的供应链老总经常不在,问干什么去了,答曰到供应商那里催货了。根据催货者的头衔,供应商决定分配产能,为了不输在"起跑线"上,那就派老总去催货。

㊀ 即美国的《国防生产法案》。

随便抓住一群供应链职业人，问催不催货，答案都是"催"；问花了多少时间催货，答案都是"很多"。那你们有没有催货流程？催货这么简单的事儿，还要有流程？是的，自上而下、从前到后，那么多的员工花了那么多的资源来催货，你当然得有催货流程。否则，就容易陷入混乱，在一团乱麻中浪费大量资源，就如图 3-4 中的情况。

图 3-3 中是一个真实的催货案例，每一条线都代表一封邮件，从客户服务到供应链再到生产车间，从质量到工艺再到产品管理，销售与客户管理自然也在其中，你能看得出有多少个邮件在飞！然后是一层层升级，从计划到执行，从基层到中层，从中层到高层，同样一件催货的事，你看有多少人在参与其中。这样的结果是，10% 的时间在干活，90% 的时间在写邮件、总结和汇报，资源的浪费、效率之低下就可想而知了。

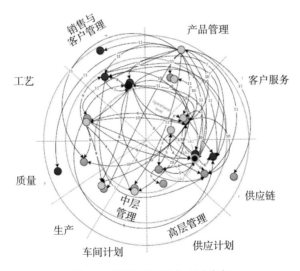

图 3-3　催货不能催成一团乱麻

资源来源：V Frumau.High Performing Supply Chains. High Tech Supply and Demand Summit, San Francisco, April 21st, 2016.

你当然不想跟上面的案例一样，混乱得跟没头苍蝇似的；你得正视催货，按照不同的紧急程度，设立相应的流程，尽量减少混乱，避免重复劳动，就如下面要讲的这个案例一样。

这是个大型跨国制造企业，每年销售额有几十亿美元，客户遍及全球各地，业务相当复杂，各种突发事件也很多。他们根据不同的紧急程度，由不同的人按照相应的流程来催货，如图 3-4 所示。

第一优先级：停机待料，十万火急。

这是优先级最高的催货，比如客户的生产线停机待料，或者即将停机待料，客户的损失或潜在损失重大，那就由计划部门的一个小组专门负责催货。该小组包括一位经理和几位全职员工，每周 7 天、每天 24 小时待命。一旦接到催货要求，就马上进行全球库存分析，征调相应的库存，以最快的空运方式发送给客户；如果全球各地都没有库存，那就到生产线上，从正在制造的产品上卸下需要的零部件；如果生产线上没有，那就驱动采购来向供应商催货。供应商接到催货指令，必须在规定的时间内确认交期。这是级别最高的催货流程，主要靠电话实时沟通，邮件辅助，并且有成套的申诉机制。比如生产线在规定时间内不响应，就申诉到生产经理、总监直至副总；采购员在规定时间内不回复，就申诉到采购经理、总监直至副总。

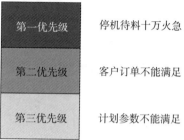

图 3-4　催货有不同的优先级

第二优先级：客户订单不能满足。

这适用于：客户的订单已经接到，并录入 ERP 系统了，但现有交期没法满足客户需求，不过客户还没有到停机待料的地步。此类催货一般由客户服务部门传入，计划部门设定另一个小组，专门负责全球物料的分配，并驱动供应链来尽快响应。这个小组和上面的停机待料小组一道，是计划团队的延伸。整个计划职能的目标是这样分解的：计划员通过设置合理的需求预测、安全库存，成功满足 95% 的需求；剩下的 5% 则由这两个催货小组通过执行来弥补。而这 5% 的需求中，大概有 0.5% 属于停机待料，由全天候执勤的急单小组负责；剩下的需求，由另一个小组按照正常催货流程来处理。

第三优先级：计划参数不能满足。

这适用于：供应没法满足需求预测、安全库存等计划参数，但还没有影响到实际的客户订单。这类催货由计划员主导，是计划员日常工作的一部分。供需不匹配，ERP 系统会自动产生催货指令，通过电子商务平台传递给供应商；如果供应商没法满足，就作为例外上了采购员的工作清单，会引起采购员的注意。需要注意的是，案例企业的计划员专注需求预测、安全库存的设置，着眼于几个星期外的需求，让采购和供应商能够满足总体计划，以预先解决 95% 的问题。停机待料、客户催料旨在解决今天和未来几天的问题，需要花费大量精力催货，计划员基本不介入。这样做的目的，就是避免计划员经常性地陷入执行模式，导致没有充分的时间来做计划。

上述三种情况优先级不同，催货的紧急程度不同，但在流程上有共性：

1. 清晰的**优先级**。一旦陷入短缺状态，每个人都认为自己的需求最紧急。定义了清晰的优先级，有利于降低执行过程中的沟通成本，减少由此产生的混乱。

2. **单一责任人**。从客服到计划再到采购，每个产品的催货在每个环节都有唯一的责任人，当问题在一线没法解决时，就申诉到管理层。

3. 清晰的**申诉路线**。催货是打破正常的流程，通过获取更高的关注来解决问题。一旦得不到需要的关注，就得通过组织措施——层层申诉来应对。

催货本身充满不确定性。案例企业划分优先级，针对不同优先级制定流程，这种做法的好处是**以简单对复杂**，通过结构化的流程给整个业务系统注入一定的确定性，避免习惯性地陷入混乱。

比如你不能让销售、客服和计划人员都催生产线，那样的话人人都说自己的需求急，生产线还不乱了套！你也不能让人人都能联系供应商，那同样会让供应商陷入无所适从的境地。同样，销售不能一催货就发邮件给负责采购的总监或副总——这些人位高权重，当然能够有效地驱动供应商，但他们不了解操作层面的细节，往往在解决了一些问题的同时，制造了更多的问题。而作为中高层管理人员，你也不能看到这些邮件就一头扎进去，做部下的部下的事，陷入执行模式，因为你还有更重要的全局性工作去做。

在一个良性运作的供应链环境里，催货是执行任务的一部分。就如上述案例企业，按照目标设计，95% 的需求由供应链的第一、第二道防线（需求预测、库存计划）满足，按部就班**由流程和系统驱动组织**（否则太乱）；

其余的5%由供应链的第三道防线（供应链执行，即催货加急）满足，**由组织驱动流程和系统**（否则太慢）。

但是，在那些恶性循环的企业，催货则更多的是源自计划不到位或者不作为，不可不察。特别是那些"执行导向"的企业，盛行"救火"文化，很容易沉浸在催货带来的成就感中，则要更加小心了。

小贴士　虽然抱怨，其实最喜欢的还是催货

催货最容易，而且掩盖了在核心职责上的不作为和没能力。

经常听有些供应链职业人在抱怨，说大半的时间都在催货，言下之意是恨死了催货。我这里想说的是，其实这些人最喜欢的就是催货，因为催货最容易——作为客户，你处于有利地位，要催总能催得动，而且供应商也早都被催成精了，习惯性地在交期中留有余地，就等着你催的时候给你。如果你是管理层的话，催货就更容易了：你位高权重，给供应商一个电话，鲜有供应商会放弃扮演"救火英雄"的机会。所以说，催货是最简单也是供应链最擅长的事。

人的天性是，不管是基层还是管理人员，都喜欢做自己最擅长的事。这就是为什么我们整天都在催货了，一边抱怨连连，一边乐此不疲。毕竟，沧海横流，方显英雄本色：催货带来的成就感，掩盖了我们在计划上不作为的负罪感，也给了我们在计划上不作为的借口。这话有点刻薄，所以得仔细解释解释。

让我举个不是催货，但性质很类似的例子来说明。我以前有个计划员，整天在抱怨，说数据处理害死人，占了他太多的资源。我很好奇，说公司有几十个计划员，怎么唯独你的数据处理工作就那么多？仔细探究，原来这老兄学的是计算机专业，对着电脑处理数据是他的专长，而跟内外部客户打交道是他最讨厌的，尽管那是计划员的核心职责。于是，他就揽下各种数据处理工作，不管是计划、客服还是仓储物流的。整天忙着处理数据，那花在需求管理、需求预测、库存计划上的时间就很少，计划员的本职工

作就做得很糟糕。

这位计划员三天两头抱怨：你没看我整天数据都处理不完，哪有时间做计划啊。言下之意是，没有时间做计划，计划工作当然做不好了。我起初愚昧了一把，以为他真的是没时间，就从解放资源着手，花了半年多的时间，每周一次会议，把那些杂七杂八的数据处理工作从他那一件件分离出来，转给合适的部门、合适的人做。这下时间是有了，但这位计划员的本职工作还是一塌糊涂，毫无起色。我这才意识到，这里的本质问题是能力，而非资源：他根本就没有能力做好计划员的本职工作，所以揽了些最擅长的数据处理工作，让自己忙着——他最"讨厌"的数据处理工作，其实是他的避风港，事情就是这么简单。

催货其实是一个理儿。人人都知道，大面积的催货背后往往是需求管理不到位。管理需求意味着要跟营销、研发等制定需求的职能打交道。这些职能是供应链的内部客户，一般都是胳膊粗、拳头大的主儿，很难对付，所以很多人不愿意去跟他们打交道，而把精力花费在催货执行上，让那些口头上最"讨厌"、实质上挺喜欢的事儿掩盖了他们在主业上的不作为。

还有就是系统、流程不完善，摁下葫芦起了瓢。在一个快速发展的企业，这种情况尤其明显：很多管理者都是"救火英雄"出身，因为"救火"容易冒尖，被提升到管理岗位，所以他们对优化流程、改善IT系统就不予重视。他们的老总把这归咎于"思维惯性非常强大"，其实根本原因还是能力不足：这些人成为管理者，更重要的是由于业务发展太快，水涨船高推上来的；他们的舒适区其实是"救火"，是执行，而不是管理层的核心任务——系统和流程建设。要知道，每个人在做的事其实都跟他自己的能力完全匹配。

实践者问

行业性产能不足，结果是长周期物料短缺，短周期物料却都到了。该来的不来，不该来的都来了，怎么办？

刘宝红答

行业性短缺总归要持续一段时间，系统地影响到众多企业。这时候，作为计划，一大准则是按照客观的执行能力来计划。也就是说，长周期物料的供货周期更长了，比如从13周延长到20周，那么我们的计划体系也要在交期上做相应的调整。这样的好处呢，就是避免短周期物料过早进来。如果我们在系统里维持13周的交期，那么MRP运转的时候会按照这个交期来驱动别的短周期物料，这意味着那些短周期物料会提前7周进来，从而造成部分物料过剩。

当然，这并不是说执行端就地等死，供应商报多久，就让计划按多久来计划。作为采购，我们要集中采购额，选好、管好供应商，以更有效地驱动供应商，尽量缩短交期和提高交付的稳定性，这就是下面要讲的。

从本质上看，催货其实是两个**承诺**的管理：(1) 得到承诺，(2) 兑现承诺，如图3-5所示。因为在供应链上，绝大多数增值活动发生在供应商处，所以我们就以供应商的执行为例。如果你问，得到供应商的承诺容易，还是让供应商兑现承诺容易？答复往往是都不容易，但兑现承诺更困难。那么，如何才能更容易地得到承诺，而且让供应商诺必信、言必行呢？你可以有各种各样的方法，但万变不离其宗，最根本的一条，就是把自己做成**大客户**。

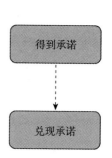

图3-5 催货是得到承诺、兑现承诺的过程

集中采购额，把自己做成大客户，提高自己的议价能力，就能驱动供应商快速响应。这道理简单，为什么就做不到呢？

把自己做成大客户，驱动供应商快速响应

一旦提到把自己做成"大客户"，人们的第一反应经常是，我们公司的规模不够大，怎样才能够做成大客户呢？等我做到苹果或者华为那么大时，我便是人人的大客户了。首先，苹果和华为还是嫌自己采购额不足；其次，你也变不成它们那么大——你会"死"在变大的路上。

你永远也不会大到足够大，就跟你永远也不会有钱到"有钱"的地步一样；作为供应链，你要做你能控制的，那就是集中采购额，整合供应商，把有限的钱花在有限的供应商，即增长型伙伴身上，把自己逐渐做成一个相对的大客户，增加自己的话语权以及对供应商的控制力度，如图3-6所示。

图 3-6 只跟有限的供应商做生意，把自己做成大客户

这道理好懂，那为什么那么多的企业没法集中采购额，整合供应商呢？根本原因是对**供应商的选择和管理能力不够**，要么没有选择到合适的供应商，要么选到了但没管好。但不管怎么样，结果都一样：现有的供应商解决不了问题，不管是质量、交期还是成本，最后不得不导入更多的供应商；同样因为对供应商的选择、管理能力不够，有了新供应商也会有同样的问题。于是，企业就陷入一直在找新供应商的怪圈：老供应商不行，就找新供应商；新供应商一旦成了老供应商，就又不行了，于是就再找更多的新供应商，如图3-7所示。

新供应商　　　　　　　　　　　　　　老供应商

资料来源：www.w3mirchi.com/.　　　　资料来源：https://fateclick.com.

图 3-7 新供应商做得到，变成老供应商后就做不到了，
反映了对供应商的选择和管理能力不足

想想看，每个新供应商之所以能够成为我们的供应商，都是因为其在

价格、交付和质量等方面承诺了我们老供应商做不到的。不过亲密的朋友关系没维持多久，新供应商一旦成了老供应商就又做不到了，双方很快就成了敌人，采购方又回到了寻找新供应商的路上。就这样，供应商的数量一直在增加，采购额越来越分散，企业对供应商的管控力度越来越差，供应链的响应能力也越来越差。

这里的根本问题有两个：其一，**选择时没选好**。比如新供应商以更优惠的价格为诱饵，以欺骗性的手段亏本进场，希望以后做更多的生意连本带利赚回来，但进来后发现没有更多的生意，也赚不到更多的钱，于是就开始破罐子破摔，新供应商变成了老供应商的样子。这是个**选择**问题——我们就根本不应该选这样的供应商进来。㊀其二，选择对了，但**有选择、没管理**，后续管理跟不上，供应商绩效一日不如一日，时间长了，新供应商就变得跟老供应商无异。这就好比你考上了大学，"刀枪入库，马放南山"，把高中那些书都给烧了，过三个月再让你考大学，你还能考得上？时间越长，考的分数越低。这是个**管理**问题。

那根本的解决方案呢，就是从组织、流程和系统出发，全面提高对供应商的选择和管理能力，对供应商有选择、有管理，如图3-8所示。也就是说，在**组织**层面，增强关键岗位，比如战略寻源，建立以"大采购"为核心的供应商管理组织，协调技术与质量职能，形成跨职能合力来制定供应商战略，选择和管理供应商。在**流程**层面，推动品类管理，评估供应商的整体能力，选择合适的供应商，只跟有限数量的优质供应商做生意，把供应商的"口子"收起来。㊁接下来要管好供应商的绩效，让供应商能够满足内部客户的正当需求，并把关键供应商跟公司集成起来，将其早期纳入新产品开发，把成本降下来，这样内部客户就没有必要把供应商的"口

㊀ 我经常问职业经理人，如果我们知道供应商在亏本进场的话，还要不要它们进来？总有些人会说，先把钱省下来再说。我会接着问，如果我说给我1000元，半年后连本带利还给你2000元，你信吗？答曰不信，说我在骗他。那好，我骗你，你不上当；供应商骗你，你就上当？要知道，卖的人总比买的人精。

㊁ 供应商能否"收口子"是企业管理能力的一大体现。选择和管理能力不到位，企业会一直在找新供应商，供应商的"口子"收不起来，采购额也就没法有效集中。

子"打开，找更多的供应商进来。在**系统**层面，构建公司范围的 ERP 系统和电子商务，以固化流程、支持组织的决策，并提供反馈数据，监控组织和流程使其正常运作。

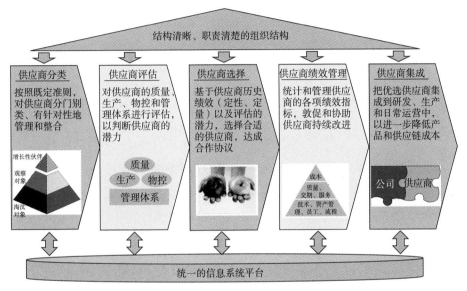

图 3-8　结构清晰、职责清楚、流程严谨的供应商管理体系

先说**组织**。如果你到一个企业，问哪些职能跟供应商打交道，大家首先想到的就是采购，因为供应商是采购的供应商。当然你没法忽视研发和质量，因为他们在技术、品质方面把关，在选择和管理供应商上发挥重要作用。也就是说，这三兄弟一起在选择和管理供应商。那他们三个的利益诉求是否相同？答案当然是否定的。比如采购认定供应商能够给 5 个点的年度降价，但是对方不愿给，于是就威胁供应商，说以后的业务就不麻烦您啦；研发做好了产品设计，要赶着打样验证，尽快出新品，于是一封邮件就发给老供应商，因为老供应商熟门熟路，做得自然快；质量一边看着，一边盘算，你们两个胳膊粗、拳头大的职能掰手腕，可不要指望牺牲我的质量标准。

三兄弟的利益诉求不同，就给了供应商可乘之机，从而各个击破。要知道，有些供应商难管理，一方面是因为它们本身胳膊粗、拳头大，是那种有能力但也有脾气的战略供应商；另一方面是因为采购、研发和质量没法达成共识，形成合力。形不成合力，就形不成供应商战略；没有战略，注定会为了短期利益牺牲长期利益，为了局部利益牺牲全局利益，结果是供应商管理一盘散沙，这直接决定了供应商选不好、管不好。

那谁来协调三大职能，形成合力？**采购**。原因呢，还是一句话：供应商是采购的供应商。这时候你就会考虑，如果采购人员平均只有一两年的工作经历，他们有没有能力站在研发、质量的面前侃侃而谈，就供应商的选择与管理达成共识？他们被工程师们"打翻"，那可是分秒的事。

这就是一个百亿级企业的现状：这个制造企业在10年间就做到了100亿元的规模，其中采购额是40亿元，但采购团队非常年轻，七十几个采购员，平均工龄2年多一点，自然摆不平南车、北车（后来合并为中车）这样的战略供应商。我跟他们的董事长说，这就是为什么你们砍价砍不下来，催货催不来，对于质量问题供应商也是有一搭无一搭的，不给解决。

董事长是个40岁还不到的年轻人，一下子就听懂了，转身跟他的采购总经理说，再雇10位采购经理来。10位采购经理，在四线、五线城市，每年的人力成本大概也就三四百万元，他们从那40亿元的采购额中"挤出一滴水"，就能为公司省下很多钱，还不包括供应商在质量、交期、服务等方面难以量化的改进！这就是**组织措施**的力量：供应商关系就如客户关系，非常复杂，要求有资质的人员来管理。

讲完了图3-9中最上面的组织，我们再说最下面的**系统**。系统指的就是信息系统。如果没有基本的信息系统，我们连给供应商花了多少钱都不知道，按时交货率、产品次品率这样的客观绩效都没法统计。与供应商相关的每一件事，都离不开信息系统的支持，这里就不予赘述。

我们接下来谈**流程**。这个五步流程看上去很复杂，其实就做两件事：前三步是把供应商**选好**，后两步是把供应商**管好**。选好、管好了，自然就不需要过多的供应商，采购额自然会集中；企业有了更大的杠杆效应，就更可能驱动供应商快速响应。

供应商分类是选择、管理流程的第一步。说是分类，其实包含分类、分级两个概念。分类是分门别类，比如芯片和包材是截然不同的两个门类，管理策略也不相同。分级是针对同一个门类的供应商（不同门类是没有可比性的），确定哪些是战略供应商，哪些是优选供应商，哪些是淘汰供应商，在管理方式上要区别对待。精细化管理是差异化管理，一刀切不是科学管理，注定管不细、管不好。

供应商分类后，你会发现要么供应商太多，要么供应商太少——能干活的太少，不能干活的太多。这时候就得真正评估供应商的好坏，把差的供应商整合掉，把好的供应商吸纳进来。这就是第二步：**供应商评估**。比如评估供应商的财务状况、质量体系、生产管理体系等，以及历史绩效，如果供应商已经在跟我们做生意的话。

评估完了就是**供应商选择**，即针对特定的门类，比如纸箱子、钣金件或元器件，选择合适的供应商做生意，确保以后的**新生意**都给这些供应商，集中采购额，逐渐把自己做成这些供应商的大客户。供应商选择的结果是建立**合格供应商清单**，即把供应商的"口子"收起来。这对整合供应商、集中采购额来说至关重要。供应商的"口子"能否收起来，也是一个企业供应商选择和管理能力的核心体现。

供应商的"口子"收起来了，内部客户（比如研发）喜欢还是不喜欢？他们喜欢，因为这降低了他们选择供应商的难度，比如以前供应商一大堆，要在 35 个里面选一个可不容易，现在在 5 个合格供应商里面选一个，就简单多了；他们不喜欢，因为这限制了他们的选择余地，尤其是"口子"里的供应商没法满足他们的合理、正当需求时，他们就想方设法把"口子"打开，选择第六、第七、第八个供应商进来。供应商的"口子"打开了，采购怎么办？"凉拌（办）"：每个采购都知道，跟工程师斗，被"拍死"是大概率事件，尤其是自己的供应商没法满足工程师的合理诉求时。

那怎么办？采购唯一能做的就是管好供应商绩效，确保"口子"里的供应商能够满足研发等内部客户的正当需求，这样内部客户就没有正当理由去打开"口子"。这就是**供应商绩效管理**，包括成本、交付、质量、服务、技术等一系列绩效指标。**一个企业有供应商绩效管理，供应商的绩效**

不一定好，但如果没有供应商绩效管理，供应商绩效注定不好。用西方管理常用的一句话就是：你统计什么，就得到什么；你想得到什么，就统计什么。这说的都是绩效管理的重要性。

供应商管理流程的最后一步是**供应商集成**，即把关键的供应商跟我们集成起来，在研发阶段合作设计，通过优化设计来增加可制造性，降低成本；在量产阶段建立 JIT、VMI，降低供应链的整体库存，并且提高交付绩效；在交易流程上采用电子商务，降低双方的交易成本。供应商集成是供应商管理的最高形式，是提高供应链的响应速度、降低供应链成本的关键举措。

组织、流程和系统措施到位了，企业的供应商选择与管理能力自然会提高；供应商选好了、管好了，供应商的数量自然就下降，采购额就集中，规模效益自然增加。更为关键的是，我们把自己做成了供应商的大客户，能够更加有效地驱动供应商快速响应，弥补计划的先天不足。

供应商与供应链只有一字之差，供应链上大致 70% 的增值活动是由供应商负责的，选好、管好供应商是供应链管理的核心竞争力。这里只是提纲挈领地谈一下，更多的细节可以参考我的畅销书《采购与供应链管理：一个实践者的角度》（第 3 版）第 192 ~ 430 页，本书不再赘述。

要不要给供应商提供预测

跟采购方一样，供应商的供应链也需要预测来驱动。供应商执行是否到位，很大程度上取决于需求预测的及时性和准确度。

预测从哪里来？从采购方来。但有些采购担心预测的准确度，不愿意给供应商提供需求预测。作为供应商，你的选择有两个：如果你"胳膊粗"，你就不见兔子不撒鹰——没有订单，就不建产能，不备库存；如果你"胳膊细"，那就只好自己承担预测的风险，自己"猜"个预测。

不见兔子不撒鹰，自然是害了需求方：需求落地时，供应商已经来不及响应了。供应商自己做预测呢，因为比采购方更加远离需求，数据和判断都没有采购方多，预测的准确度只能更低，不管是短缺还是过剩，影响到的是客户还是供应商，从供应链的角度来看都不是好事。

要知道，在供应链上，**谁处于最合适的位置做某件事，谁就应该去做**，否则注定是次优的解决方案。这是个基本准则。显然，采购方离需求更近，处于更合适的位置做预测。

在管理良好的公司，企业一般有滚动预测，定期发送给供应商，比如 13 周的预测准确度较高，指导未来 3 个月的交货；14 ~ 26 周的预测准确度较低，指导供应商做中长期产能规划。在管理粗放的企业，企业的需求预测能力薄弱，自己的生产都没有预测，供应商的就更不用提了。计划的先天不足只能靠执行来弥补，表现在生产线上就是加班加点，忙的时候忙死，闲的时候闲死；采购采取多点寻源，一个料号由多个供应商做，万一供应商 A 供不上货，有供应商 B 来备份。备份的结果呢，就是供应商的份额不断变化，增加了需求的不确定性，让供应商的产能、库存更难安排，尚且不说这样做增加了采购贪腐的风险。⊖

进一步讲，对于采购方需求很大、占供应商的产能比例较高的产品，没有一个供应商会有那么多的富余产能，来"准备"万一自己的竞争对手没法供货，好把它们的生意抢过来——因为产能利用率低，那样的供应商早就破产了。所以，在供应商的产能准备上，我们必须正视预测，督促、帮助供应商及早准备。

💡 案例　日本供应商供不了货

有个电商正处于快速发展阶段，但最近却遇到了麻烦：供应商产能不足，一个关键元器件供不了货，严重影响到该电商的业务。这个供应商是日本厂商，日本供应商一般比较保守，不见兔子不撒鹰。这不，需求落地了，兔子跳出草丛了，鹰却来不及升空了。

刚开始，该电商把问题归咎于单一供应商没法形成"充分竞争"，所以

⊖ 在有些企业，供应商的价格和目标份额由寻源人员决定，但具体订单的分配却由执行采购来决定，这给了负责订单处理的采购员相当大的权力，增加了权力寻租、采购贪腐的风险，比如他们会以供应商 A 没产能为借口，将订单给供应商 B，但供应商 A 究竟有没有产能，却是很难验证的。

日本供应商"有恃无恐"。作为应对措施，他们的本能反应就是再找个供应商，但他们却发现"天下乌鸦一般黑"，关键元器件供应商个个都差不多，属于所谓的"有能力但也有脾气"的战略供应商㊀：这货是专门给你备的，你要我确保供应，那好，你得给我提供预测啊。这预测就是业务承诺。

一朝遭蛇咬，十年怕井绳。为了防止断货，该电商就给新的供应商提供预测，就未来供货达成协议。而这些呢，正是当年他们不愿意为日本供应商做的。这有点像美国的 NBA：球队战绩太差，管理层不能接受，就拿主教练开刀，但解雇主教练后，再雇个新教练，成绩还是依旧，甚至更差，却没人再说什么了。

对这个电商来说，问题的实质是拿竞争代替管理，想借助"市场竞争"做空手套白狼的生意：我不给你提供预测，不履行我的管理责任，但我还是想拿到我要的货。大客户的习惯是凭着胳膊粗、拳头大，让供应商承担所有的风险，但对于战略供应商却不管用——它们的胳膊也很粗，你不能光靠市场竞争，那是市场行为，你还得采取管理措施，即管理行为。对企业来说，竞争优势没法通过市场行为获取，因为市场行为对大家来说都一样；差异化的优势要通过管理行为获取。为供应商提供中长期预测，帮助供应商管理产能，就是一个典型的管理措施。

在和供应商分享需求预测时，还有个问题就是采购能不能调整预测，比如加码或者打折。我们在前文已经说过，如果需求预测已经是"从数据开始，由判断结束"，整合了销售与运营端的最佳智慧，采购是不应该调整预测的：论数据，采购不比计划多；论判断，采购没有销售多，采购没法做出更准确的预测，反倒会导入更多的博弈，造成多重需求预测的问题。

供应商把预测给它的下级供应商时，也存在同样的信息扭曲问题。作为解决方案，有个全球制造商就把电子商务平台开放给下级供应商，下级供应商在平台上输入自己的料号，就能得到最终客户给一级供应商的预测。

㊀ 在这里，"战略供应商"定义为替代难度大、转换成本高的供应商。通俗地讲，供应商不跟你的公司做生意会有损失，但你的公司不跟供应商做生意就"死"了。更多战略供应商管理，请参见《采购与供应链管理：一个实践者的角度》(第 3 版)。

该公司是大型设备制造商,行业周期性异常明显。确保公司、供应商、供应商的供应商采用同样的预测,需求飙升时大家一起准备产能,需求下跌时大家一起控制库存,是供应链协同的关键。

这些措施都是为了增加信息的透明度。毕竟,出现"牛鞭效应"的根本原因是信息不对称:销售知道的计划不知道,计划知道的采购不知道,采购知道的供应商不知道。电子商务这样的信息平台呢,就是把各职能、供应商、供应商的供应商都纳入同一系统,信息对称了,预测失真就小,库存就少。这就是北美业界过去二三十年来常说的"拿信息换库存"。

看到这里,你就知道,在那些习惯性地采取**一品多点**的企业,为什么会屡屡抓瞎了。⊖ 这些企业为了导入更"充分"的竞争,把同一个料号分给多个供应商做。为了吊起供应商的"胃口",给它们的份额经常变动。你知道,这种情况下,供应商的需求就更不稳定,预测也就更难,导致诸多的产能、库存问题。这还没完,有的企业把这种做法延伸到二级供应商,导致问题更加复杂,需求更加难以预测。

比如有个互联网企业,新近进入电子硬件行业,为了"增加"对供应商的控制,就在一级、二级供应商层面都推行一品多点。结果呢,新产品导入时预测本身就很难做,现在又分割给多个一级、二级供应商,组合太多,管理难度大增。比如该产品的预测是100,由两个制造商(一级供应商)来制造,其中的关键零部件又有两个供应商(二级供应商)。每个一级供应商的份额可能是0~100%,每个二级供应商也是这样。四种组合下,不确定性就很大,二级供应商的业务量不但取决于采购方,而且也受一级供应商的影响,预测的变数太大,产能很难规划,也很难承诺最好的价格。这给采购方的新产品导入带来很大挑战,也给它们的成本控制带来很大麻烦,因为产品成本大部分来自下一级关键零部件供应商,而价格跟业务量又是挂钩的。

⊖ 一品多点的根本原因是对供应商的选择、管理能力不够,企业就走上了"多子多福"的路。在我的《采购与供应链管理:一个实践者的角度》(第3版)中有详细的阐述和解决方案。

计划可以调整，但得考虑供应链的刚性

所有的预测都是错的，一个好的需求预测需要定期调整，逐渐逼近。但这并不是说供应链可以无限响应：**供应链的柔性不是无限的**。当进入一定的时间窗口时，我们要控制对需求预测的调整，以保护供应链的效率。否则，会造成过高的运营成本和产能浪费：频繁地调整会打乱整体的生产、配送计划，让整体交付更加不可预计；越是不可预计，越需要人为干预，这就会陷入恶性循环，增加不确定性，最终会转化为成本和库存。

按照对物料采购和生产的影响，我们可以把计划的调整分为**自由期调整**、**半冻结期调整**和**冻结期调整**，如前文图1-62所示。对于不同的阶段，我们需要制定相应的规则来管理。

自由期一般是在供应链的响应周期以外，此时原材料还没订货，生产还没开始，需求变动的代价相对较低，数量、配置、日期都可以改变。说代价"较低"，是假定这些变化不会带来阶梯性的变化，比如新增设备、新建厂房等。这个阶段是"以销定产"，供应链的规则是**管理供应来满足需求**：卖面的不怕你吃八碗，想吃啥面就给做啥面，想吃多少就给做多少。

半冻结期一般是进入了供应链的响应周期，这时候长周期的物料已经订了货，但企业自己的制造一般还没有开始，或者进展有限。需求变动的代价较大，数量一般不能再调整，但配置、日期还可以变，如果供应链执行努力点的话。比如你原来要的是清炒豆角，晚点上；现在还可以改为红烧豆角，早点上。在这个阶段，我们要以**需求管理为主，辅以供应改善**——产销结合，尽量不要变，但如果变了，供应链还是会尽力来满足。

一旦进入**冻结期**，原材料已经到位，生产组装已经开始，变动的代价就很高。这时候，需求的数量固定，日期固定，配置也固定。我们要以**管理需求为主，以产定销**。这个时候，你点的红烧肉已经做得差不多了，要改成回锅肉的话就几无可能。对销售来说，重点要做的是管理客户需求：客官，我知道您想喝老白干，可我们手头只有烧刀子。它们99.9%都是水和酒精，都能喝醉人，那您就将就着点好不？要不给您便宜5分钱？

在有些企业，供应链职能处于弱势地位，其合理诉求往往得不到满足，比如半冻结期基本没有，冻结期越来越短，甚至干脆拿掉，以追求所谓的"无限柔性"。工艺革新、信息技术、外包等的确增加了供应链的柔性，但柔性总是有限的。作为弱势职能，供应链没有辩驳的权利，那就只好"死"给你看：加急赶工，建库存，建产能，不计工本的话，原子弹都能造出来。结果是生意做了，却没赚到钱；或者账面上赚了，都赚进库存了。

那解决方案是什么？不以规矩，不成方圆。**设置合理的半冻结期、冻结期，是综合成本更低的解决方案**。这对于长周期、多配置的产品更是如此。这两个阶段也提供了两个**决策点**：在自由期转入半冻结期时，要决定是否下订单买材料；在半冻结期转入冻结期时，要决定是否开工生产。围绕这两个决策点，销售也更加能够有的放矢地管理需求。

需要重述的是，冻结期并不意味着不能调整计划，而是调整以后，供应链执行可以不予响应。这点前文已经阐述过了。

在企业里，**冻结期、半冻结期取决于销售与供应链的力量对比**。当销售处于绝对优势时，就像当前的大多数本土企业一样，销售就把"以销定产"推到极点，有些企业甚至连第二天的计划都能调整。当供应链有一定发言权时，比如在有些跨国企业，就能在"以销定产"和"以产定销"之间取得更好的平衡，冻结期、半冻结期就是兼顾销售和供应链的产物。总的来说，**长期从以销定产开始，短期由以产定销结束**，是兼顾销售和供应链的诉求、总成本更低的解决方案（见图3-9）。

图3-9 从以销定产开始，由以产定销结束

实践者问

我们一开始设定了冻结期，限制调整的百分比，销售虽然提前报了需求，但货做好后不出货，导致爆仓，也导致供应商不信任所做的预测。而销售总有很多原因，说为什么预测没有做准。怎么办？

刘宝红答

这是冻结期过长时，销售采取的惯常举措。我们可以从几个方面来应对：其一，驱动"从数据开始，由判断结束"来提高预测的准确度，而不是简单地依赖销售提需求；其二，形成定期的滚动预测机制，尽早修正预测；其三，最终的库存责任，得由销售的老总来背。对于供应链来说，我们要反思冻结期是不是设得太长，导致销售端"铤而走险"。

到现在为止，我们谈了如何驱动供应链快速、有效地响应，以弥补计划的不足。这包括在**执行层面**，按照不同的优先级，制定清晰的催货流程；在**战略层面**，选好、管好供应商，集中采购额，把自己做成大客户，有效驱动供应商快速响应。这是供应链执行的一个侧面：执行弥补。

下面我们换个角度谈供应链执行，主要聚焦如何高效落实计划，驱动供应链及时响应。由于信息化水平低，很多企业依赖人工做应该由信息系统做的事，因此投入到需求预测、库存计划上的资源就有限；资源投入不足，计划就做不好，造成更多的执行问题，形成恶性循环。解决方案呢，得从信息系统上找。

人都在忙什么？在忙着做信息系统的事

有个企业是典型的销售提需求——销售兼职需求计划。几十个销售预测未来3个月的需求，每月更新一次，按照客户汇总，上传到ERP系统，驱动后端的供应链来执行。我去这个公司培训，负责公司最大客户的销售经理让帮忙看看这个客户的备货计划。当天培训结束后，我们就坐下来谈。起初想，他和他的团队应该问需求预测、安全库存方面的问题——这是供应链的前两道防线，也是计划工作的核心任务。谁知道打开 Excel 表后，所有的问题都归结到了执行操作上——在信息化水平高的公司由 ERP 做的那些事。

这位销售经理的客户采购成百上千个料号，有好几个工厂，料号跟工厂的组合就有几千个。他的销售团队用 Excel 表在每个工厂、每个料号层面做 3 个月的预测，然后把这些数字汇总，成为对客户的预测，工作量确实不小。然而麻烦还在后面：**逾期需求**的处理。预测偏高，但销售认为需求只是暂时偏低，后续需求会拔高，所以不愿把多余的需求预测删掉，就产生了逾期需求。比如 6 月的预测是 100 个，实际需求是 80 个，这多余的 20 个预测没有消耗掉，变成逾期需求，是继续挂在那里驱动供应，还是该砍掉？要挂的话该挂多久，要砍的话砍多少？

每个月，销售从 ERP 系统里拉出逾期需求，把那成百上千行逐行看过去，全部是手工处理：哪些要保留，保留多少；哪些要砍掉，砍掉多少。这账可不好算，工作量更是惊人。对于销售来说，他们最关注的是短缺；逾期需求是过剩，工作量又那么大，一忙就"忘了"。结果 ERP 系统里，有的需求都逾期半年了，还挂在那里，驱动的库存以千百万元计，成了过剩甚至风险库存。

那么，信息系统 ERP 究竟是怎么做这些事儿的？且听我细细道来。

超前和逾期消耗问题

在 ERP 里，比如 SAP，需求预测会按照日期录入，比如未来 13 周（一个季度），每周 100 个，连续录入 ERP。ERP 里的物料需求计划（MRP）就开始运转，产生毛需求，减掉在库库存、在途库存，就得到净需求。根据净需求量，ERP 系统自动生成请购单，然后根据系统设置，一旦进入生产、采购的提前期，要么由 ERP 自动处理，要么由物控、采购等手工操作转换成生产、采购订单，驱动供应链来执行。

那需求预测过高、过低怎么办？对此功能健全的 ERP 有办法自动处理。假定 6 月的预测是 100 个，实际需求是 80 个，这 20 个的逾期预测

ERP可以替你保留。保留期限可以设定，一旦超过保留期限，系统就自动删除逾期需求预测，同时提醒供应链来取消相应的供应。如果ERP跟电子商务系统对接的话，这些信息会传到电子商务平台，由其直接传递给供应商。如果供应已经无法取消了，那要让供应商停止进一步加工，以后即便要报废，也报废半成品，这样把企业的损失控制在最低。

那如果预测过低呢，比如预测是100个，实际需求是130个，这多出的30个又该怎么办？功能健全的ERP也可以自动处理：如果以前有逾期的需求预测，那就先消耗逾期需求，否则就提前消耗未来一段时间的预测（这叫"向前消耗"，系统可以设置，比如说未来3周）——这是告诉ERP，我们的需求只是提前了，但总需求没变，ERP会发出催货信号，让供应商提前送货。如果用完未来这一时段的预测还不够，那多余部分就形成多余需求，驱动ERP产生更多的订单，这对供应链来说就是紧急需求。

这有点抽象，举个例子。假定需求预测是10个/周，以前还有8个的逾期预测（预测过高，实际需求过低造成），现在突然来了个60个的大订单，而且现在就要货，ERP系统会这么应对：先消耗过去的8个逾期需求，剩余52个；这52个消耗了本周和未来3周的预测，就余下12个——ERP说，你不能过分"寅吃卯粮"，消耗未来的预测（假定向前消耗定义为3周），那这12个就成为多余的紧急需求，ERP会产生请购申请，驱动供应链来多生产12个。对于供应链来说，从ERP传递来的信号是这样的：赶快把未来3周预测的10个/周送来，现在就要；再额外提供12个，这是比原来预测多的部分，也是现在就要。

上面这套逻辑就是ERP里的向后消耗（backward consumption）、向前消耗（forward consumption），是动态匹配实际需求与需求预测，合理驱动供应的关键逻辑：预测一般是经过平均后传递给供应链的，好帮助供应链平滑产能，但实际需求时高时低，与预测不会一一匹配，部分原因是需求端的正常变动（提前或推后，但总量与预测一致），部分原因是预测失败（过多或者过少）。这套逻辑把一定范围内的不匹配，比如不超过3周的量，作为正常变动处理；超出部分就按照预测失败来对待，及时提醒供应链来应对，比如取消逾期需求（其实是降低预测），或者产生额外的需求信号，以获取更多供应（其实是增加预测）。

看到这里，有些人注定是云里雾里的。原因很简单：他们公司的ERP没有这些功能，或者有但没有用。这套逻辑很强大，也较复杂，专业的计划人员也往往搞不懂，那些兼职做计划的销售就更不用说了：面对成千上万的料号，要用Excel把这些算清楚，可不是件容易的事，算错的概率有多高可想而知。结果呢，损失的都是白花花的银子——算多了是库存积压，算少了是营收损失，都是钱；一旦算少，造成短缺，解决方案一般是更保守，多压库存，最终以过剩结束，还是钱。

说完了需求预测，让我们再来看**安全库存**。

安全库存的手工管理

在ERP里，安全库存是需求的一类，以备不测。一旦安全库存被消耗，MRP运转后，就会提出相应的需求，并提醒供应链来响应满足。在上面的案例企业中，安全库存也由销售设置，而且同样是设置在Excel表中，比如设1个月的需求，在实施上只是驱动1个月的多余供应。销售每个月在做计划时，花很多时间在计算上：上个月的安全库存是否用完了？这个月预测下降了，安全库存也得调低，给供应商的订单得调整多少？料号数以千百计，复杂度可想而知，这账就很难算清。为了安全，那就宁多勿缺，多放库存得了。

理论上，安全库存是随用随订。在信息化程度高的企业，ERP可以实时监控库存变化，及时提出补货申请；在信息化程度低的企业，比如这里的案例企业，就需人工补货，每个月订一次安全库存的料。也就是说，从安全库存用掉到订货，平均延误是半个月。⊖这是个很大的**时效性**问题。这意味着，虽说是1个月的安全库存，其实功效只相当于半个月的。如果你真的需要1个月的量作为安全库存，那就得有更多的安全库存来应对。这么复杂的账，销售当然搞不清，但凭经验知道得多放；多放多少，他们自

⊖ 最糟糕的是今天订货，明天手头安全库存就用掉，要30天后才补订货；最理想的是下次订货的前一天，安全库存用掉，延误只有1天。两者平均下来是半个月的延误。

然算不清，那就保守点，宁多勿缺，最后还是牺牲库存。

你看，安全库存和需求预测的调整放在一起，来回折腾，案例企业的销售就花了无穷无尽的时间来应对。销售的大多时间都花在做 ERP 的活上了，折腾最多的也是那一张张的 Excel 表，你让他们不谈补货谈什么？销售整天忙着补货，需求预测和库存计划还有时间做好吗？**销售做计划，错误的人在做错误的事；销售做 ERP 的活儿，错误的人以错误的方式做错误的事**。这真是盲人骑瞎马，夜半临深池，你知道，最后都是以库存为代价的。

从库存控制的角度看，在信息化水平低、手工做计划、手工补货的企业，从需求产生到将需求信号（比如订单）传递给供应链，动辄就是 1 周甚至 1 个月的延迟（比如每周或每月订货），显著增加了周转周期，也增加了相应的周转库存。

就拿案例企业来说，假定每年的销货成本为 12 亿元，这意味着 1 周的库存就是 2300 万元左右（12 亿元 ÷52 周）。假定该企业的库存成本为 20%，那么多放 1 周的库存意味着每年多 460 万元的库存成本。这库存成本很难从账面上直接看出来，但的的确确存在，因为库存积压资金，需要支付银行贷款利息；库存放着就折损，特别是超过一定期限的，呆滞风险就更高——案例企业的仓库里就有千百万元的呆滞库存找不着出路。假定这个企业年营收为十几亿元，460 万元意味着把净利润降低 0.3 个百分点左右。这对只有几个点净利润的大多数行业来说，可不是个小数字。

采购订单的手工处理

上面谈的是需求预测、库存计划和补货，主要是需求端的，还没有谈到真正的供应端执行，比如采购订单管理。没有电子商务，采购订单的操作依赖人工处理，效率低，透明度差，信息不及时、不准确，增加了运营层面的不确定性，整个运营层面就不得不投入更多的人力来管理，导致高昂的运营成本。

在很多企业，采购订单手工生成，要么通过发送邮件，要么传真给供应商。如果没有电子商务，每天成百上千的订单，可以想象需要多少人力资源。这么多的订单，全靠手工操作，对大多数公司来说，要做到闭环管理几无可能。这意味着订单发出去了，做不到逐行确认供应商的交期。即便一次性确认了，需求日期一变，MRP 重新运行，也需要重新确认。没有电子商务的支持，我还没有见过哪一个公司能够一遍又一遍地手工做到。

结果呢，**需求是确定的，比如客户的订单有明确的需求日期，但供应是未知的，口子是开着的**。对销售而言，客户订单接进来后，整个供应链就如黑洞，充满了不确定性，除了祈祷，不得不花更多的精力来管理。

在我做过的公司调研中，销售对供应链的一大期望是**有透明度、可视化**，以增加交付的可预见性。而这正是很多企业欠缺的，比如客户的订单接进来，不知道履行到哪一步了，也不知道原来承诺的交货日期是否可靠，直到过了交货日期，客户打电话投诉，才知道迟到了，但已经来不及了。新的交货日期即便得到了供应链的承诺，还是面临同样的问题。一个根本原因呢，就是信息化水平低，没法在订单层面有效集成供应链的各个环节。

在 2017 年的新年致辞中，华为轮值 CEO 徐直军说，"（华为）经过多年的努力，交付流程基本贯通"。⊖而在这交付流程中，一项重要任务就是通过**信息系统**，集成订单交付流程的各个环节，增加交付的可预见性——光靠人是不可能集成的。看得出，信息化是一项多么艰巨的任务。

信息系统的改进是个长周期任务，你今年忙的跟三年后要忙的不会有本质区别，比如主数据的维护、库存的账实相符、系统和组织两层皮等问题，都需要长期的投入和坚持。对于快速发展的企业来说，系统建设也经常因此而滞后，企业习惯性地用组织措施来弥补系统的不足。用一家电商平台的话讲，就是系统不行小二上：信息系统不行了，那就让小伙子来手工对付，人手不够的话，就只能雇了。企业规模小的时候，八成也只能这么做了，但企业规模一大，这就成了大问题。

作为管理者，我们的一大任务就是推动信息系统建设，典型的重要但

⊖ 《聚焦为客户创造价值，实现有质量的增长》，华为轮值 CEO 徐直军的 2017 年新年献词，http://www.huawei.com/cn/executives/board-of-directors/xu-zhijun。

不紧急的任务避免一拖再拖，否则差距越来越大。

[实践者问]

部门员工和关联业务部门的同事之间，如何才能保持实时同频？

[刘宝红答]

人们希望"实时同频"，往往是因为处于救火状态，而救火呢，则更多是计划和需求管理不到位的结果。这些年来，我发现计划越是薄弱，企业对执行的速度、能力要求就越高，对信息的实时性、各部门的同频要求也越高。这些可以从信息系统的角度来改善，但根本上还得从计划上来解决：提高预测的准确度，建立合适的安全库存，从而降低对执行实时性的依赖。

ERP：信息系统的核心应用

供应链的能力体现在三个方面：**组织、流程和系统**，如图 3-10 所示。**组织**是找到合适的人，并且给他们合适的激励机制。**流程**是告诉这些人事儿怎么做，谁先做，谁后做，谁做，谁不做。**系统**就是信息系统，常见的如 ERP 和电子商务系统，作用有三个：其一是给组织提供工具，其二是固化基本流程，其三是提供反馈信息，以判断组织和流程是否执行到位。看得出，信息系统在供应链管理上扮演着关键角色，是供应链能力的关键一环。

这里我们从供应链计划的角度出发阐述信息系统，主要是 ERP 系统，能够为我们提供帮助的三大领域：（1）物料需求计划（MRP），把需求预测和库存计划转化成执行指令；（2）可承诺逻辑（ATP），根据供应能力层层承诺，匹配需求和供应；（3）信息的集中载体，围绕信息系统来集成各职能。

图 3-10 从组织、流程和系统上改进计划能力

物料需求计划

物料需求计划（MRP）是 ERP 的一个基本功能。简单地说，MRP 把需求预测、库存计划、客户订单等转化成需求，扣除在库、在途库存，计算出净需求，生成采购订单、生产工单、调货单等，驱动供应链来响应。

让我们以供应商的采购订单为例来说。

如图 3-11 所示，假定供应商的采购提前期是 6 周，MRP 运行后，进入提前期（6 周）的需求预测都转化成请购单；根据系统设置，这些请购单要么手工要么自动转换成采购订单，通过电子商务或人工方式发送给供应商，驱动供应商分批次、按时按量交货。对于超出 6 周的预测，MRP 会自动生成请购单，但在进入提前期前，请购单不会转换成采购订单，只是作为给供应商的预测，指导供应商进行产能准备。安全库存也类似，一旦库存低于安全库存水位，ERP 会自动生成请购单，然后转换成采购订单，驱动供应链来执行。

客户订单的逻辑也类似。客户订单录入 ERP 了，如果有在库或在途库存，系统就直接承诺给客户；如果没有，MRP 会逐层打开订单的物料清单，对里面的组件做同样的分析，直到最底层的零件，有库存就用，没库存就产生请购单，驱动供应链来满足需求。对于复杂的产品，物料清单动辄有几十几百甚至上千个料号，从产品到组件再到最底层的零件动辄成 10 层，层层分解，判断在库、在途库存，工作量惊人。遗憾的是，很多企业的ERP里，MRP没法运行（后面会阐述为什么），这些工作都得手工来操作，导致大量的人力资源花费在这类低附加值的任务上，而且准确度低，造成诸多库存问题。

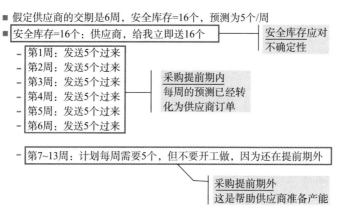

图 3-11　MRP 把需求预测和安全库存转换为订单

MRP 是 ERP 信息系统的最基本功能。企业花费几百几千万元上 ERP，一大目的就是让 MRP 能够跑起来，通过自动化来解放员工，以便他们把更多的精力投入到回报更高的事上，而不是做机械的执行。制造业如此，零售、贸易、电子商务等非制造业也是如此。能否跑 MRP，也成为 ERP 成功实施的两大试金石之一（另一个是能否生成财务报表）。 ⊖

对于财务报表，高层管理一般比较重视，ERP 实施往往能够实现。即使实现不了动态准确，也可按月、按季更新，在特定的时间点实现静态准确，提供月度、季度、年度的财务报表。 ⊜ 但对于 MRP，很多企业的 ERP 都上线多年了，还在 Excel 上跑 MRP。不光是中国本土企业，全球知名企业在中国的分部也是如此；不光是中小企业，也包括那些百亿级的大企业；生产企业如此，非生产企业也是如此。

这是个非常大的问题，但由于影响的主要是运营层面而非财务结果，

⊖　ERP 实施成功有两大标志：第一，配置合理，主数据准确，能够跑 MRP；第二，库存数据准确，能够汇总成财务报表。
⊜　赵玲女士语。

因此往往引不起老总和高层的重视——他们在公司粗放经营、信息化程度很低的时代早已习惯了，运营人员整天忙，具体忙什么不知道，但肯定是些非做不可的事，价值不一定大，却是企业运营的"必要之恶"。对于财务报表，老总们熟悉，所以驱动公司的各个层面来支持；对于 MRP，大多数老总不熟悉，自然不会花大精力来推动。

其实让 MRP 跑起来，难度远高于每月、每季的财务报表，因为后者可以每月、每季以"搞运动"的方式做准几个时间点的数据，而前者则需要时时刻刻的数据准确。⊖这背后是账实相符，也是产品流、信息流和资金流的协同，像华为这样的公司，也是直到 2016 年才实现了"账实相符"，挑战之大，可想而知。⊜

MRP 跑不起来，员工就继续干信息系统应该做的事：**系统能力不足，组织能力来弥补**。苦了那么多的运营人员，从前端的销售到后端的采购，都在忙执行层面的事，真正投入到决策层面的资源少得可怜。或许这也解释了，为什么企业的人数动辄成千上万，但到了具体的职能、真正需要人做的事上，反倒总是人手不足。企业管理越粗放，这种情况越明显。

小贴士　为什么 MRP 跑不起来⊜

在实施了 ERP 的企业，能真正跑 MRP 的凤毛麟角。也就是说，生产和采购计划还在 Excel 中做。有些企业即使启用了 MRP 模块，可还是在手工录入生产计划，而 ERP 能做的呢，只是自动生成采购计划，充其量是个订单管理和进出存系统，发挥执行记录的功能而已。

2017 年 10 月，我们对"供应链管理专栏"微信公众号的读者进行调查，发现在填写问卷的 35 个公司中，能够自动跑 MRP 的只有六分之一，

⊖ 赵玲女士语。
⊜ 《聚焦为客户创造价值，实现有质量的增长》，华为轮值 CEO 徐直军的 2017 年新年献词，http://www.huawei.com/cn/executives/board-of-directors/xu-zhijun。
⊜ 这里有赵玲女士的很多经验之谈，特别是主数据不准部分。赵玲女士在 SAP 等 ERP 软件公司从业多年，作为本土企业信息化进程的亲历者，熟悉 ERP 系统实施过程中的种种挑战和解决方案。

半自动半人工的占三分之一，一半的企业是手工跑 MRP，如图 3-12 所示。填写问卷的公司规模从 1 亿元左右的中小企业，到几十亿美元的大型外资企业，以制造业为主。这是个简单的问答式的问卷调查，目的不是从统计学的角度得到结论，而是大致了解一下企业的现状，为以后做详细的调查做铺垫。

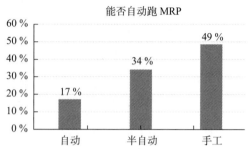

图 3-12　大部分的企业没法自动运行 MRP

MRP 跑不起来，有些公司就习惯性地让系统背锅：ERP 的功能不行。对那些以进出存为主的小 ERP 来说，这或许有道理，但对 SAP、Oracle 那样功能齐全的大型 ERP 来说，这显然不适用。我们这里想说的是，MRP 跑不起来，表面上是个系统功能问题，背后有深刻的数据、流程和管理问题。

问题之一：物料清单不准。

物料清单（BOM）是 MRP 运作的基础：需求录入了 ERP 系统，系统打开 BOM，一层层判断有没有库存，没有的话驱动供应链来生产、采购。所以说，MRP 能否运行，直接取决于 BOM 的准确与否。

在企业里，BOM 早已不只是个物料清单的概念，而是一个跨领域、跨专业的管理体系，是制造业信息化系统中核心的基础数据。它持续整个产品生命周期，涉及了几乎所有的职能部门，贯穿销售、研发、工艺、计划、制造、采购、仓储、物流、财务、售后等整个供应链，是将这些环节联系在一起的纽带。对于 BOM 来说，唯一不变的就是变化。在纷繁复杂的变化中，BOM 的准确度很难维持。

常见的 BOM 数据错误有：（1）零件属性，比如图纸号、图纸版本、单位等标识错误；（2）零件数量，比如 BOM 中的一级零部件、下级零部件数量错误；（3）配置问题，比如市场配置表、工程配置、生产配置三者不符；（4）采购状态，比如因货源引起的 BOM 数据错误；（5）工位错误，比如系统工位与实际组装不符等。这只是众多 BOM 错误中的几种，详细信息可以参考《如何提升 BOM 的准确率》①一文，那里有个冗长的清单，让人不由得感慨"凡是有可能发生的问题，都会发生"在 BOM 上。

更糟糕的问题呢，就是根本没有 BOM，或者 BOM 在一堆一堆的 Excel 表中。这在信息化程度低的企业很常见，因为那就是它们传统的操作方式。或者说，有了信息系统，BOM 也放进去了，BOM 不准确的问题也发现了，但很难在 ERP 系统里修改，比如 BOM 的变更要遵循变更流程，公司越大，这些流程就越复杂、越慢，客观上导致员工在系统外操作，结果是 BOM 的"账实不符"。

要解决 BOM 的准确度问题，就离不开研发人员。在任何公司，研发都是最忙的一帮人，虽然是 BOM 的主要责任人，但他们以开发新产品为主，能有多少时间来维护 BOM 呢？况且，那么多的产品，那么多的 BOM，投入资源把一些做准了，另一些没有，那还是不行啊。这就陷入没有能力全部解决，但部分解决又没法解决问题的窘境。

于是，日积月累，BOM 就越来越不可信，最后就变成谁也没法对付的大问题。BOM 不可靠，就如同地基不坚实，作为建在上面的房子，MRP 自然是没法运作了。

问题之二：**主数据不准**。

MRP 逻辑的运作离不开主数据，比如提前期、最小起订量、默认供应商等。在管理粗放的企业，主数据一般都很不完整。一个原因是没有专职的计划：本土企业中，相当一部分企业还处在计划职能的萌芽状态，主要依靠执行部门之间的灵活配合；计划和执行不分离，规范主数据的内在需求就不强烈。比如生产主管做生产计划，他熟悉产线的每一道工序，每道工序需要多少人力，以及相应的工艺参数，都在他的脑子里。你说他会给自己找麻烦，花费大量精力，把这些主数据固化在系统里，并定期维护吗？

主数据很不完整、不准确，很多企业就是在这样的基础上，跨越式进入信息化时代，希望通过 ERP 实施，倒逼流程和管理，同时解决数据的问

---

① 《如何提升 BOM 的准确率》，李茂、缪瑞清、刘丽等，微信公众号"JitLogistics"，2017 年 8 月 15 日。

题，但往往事倍功半。

常见的场景是，顾问在实施 ERP 系统，把所有的产品都导入系统后，就要用户部门提供相应的生产工艺参数、提前期、工艺路线、产能数据，以及单位成本等。企业突然发现，因为历来都是人工排产，执行者兼职计划，这些主数据很多还没有正式计算过。于是就恶补，那么多的数据，在很短时间里整出来，准确度肯定不高，导致 MRP 生成的计划无法执行。这是真正考验倒逼的时刻了，但只有极个别的企业会持续和主数据搏斗，一个一个地纠正，那是条人迹罕至的路，需要长年累月的坚持；大部分企业呢，则拣了条阻力小的路，让系统和顾问背黑锅了事——ERP 系统不会争辩，实施顾问拿钱走人，主数据的差距就一直没法消除。

这说的是生产主数据。因为牵扯众多的内部职能，很难搞定，很多企业就继续沿用老做法，在 Excel 中做生产计划。采购主数据主要跟供应商相关，相对比较容易对付，那至少还可以让 MRP 来跑采购计划吧。是的，有些企业自己内部搞不定，但还是搞定了供应商，所以手工做好生产计划后，导入到 ERP 里，好歹把采购计划通过 MRP 跑起来了。但对相当多的企业来说，供应商相关的主数据也搞不定，因为：供应商在不停地换；物料的提前期、采购批量和包装规格等参数也一直在变；主数据的管理职责不明，这些主数据的更新也很不及时。

就算有一天，供应商终于固定下来了，但主数据还是困难重重。就拿采购提前期来说，你不能简单地通过历史订单来确定，因为有些订单是早早发出，但要求供应商迟迟发货；或者是一揽子订单，同一日期发出，但多批次收货，这都导致实际的订单发送日期、交付日期不准确，基于两者计算的采购提前期自然不可靠。那就只好要求供应商提供，结果供应商发来一个很长的提前期，并告知，实际上不会这么长，但合同上必须这么写。背后的原因呢，就是："小采购"们一直关注的是价格、质量、退货等所谓的"关键"采购指标，对提前期、按时交付等服务指标就从来没有认真约定过；现在生意做了多时后，要供应商确认提前期，供应商就非常警惕，就报个大数字来保护自己。采购呢，也就睁一只眼闭一只眼，毕竟，供应商的绩效就是采购的绩效。

不管是生产还是采购，主数据不准的原因多样，但结果都一样：主数据不准确，MRP 的结果就不可靠；结果没人信，MRP 就自然没法跑了。

问题之三：**库存账实不符**。

跑 MRP 的时候，系统需要扣减在库和在途库存来计算净需求。库存账实不符，直接决定 MRP 没法运行。

入库的时候扫描的是产品 A，搬进来的却是产品 B；盘点时清点的是产品 A，扫描的却是产品 B 的条码；发货的时候本来该发 A，结果发的是 B，这些都造成账实不符。产线返还多余的料，工程师退还没用掉的产品，东西入库了，账没记，账实也会不符。包装本来是 12 瓶一箱，账也是这么记的，用的时候却拆开按瓶发货，如果瓶与箱的单位都用，记账的时候把一箱记成一瓶，或者相反，都会导致账实不符。

有个美国人写了一本书，约 350 页，讲的就一件事：库存的准确度。㊀读那本书，你会发现造成库存账实不符的因素实在太多了——凡是可能发生的都会发生，但归根到底却离不开精细化操作，是企业整体运营水平的重要体现。我在评判一个企业的运营水平的时候，一般会问两个问题，其中一个就是库存是否账实相符（另一个是系统能否跑 MRP）：账实相符，并不一定代表运营水平高，但运营水平低的话，账实一定不相符。

正因为诱因众多，要解决账实不符非常不容易。每每有人问我，账实不符该怎么办，我都觉得很绝望：他们问我，是希望我能有点石成金的点子，但遗憾的是，在我看来，账实相符没有捷径可走，除非我们把每一件该做的事都做到位。这需要组织、流程和信息系统来支持，但更需要的是决心和纪律。

我的老东家有位运营经理，他的一部分工作就是确保库存的准确性，扮演的是"黑面包公"的角色：这老兄是个好人，很好的人，但如果谁领了料而没有做账，那就让他吃不了兜着走。人们往往以太急为借口，说没时间做账。不过想想看，你在迫切需要产品的时候，都不愿意花两分钟记

㊀ David J Piasecki. Inventory Accuracy: People, Processes & Technology [M]. Ops Publishing, 2003.

账,那等你的需求满足后,还会有多少动力来补记?

托尔斯泰说过,幸福的家庭都是相似的,不幸的家庭各有各的不幸。跑得起 MRP 的企业都差不多,跑不起 MRP 的原因各种各样,这里提到的只是冰山一角。每一个原因,一旦罐子揭开了,里面注定满是蛆虫。运营越是粗放的企业,操作越是"灵活",也越不遵守基本规则,各种例外就越多,远非结构化的 MRP 能对付得了。这不,千百万元投资的 ERP 系统自然就败下阵来,成了摆设。

可承诺逻辑

如果说 MRP 主要是处理**需求**的话,可承诺逻辑(available to promise, ATP)则是聚焦**供应**。当然,在 ERP 系统里,这两个逻辑结伴而行,完成需求与供应的匹配。这里分开讲,主要是防止混淆两者的细节。

简单地讲,ATP 是针对具体的需求,由 ERP 通过计算,来承诺供应的数量和日期。比如客户订单来了,需求产生了,如果手头有库存,那 ATP 的承诺是现在就有货,现在就可发货;如果没有,那就需要造一个,要 3 周时间,因为其中一个零件没库存,需要 2 周来买该零件,生产线上再花 1 周来组装,3 周后,我们的产品会准备好了,发送给客户。

这是简单、直观的 ATP。更复杂的呢,比如需求产生了,我们手头没有库存,但是已经有在途库存(要么是车间的在制库存,要么是供应商的在途订单,要么是从别的地方调拨的库存),ATP 会根据在途库存预计到达的日期,计算出最终的交期,从而给出承诺。因为供应可能是分批到达,所以我们的最终承诺也可能是多次的,比如 5 月 20 日给客户 10 个,5 月 27 日给 8 个,6 月 5 日再供应最后的 13 个。

客服人员把上述日期承诺给客户,客户说,6 月 5 日的那 13 个太迟了,能不能提到 5 月 27 日?客服就联系计划,计划联系采购,采购联系供应商,逐层倒逼,改善相应环节的交期,并在 ERP 系统里更新,然后再运行 ATP,算出新的承诺日期,报给客户。过了几天,客户来电话了,说实在抱歉,5 月 27 日也赶不及了,能否都提到 5 月 20 日?于是,从客服到计划到采购再到供应商，整个供应链上又是层层要约、层层承诺，每个环节的日期都更新到 ERP 中，再度运行 ATP，给出最终的承诺。

看得出，BOM 里面那么多的料，采购、生产、配送那么多的环节，这背后的计算量大得惊人，没有 ERP 信息系统的帮助，人工是不可能有效完成的。供应网络越复杂，工作量越大，信息系统就越不可替代。比如你是个手机制造商，在全球各个地区销售手机，现在印度尼西亚的客户有需求，你的默认供货点是雅加达的仓库，但雅加达仓库没货，你是从新加坡，还是马来西亚吉隆坡的仓库调货？假定是新加坡，如果新加坡的仓库货不够怎么办？下一步是到中国深圳的总库，还是到印度新德里的工厂？

这背后有很多因素要考虑，包括距离、运费、进出口、财务结算等。比如北美有个制造商，在中国有四个大仓库，一旦一个仓库缺货，鉴于进出口方面的限制，不能从其余的三个调货，就只能到日本、新加坡等地调货。这些都可以通盘考虑，设计进 ATP 中（有些 ERP 需要二次开发），由 ERP 系统来自动生成调运单，驱动供应链来执行。

随着供应网络的全国、全球化，ATP 越来越复杂，越来越难以由人来替代。

有个公司这几年快速发展，业务由原来的长三角扩展到珠三角、四川盆地和华北，仓库也从原来上海的一个变成深圳、成都、北京等七八个，供应商也从原来长三角为主，发展到全国各地。客户全国化，供应全国化，供应商全国化，整个复杂度大增，计划人员花费大量的时间来匹配需求和供应。比如山东的客户要买副手套，是上海的仓库发过去，还是北京的仓库供应？是向华东的供应商，还是华南的供应商采购？一个产品、一个客户、两个仓库没什么，七八千个产品、千百个客户、十几个仓库就很难对付。这就是为什么我们需要信息系统来帮忙。

在功能健全的 ERP 系统里，这些都是 ATP 的一部分，可以在系统里设置。在这个公司，这些是由计划员人工确定的。问他们的决策准则是什么？计划员们也说不出来个所以然。显然，他们是凭经验。几百个客户，几千个常用料号，几十上百个供应商，谁的经验都没法全面覆盖这么复杂的情况，遑论新来的计划员，连公司的仓储和供应商网络都不熟悉，那就只有从试错中学习了，试错成本之高昂，就可想而知。

ATP 是一个企业 ERP 系统里最为复杂的逻辑之一（并不是难，是复杂），在主数据和订单层面有很多维护工作。比如一个新的客户添加到 ERP 里了，我们就得在 ATP 里定义默认的发货点（仓库），以及第一、第二、第三备份发货点等；一个新的仓储或生产设施产生了，我们也要定义它们与现有设施的支持关系，从一个设施到另一个设施需要多长时间等；一个新的料号产生了，我们要定义在哪些仓库采购，主要供应商、次要供应商是谁，采购提前期是多少等。这都是主数据的维护，一次性输入后，需要定期维护。订单层面的数据就更多了：成千上万的订单，遍布整个供应网络的各个节点，数量、日期的维护工作量惊人，没有信息系统和电子商务的支持，没有人能够对付得了。

随着业务的全国化、全球化，企业的 ATP 就更加重要，成为企业交付能力的基础构成。可以说，在很大程度上，企业的交付流程是固化在 ATP 里的。在 2017 年的新年致辞中，华为轮值 CEO 徐直军说，"（华为）经过多年的努力，交付流程基本贯通"。㊀ 而这交付流程的背后，就是基于 ATP，集成供应网络的各个节点，从供应商到工厂到仓库再到分库，给客户可靠的承诺，而且兑现。

ATP 设计不优化，就注定：要么牺牲成本，要么牺牲速度。主数据准确度低，订单层面数据不能及时更新，给客户的承诺就不够准确，自然就谈不上准时履约了。

要知道，客户抱怨我们的交付主要有两点，一是交期太长，二是交期不准，整个交付过程充满不确定性（见图 3-13）。就如一位市场经理抱怨自己的供应链：接单后，无法回复客户交期，交期确认周期长；计划不准，往往承诺客户的交期达不成；交付异常情况无法提前预知，往往是临近出货才被通知无法交货；订单下达后，到底生产到什么程度了一无所知；作

㊀ 《聚焦为客户创造价值，实现有质量的增长》，华为轮值 CEO 徐直军的 2017 年新年献词，http://www.huawei.com/cn/executives/board-of-directors/xu-zhijun。

为市场端，不清楚为什么没有达成计划。

图 3-13　客户对交付不满意，一是交期长，二是交期不准

交期太长，交期不准，这是两个相关但截然不同的问题：交期的长短是考验**绝对的交付能力**，比如生产、包装和配送的速度，背后的决定性因素是物理定律，比如你没法把一颗螺丝钉一秒钟之内从中国寄到美国，最快的也是乘飞机，得 10 多个小时；交期稳定性考验的是**可预见性**，即基于你的**供应能力**，你做了承诺，兑现的概率有多大，比如你说 30 天内交付这颗螺丝钉，是否说到做到，姑且不论这 30 天的交期是否合理。

合理的 ATP，加上适当的执行力，是可预见性的重要保障。ATP 缺失，一方面你没法最佳地整合企业的能力，来交付客户的订单；另一方面你也没法给客户准确度高的承诺，并高度准确地兑现。

客户不满意，是不满意交期长，还是交期不稳定？两者都不满，但后者更甚。客户不喜欢交期长，但可以提前计划来应对；交期不稳定，说到做不到，这不确定性可是要害死人的——让人睡不着觉的，是那只还没落地的靴子。而交期不稳定，除了执行不力外，很多时候是 ATP 没有恰当地计算整个交期，从一开始就给客户不准确的承诺。

实践者问

物控团队一共有 10 多位同事，每人负责的成品大概有 50 款；50 款产品根据其 BOM 展开，大概有 100 款共用物料。在 ERP 软件 SAP 里，每个物控根据自己的成品需求，释放这些共用物料的订单和预测给供应商，供应商依次回复交期。抢料情况经常出现，有没有好办法？

刘宝红答

在 SAP 这样的 ERP 系统里，按照每个物控录入需求的先后顺序，可承诺逻辑根据供应商的交付日程，会给出相应的共用物料的承诺。这里的原则是先到先得，以鼓励每个物控尽早录入他们的需求。短缺的情况下，如果物控甲要用物控乙的共用物料，他得跟物控乙谈，或者由共用物料的计划员来分配。不管怎样，这会涉及人工介入。

ERP 作为信息共享的平台

上面讲了 ERP 系统的两个基本但至关重要的功能：物料需求计划（MRP）和可承诺逻辑（ATP），下面我们谈谈 ERP 系统的**数据载体**功能。

这几年"大数据"很流行，人们一谈到数据，就习惯性地联想到**非结构化**的"大数据"；一谈到系统，就联想到互联网、电子商务平台。其实对大多数企业来说，ERP 系统里**结构化**的"小数据"还不健全，还没有被充分利用。我们亟待补的课不是工业 4.0，而是工业 2.0，即完善、应用结构化的"小数据"。而信息系统呢，则得从最基本也是最核心的 ERP 系统开始，搭建企业的信息化平台。

甚至在有些看上去信息化程度很高的行业，比如电商，ERP 系统也很不完善，有的甚至连基本的 ERP 都没有。没有后台 ERP 平台的支持，电商就成了典型的"云上飘"，供应链运营的效率注定做不高，结果是成本高，交付差。

比如 2017 年上半年的时候，我培训了三个电商，没有一个有 ERP 的。

它们都是各自领域的佼佼者，其中一个是领跑的生鲜移动平台，一个占全国钢铁流通量的 8%，还有一个是细分领域的跨境电商。在客户端，它们都有电商平台，能够相对有效地整合需求端的信息，但在供应链后端，离开 ERP，则没法整合供应信息，有效对接需求和供应。后端供应链充满手工作业，效率低下，可预见性低。

要知道，信息流是供应链的神经，而 ERP 系统是信息流的最大载体。对于关键的信息，比如需求历史、需求预测、采购和销售订单，ERP 系统应该是它们最好的家园，而不是一张张的 Excel 表和一堆堆的邮件。

就拿需求预测来说，放在 ERP 系统里，不但可以促进公司内部各职能共享，而且可以更有效地通过电子商务分享给供应链合作伙伴。这确保在任何时候，大家看到的都是最新的、最准确的需求预测。**所谓的供应链协同，其实就是围绕同一套需求预测，在信息系统平台的帮助下，不同职能、不同公司的一致运作。**试想想，全球供应链下，不同职能、不同地域的人都按照同一套数字运作，而信息系统作为统一的平台，无疑是最合适的载体。

需求预测、安全库存等计划参数存储在 ERP 里，也改善了**可追溯性**：在功能健全的 ERP 系统里，调整了什么，谁做了调整，什么时候调整的，都会有记录。这让我们复盘的时候有据可查，对于根源分析和纠偏至关重要。在 Excel 上运作的企业应该有切身体会：有多少次，大家在一张又一张的 Excel 表之间来回确认需求预测的变化历史，而那么多张的 Excel 表经过那么多人的手，更新了那么多次，很难弄清来龙去脉，最后就只能是一笔糊涂账。不过企业利润表不会撒谎，资产负债表也不会撒谎，最终总是以牺牲利润和库存为代价。

需求预测、库存计划如此，订单层面的数据也是如此。在信息系统能力强的企业，订单的交期、数量在 ERP 系统里，你想知道什么时候到货，有多少会到货，到 ERP 系统里去查就是了。在信息系统薄弱的企业，这些则意味着一个又一个的邮件、电话和微信聊天记录，从前端的销售到后端的计划、生产和采购，再到供应商，花费了太多的人力资源，机会成本高昂。

电子商务：供应商的电子连接

前面谈的 ERP 系统，主要是企业内部的信息系统。这里谈的电子商务，主要是跟供应商的电子连接。与 ERP 系统一道，电子商务在供应链执行上扮演着重要角色，我们这里从三个方面来谈：（1）订单层面的自动化管理；（2）需求预测信息的传递；（3）票据、图纸、规范等信息的管理。

需要说明的是，这里主要是从业务功能的角度探讨的，而不是具体的IT 实现手段——IT 的实现手段很多，可以是 EDI，可以是网站平台，也可以是 App；可以自主开发，也可以是第三方平台。我想阐述的根本观点是，**跟供应商的电子连接是供应链执行的关键一环**。离开了电子商务的支持，手工是很难把需求预测、库存计划和采购订单执行到位的。

电子商务推动订单层面的自动化

不管是需求预测、库存计划还是客户的订单，最终都要转化成供应商的采购订单。供应链的大部分活动，都是围绕一个个的采购订单完成的，不管是供应商相关的制造、配送，还是围绕两者的信息流和资金流。虽然决策大多数发生在需求预测、库存计划阶段，但执行任务大多在订单阶段，比如生成采购订单，发送给供应商，确认交期、单价、数量，提前或者延后交付等，都耗费了操作层面员工的大量精力。

跟供应商的电子连接呢，与任何信息系统一样，一方面提供自动化程度高的工具，简化手工操作；另一方面固化、标准化订单层面的操作流程，并提供反馈数据，以判断组织和流程是否执行到位。

就拿订单的交付日期来说，我们从 ATP 中知道，供应商的订单交付日期是最终承诺的关键一环，因为我们要在其基础上，加上后续的加工、组装、包装、运输等时间，给客户承诺最终的交付日期。但在我熟悉的绝大多数企业里，具体的采购订单交付日期却没法获知，信息系统里有的只是基于标准交期的交付日期：离开电子商务，我们很难搜集供应商针对每个订单的实际承诺，最后承诺给客户。

举个例子。客户的订单进来了，说 5 月 1 日要货——这是他们的**需求**

日期。基于需求日期倒推，供应商就得在 4 月 1 日交货，因为后续加工、配送还需要 30 天。但根据供应商的正常交期，采购订单的交货日期将会是 4 月 15 日，那就意味着最终给客户的交付日期是 5 月 15 日。客户说，5 月 15 日的交期不能接受，请改进。于是压力层层传递，到供应商那里，要它们改进交期。供应商说，打死我们也没法 4 月 1 日交货，因为物理定律没法违背，比如车工要 x 天，铣工要 y 天，然后要热处理 z 天——我们最快的交付日期是 4 月 8 日。这意味着给客户的交付日期成为 5 月 8 日。客户端不喜欢 5 月 8 日的交付，但比 5 月 15 日要好，经过层层谈判，最后还是接受了。于是，4 月 8 日就成了供应商的**承诺日期**，来评判采购订单是否按时交付；5 月 8 日就成了采购方对客户的**承诺日期**，来评判客户订单是否按时交付，这都是基于承诺的日期。

这是个**闭环**的订单交付周期，看得出，从最初的**需求日期**，到最终的**承诺日期**，中间有很多事要做，比如交付日期的来回谈判、确认。如果没有电子商务系统的支持，企业就得通过电话、邮件等方式跟供应商谈判，以改进交付日期。一两个订单这么做或许可以，但想想看，每天几十几百个订单，那么大的工作量，要做这么细几乎是不可能的。于是，大部分企业就只能采取"两张皮"的运作模式：需求方按照需求日期，供应方按照标准的供应日期，两者之间的差距没有消除，大家都如把头埋在沙子里的鸵鸟，祈求万事大吉。

在有些供应链，从客户到供应商，再到供应商的供应商，各个环节都是这么一笔糊涂账，倒也罢了。恭喜您，就算这么糊弄过去了。但总有些"较真"的客户，或者说运营水平较高的客户，需求日期过了，货还没到，一个愤怒的电话就打过来了——愤怒的不光是"迟到"，更多的是"你为什么不提前告诉我会迟到"？那新的交付日期是多少？这不，上面描述的过程就得又走一遍，而且因为是客户投诉，所以三天两头就得汇报进展，结果花了大量的时间来补救，套用英语里的常用词，就是 damage control。

需求日期和供应日期没有达成共识，两者之间的差距没有消除，绩效统计上就屡屡出现"鸡同鸭讲"的情况：需求方，比如销售和计划，按照

需求日期来统计按时交货率，供应链的"按时"交货率就很难看；供应方，比如产线和采购，按照**标准交期**来评判按时与否，所以"按时"交货率就很高。双方公说公有理，婆说婆有理，其实是从一个极端到另一个极端：以需求日期为基准，对供应链不公平（"昨天下订单，今天就要货，三个星期的正常交期，怎么能压缩成 1 天呢？"）；以标准交期为基准，对内外客户不公平（"这世上没有理想状态，如果客户每次都给我们足够交期的话，那要你们采购做什么？"）。

离开了双方都能接受的"中间点"，供需双方就没有共同的基准。这个基准呢，就是供应商针对每个订单来回要约、承诺、再要约、再承诺，最终妥协而达成的双方都认可的承诺日期。没有电子商务的支持，手工操作量惊人，订单层面的承诺日期很难及时获取、录入 ERP，更谈不上需求变化后的再要约、再承诺，基本上不可能做到**基于承诺**的交付管理。

让我们举个例子，看通过电子商务平台，一个制造商是如何跟供应商对接，管理采购订单的。这是个自主开发的网上平台，采购订单相关的信息和活动都放在上面。

1. 采购订单大部分由 ERP 自动生成，通过 ERP 放到电子商务平台。
   - 只有少许是手工生成的，比如间接采购、工程师的杂七杂八的需求等。
2. 供应商通过电子商务平台承诺交期、数量和单价，自动写入 ERP 系统。
   - 如果需求与供应匹配，这就形成供应商承诺，没有人工介入。
   - 如果需求与供应不匹配，比如交期过长，电子商务系统会提醒采购员。
   - 采购员通过电子商务平台再度要约，供应商通过电子商务平台再度承诺，配以电话、邮件等其他沟通方式，直到双方达成一致。
3. 需求的日期、数量变了，ERP 里的提前、推后或取消信号自动通过电子商务传递给供应商，提醒供应商重新承诺。
4. 供应商重新承诺。
   - 需求和供应不匹配，提醒采购员介入，进入要约—承诺—再要约—再承诺，直到最终达成一致的流程。

5. 供应商无法兑现承诺，提前通过电子商务通知采购，建议新的交付日期。

- 采购方认可的话，新的交付日期成为承诺日期。
- 采购方不认可的话，维持原来的承诺日期，供应商要么努力达成原来的交付日期，要么迟到，影响到其按时交货率。
- 不管采购方认可与否，供应商新的交付日期都会通过电子商务写入 ERP，以便更新下一级的承诺和最终的客户交付日期，供客服更新给客户，管理交付。

6. 供应商发货后，出货通知通过电子商务发送给采购方。

7. 库房到货验收，到期自动付款，完成整个采购订单周期。

看得出，在这个案例中，电子商务大大节省了要约—承诺—再要约—再承诺的工作量，让采购人员聚焦**例外**——凡是供应与需求匹配的，采购人员根本不用介入；只有供应没法满足需求的，采购人员才会介入。**没有这样的电子商务，其实是把每一种情况都当作例外来处理**：工作量太大，人工根本没法操作，导致需求与供应没法闭环——供应的口子是开着的，缺乏透明度和可预见性。结果呢，供应端没法得到供应商的准确承诺，客服端就没法给客户准确的承诺，即便给出承诺，也没法确保有效达成。

有了电子商务，**客观**的供应商的交付绩效管理才能成为可能，比如说**按时交货率**。需要注意的是，我们这里说的是"客观"，是基于内部客户、采购和供应商三方达成共识的"承诺日期"。要知道，不管是基于需求日期的"按时"交货率，还是基于正常交期的"按时"交货率，都没法达成三方共识，因而不具约束力，而这些所谓的"按时"交货率呢，更多地都成为相互攻讦或自我保护的工具，在改善绩效上起不到应有的作用。

再比如说，很多企业在选择供应商时，要求供应商的**灵活度**。但这灵活度怎么统计呢？最简单、最直观的莫过于采购方的需求变了，供应商有多少次能够满足新的变化，这在电子商务系统里有记录。更进一步，我们还可以统计来回需要多少次的要约—承诺，才能达成共识。如果一个供应商平均需要 3.2 次，而它的竞争对手只要 1.7 次的话，你不用是个 MBA，就可以判断哪个供应商更容易合作。你把同行的统计数据给供应商看，相信会比你在那里抱怨强10倍。**统计什么，就得到什么**。看到了同行的数据，相信供应商会更有动力来改进。

当然，一旦开始按照承诺日期统计，供应商就开始藏着掖着，本来3天能交付的订单，承诺5天，给自己留更多的余地。在绩效统计的驱动下，采购对这样的承诺也是睁只眼闭只眼——这是绩效考核的副作用，毕竟，供应商的按时交货率也是采购的按时交货率。作为需求方，比如销售、计划，在供应商承诺没法满足需求的情况下，一方面可以启动申诉机制，反映到更高管理层，通过组织措施获得更好的承诺；另一方面也可以对比不同供应商的承诺表现，驱动采购和供应商来改进。

比如A和B都是机加件供应商，它们的需求、供应都有一定的可比性，就首次承诺满足率（即第一次承诺就能满足需求）来说，A是65%，B是25%，你马上就知道谁在藏着掖着了。这样，把供应商B叫来，把对比数据给他们看，在市场竞争的驱动下，B自然会有动力来改进。同理，虽然A的首次承诺满足率高，但最后的兑现率却很低，那也糟糕，把可比供应商的承诺兑现率拿出来，给A看，驱动A来说到做到。

再比如说，对于达成的承诺的质量，也可以借助电子商务系统的数据来统计：供应商A的平均承诺是正常交期的70%，说明供应商A平均比正常交期快30%；如果供应商B只比正常交期快10%的话，这样的信息也可以驱动供应商B来改进。当然，有人会说，如果"正常交期"有问题怎么办？对于相同的门类，相同的料号，不同供应商报价时承诺的交期还是有可比性的。在电子商务功能健全的企业，这些数据都可以拿出来做分析，来确定"正常交期"。

前面说过，**供应商管理本质上就是两个承诺的管理：拿到承诺，兑现承诺**。但不统计就不知道，不知道就没法管理。与公司的ERP系统一道，电子商务系统帮助我们统计绩效，让管理和改进供应商指标成为可能。对于很多企业来说，除了价格以外，就根本没有交付、质量等第二个能**客观统计的供应商指标**，电子商务帮助我们更好地解决这一问题。

进一步讲，所谓的科学管理呢，就是基于数据的管理。离开了公司内部的 ERP 系统和连接供应商的电子商务，企业就没有数据；没有数据，自然就谈不上科学管理。管理粗放的企业之所以粗放，一大特征就是没有数据；越是粗放的企业，信息系统就越薄弱，数据也就越少，就只能凭经验，对"能人"的依赖度高。而那些"能人"的经验呢，鲜有例外，都是交了很多学费试错的结果。

电子商务传递需求预测和 VMI 信息

除了订单层面的自动化外，电子商务还可以传递**需求预测**。我们知道，即便在订单驱动的行业，需求预测还是没法回避：一方面，长周期物料的交期太长，长出订单周期的差距需要预测来弥补；另一方面，供应商的产能扩张与收缩周期较长，需要中长期的预测来指导。所以，即便在订单驱动的情况下，供应商还是离不开采购方的预测。

企业是否有能力提供预测，以及需求预测的时间跨度的长短，是衡量其供应链管理能力的一大标志。给供应商提供预测，指导其管理产能和计划库存，也是一个好客户的重要标志。而做个好客户呢，对于供应商的良性运作至关重要。比如有个企业以海外业务为主，地处四线、五线城市，组织、流程和信息系统的能力都短板多多。他们的董事长说，他们明白企业的能力差距，好在有些高质量的海外客户，预测和计划做得好，否则早就麻烦多多了。

那么，作为一个好客户，如何系统地跟供应商共享需求预测？这离不开电子商务。试想想，成千上万的料号，几百几千个供应商，每周、每月更新预测，每次更新未来 13 周、26 周的预测，信息量之大，离开电子商务简直难以想象。

比如有个制造商，在它的电子商务网站上，供应商输入自己的供应商编码，就能下载归它供应的产品的需求预测。在该制造商，13 周预测的准确度较高，指导未来 3 个月的交货；14～26 周的预测准确度较低，主要指导供应商的产能计划。通过电子商务系统，该制造商把需求预测及时提供给几百个主要的供应商，保证它们能及时得到最新预测，从而指导它们的产能管理和原材料库存计划。

电子商务平台降低了"牛鞭效应"的风险。没有电子商务，需求预测主要通过Excel表来传递，供应商的销售向客户的采购要，客户的采购向客户的计划要，每一环都有人工介入，增加了人为操纵的可能：人的天性是看到数据就想做点调整，否则就好像没有增加价值一样。因此，需求预测的变动往往被逐级放大，越是远离最终客户，需求的变动就越大，这就是我们常说的"牛鞭效应"或"长鞭效应"。而采用电子商务的话，需求预测由ERP直接传递到电子商务，供应商自己去下载，避免了中途的人为调整。在上段提到的那个制造商，甚至它的二级、三级供应商都能够直接到该制造商的电子商务平台上下载相应的预测，从而避免了一级供应商的人为操作。⊖

我们一再说，**供应链协同是围绕同一组数字的协同**。这同一组数字就是需求预测。供应链的第一道防线是促进跨职能协作，制定"准确度最高的错误的预测"；电子商务是把这组共同的数字在职能与职能、公司与公司间准确、及时地共享，促成供应链多方的协同。离开电子商务平台等信息系统的支持，即便各方愿意协同，也做不到协同。

对供应商管理库存（VMI）来说，其成功实施也离不开电子商务平台：最低/最高库存水位、需求预测、在库/在途库存，都是通过电子商务平台共享。比如有个制造商的VMI是这么运作的：针对每一个产品，该制造商把上述计划参数放到电子商务平台上，供应商到电子商务平台拿到这些参数以及该制造商的实际库存，指导自己的生产、配送计划，然后把未来13周的交付数量按周填进去，通过电子商务平台传递给该制造商。在这些交付承诺的基础上，ERP系统里的ATP开始运作，给客户最终的承诺。

在该制造商，根据计划参数和供应商的交付承诺，电子商务系统会自动计算未来13周每周的预期库存水平，如果预计低于最低或高于最高计划

⊖ 该企业主要采取一品一点的做法，每个料号只有一个一级供应商，一个二级、三级供应商等，这有助于二级、三级供应商得到成品的预测。

水位，就立即警示供应商采取措施。随着采购方的需求预测、库存计划和库存水位的变化，电子商务系统会提示供应商重新评估、承诺。借助电子商务系统，该制造商可以统计 VMI 的绩效，比如在特定时间点，有多少个料号的库存为 0、低于最低线或者高于最高线，围绕这些，驱动供应商采取改进措施。

跟订单处理一样，VMI 的维护工作量很大，离开电子商务，手工很难有效做到。或许这也是为什么 VMI 在最近这些年才被广泛应用——以前的信息技术落后，没法有效支持。同样，电子商务平台给采购方更好的透明度，以更好地掌握整个供应渠道的库存。对于供应商来说，也可通过电子商务平台更好地掌握需求历史、需求预测，从而更好地管理需求，做好自己的计划工作，降低库存和运营成本。

拿信息换库存。作为诸多信息的载体和通道，电子商务让信息变得更对称，显然有利于帮助库存控制，同时也降低了运营成本。

与供应商协作的信息枢纽

就跟 ERP 是企业内部信息共享的平台一样，电子商务是跟供应商共享信息的平台。凡是供应商需要的信息，如果你得手工提供两次或两次以上的话，都可以考虑通过电子商务平台来自动共享。除了订单、预测和 VMI 信息外，还包括图纸、设计变更、质量、绩效考核等各项数据，如图 3-14 所示。招投标、电子 RFQ（报价请求）也可以通过电子商务平台来进行，以增加采购过程的透明度，这也是有些企业上电子商务平台的一大原因。

- 供应商绩效
- 预测与生产计划
- 物料清单
- 图纸、规范
- 设计变更
- 招投标
- 电子 RFQ（报价请求）
- 订单管理
- 交付
- 付款

图 3-14　电子商务是与供应商协作的信息枢纽

电子商务也是收集供应商数据的好去处。比如有个公司，每隔一两个季度，就要求供应商在电子商务平台上确认每个料号的交期，经过采购方在电子商务平台上批准，这些数据就直接写到采购方的 ERP 中，更新了主数据。试想想，对于动辄几万、几十万料号的企业来说，光更新采购交期主数据，如果用 Excel 和邮件的话，工作量该有多大！

电子商务平台是供应商与采购方的互动中心，从设计到生产再到售后，围绕图纸、预测、订单的正常与异常活动，都可以在这里来对接。比如图纸出来了，供应商可以到电子商务平台上自己下载；图纸的版本更新了，电子商务平台自动通知相应的供应商，围绕新的图纸版本，供应商提交首件打样数据，重新认证制造工艺。如果有设计变更，供应商也以同样的方式获得信息，评估由此带来的影响，系统地提供给采购方。质量问题也是：不合格品报告出来了，通过电子商务平台通知供应商，并且跟踪供应商的改进措施。供应商对采购方的设计、质量改进建议呢，也通过电子商务平台提出，系统跟踪。

外包环境下，企业对供应商的依赖越来越重，供应商成为企业的延伸，以电子商务为特点的电子连接就成了两者之间的纽带。订单、产品和供应商生命周期的大部分活动，都可以通过电子商务平台来完成。比如新产品的寻源、寻源后的绩效管理，也可以通过电子商务平台进行。

当信息系统能力薄弱时，企业就通过组织措施来弥补，那就是再雇几个小姑娘（或者小伙子）。这对于初创企业，或者规模较小的企业来说，或许情有可原，但对于几十亿、百亿级的企业，如果采购人员还在通过邮件发送订单、图纸，质量人员还在依赖邮件跟供应商处理质量问题，那就是个大问题。这不是执行层面的问题，而是管理层的问题——管理层的一大任务是能力建设，而信息系统是能力建设的关键构成。

对于众多管理人员来说，员工沉溺在执行层面不能自拔，重要而不紧急的事没法及时完成，相信是个大挑战。但我们不能简单地怪员工——员工们当然知道沉溺琐事的恶果，因为他们就在为那些恶果买单。有些事看上去很傻，如果只有一个人在做，或许是那人傻；如果大家都在做，你就不能简单地归咎于大家都傻，而是要从**能力上找根源：能力决定行为**。就拿员工沉溺于琐事来说，根本原因是信息系统的能力不足，员工自然就用组织措施来弥补。

讲到这里，顺便提一句。在信息化上，有些企业一上来就奔着**智能化**的目标去，比如上高级排程系统等。其实，信息化的次序应该是先实现**自动化**，再实现智能化。自动化是第一位的，智能化是第二位的，后者取决于前者，因为没有自动化，一方面很难收集数据，智能化就没有数据基础；另一方面员工忙于做本来可自动化的工作，没时间来做智能化所必需的数据分析。ERP 和电子商务都是自动化的主要措施。

实践者问

没有一个方便快捷的报表，来监控商品的铺货、销售、库存情况，及早驱动供应商响应。现在需要导出多张报表进行数据整合，时间成本高。怎么办？

刘宝红答

这里的问题是信息化程度低，影响了信息的及时性。信息系统就如油门和刹车系统，把加速和减速的信息及时传递给相应部件。需求端的信息系统落后，采购方没法及时获取销售渠道各阶段的销量和库存，导致没法及时调整预测。同样，供应端的信息系统落后，比如没有与供应商连接的电子商务平台，采购方的预测、库存信息就没法及时传递给供应商。

供应链各环节之间要么由信息，要么由库存来填充——凡是信息不足的地方，总会有一堆库存积压下来。这也是"拿信息换库存"的由来：作为信息的载体，信息系统在这里扮演着关键角色。

本篇小结

到现在为止，我们讲完了供应链的三道防线：需求预测、库存计划、供应链执行。

三道防线的整个逻辑是这样的：所有的预测都是错的，但错多错少可不一样。如何有效对接销售和供应链，制定准确度最高的错误的预测，这是第一道防线要解决的核心问题。需求预测错了怎么办？安全库存、安全产能来应对。这是供应链的第二道防线。安全库存、安全产能不够怎么办？这时候所有的石头都落在供应链的头上，计划的先天不足，需要执行来弥补。这就是供应链的第三道防线。

执行弥补的直接体现就是催货加急。不要认为催货天天做，人人会，就忽视了催货流程的梳理。正因为大量的资源花在催货上，所以我们要正视催货，优化催货流程，按照不同的紧急程度，制定差异化的催货流程。催货加急也离不开供应商的快速响应，因为供应链的增值活动中，大约70%由供应商负责。这里的关键是集中采购额，把自己做成供应商的大客户。这也意味着要把供应商的"口子"收起来，只跟数量有限的优质供应商做生意。这要求提高管理能力，选好、管好供应商。

当然，第三道防线不仅仅是加急赶工，还包括有效地执行需求预测、库存计划等前两道防线的决策。在很多企业里，信息系统力量不足，就以组织措施来弥补，深陷手工执行的泥淖，效率低下，准确度不高。大量资源花在手工执行上，就没有足够的资源投入到前两道防线；资源投入不够，需求预测、库存计划就做不好，企业就习惯性地陷入救火怪圈。

所以我们花了相当大的篇幅讲信息系统，比如 ERP 和电子商务。但凡人能够做两次的事，理论上都能自动化，通过信息系统来做。我们主要从管理的角度，阐述 ERP 和电子商务的基本功能。如果你是营收几个亿的中小企业，ERP 和电子商务不健全尚可原谅；对于营收几十亿、百亿级的企业，如果你的员工还整天在手工处理订单，做 ERP 和电子商务的活儿，那就不可原谅 —— 这是管理层的大问题。

资源 更多供应链管理的文章、案例、培训

- 供应链专栏网站 www.scm-blog.com，写了 15 年了，有 700 余篇文章。
- 《采购与供应链管理：一个实践者的角度》，10 年来一直领跑畅销榜。

《供应链管理：高成本、高库存、重资产的解决方案》，着眼于整体改进。

《需求预测和库存计划：一个实践者的角度》，聚焦计划的"三分技术"。

- 微信订阅号：供应链管理专栏，更新、更快，定期发布新文章。

后记 Supply Chain Management

每一次相遇都是久别重逢

这是个漫长的征程,不论是写完这本书,还是看完这本书。

自 2014 年以来,我每年都写一本书,或者重写一本书。写作是个非常自律的过程。这些年来,我写了几百篇文章,但要整合成书,还是有额外的挑战,比如一遍遍地糅合,没有亲身经历过的人很难想象。高兴的是,我终于完成了。

我能写到这里,做了我作为作者要做的;您能读到这里,做了作为读者要做的。不管您是我多年的读者,还是您很偶然地知道这本书,恭喜您,终于读完了。每一次相遇都是久别重逢。您能读到这里,让我们相逢,那就更是了。

写作的过程本身就充满回报。所以作为作者,我已经得到我的回报。作为读者,希望您能得到您希望的回报。我不奢望您满意,也不祈求您高兴——严肃的作者不取悦读者。但我还是希望没有浪费您的时间,希望您能读到一点、两点或三点对您有用的东西。

这几年来,我把生命中最黄金的时间投入到写作中,把我做过的、看人家做过的、听人家做过的系统地分享出来。我熟悉供应链的普遍实践,您熟悉您所在的行业、公司和产品,两者结合,这就是杂交优势,希望产生真正能够落地执行的东西来。

人总是从经验里学习,要么是自己的,要么是别人的。希望这本书是从别人经验中学习的机会，不光是我的，更重要的是我学习过的人、服务过的客户、交流过的企业的。

每一次相遇都是缘分。请保持联系，不管是微信、微博，还是电话、邮件。我一两个月就来国内一次，在全国各地培训、咨询，说不定我们就在哪里见面了。您到了硅谷，也别忘了给我电话。

刘宝红 | Bob Liu

供应链管理畅销书作者

"供应链管理专栏"创始人，西斯国际执行总监

bob.liu@scm-blog.com | www.scm-blog.com

136 5127 1450（中国，微信同）/001(510)456 5568（美国）

2022 年 1 月于硅谷

参考文献①

[1] CRUM C, PALMATIER G E. Demand Management Best Practices: Process, Principles and Collaboration[M]. Florida: J Ross Publishing, Inc., 2003.

[2] PALMATIER G E, CRUM C. Enterprise Sales and Operations Planning[M]. Florida: J Ross Publishing, Inc., 2003.

[3] MAKRIDAKIS S, WHEELWRIGHT S C, HYNDMAN R J. Forecasting: Methods and Applications[M]. 3rd ed. New York: John Wiley & Sons, Inc., 2005.

[4] HYNDMAN R J, ATHANASOPOULOS G. Forecasting: Principles and Practice[M]. 2nd ed. Melbourne: OTEXTS, 2018.

[5] Forecast Pro 软件的系列培训材料，https://www.forecastpro.com/resources/webinars/.

[6] GLÉRON O. How Nestlé Deployed Predictive Analytics for Better Planning[C]. Business Planning, Forecasting and S&OP Conference, Europe, 2018.

[7] PIASECKI D J. Inventory Accuracy: People, Processes & Technology[M]. Kenosha: Ops Publishing, 2003.

[8] 赵玲. 如何让你的预测比同行更准 [Z]. 2017.②

[9] 刘宝红. 供应链管理：高成本、高库存、重资产的解决方案 [M]. 北京：机械工业出版社，2016.

[10] 刘宝红，赵玲. 供应链的三道防线：需求预测、库存计划、供应链执行 [M]. 北京：机械工业出版社，2018.

[11] 刘宝红. 采购与供应链管理：一个实践者的角度 [M]. 3 版. 北京：机械工业出版社，2019.

[12] 刘宝红. 需求预测和库存计划：一个实践者的角度 [M]. 北京：机械工业出版社，2020.

[13] 刘宝红. 供应链管理：重资产到轻资产的解决方案 [M]. 北京：机械工业出版社，2021.

---

① 详细的参考文献以脚注的形式标明在正文里了。这里把主要的罗列一下，以便感兴趣者进一步参考阅读。

② 未出版手稿。